JN272889

心身の健康と
適応を守る
各国の取り組み

世界の
学校予防教育

山崎勝之
戸田有一
渡辺弥生
●────編著

金子書房

推薦の辞

　国民医療費の高騰が日本経済を圧迫し始めて久しい。長寿国日本であるが，健康寿命は必ずしも長くはない。生活習慣病，うつ病や自殺の蔓延は，今や社会問題となっている。これは大人だけの問題ではない。近年の子どもたちも，大人の縮図であり，心身の不健康状態にある。生活習慣病予備群や成人並みのうつ病罹患率の増加がそのことを示している。

　学校現場ではどうか。いじめ，不登校，校内暴力など改善の糸口が見えない不適応行動が多発している。私は，教員養成大学の学長として，学校教育における様々な問題の改善を願い，そう努めている。それは，かつて児童青年期を中心に精神科医として活動していた私個人の思いにも重なるものである。

　このような，子どもたちを苛む健康や適応上の問題の抜本的な解決は，教育に携わる誰もが求めることである。そして，そのための新たな教育も展開されている。それは，一言でいえば，学校で行う予防教育である。私の大学でも，学校予防教育プログラムを開発・実践し，この教育分野において世界をリードするセンターを4年ほど前に設置した。その名も「予防教育科学センター」と名付けたが，名称からしても，また活動目的や実績からしても，この方面において先導的役割を果たしているセンターであると自負している。

　世界で展開される学校予防教育は多様で数多い。予防教育科学センターでは，国内のみならず世界の研究者や教育者と共同して教育プログラムの開発を進めてきた。しかし，どうも世界の全貌，今後の学校予防教育のあり方が明確とならないまま歳月が流れているように感じる。

　このような状況のなか，「世界の学校予防教育」と銘打った書籍が出版される。その内容は，まさに私が，予防教育科学センターが，求めていた内容である。これほどに，世界と日本の学校予防教育を整理し，包括的に紹介した書籍はかつてなかった。待望の書である。

　聞けば，近年の学校予防教育は，健康や適応面だけでなく学業面をも伸ばすという。そうであるなら，今こそ予防教育を学校教育の中に積極的に導入すべきである。長期間に渡り継続して実施できるプログラムの開発と実践を期待し

たい。
　本書の出版に傾注された関係各位に心から敬意を表するものである。

　　2013年3月吉日

　　　　　　　　　　　　　　　　　　鳴門教育大学　学長　田中　雄三

はじめに

　子どもたちにとっての学校は，本来，楽しい場であり，学校での日々は夢にあふれた時間であるはずだった。しかし現実の学校では，いじめや暴力がはびこり，子どもたちの日々の生活を萎縮させていることがある。近年子どものうつ病が大人並みだと指摘されていることは，この状況とは無縁ではないだろう。肥満など生活習慣病の予備群となる子どもたちが目立ってきたことも気にかかる。
　この子どもたちを取り巻く現況は，日本に限らず，世界的な傾向と言ってよいだろう。そのせいか，欧米諸国を中心としてこうした問題の解決に取り組む試みが増えてきた。問題が起きてからの対処は，眼前に問題が突きつけられているだけに誰もが本気になる。しかし，それには多くの時間と労力が要り，しかも解決にいたらない場合が少なくない。それほどに，問題はいったん起きてしまうと，その解決や治癒は困難を極める。
　このことから，日頃から問題が起こらないように予防することの重要性に気づかされる。とりわけ，あらゆる子どもがこのような問題を持つ可能性があると考え，子どもたちすべてを対象にして行うユニバーサル（1次的）予防の重要性が際立つ。このことにいち早く注目したアメリカやイギリスが先行し，続いて，オーストラリア，日本，フィンランド，中国などが予防の方法を開発し，実践してきた。そこでは，さまざまな場と時間を利用した予防が展開されているが，規模が大きく，長時間かけているという点では，学校で授業時間に行われる予防教育が群を抜いている。
　こうして，世界各国では多様な学校予防教育が展開されるようになった。その数と種類は多く，その全貌がつかめないほどである。各実践がどのような特徴を持ち，どういった共通点と相違点があるのか。また，どれほどの時間をかけて，どのような場で実施されているのか。そして，効果はどうなのか。知りたいことは，とめどなく広がる。教育プログラムの内容や実施状況は，玉石混淆ともいえる状況に陥っていることも危惧される。まとまりなく，互いに認め合うことも，批判することもできない状況が，世界の学校予防教育の発展を阻んでいるようにも思える。

そこで，世界の学校予防教育の全貌，あわせて日本の予防教育の現状を知り，そこから今後の学校予防教育の発展を期そうという研究プロジェクト（兵庫教育大学連合大学院〔兵庫教育大学，上越教育大学，岡山大学，鳴門教育大学〕共同研究プロジェクト「健康と適応を守る学校予防教育の国際比較研究 − 独自性と共通性の探求から，新たな発展への模索−」代表 鳴門教育大学 山崎勝之）が開始された（2010年4月～2013年3月）。このプロジェクトのもと，アメリカ，イギリス，オーストリア，フィンランド，オーストラリア，中国への視察が実施され，また日本国内において海外の予防教育の著名な研究者を招聘しての国際会議も3回開催された。さらには，世界最大の心理学会であるアメリカ心理学会や英国マンチェスター大学で開催された「子どもの社会・感情能力ヨーロッパネットワーク会議」でシンポジウムも主催し，海外の研究者と討議を重ね続けてきた。

こうして，短い期間ながらも，情報・意見交換，討議が頻繁に行われ，次第に世界の学校予防教育の全容が見えてきた。この間，日本においては教育委員会を中心として予防教育の現状とニーズを知るために全国的な調査が実施された。日本の学会（日本心理学会，日本教育心理学会，日本発達心理学会）においてもシンポジウムやワークショップが開催され，日本と世界の学校予防教育の現状を把握し，今後の発展を模索する討議が繰り返された。

この順調なプロジェクト進行のなか，2011年8月12日に大阪の中之島で開催されたプロジェクト会議で，これまでの歩みを振り返る機会を得た。その結果，その時点までに収集された情報と重ねられた討議の内容がたいへん得がたい貴重な知見として纏められる可能性が明らかになった。加えて，日本においてもこうした予防教育を展開する機運が高まっていると判断し，プロジェクトをベースとした成果と知見を，広く書籍として公表する方向となった。

そこからは，プロジェクトの当初の活動や参加メンバーの域を超えて，世界や日本の学校予防教育の第一線において活躍されている研究者や教育者など，多方面からの協力を得て，本書が出来上がった。その出来映えは，プロジェクトにおける成果を基盤としながらも，さらに深く，さらに包括的なものになったと自負している。

「世界の学校予防教育」と題した本書では，世界で行われている予防教育プログラムの多くを取りあげたが，いまだ網羅するまでにはいたっていない。しかし，本書によって，世界と日本の学校予防教育の動向や課題が明らかになり，

今後世界の学校予防教育が進むべき道も示されたのではないかと考えている。

　明日を担う子どもたちにとってもっとも大切なことは，心身が健康で至福に満ちた生活を送ることである。それは，単に学業によって達成されることではなく，本書で紹介したような学校予防教育によって支援されていくものであろう。そして，この学校予防教育は，結果的に学業をも伸ばすことになることを本書では示唆した。

　こうした学校予防教育の台頭により，学校教育は新たなステージを迎える。今，世界は，政治的にも経済的にも混迷期にある。私たちが招いてしまった混迷からの脱却は，私たち自身の手によって果たさなければならない。鍵は，私たちの，人としての心と身体の健全さが握っている。つまり，その根本的な打開は，子どもたちの健全な心身の発育にかかっていると言っても過言ではない。

　本書では，日本から，海外から，それぞれ20名ほどの研究者や教育者に執筆に携わっていただいた。そして，この執筆の過程では，さらに多くの方々から多大な援助と支援を受けてきた。例えば日本では，多くの教育委員会や学校の先生がたに一方ならぬご協力をいただいてきた。子どもたちの将来を憂い，子どもたちを取り巻く困難な状況を打開したいという，熱い思いでいっぱいの先生がたであった。

　また，金子書房編集部の亀井千是氏には，本書の企画から出版までを丁寧な仕事ぶりで迅速に進めていただいた。学会でのシンポジウムにもおいでくださり，世界の学校予防教育が語られ構想される場に参加され，理解を深め，その前途を共に見つめようとされる姿勢は，編者には大きな心の支えとなった。

　ここに，ご協力，ご支援いただいた皆様に，心より感謝を申し上げる次第である。

　編者の3名は，これまでに予防教育を受けた子どもたちの，あふれんばかりの笑顔を胸に刻み，さらに多くの子どもたちの幸せを願って学校での予防教育の推進を継続させていく所存である。その推進への大きな助けとなることを願って，本書を世界の教育関係者に捧げたい。

　　　2013年3月吉日

　　　　　　　　　　　　　　　　　　　　　編者　山崎　勝之
　　　　　　　　　　　　　　　　　　　　　　　　戸田　有一
　　　　　　　　　　　　　　　　　　　　　　　　渡辺　弥生

目次

推薦の辞　i
はじめに　iii

第Ⅰ部　学校における予防教育の必要性　1
　概要　山崎勝之　1

第1章　子どもの健康・適応と予防教育の必要性　山崎勝之　3
　概要　3
　1．健康と適応にかかわる世界の状況　3
　　（1）成人の健康問題の現状　3
　　（2）子どもの健康と適応の現状　4
　2．予防の重要性とそのあり方　7
　　（1）予防の重要性とその種類　7
　　（2）ユニバーサル予防と学校教育　8
　3．学校における予防教育の現状とあり方　9
　　（1）学校における心身の健康問題の予防の現状　9
　　（2）学校における適応問題の予防の現状　9
　4．健康・適応と学業　10
　　（1）人の幸福は何で決まるのか　10
　　（2）学校における予防教育の適用を阻む要因　11
　　（3）健康・適応への予防教育は学業を高める　12
　5．本書がめざすもの　14

第2章　予防教育の目標，理論，方法の多様性　17
　概要　佐々木　恵　17
　1．予防教育の目標の多様性　17
　　（1）問題の予防に焦点を当てた教育　17
　　　（a）行動的問題　石本雄真／松本有貴　17
　　　（b）身体的問題　内田香奈子　20
　　　（c）精神的問題：うつ病，不安障害，自殺，ストレス　佐々木　恵　22

（2）よい側面を伸ばすことに焦点を当てた教育　24
　　　　（a）ポジティブ心理学の勃興と学校への導入　山崎勝之　24
　　　　（b）社会・感情学習　山崎勝之　26
　　　　（c）キャラクター・エデュケーションと向社会性の育成　山崎勝之　29
　　　　（d）教育対象となるよい側面の多様性　松本有貴／内田香奈子　32
　2．理論，方法の多様性　34
　　（1）多様な方法と理論の混在　佐々木　恵　34
　　（2）多様な適用性をもつ方法　36
　　　　（a）ソーシャル・スキル・トレーニング　渡辺弥生　36
　　　　（b）ピア・サポート　戸田有一　39
　　　　（c）構成的グループ・エンカウンター　葛西真記子　41
　　　　（d）ライフスキル教育　吉本佐雅子　42
　　　　（e）ストレス・マネジメント教育　冨永良喜　47
　　（3）予防教育のベースとなる理論　49
　　　　（a）行動理論　石本雄真　49
　　　　（b）社会的認知理論　佐々木　恵　51
　　　　（c）自己決定理論（self-determination theory）　山崎勝之　53
　　　　（d）ラザルスのストレス理論　内田香奈子　55
　　　　（e）社会的情報処理理論　桜井美加　57

第Ⅱ部　世界の予防教育の現状　69
　概要　山崎勝之　69

第3章　アメリカ・カナダの予防教育　71
　概要　渡辺弥生　71
　1．アメリカの予防教育の特徴と歴史　渡辺弥生　72
　　（1）予防教育の普及の速さ　72
　　（2）予防教育の3つのレベル　73
　　（3）グループ対象を広げ，プロアクティブな目標設定　74
　　（4）学校での予防プログラムの歴史　75
　　　　（a）予防教育の導入の流れ　75
　　　　（b）行政からの影響　76

（3）現状と将来　79
　　（a）エビデンスベースという効果検証のあり方　79
　　（b）感情や学力に焦点　80
　　（c）多くのコストとトレーニング　81
2．カナダの予防教育の特徴と歴史　渡辺弥生／ジャクリーン・A・ブラウン［Jacqueline A. Brown］　82
　（1）国家レベルでのいじめ予防対策　82
　（2）「いじめ」の定義の明確化　83
　（3）期待される予防プログラム　85
　　（a）エビデンスをふまえて　85
　　（b）学校がリーダーになるために　85
　　（c）具体的なプログラムの推薦　86
　（4）成果をおさめるプロジェクトの条件　87
　（5）現状と将来　88
　　（a）子どものポジティブな側面に焦点を当てた取り組み　88
　　（b）道徳教育と社会性の教育のオーバーラップ　89
　　（c）プロビンスによる違い　89
3．スクールワイドの枠組みに関する介入　90
　（1）スクールワイド型ポジティブ行動介入および支援（School-wide Positive Behavioral Intervention and Supports; SWPBIS）　スティーヴ・ゴンザレス［Steve Gonzalez］／ケント・マッキントッシュ［Kent McIntosh］／渡辺弥生　90
　　（a）プログラムの開発・担当者・開発の経緯等　90
　　（b）理論的な枠組み　92
　　（c）目標と対象者　92
　　（d）対象としている変数　94
　　（e）方法　94
　　（f）評価とエビデンス　95
　　（g）今後の問題と展望　96
　　（h）展望　97
　（2）社会性と感情の学習（社会・感情学習）（Social Emotional Learning: SEL）　渡辺弥生　98

　　　　（a）プログラムの開発・担当者・開発の経緯等　98
　　　　（b）理論的な枠組み　99
　　　　（c）目標と対象者　100
　　　　（d）対象としている変数　100
　　　　（e）方法　101
　　　　（f）評価とエビデンス　102
　　　　（g）今後の展望と課題　102
　　（3）セカンドステップ（Second Step: Skills for Social and Academic Success）シェリー・C・バーク［Sherry C. Burke］／葛西真記子　103
　　　　（a）この枠組みの経緯　103
　　　　（b）理論的背景と対象としている変数　104
　　　　（c）目標と対象者　104
　　　　（d）方法　105
　　　　（e）評価とエビデンス　106
　　　　（f）普及，適用状況と今後の課題　107
4．学校心理士や教師が選択する独自なプログラム　108
　　（1）ソーシャル・スキル・グループ介入プログラム（Social Skills Group Intervention: S.S.GRIN）メリッサ・ディロージャー［Melissa DeRosier］／渡辺弥生　108
　　　　（a）プログラムの開発・担当者・開発の経緯等　108
　　　　（b）理論的な背景　109
　　　　（c）目標と対象者　109
　　　　（d）方法　110
　　　　（e）評価　111
　　　　（f）エビデンス　112
　　　　（g）今後の展望と課題　113
　　　　（h）アメリカでの予防教育についての考え　114
　　（2）Voices Literature & Writing（VLW）ロバート・L・セルマン［Robert L. Selman］／渡辺弥生　114
　　　　（a）プログラムの開発・担当者　114
　　　　（b）理論的背景　115
　　　　（c）目標と対象者　116

（d）方法　117

　　　（e）普及，適用状況（研修等含む）　118

　　　（f）今後の展望と課題　119

　　（3）パワー・オブ・プレイ（Power of Play）　シェーン・ジマーソン［Shane Jimerson］／渡辺弥生　119

　　　（a）プログラムの開発・担当者・開発の経緯等　119

　　　（b）理論的な背景　120

　　　（c）目標と対象者　122

　　　（d）方法　122

　　　（e）評価　123

　　　（f）エビデンス　123

　　　（g）今後の展望と課題　124

　　（4）ルーラー・アプローチ（The RULER Approach）マーク・A・ブラケット［Marc A. Brackett］／渡辺弥生　124

　　　（a）プログラムの開発・担当者・開発の経緯等　124

　　　（b）理論的な背景　125

　　　（c）目標と対象者　126

　　　（d）方法　127

　　　（e）評価　127

　　　（f）エビデンス　127

　　　（g）今後の展望と課題　128

　　（5）学校生活関係性攻撃予防・介入プログラム（PRASE）　桜井美加　128

　　　（a）はじめに　128

　　　（b）プレイズの作成　129

　　　（c）プレイズのセッションの流れ　130

　　　（d）アセスメントの方法　131

　　　（e）プレイズの効果測定で明らかにされたこと　132

第4章　欧州の予防教育　139

　概要　戸田有一　139

1. 欧州の予防教育の概要　戸田有一／ダグマー・ストロマイヤ［Dagmar Strohmeier］　139

（1）問題認識と対応の方針　139
　　　（a）いじめと精神保健上の諸問題　140
　　　（b）いじめと虐待　141
　　　（c）ネットいじめ　141
　　（2）欧州全体およびいくつかの国の予防教育の概観　142
　　　（a）欧州の予防教育の広がり　142
　　　（b）各国の予防教育　143
　　（3）欧州の予防教育の課題と将来展望　146
　2．ピア・サポート　アラーナ・ジェイムス［Alana James］／ヘレン・カウイ
　　　［Helen Cowie］／戸田有一　147
　　（1）プログラムの開発・担当者・開発の経緯等　147
　　（2）理論的背景　148
　　（3）目標と対象者　149
　　（4）方法　150
　　（5）効果評価の結果　154
　　（6）普及，適用状況（研修等含む）と課題　155
　　（7）展望　156
　3．ヴィスク　ダグマー・ストロマイヤ［Dagmar Strohmeier］／クリスティアーナ・
　　　スピール［Christiane Spiel］／戸田有一　156
　　（1）プログラムの開発・担当者・開発の経緯等　157
　　（2）理論的背景　158
　　（3）目標と対象者　158
　　（4）方法　159
　　　（a）第1回の校内研修　159
　　　（b）第2回の校内研修　161
　　（5）効果評価の結果　164
　　（6）普及，適用状況（研修等含む）　166
　　（7）課題　168
　4．キヴァ　ミイア・サイニオ［Miia Sainio］／クリスティーナ・サルミヴァッリ
　　　［Christina Salmivalli］／戸田有一　168
　　（1）プログラムの開発・担当者・開発の経緯等　168
　　（2）理論的背景　170

（3）目標と対象者　172
　（4）方法　173
　　（a）実践の原型　173
　　（b）キヴァの実際の運用例　175
　（5）効果評価の結果　177
　（6）普及，適用状況　178
　（7）課題　180

第5章　オーストラリアの予防教育　187
　概要　松本有貴　187
1．オーストラリアの予防教育の特徴　松本有貴／戸田有一　187
　（1）国全体の予防教育の特徴　187
　（2）歴史　188
　（3）現状と将来　190
　　（a）マインド・マターズ（http://www.mindmatters.edu.au）　190
　　（b）キッズ・マター（http://www.kidsmatter.edu.au）　191
　　（c）キッズ・マター乳・幼児（KidsMatter Early Childhood）
　　　　（http://www.kidsmatter.edu.au/early-childhood）　191
　　（d）レスポンス・アビリティ（Response Ability）
　　　　（http://www.responseability.org）　192
　　（e）社会・感情学習プログラム　193
　　（f）展望　193
2．フレンズプログラム（FRIENDS Program）　ジュリア・ガレゴス［Julia Gallegos］／ポーラ・バレット［Paula Barett］／松本有貴　194
　（1）教育の背景と理論　194
　（2）プログラムの特徴　196
　（3）フレンズの研究　199
　（4）課題と将来の展望　202
3．ユー・キャン・ドゥー・イット！プログラム（You Can Do It! PROGRAM）
　―児童・青少年の学業成績および健全性向上のための社会・感情学習プログラム―　マイケル・バーナード［Michael Bernard］／松本有貴　203
　（1）教育の背景と理論　203

（a）教育の背景　203
　　　（b）学習性向（学習する際の振る舞いや態度）　206
　　　（c）ソーシャル・スキル　207
　　　（d）感情的レジリエンス　208
　（2）プログラムの特徴　210
　　　（a）YCDI 幼児カリキュラム（4〜7歳向け）　210
　　　（b）YCDI プログラムアチーブカリキュラム（6〜18歳向け）　214
　　　（c）YCDI クラスおよび学校全体での実践　215
　　　（d）YCDI 保護者教育　219
　　　（e）YCDI 指導員　220
　（3）YCDI の研究　221
　（4）現状課題と将来の展望　224
4．ネットいじめ対策　青山郁子　225
　（1）ネットいじめの現状とプログラム開発の経緯　225
　（2）目標と対象者　226
　　　（a）小学生向けのプログラム CyberQuol
　　　　　（http://www.cybersmart.gov.au/cyberquoll）　226
　　　（b）中学生向けのプログラム CyberNetrix
　　　　　（http://www.cybersmart.gov.au/cybernetrix）　227
　　　（c）Bullying. No way!（http://www.bullyingnoway.com.au/）　228
　（3）効果評価の結果　228
　（4）プログラムの課題　230

第6章　中国の予防教育　游　永恒／冨永良喜　239
　概要　239
1．中国の心理健康教育の全体的特徴　239
　（1）予防教育としての心理健康教育　239
　（2）政府主導による実施　241
　（3）地域格差の存在　243
2．中国学校心理健康教育の発展史　244
　（1）自発的模索段階（20世紀70年代末から80年代初・中期）　244
　（2）経験を積み重ねる段階（20世紀80年代中・後期）　245

（3）全面普及段階（20世紀90年代以来）　245
（4）四川大地震の影響　247
3．現状と未来　248
（1）現状　248
（2）発展の方向性　249
4．中国学校心理健康教育の成果　252
（1）中国心理健康教育を実施する必要性　252
（a）小中学生の健常な発達の保証　252
（b）社会と時代の発展に伴う要請　254
5．中国心理健康教育の目標と対象　254
（1）心理健康教育の目標　254
（2）心理健康教育の対象　255
6．中国における心理健康教育実施方法　255
（1）心理健康教育の専門的アプローチ　255
（2）心理健康教育の浸透アプローチ　256
（3）心理健康教育のサポート的アプローチ　257
（4）中国の心理健康教育の効果評価　257
（5）中国心理健康教育の普及状況　258

第Ⅲ部　日本の予防教育の現状　261
概要　越　良子　261

第7章　日本の学校における予防教育の現状と課題　越　良子／安藤美華代　263
概要　263
1．調査の趣旨と概要　263
2．予防教育の実施傾向　266
3．予防・対処すべき「不適応」とは何か　269
4．子どもにつけさせたい能力・特性　270
5．予防教育の実施形態と実施上の課題　273
6．日本の予防教育の現状と課題　277
（1）子どもたちのニーズと予防教育実施の現状　277
（2）予防教育の課題　278

第8章　独立した教育名をもつ日本の予防教育　281

概要　安藤美華代　281
1．ソーシャル・スキル・トレーニング　渡辺弥生　281
　（1）予防教育としての定着　281
　（2）ソーシャル・スキルについての理解　283
　（3）ソーシャル・スキルのアセスメント　284
　（4）ソーシャル・スキル・トレーニングの技法　285
　（5）具体的な指導案　286
　（6）ソーシャル・スキル・トレーニングの評価　287
2．構成的グループ・エンカウンター　葛西真記子　288
　（1）構成的グループ・エンカウンターの目的と方法　288
　（2）構成的グループ・エンカウンターに関する研究　290
　（3）構成的グループ・エンカウンターに対する批判　290
3．ピア・サポート　戸田有一　292
　（1）他の予防教育との重複と独自性　292
　（2）ピア・サポート実践の多様性　293
　　（a）ピア・サポート　294
　　（b）ピア・メディエーション　295
　　（c）ピア・チューター　295
　（3）ピア・サポート実践のネット問題への対応　296
4．トップ・セルフ　山崎勝之　297
　（1）トップ・セルフの誕生　297
　　（a）誕生の経緯　297
　　（b）トップ・セルフの特徴　297
　　（c）トップ・セルフ内の教育の種類　298
　（2）トップ・セルフ　ベース総合教育　298
　（3）トップ・セルフの教育方法　299
　（4）トップ・セルフの評価方法と結果　301
　　（a）トップ・セルフにおける2つの評価　301
　　（b）評価の実際　302
　（5）トップ・セルフの普及方法　304
5．サクセスフル・セルフ　安藤美華代　304

（1）プログラム開発の経緯　305
　（2）理論的背景　305
　（3）目標と対象者　306
　（4）方法　306
　（5）効果評価の結果　307
　　（a）介入前後における児童生徒・実施者の変化　307
　　（b）"サクセスフル・セルフ"のレッスン選択と実施前後の学級の変化　309
　（6）普及状況　309
　（7）課題　310

第9章　問題の予防に焦点を当てた予防教育　安藤美華代　315
　概要　315
　1．さまざまな問題を包括的に予防する教育　316
　2．特定の問題の予防に焦点を当てた学校予防教育　316
　（1）不登校　316
　（2）いじめ　320
　（3）暴力行為　321
　（4）違法薬物・喫煙・飲酒　322
　（5）うつ・自殺など精神的問題　323
　（6）食行動の問題　325
　（7）性関連問題　327
　3．まとめ　328

第10章　よい側面を伸ばすことに焦点を当てた予防教育　333
　概要　山崎勝之　333
　1．日本におけるポジティブ心理学の影響　山崎勝之　333
　（1）ポジティブ心理学の日本への導入　333
　（2）日本においてポジティブ心理学の研究を推進する必要性　334
　（3）日本におけるポジティブ心理学領域でのまとまった研究例　336
　2．日本における社会性と情動の学習（社会・感情学習）　小泉令三　337
　（1）日本への社会性と情動の学習の紹介　337
　（2）SEL-8S学習プログラムの特徴　337

（3）小中学校での SEL-8S 学習プログラムの導入と実践　341
 　　（4）今後の展開に向けて　342
 　3．よい側面別の教育　342
 　　（1）セルフ・エスティームの教育　古角好美　342
 　　　（a）子どもたちを取り巻く社会状況とセルフ・エスティームに関する調査　342
 　　　（b）予防に視点をおいたセルフ・エスティームを高める学校教育の現状　343
 　　　（c）学校教育においてセルフ・エスティームを育てるための視点　345
 　　（2）道徳性と向社会的行動を育てる教育　渡辺弥生　347
 　　　（a）道徳性を育成する教育　347
 　　　（b）向社会性の発達に焦点を当てた教育　349

第11章　予防教育としての学級経営　越　良子　355

 　概要　355
 　1．学級経営の予防教育機能　355
 　　（1）ユニバーサル予防としての学級経営　355
 　　（2）学級経営における予防教育の対象内容　356
 　　（3）予防教育の形態　357
 　　（4）学級が集団であることの有効性　358
 　2．学級活動を活用した教師の学級づくりと子どもの能力・スキル・関係性の育成　359
 　　（1）学級活動の予防教育効果　359
 　　　（a）班活動の効果　359
 　　　（b）係活動の効果　360
 　　　（c）学校行事の効果　361
 　　（2）予防教育としての意味　362
 　　（3）理論的解釈　363
 　　　（a）協同的相互依存性　363
 　　　（b）アイデンティティの形成　365
 　　　（c）役割期待と役割遂行　365
 　　　（d）役割加工をきっかけとした関係性システムの変容　366

3．教師の日常的指導行動の予防教育機能　367
　（1）教師の子ども認知　367
　（2）教師からのフィードバック　368
　（3）教師の指導態度　369
　（4）学級の発達に伴って変化する教師の予防教育機能　370

第12章　大規模災害後の予防教育　冨永良喜　375
　概要　375
1．大規模災害後の予防教育の特徴　375
　（1）被災県岩手の予防教育の特徴　375
　（2）現状と将来　376
2．こころのサポート授業の取り組み　377
　（1）こころのサポート授業の開発・担当者・開発の経緯等　377
　（2）理論的背景　377
　（3）目標と対象者　379
　（4）方法　380
　（5）効果評価の結果　382
　（6）普及，適用状況と今後の課題　383

第Ⅳ部　世界の予防教育と日本の予防教育　－比較と今後の展望－　387
　概要　山崎勝之　387

第13章　世界と日本の予防教育の共通性と異質性　389
　概要　佐々木恵　389
1．国際専門家会議（2010.9）での討議　佐々木　恵　389
　（1）アジェンダ1：すべての子どもにおいて，健康や適応に対するユニバーサル予防プログラムを恒常的に行う必要はあるか？　390
　（2）アジェンダ2：この種のプログラムの評価はどのようなものであるべきか？　科学的評価は可能か？　科学的評価よりも重要な評価は存在するのか？　392
　（3）アジェンダ3：われわれはこの種のプログラムを学校の教育カリキュラムの中で，いつ行うことができるか？　学校システムやカリキュラム・

　　　　システムは国によって異なることも考慮する必要もある。　393
　（4）アジェンダ4：学校においてこの種のプログラムは誰が実施するのか？　394
　（5）アジェンダ5：このようなプログラムをどうやって普及させることができるか？　395
2．第2回国際会議（2010.11）での討議　松本有貴　397
　（1）Q1：開発された教育内の各プログラムは，実施順序ならびにプログラム間の関係の観点から言って，十分に組織化されているのか？（サーモン博士へ）　398
　（2）Q2：児童・生徒数の多いクラスでプログラムを実施する場合，参加への動機づけを高める効果的な教育方法が十分になければ，教育の成功は難しいのではないか？（サーモン博士へ）　399
　（3）Q3：ユー・キャン・ドゥー・イット（You Can Do It!: YCDI）プログラムは，選択的，指示的というよりも，ユニバーサル・プログラムだと思われる。すべての予防レベルとしての実践は可能か。もし可能で，またそのように実践ずみならば，予防レベルによってプログラムは大きく変わるのか？（バーナード博士へ）　399
　（4）Q4：博士が重要なステップとして導入しているプロセスはいずれも，学校における実践を成功させるためには重要だと思われるが，特にプログラムの成功にかかわるプロセス，または要素として，もっとも何が重要か？（バーナード博士へ）　400
　（5）Q5：博士の教育目標には，パフォーマンス・キャラクター（Performance Character: PC）とモラル・キャラクター（Moral Character: MC）があるが，PCの育成には競争が伴う。一般に，競争はMCの育成を妨げると考えられる。これら2つのキャラクターが相互に影響し合う点を説明してほしい。（リコーナ博士へ）　401
　（6）Q6：プログラムに紹介されているキャラクターと強みは，どれも大きな構成概念である。それらに対して科学的なエビデンスを引き出すことは大変困難であると思われる。将来，これらのキャラクターを見直す可能性はあるのか？（リコーナ博士へ）　401
　（7）Q7：過去におけるキャラクター・エデュケーションはキリスト教の影響を直接受けていると思われる。現在のキャラクター・エデュケーショ

ンとキリスト教の関係はどうなっているのか？（リコーナ博士へ） 403
　（8）Q 8：社会・感情学習は，学力という点では，何を変えるのか？　理論的にまた実証的に，社会的，感情的要因から知性と学力にいたる道筋について説明して欲しい。（サーモン博士とバーナード博士へ） 403
　（9）Q 9：現在のところ，各プログラムの普及状況はどうなっているか？（3博士へ） 405
3．各国の特徴比較と世界の動向　406
　（1）各国の予防教育の特徴比較　松本有貴　406
　　（a）類同点　406
　　（b）相違点　407
　（2）世界の動向展望　戸田有一　408
4．国際比較から見た日本の予防教育　山崎勝之　410
　（1）海外の予防教育プログラムの導入　410
　（2）学校場面でのユニバーサル予防教育　411
　（3）限定的で単発的な教育実施　412
　（4）予防教育の実施時間と実施者　413
　（5）予防教育の必要性の認知の低さと教育効果に対する疑問　413

第14章　日本の予防教育の課題と展望，そして世界的視野で見た今後の予防教育　415

概要　山崎勝之　415
1．日本の予防教育の課題，そして今後の期待と発展　山崎勝之　415
　（1）日本の学会での討議から明らかになったこと　415
　（2）継続実施のための学習指導要領への取り入れ　417
　（3）健康や適応を守るユニバーサル予防の重要性を周知するための布石　418
　（4）教育実施への研修システムの確立　418
2．日本の学校側から見た課題と要望　畑下眞修代／今川恵美子／六車幾恵　419
　（1）学校教員の視点　419
　（2）学校教育の現状　420
　（3）予防教育の導入のために　422
3．世界的視野で見た予防教育の課題と今後のあり方　山崎勝之　423

（1）法的基盤の確立　423
（2）継続実施の必要性の確認と継続実施を可能とするプログラムの構築　423
（3）効果評価のあり方の見直しと子どもに戻す評価の採用　425
（4）背景理論と方法の整理，そして発展　426
（5）国際的共同とネットワークの確立　426

人名索引　429
事項索引　443

第Ⅰ部

学校における予防教育の必要性

　健康や適応問題の予防にはさまざまなやり方，種類がある。すべての子どもが健康や適応上の問題をひき起こす可能性があると考え，問題を起こす前に，すべての子どもを対象にして行うユニバーサル予防の重要性について説明する。
　このユニバーサル予防を学校において実施することは世界の学校教育の最近の強い傾向であるが，その試みはまだまだ不十分な状況である。しかし，その広まりの勢いはすさまじく，現段階でも，多くの教育目標，理論，そして方法があり，その多様性に触れながら今後の発展の方向と可能性を検討したい。

第1章

子どもの健康・適応と予防教育の必要性

<><><><><><><><><><><><><><><><><><><><><><><><><><><><><><><><><><><><><><>

概　要

　近年の児童・生徒の健康と適応状況は，目を覆いたくなるほど惨憺たるものである。その状況の抜本的な対策は，予防にある。とりわけ，すべての子どもが健康，適応上の問題を持つ可能性があると考え，問題を持たないうちに，すべての子どもを対象に学校で実施するユニバーサル予防教育の重要性が強調される。

　そして，この予防の重要性の観点から現在の学校教育全般の問題点を指摘しながら，今後の望ましい学校予防教育のあり方について説明する。

1．健康と適応にかかわる世界の状況

（1）成人の健康問題の現状

　日本をはじめ，先進国の平均寿命は伸び続けている。その最たる例は日本に見られ，2010年での平均寿命は女性86.39歳，男性79.74歳で，それぞれ世界第1位と第4位を誇っている（厚生労働省，2011）。しかし，この長寿は健康で幸多い状態とともに達成されているのかというと，決してそうではない。ガンや糖尿病など生活習慣病が蔓延し，自殺者も2011年度まで14年連続で3万人を超えていた（警察庁，2012）。高齢者の多くは，身体的にも，精神的にも病んでいて，苦しみの絶えない状況での生活が続いている。

　他方，発展途上国の平均寿命も伸びてはいるが，アフガニスタンやコンゴ民主共和国などは2009年の調査では50歳にも達しない（World Health Organization, 2011a）。発展国と発展途上国の第1の死亡原因はどちらも虚血性

（冠状動脈性）の心臓病であるが，発展途上国では感染症が目立ち，発展国ではガンや糖尿病など生活習慣病が目立っている（World Health Organization, 2011b）。

また，精神疾患でも際だった変化がある。日本において自殺者が年間3万人を超えていることは上述したが，自殺の直前は多くの者が抑うつ状態に陥っていることが推測される。抑うつ状態と関連が深い精神疾患はうつ病であるが，現在世界では1億2,100万人ほどの人がうつ病に罹患していると言われている（World Health Organization, 2011c）。2000年時点で，障害調整生存年（DALY: Disablility-Adjusted Life Year）は総疾病の第4位であったが，2020年には第2位になると予測されている（World Health Organization, 2011c）。なお，障害調整生存年は，早死による生命損失年数（Years of Life Lost: YLL）と障害による相当損失年数（Years Lived with a Disability: YLD）の総和によって求められ（福田・長谷川・八谷・田端，1999），この数値が高いほど健康への悪影響があることを示す。

（2）子どもの健康と適応の現状

このような現状を前に，子どもの心身の健康状態を見ると，成人の縮図のような状況が見てとれる。例えば，日本の場合を例にとると，肥満傾向はここ数年減少傾向にあるが，10年ごとの区切りで見ると，最近にいたるまでどの年齢でもその割合が増えている（文部科学省，2011a）。また，血清コレステロール値を見ると，異常域と境界域を合わせると小学生でも30%弱が高コレステロールになっている（日本学校保健会，2010）。さらに，精神的な問題では，これまで大人の病気とされていたうつ病が子どもにおいても目立つようになってきた（図1-1）。傳田らの調査（傳田，2008; 傳田・賀古・佐々木・伊藤・北川・小山，2004）では，成人に劣らず子どもでもうつ病が確認されている。

一方，子どもの社会生活上の適応状況はどうだろう。特に子どもが一日の多くの時間を過ごし，子ども同士や教員など他者との接触の重要な場となる学校生活での適応が気になる。学校での適応問題は，暴力，不登校，いじめ，非行などは，誰にも聞き慣れた言葉になっているほど日常化している。文部科学省（2011b）の調査報告では，2010年度において小中学校での暴力行為は調査開始以来最高の発生率に上った（図1-2）。同報告では同じく2010年度に，いじ

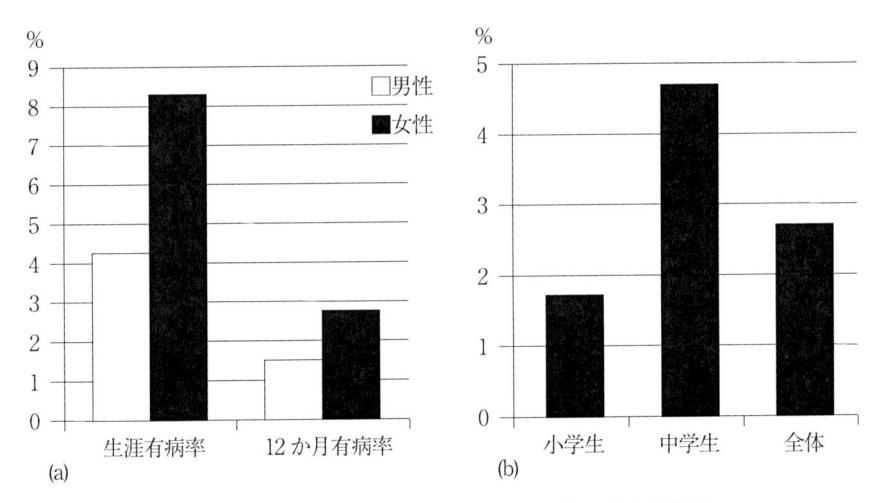

図 1-1　成人 (a) と子ども (b) におけるうつ病の罹患率
(a: 川上, 2003, b: 傳田他, 2004 から作成)

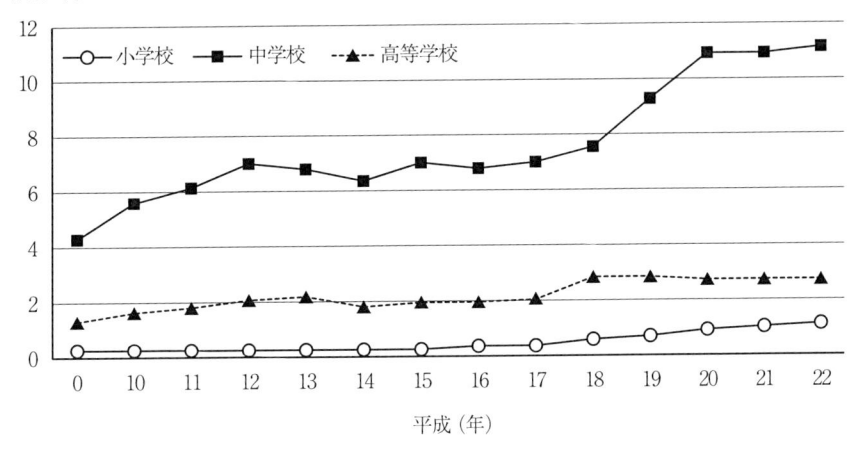

図 1-2　学校内における暴力行為発生率の推移
(1,000 人あたりの発生件数。平成 17 年までは公立校のみ調査。文部科学省, 2011b より作成)

めの発生を認知した件数も小中高合わせて 7 万件を越え, 2009 年度まで減少傾向にあったものの 2010 年度には前年度より増加したことを明らかにしている。2006 年度より調査方法が変わったのでそれ以前のいじめ発生件数とは直

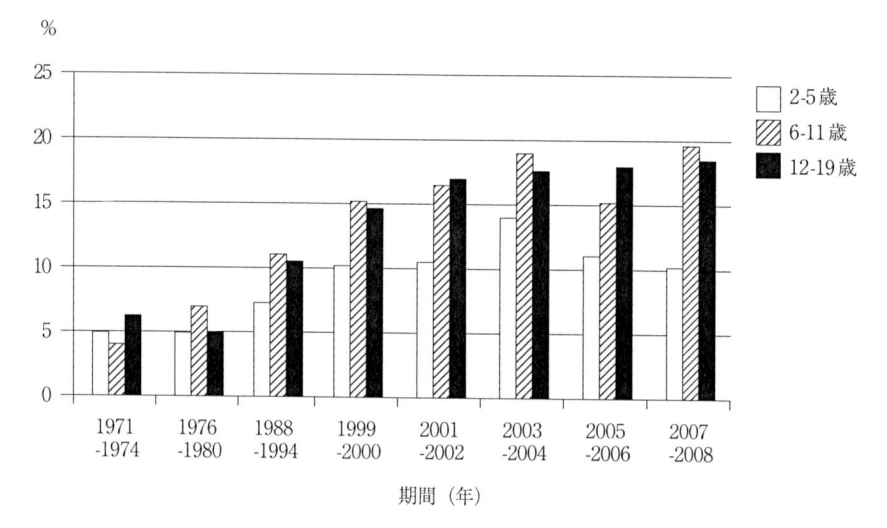

図1-3 アメリカ合衆国における肥満児率
(Centers for Disease Control and Prevention, 2011 より改変)

接的な比較はできないが，相変わらず多発していることは間違いない。同じく，不登校児童・生徒も減少の気配はなく，中学校ではここ12年間にわたり10万人を越え続けている（2005, 2010年度を除く）。

　世界的にもこの傾向は同じで，例えばアメリカ合衆国では，肥満児出現率を1970年ころから最近までの変化で見ると（図1-3），どの年代でも2倍以上の増加率を示している（Centers for Disease Control and Prevention, 2011）。2010年時点で，世界では，5歳以下の過体重の子どもの数は4,200万人とされ，そのうち約3,500万人は発展途上国に住んでいる（World Health Organization, 2011d）。なお，過体重と肥満はBMI（Body Mass Index）で分けられ，適正体重から過体重そして肥満へとBMIが高まる。他方，学校場面の適応問題では，いじめを例にとると，2007年のスイスのカンダーステグ（Kandersteg）宣言では，推定で，世界中で2億人の子どもたちがいじめにあっていると報告されている。WHO（World Health Organization）が4年ごとに行っている調査（Health Behvior in School-Aged Children: HBSC）の2001/2002年の調査によると，13歳児で前月に2回以上いじめ被害にあった割合は，多い国（リトアニア共和国）で35%ほど，少ない国（スウェーデン）でも6%弱になっている。また最近は，新しいタイプのいじめも目立ち始めている。そのいじめはネット

いじめ（cyberbullying）と呼ばれ，これは電子媒体を使用した（インターネットや電子メールなど）いじめで（Smith, Mahdavi, Carvalho, Fisher, Russell, & Tippett, 2008）で，上述のHBSCによるアメリカの調査では，伝統的ないじめ（身体的，言語的，関係性的）に加わり，高い発生率になっている（Wang, Nansel, & Iannotti, 2011）。

このように，身体・精神上の不健康さや疾患，そして，児童生徒にとって大切な学校生活での不適応は惨憺たる状況である。学校教員を含め大人社会は，このような現況に手をこまねいているだけではなく，いじめにしても，暴力にしても，長年にわたり手を打ってきたが，残念ながら，あまり効果がなかったと言わざるを得ない。

2．予防の重要性とそのあり方

（1）予防の重要性とその種類

なぜこれまでの試みが功を奏さなかったのか。その主要な原因の1つは，問題が顕在化してからの対処に重点を置き，予防という観点を強調して実践してこなかったからであろう。日本においては，1995年から学校でカウンセラーが配置され始めた。しかし，学校でのカウンセラーの仕事にしても，問題が顕在化した，あるいは顕在化し始めた状況での介入に終始し，カウンセラーが予防という観点を重視して仕事を行っている例はほとんど見かけない。この点は，身体的な疾患においても同様である。高騰する国民医療費を前に，厚生労働省（2007）は「厚生労働白書」において，その重要な対策の1つは予防であることを強調し，2000年には当時の厚生省により開始された，通称「健康日本21」においても，病気の予防に重点が置かれてきた。しかし，どれほど周到な予防が行われ，効果が生まれたかというと，残念ながら目に見えた効果は見られていない。

予防には，1次予防から3次予防まである。1次予防（primary prevention）は，すべての人が不健康になる可能性があると考え，健康なうちにすべての人を対象に行われる予防である。2次予防（secondary prevention）は，健康問題の早期発見と迅速な治療，3次予防（tertiary prevention）は，すでに病気

になった人の障害の程度を最小限にとどめる予防である。これと類似した予防分類に，ユニバーサル予防（universal prevention），選択的予防（selective prevention），指示的予防（indicated prevention）という分類がある（Mrazek & Haggerty, 1994）。ユニバーサル予防は1次予防とほぼ同義で，選択的予防は，病気や不適応への危険性が平均より高まっている人たちへの予防，そして指示的予防は，病気や不適応の初期の兆候が見られる人たちへの予防である。

　これら予防の定義を見ると，病気や不適応の予防という点では，後で紹介した用語（ユニバーサル，選択的，指示的予防）の方がその特徴が強く，本書においても，特に使い分けが必要でない限り，これらの用語を使用することにする。

（2）ユニバーサル予防と学校教育

　このように予防は多様で，どの予防も重要な位置づけにあることは明らかである。しかし，選択的予防も，指示的予防も，問題への危険因子が高まったり，問題を持ち始めている段階での予防である。そして，問題を持つ前の対処が予防であるとすると，すべての人が将来問題を持つ可能性があることを想定して，すべての人を対象に実施するユニバーサル予防の重要性が際立つ。このユニバーサル予防は，生活習慣病にしても，いじめにしても，問題への抜本的対策としては最も効果が望める予防といえる。

　こうして，ユニバーサル予防は，問題を持たないうちに，すべての人を対象にするという点において特徴がある。心身の病気や不適応は，年齢を重ねるにつれて問題が芽を出し始める。そうすると，発達段階の早いうちからの適用が必要になることは疑いない。そして，すべての人を対象にできるということでは，すべての人が義務教育として同じ組織に通うという点で，学校が予防教育の場として候補にあがる。つまり，発達段階の早期とすべての人が集まる同様の組織の共通項が学校になる。

　こう考えると，予防が重要，その中でもユニバーサル予防が重要，そして，そのユニバーサル予防を円滑に実施できる可能性が高い場が学校ということになる。

3．学校における予防教育の現状とあり方

（1）学校における心身の健康問題の予防の現状

　さて，学校でのユニバーサル予防の重要性が浮かび上がったところで，学校における心身の健康への予防の実態を見てみたい。予防接種のシステムはほぼ完成され，一部の問題があったとしても順調に機能している。予防ではないが，健康診断など，各種病気の早期発見のシステムの充実とともに，この点は最初に指摘される。

　それでは，上に紹介した生活習慣病などの身体疾患やうつ病などの精神疾患への予防はどうだろうか。本書の第2章と第9章で詳しく紹介されるが，近年，生活習慣病予防教育やうつ病予防教育が，まれにではあるが実施される例にあたることができる。しかし残念なことに，それらは，ほんの一部の学校で，しかも長期でなくきわめて短期に実施され，また，毎年実施されることはなく単発的，一過性の実施に終わっている。

　本来この予防教育では，中心的な位置づけにある保健の授業でさえ，例えば日本の小学校では，6年間のうちにわずか24時間で，そのうち心の健康に4時間，病気の予防に8時間という時間数の少なさである。そして，健康や適応上の問題では中心的な役割を果たすのが保健室の養護教諭であるが，子どもの体調不良やけがの対処や健診の準備に追われている。上述したように，スクール・カウンセラーも問題が起きてからの対処に終始している。

　こうして，学校における心身の不健康問題のユニバーサル予防は，ほとんど実施されていない現状にある。

（2）学校における適応問題の予防の現状

　上記のように，予防という面では，心身の健康面でさえ不十分な状態であり，学校における適応面ではなおさら不十分な状況が推測される。本書の第2章や第9章，他には第5章でも登場するが，暴力，いじめ，非行，薬物乱用，性関連問題行動など，学校生活における適応上の問題の予防教育は確かに実施されてはいる。しかし，上記の心身健康のための予防教育と同様，短期，単発的，

一過性に実施されているにすぎない。小学校から教科の授業は週に何時間もあるのに，このような予防教育は，行っても数時間という状況は嘆かわしい。暴力にしても，いじめにしても，その問題発生の根本的な原因は個人の性格特性に起因することが少なくないが（山崎・内田，2010），その原因の形成は発達の何年にもわたる過程で形成されていることも多く，わずかな時数で対応できる問題ではない。

　このような状況にある限り，国レベルの調査でも，その問題は少なくとも目立った減少傾向にはなく，日本の校内暴力のように増加し続けている問題も少なくないことは上述したとおりである。世界中で数多くの研究者や教育者がその撲滅や予防にエネルギーを注いでいるが，目に見えた効果が出ているとは言いがたい現状が長らく続いている。

4．健康・適応と学業

（1）人の幸福は何で決まるのか

　子どもの健康や適応を守ることは最重要事であることは誰もが認めている。それにもかかわらず，学校においてはその予防に本腰を入れない。その原因としては多くのことが考えられる。まず，学校では学業が優先されている。これは，学業での成功がよい大学，よい会社に入って社会的成功につながり，それは幸福な人生につながるという，根深い考え方から出ている。しかし，社会的成功は人の幸福につながるとは限らないことには注意する必要がある。例えば，ドイツで1984年から毎年実施されている大規模な調査（ドイツ社会・経済パネル研究，German Socio-Economic Panel Study）によると，幸福感の重要な構成要因となる生活満足感と収入との関係は逆U字型になり，生活満足感が高ければ高いほど収入も高いという結果にはなっていない（Oishi, Diener, & Lucas, 2007）。このことはカーネマン他の研究（Kahneman, Krueger, Schkade, Schwarz, & Stone, 2006）でも示唆され，家庭の年収がある程度高くなると幸福感の度合いはそれ以上高まらないことが明らかにされている。彼らは，食事など基本的な欲求が満たされれば，年収は必ずしも幸せの向上にはつながらないと仮説している。表1-1に示した研究（Diener & Seligman, 2009）も興味深く，

表1-1 さまざまなグループの生活満足感の平均値
(「生活に満足している」の陳述に，1　まったくそうではない ～ 7　まったくそのとおり　で回答；Diener & Seligman, 2009 より改変)

雑誌「Forbes」によるアメリカの大富豪	5.8
ペンシルバニアのアーミッシュ*	5.8
イヌイット（グリーンランド北部に住む）	5.8
マサイ族	5.7
イリノイのアーミッシュ	4.9
カルカッタのスラム街居住者	4.6
カリフォルニア，フレズノのホームレス	2.9
カルカッタのホームレス	2.9

＊アメリカ合衆国やカナダに居住するドイツ系移民の宗教集団。移民当時の生活様式を保持し，農耕や牧畜によって自給自足生活をしていることで知られる。

アメリカの大富豪，イヌイット，マサイ族の生活満足感はほとんど変わらないことがわかり，物質的，地位的な栄華が幸福につながらないことを示唆している。学校での学業は，高い社会的地位や経済的に安定した生活を目指すことを念頭においたものであろうが，それは幸福な生活には直結しないことになる。

(2) 学校における予防教育の適用を阻む要因

また，健康や適応の問題を予防することはもっとも重要なことだと，多くの学校教員が認識しているが，それにもかかわらず，実際には予防教育の実施に至らない要因も多い。例えば，実際にその教育を実施するとなると，長期にわたって実施できる教育が少ないことは事実であるし，さらには，その教育で本当に効果が望めるのかという不審もあろう。また，学校で予防教育をすべての子どもに長期にわたって実施するとなると学校教員が実施することになるが，大学などの教職の課程でそのような教育について学ぶことはほとんどない。

日本において総合的な学習の時間が導入され，学校現場がその教育を十分に実施できなかった先の学習指導要領の失敗は如実にそのことを示している。また，予防教育を長期間実施するとなると，学習指導要領がその実施に対応していないことも大きな障壁となり，既存の授業や学校での活動時間における位置づけに苦労することになる。日本のように中央集権型の教育システムが強い国

では，学習指導要領を予防教育が算入できるように改訂していくことが，円滑な適用には必要になる。それまでは，教育目標の整合性を見極めながら，既存の授業や活動時間で柔軟に実施し，その教育効果を提示しながら予防教育の必要性を周知していくことになろう。山崎・佐々木・内田・勝間・松本（2011）は，トップ・セルフと呼ばれる独自の学校予防教育（第8章参照）が総合的な学習の時間の教育目標を達成できることを示し，その時間での実施を目指し，また実際に行っている。このような試みが，当面は推奨されることになろう。

　長期にわたり継続して実施できる予防教育プログラムがほとんどない。誰もが納得できる効果をもたらすプログラムがない。学校教員が容易に実施できる状態にはない。そして，実施できる時間枠がない。こうした，学校における予防教育の適用上の問題を解決するのが喫緊の課題となっているが，それには世界における現時点での学校予防教育を知る必要がある。知った上で，今後の望ましい展開の糸口を見つける。本書は，その目的のために書かれている。

（3）健康・適応への予防教育は学業を高める

　上には，学校においては学業が重視される結果，予防教育など他の教育はないがしろにされることに触れた。しかし，近年，予防教育が学業とは関係がないという神話は崩れつつある。本書でも，随所に登場する教育に，社会・感情学習（SEL: Social Emotional Learning）がある。これは特定の教育プログラムを指す学習ではなく，感情面や対人関係面を重視した教育の総称である。その詳細は第2章以降に譲るが，このSELと学業との関連が最近立て続けに明らかにされている。SELの領域では，世界中で多くの具体的教育プログラムが開発され実践されており，その中多くのプログラムが科学的な効果評価結果を報告している。その報告はまとめてメタ分析（meta analysis）にかけられ，総合的に教育効果を検討しようとする試みが行われている（例えば，Durlak, Weissberg, Dymnicki, Taylor, & Schellinger, 2011; Payton et al., 2008）。そして，そのメタ分析により，健康・適応に関連した多くのスキル，行動，態度に加えて，学業面も，教育直後のみならずその後最低6か月はその効果が維持されることが明らかにされている。

　そして，直接的に学業に関連しないSELがなぜ学業に好影響を与えるかについては，さまざまな理由が考えられている。デュアラック他（Durlak et al.,

写真 1-1　世界で行われているさまざまな予防教育

2011）は，これまでの多くの研究を引用しながら，まず個人の行動変化，そして対人的，環境的サポートならびに授業での教示サポートの関連からこの理由を推測している。例えば，前者については，SELにより自分の学習能力の気づきや自信が高まり，学業における努力が高まる。目標設定や達成への計画性，問題解決スキルの習得，自制やストレス管理力の高まりが，学業活動の量と質を高め，学業での好成績につながる。後者については，高い期待や学業での成功へのサポートを示す仲間や大人の行動，学校へのつながりを育む教師－児童・生徒関係，子ども主体の教室管理や協同学習のような教授アプローチ，教室でのポジティブな行動を奨励する安全で秩序だった環境などの向上がその理由にあたる。こうして，児童・生徒の社会－感情能力，学校環境，教師の指導力や子どもへの期待，児童・生徒と教員との関係がSELを通じて高められ，それによる子どもの行動変化が学業を高めているといえよう（Catalano, Berglund, Ryan, Lonczak, & Hawkins, 2002; Schaps, Battistich, & Solomon, 2004）。

これらはSELでの知見であるが，世界で行われている学校予防教育の多くはSELの要素を含んでいることが推測される。このことから，学業が教科によってのみ向上するのではなく，予防教育が学業を支える重要な特性に介入し，学業の向上においても重要な役割を担うことに留意したい。子どものウェル・ビーイング像を的確に持ち，その像を達成する要因については慎重に理解を高めたい。

5．本書がめざすもの

上にも示唆したが，本書が遠い先にめざしていることは，子どもの健康や適応を守る学校での予防教育が，すべての学校において恒常的に実施されることである。このことは，世界のどこの国においても実現されていない。しかし世界では，おびただしい数の予防教育プログラムが開発されている（写真1-1）。また，限定的，短期的であっても，学校教育に適用されてもいる。この目下の世界的傾向を見ると，本書がめざすところの実現も夢ではないと確信する。

この夢の実現のための最初の一歩が，この書籍となる。本書では，日本を含めて世界の多くの国における，学校で実施できる予防教育の特徴をとらえ，整理しようとした。日本以外では，アメリカ，カナダ，ヨーロッパ諸国，オーストラリア，中国を守備範囲としたが，これらの地域においても，抜け落ちたプログラムは数多い。しかし，これだけのプログラムを紹介して整理できれば，近年の世界的な傾向がうかがえるはずである。そして，本書の最後第Ⅳ部においては，日本の予防教育を他の国々での予防教育と比較しながら，今後の学校予防教育の課題を浮き彫りにし，学校における広域，恒常的実施へ向けて展望を行う。課題の指摘から発展への展望は，実効性のある現実的なものとしたい。現行のプログラムやその適用の長所を集結し，見出された不足箇所を加えれば，新たな展開が期待されよう。

本書の学校予防教育では，少なくともユニバーサル予防教育として適用できるプログラムに焦点を当てた。それは，すべての学校教育の場で恒常的に実施する以上，学校教員が授業者となり，すべての子どもが等しく受ける必要があるからである。健康や適応上の問題に陥らない健全な心身の特性を身につけることが，問題への抜本的な対策になることを本章では強調した。このことも，

ユニバーサル予防教育が必要になる理由となる。

引用文献

Catalano, R. F., Berglund, M. L., Ryan, J. A. M., Lonczak, H. S., & Hawkins, J. D. (2002). Positive youth development in the United States: Research findings on evaluations of positive youth development programs. *Prevention & Treatment*, *5*, Article 15. doi: 10.1037/1522-3736.5.1.515a.

Centers for Disease Control and Prevention (2011). Prevalence of obesity among children and adolescents: United States, trends 1963-1965 through 2007-2008. http://www.cdc.gov/nchs/data/hestat/obesity_child_07_08/obesity_child_07_08.htm

傳田健三 (2008). 児童・青年期の気分障害の臨床的特徴と最近の動向 児童青年精神医学とその近接領域, *49*, 89-100.

傳田健三・賀古勇輝・佐々木幸哉・伊藤耕一・北川信樹・小山 司 (2004). 小・中学生の抑うつ状態に関する調査 ― Birleson 自己記入式抑うつ評価尺度（DSRS-C）を用いて ― 児童青年精神医学とその近接領域, *45*, 424-436.

Diener, E., & Seligman, M. E. P. (2009). Beyond money: Toward an economy of well-being. In E. Diener (Ed.), *The science of well-being: The collected works of Ed Diener* (pp.201-265). New York: Springer.

Durlak, J. A., Weissberg, R. P., Dymnicki, A. B., Taylor, R. D., & Schellinger, K. B. (2011). The impact of enhancing students' social and emotional learning: A meta-analysis of school-based universal interventions. *Child Development*, *82*, 405-432.

福田吉治・長谷川敏彦・八谷 寛・田端航也 (1999). 日本の疾病負担と障害調整生存年（DALY） 厚生の指標, *46*, 28-33.

Kahneman, D., Krueger, A. B., Schkade, D., Schwarz, N., & Stone, A. A. (2006). Would you be happier if you were richer? A focusing illusion. *Science*, *312*, 1908-1910.

川上憲人（主任研究者）(2003). 平成14年度厚生労働科学研究費補助金（厚生労働科学特別研究事業）心の健康問題と対策基盤の実態に関する研究 総括研究報告書

警察庁 (2012). 平成23年中における自殺の状況

厚生労働省 (2007). 厚生労働白書

厚生労働省 (2011). 平成21年簡易生命表の概況について

文部科学省 (2011a). 学校保健統計調査年次統計

文部科学省 (2011b). 平成22年度「児童生徒の問題行動等生徒指導上の諸問題に関する調査」について

Mrazek, P. J., & Haggerty, R. J. (Eds.). (1994). *Reducing risks for mental disorders : Frontiers for preventive intervention research*. Washington, DC: National Academy Press.

日本学校保健会 (2010). 平成20年度児童生徒の健康状態サーベイランス事業報告書

Oishi, S., Diener, E., & Lucas, R. E. (2007). The optimum level of well-being: Can people be too happy? *Perspectives on Psychological Science, 2,* 346-360.

Payton, J., Weissberg, R. P., Durlak, J. A., Dymnicki, A. B., Taylor, R. D., Schellinger, K. B., & Pachan, M. (2008). *The positive impact of social and emotional learning for kindergarten to eighth-grade students: Findings from three scientific reviews.* Chicago: Collaborative for Academic, Social, and Emotional Learning.

Schaps, E., Battistich, V., & Solomon, D. (2004). Community in school as key to student growth: Findings from the Child Development Project. In J. E. Zins, R. P. Weissberg, M. C. Wang, & H. J. Walberg (Eds.), *Building academic success on social and emotional learning: What does the research say?* (pp. 189-205). New York: Teachers College Press.

Smith, P. K., Mahdavi, J., Carvalho, M., Fisher, S., Russell, S., & Tippett, N. (2008). Cyberbullying: its nature and impact in secondary school pupils. *Journal of Child Psychology and Psychiatry, 49,* 376-385.

Wang, J., Nansel, T. R., & Iannotti, R. J. (2011). Cyber and traditional bullying: Differential association with depression. *Journal of Adolescent Health, 48,* 415-417.

World Health Organization (2011a). World Health Statistics 2011.

World Health Organization (2011b). Data and statistics: Causes of death in 2008. http://www.who.int/gho/mortality_burden_disease/causes_death_2008/en/index.html

World Health Organization (2011c). Health topics: Depression. http://www.who.int/mental_health/management/depression/definition/en/

World Health Organization (2011d). Childhood overweight and obesity. http://www.who.int/dietphysicalactivity/childhood/en/

山崎勝之・佐々木　恵・内田香奈子・勝間理沙・松本有貴　(2011)．予防教育科学におけるベース総合教育とオプショナル教育　鳴門教育大学研究紀要, *26,* 1-19.

山崎勝之・内田香奈子　(2010)．学校における予防教育科学の展開　鳴門教育大学研究紀要, *25,* 14-30.

第2章

予防教育の目標，理論，方法の多様性

概　要

　予防教育の実施はまだまだ不十分ではありながらも，国内外におけるこれまでの実践から学ぶことが数多く存在する。本章においては，これまでに開発されてきた予防教育の目標，背景理論，そして実際の教育方法について主要なものを紹介する。

　その記述の中に，いかに多様な目標，理論，方法が用いられているかが見てとれるだろう。

1．予防教育の目標の多様性

（1）問題の予防に焦点を当てた教育

（a）行動的問題

（ⅰ）暴力，いじめ，非行

　本節では，予防教育の目標となり得る様々な問題を紹介する。

　1970年代から80年代にかけて校内暴力として注目された児童生徒の暴力行為であるが，文部科学省が小学校，中学校，高等学校を対象として実施している学校内外における暴力行為の調査（文部科学省，2012a）では，2009年度に暴力行為発生率において過去最高値を示し，現在においても深刻な問題であることをうかがわせる。

　また同調査において，いじめの認知件数は近年一貫して減少を続けていたが，2010年度は現在の調査方法になって初めて増加に転じ（文部科学省，2012a），

2012年11月に行われた緊急調査では大幅増となるなど（文部科学省，2012b）予断を許さない状況となっている。さらに，近年は従来のいじめに加えて，インターネット上でのいじめ，いわゆるネットいじめの被害も拡がっており（Beran & Li, 2005；Campbell, 2005 など），対策が急がれる。近年認知件数は減少傾向にあったとはいえ，現在でも中学校においては半数以上の学校でいじめが認知されており，実際の発生学校数ではさらに多いであろうことを考えると，今なお喫緊の課題としていじめ対策を行う必要があるといえる。

暴力やいじめの被害経験が不安や抑うつ，低い自尊心（Hawker & Boulton, 2000; 岡安・高山，2000），対人恐怖心性（石橋・若林・内藤・鹿野，1999）などと関連することが多くの研究で示されており，被害を受けてから年数が経った後における精神疾患（Schreier et al., 2009）や抑うつ，不安（荒木，2005）とも関連することが示されている。また，被害者だけでなく，傍観者も悪影響を受けることが指摘されており（Horne, Bartolomucci, & Newman-Carlson, 2003），小・中学校における予防が重要であるといえる。

加えて非行の問題について記述する。非行少年とは，犯罪少年，触法少年，虞犯少年を指す（警察庁，2012）。ここでの少年とは20歳未満の者を指すため，非行とは20歳未満の者が行った犯罪行為（14歳未満の場合は刑罰法令に触れる行為），および20歳未満の者が持つ犯罪を起こす恐れのある性格，犯罪につながる行動ということができる。

警察庁（2012）によると，近年犯罪少年および触法少年は減少傾向が見られる。しかしながら，一般刑法犯検挙人員の年齢層別構成比では，若年者や成人と比較し少年がもっとも高く，少年の一般刑法犯検挙人員に占める再非行少年の比率は，10年以上にわたって増加を続けているなど（法務省，2011），予断を許さない状況であるといえる。また，法務総合研究所の調査（法務省，2011）によれば，18，19歳で少年院を出院した者のうち4割は25歳までになんらかの刑事処分を受けている。また，刑事処分を受けるまでにも薬物使用や暴力団加入等の問題行動を重ねており（法務省，2011），社会に与える影響は大きいといえる。

少年による一般刑法犯検挙人員の人口比では年少少年（14歳以上16歳未満の者）の割合が高い。また，家庭裁判所による児童自立支援施設等に対する送致人員のうち，13歳以下の人員については増加傾向が続いており，小・中学生に対する非行予防の重要性が高まっているといえよう。

(ⅱ) 性関連問題行動，薬物乱用

　他の問題としては，性に関連した問題行動や薬物乱用などが目立っている。
　児童・生徒の性関連問題行動には，性行動の低年齢化，性感染症，10代の望まない妊娠，そして出会い系サイトなどを通じて行われる援助交際などがある。1974年と2005年の比較では，高校生，大学生男女ともに，性交経験率が増加している。人口妊娠中絶は全体では減少しているが，10代での中絶数やその割合は増加している（財団法人日本性教育協会，2005）。10代後半から20代の女性に性感染症の頻度が高く，10代後半の女性は20代の女性よりもクラミジア感染の頻度が高い（性の健康医学財団，2001）。中学2年生と高校2年生の女子に対する警察庁（2007）のアンケート結果によると，7.9％が出会い系サイトにアクセスした経験があった。
　これらの問題にいたる行動を予防する教育は，児童・生徒が自分の生活に展望を持ち，主体的に考え判断し，意志決定と自己管理を実行する生活を築くことで，自らが健康に幸せに生きることを支援する。そのためには，ライフスキルの育成が重要である。WHO（World Health Organization, 1994）では，ライフスキルを「日常生活で生じるさまざまな問題や要求に対して，建設的かつ効果的に対処するために必要な心理社会的能力」として，対人関係，意志決定，問題解決など10のスキルを定めている。
　次に喫煙や飲酒を含む薬物乱用であるが，これらの問題は，生命や健康に深刻な影響を及ぼす。さらには，当事者のさまざまな発達に影響するだけでなく，当事者にかかわる友人，家族，学校，そして社会に影響する。危険行動の結果を知らせるという従来の知識伝達型防止教育の限界が指摘されている（上原，2008）。例えば，1960年代の喫煙による健康被害の情報を提供する教育はほとんど効果が見られなかった（Goodstadt, 1978; Thompson, 1978）。そこで，危険行動の形成にかかわる要因，および要因間の関係を明らかにした知見と，そこから導かれた理論に基づいた健康教育を実施する必要がある（川畑・石川・近森・西岡・春木・島井，2002）。
　危険行動は人生の比較的早い段階において形成され，一度形成された行動の変容は困難であることから，早い時期に効果的教育により予防することが重要である（川畑他，2002）。例えば，和田・近藤・高橋・尾崎・勝野（2006）は，中学生100人に1人が有機溶剤を，250人に1人が覚醒剤を経験していると報告しているが，このような実態からも，薬物乱用の予防教育は，小・中学校で

(b) 身体的問題

　成人病が生活習慣病と改名されて10年以上が経過した。この病気が減る傾向はなく，増加の一途をたどっている。厚生労働省（2009）によると，国内における死亡原因の上位は，悪性新生物，心疾患，脳血管疾患などである。そしてそのほとんどが生活習慣病であるといってよい。

　成人病が生活習慣病と改名された理由の1つに，病気発症の低年齢化があげられる。生活習慣病を予防の視点を取り入れ，かつ学校教育において取り扱うことに疑問を持たれるかもしれない。しかし，以下の各データに触れるとその思いは一新する。

　図2-1は，小中学生における肥満傾向児の年次推移である。発達を重ねるごとに肥満傾向は増加する傾向にある。また，各年齢単位で見ても，肥満傾向児は年々増加していることがわかる。そして，肥満とのかかわりが深い食生活についても，いくつかの興味深いデータがある。日本スポーツ振興センター（2007）の調査では，小学生，中学生ともに，ほとんど毎日おやつを食べている児童生徒が20％台に及んでいる。嗜好飲料類も小中学生あたり（7～14歳）で1日あたり294g,高校生あたり（15～19歳）で447.9g摂取している状況がある（厚

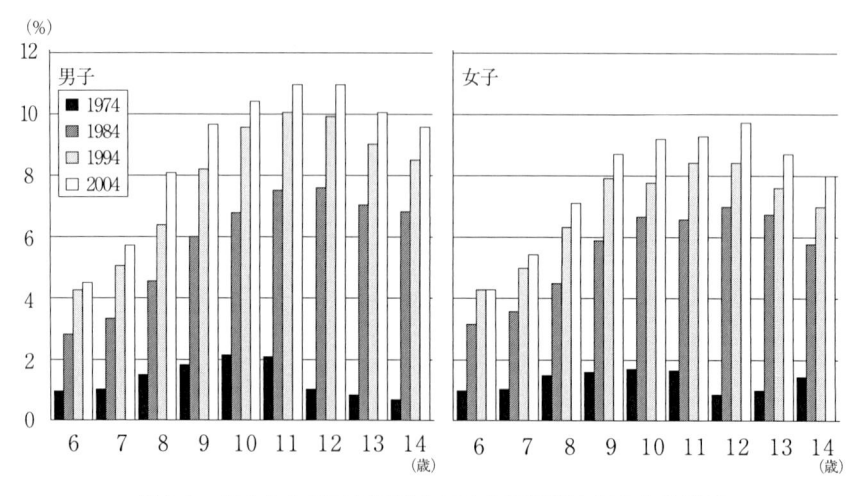

図2-1　男女ならびに年齢ごとにみた肥満傾向児の年次推移
（文部科学省，2005より改変）

生労働省，2008）。また，間食ばかりでなく，朝食にも同様の問題が見られる。例えば，小学校で約1割の児童が朝食を摂取しない日があるとし，その割合は中学から高校へと年齢が上がるに従い増加している（日本学校保健会，2008）。

　実は，朝食摂取と生活習慣病とのかかわりは深い。マ他（Ma et al., 2003）は，朝食を食べない人は食べる人に比べて，肥満の危険度が増加する（性と年齢を補正すると，その差は5倍になる）ことを指摘している。また，食生活は生活習慣病のみならず，精神的側面に与える影響も示されている。大芦・曽我・大竹・島井・山崎（2002）の小学生を対象にした調査では，朝食をとらないことが短気の高さ，野菜摂取頻度の低さが身体的攻撃の高さ，甘いものの摂取頻度が言語的攻撃の高さと正に関連することを報告している。

　子どもたちにおける生活習慣の問題は，食ばかりではなく，運動や睡眠面にも及んでいる。睡眠では，どの発達段階でも漸減の傾向がある。小学校3・4年生，5・6年生，中学生の別で昭和56年度と平成18年度の睡眠時間の変化を比較してみると，それぞれ9時間26分から8時間59分，8時間55分から8時間34分，7時間52分から7時間8分と減少している（日本学校保健会，2008）。疫学研究において，睡眠時間の短縮や睡眠時間の不規則化は，循環器疾患（篠邊・塩見，2009），高血圧（永井・苅尾，2009），糖尿病（Kawakami, Takatsuka, & Shimizu, 2004）などの生活習慣と関連していることが報告されている。そして，運動面においてもその減少が垣間見られるデータが報告されている。平日のテレビ（ビデオ，DVD含む）平均視聴時間は，小中高等学校間で大きな違いはなく，男子で1時間34分〜1時間56分，女子で1時間37分〜2時間10分となっている（日本学校保健会，2008）。コンピュータ（テレビ）ゲームの使用時間も長く，男子でどの発達段階でも1時間を超え，女子でも1時間前後になっている。これらはいずれも学校から帰宅後の視聴時間であるため，明らかに長い。パッフェンバーガー他（Paffenbarger, Hyde, Wing, & Hsieh, 1986）は，ハーバード大学の卒業生を対象に，歩行数や階段昇降数から身体活動量を算出した。その結果，2000 kcal以上の運動あるいは中程度の運動を習慣的に行っているものは，そうでないものに比べて死亡率が有意に低いことを示した。

　以上のように，生活習慣の問題を予防の観点からアプローチすることは急務である。また，先のデータが示すように，身体とこころの問題は密接にかかわっており，学校教育において生活習慣病の予防に取り組む必要性が，よりうかが

えよう。

（c）精神的問題：うつ病，不安障害，自殺，ストレス

わが国において，これまでの4大疾病（がん，脳卒中，急性心筋梗塞，糖尿病）に精神疾患を加え，5大疾病とする動き（共同通信，2011a）があるように，精神的問題は現代における重要な社会問題の1つである。精神的問題にはさまざまなものが存在するが，ここではその頻度が高く，誰もが罹患する可能性のあるもの（common disease）について言及したい。

代表的なものの1つは，うつ病である。うつ病は，抑うつ気分や興味・喜びの減退を主症状とし，不眠や食欲の減退，集中力の低下などが周辺症状として生じる病気であり，人々の社会生活機能を著しく低下させる。傳田（2008）は，日本の小・中学生を対象とした気分障害の疫学調査結果について述べている。これによれば，気分障害（大うつ病性障害，小うつ病性障害，気分変調性障害，双極性障害）の時点有病率は全体で4.2％となった。特に大うつ病性障害に着目すると，小学生においては1.5％未満なのに対して，中学1年生になると4.1％と急上昇することが示されている。加えて，グラッドストーン他（Gladstone, Beardslee, & O'Connor, 2011）は，先行研究で示されている知見をまとめ，青年期に発症したうつ病は，5年以内に再発を繰り返すことを示している。青年期におけるうつ病の罹患の危険性はもとより，ひとたび発症してしまうと，その後の人生に多大なる悪影響を及ぼすことが示唆され，児童期のうちからの対応が望まれる。

うつ病と同じく，近年社会問題となっているのが不安障害である。川上（2012）は，世界精神保健調査（World Mental Health Surveys）の日本における結果（川上，2007）から，不安障害への早期対応の必要性を指摘している。例えば，社会不安障害はほとんどが12歳までに発症するが，このような不安障害への罹患は，将来の大うつ病の発症リスクを7倍にも高めることを報告している。また，うつ病と比較して，不安障害の場合には専門医を受診する率も低いため，青少年期における予防が必要であることを指摘している。さらに，子どもたちの不安はいったん形成されると絶え間なく続き，成人期まで尾をひく（Stallard, 2009）という指摘や，不安は抑うつに先行するため，不安を予防することで，その後の抑うつの予防につながる（Flannery-Schroeder, 2006）という知見も存在する。

これらのことをふまえると，児童生徒における精神的問題を対象とした予防教育では，抑うつや不安の問題を外すことはできないだろう。
　これらの精神的問題の先にあるもっとも深刻な事態は自殺である。WHO（http://www.who.int/violence_injury_prevention/violence/world_report/factsheets/en/selfdirectedviolfacts.pdf）によれば，15～44歳の死亡原因第4位となっており，40秒に1人のペースで，自殺による死亡が生じている。上記ではさらに，25歳以下の若年層においては，自殺の完遂にいたるまでに，100～200回の希死念慮または自殺企図が生じていることも報告されている。次に，日本に目を向けてみると，文部科学省の統計によれば，平成22年度において自殺を完遂した児童生徒194名のうち，12.8％が精神障害を抱えていたことが明らかとなっており，不明（55.8％）を除くともっとも高い率を占めている。このことから，自殺の背景には精神障害の存在が示唆され，ここにも早期対応の必要性が見てとれる。文部科学省もいよいよ児童生徒における自殺対策を検討するにいたっており（共同通信，2011b），自殺についての学校現場での早急な予防的対応が，今まさに求められている。
　これまではうつ病，不安障害，自殺といった，具体的な精神的問題（障害）を想定しての予防教育の目標について述べた。しかし，日常生活を送ることができている子どもたちにとっては，自分自身が重い精神的問題を持つ姿は想像しにくいかもしれない。多くの子どもたちにとって身近なものは，日常のストレスである。ストレスは生活の一部であり，どんな子どもでもストレスフルな状況を経験している（de Boo & Wicherts, 2009）。また，ストレス状況にうまく対処できずにいると，不安や抑うつの上昇のみならず，冠状動脈性疾患やメタボリック症候群へのリスクを上昇させるなど，身体的な健康にも悪影響を及ぼす（McGrady, 2007）。わが国の児童においては，友人関係のストレッサーが怒り，抑うつ，不安などのストレス反応に結びつきやすいこと，学業のストレッサーは，意欲減退などを生じやすいことなどが示されている（宮田・日高・岡田・田中・寺嶋，2003）。また，中学生においては，学年が上がるにつれてストレス反応が強まり，特に友人関係や学習が大きなストレッサーとなっていることが示されている（佐伯，2002）。ストレス反応には，抑うつ，不安，怒り，無気力など，幅広い要素が含まれる。したがって，自分がどのようなときにどのような反応を示しやすいのかに気づき，そのような状況での適切な対処方法を学ぶことは，うつ病や不安障害の予防と比して，より予防的意味合いの強い

ものとなると考えられる。

（2）よい側面を伸ばすことに焦点を当てた教育

（a）ポジティブ心理学の勃興と学校への導入

　続く本項では，問題側面よりも積極的に伸ばす側面に焦点を当て，よい面を伸ばすという，近年の予防教育特徴の一端となる教育目標に触れたい。

　まず，その特徴を推進しているといえるポジティブ心理学（positive psychology）から入る。ポジティブ心理学は，その仕掛け人ともいえるセリグマン（Martin E. P. Seligman）が1996年にアメリカ心理学会の会長に選出されて間もなく興った。セリグマンによれば，ポジティブ心理学の目的は，生活の悪い面を修復することにとらわれていたこれまでの心理学を，生活のよい面を打ち当てる心理学に変えることにある（Seligman, 2002）。これまでの心理学において，人間のネガティブな側面（病や暴力など）を強調してきた研究姿勢への大きな巻き返しともいえる運動である。その研究対象は広く，感情，認知，行動まで多方面に及び，基礎から応用まで多様な広がりを見せている（Seligman & Csikszentmihalyi, 2000）。

　近年このポジティブ心理学は，学校教育にも多大な影響を及ぼしている。これまで学校では，生徒指導の領域を中心に，いじめや暴力など，子どもたちの問題ある行動に焦点を当て，その改善に労力を注いできた。しかし，多くの学校心理学者は，これまでの問題中心のアプローチとは異なったアプローチを強調し始め（Terjesen, Jacofsky, Froh, & DiGiuseppe, 2004），それがポジティブ心理学のいう，子どもの長所（強み）の育成である。青少年，家族，地域の長所に焦点を当てた発達的強み（developmental asset）の育成（Scales, Benson, Lefferet, & Blyth, 2000）などもその傾向の1つといえよう。

　また，これまで学校においては，選択的予防や指示的予防など，問題への危険因子が高まった，あるいは初期の問題兆候がある子どもたちへの予防が中心であったのに対して，ユニバーサルな予防プログラムが実施されるようになってきたこともポジティブ心理学の動向と一致する。ユニバーサル予防では問題が起きる前の教育が行われるのであるから，将来の問題生起をブロックできる特性を積極的に育成することになり，その特性は望ましい面が中心になること

は容易に理解できる。また，選択的ならびに指示的予防は，治療的な側面を同時に持つ予防になり，この点において治療への専門性を持たない学校教員が実施できる方向は限定されている。本書は，学校での予防教育が，すべての子どもに恒常的に実施される将来のために寄与することをねらっている（第1章参照）。そのためには，必然的に，ユニバーサル予防，そして，子どものよい側面を強調した教育となり，これは学校教員が担当すべき教育になる。

　よい側面を伸ばすことに焦点を当てた教育やプログラムは，その開発者が意識していなくても，ポジティブ心理学の動きに合致したものになっている。また，積極的にポジティブ心理学を学校教育に導入しようとする教育もまれではなく，ギルマンらの書籍（Gilman, Huebner, & Furlong, 2009）にはその多くが紹介されている。その中でも，アメリカでは，第3章で紹介する，ポジティブ行動介入および支援（Positive Behavior Intervention and Support: PBIS）が広く実施されている（Sullivan, Long, & Kucera, 2011）。PBIS が学校全体で行われるのが学校 PBIS（School-Wide PBIS: SWPBIS）であるが，それはポジティブ心理学の知見に直接関連づけて開発されたものではないが，心理学的に健全な教育環境をつくり，ポジティブ心理学との共通目標として，最適な人の機能を培い，生活の質を高めるという目標を持っている（Miller, Nickerson, & Jimerson, 2009）。

　このように，学校におけるポジティブ心理学の取り入れは急速に行われ，大きな広がりを見せている。最終的に目指すところは，主観的なウェル・ビーイング（subjective well-being）の増大であり，そのために生活満足感（life satisfaction），ポジティブ感情（positive affect or emotion），楽観性（optimism）などの個人の特徴を高め，それは同時に学校生活への関与度や享受感を高めることになる。このためには，学業面や友人関係の健全化が重視され，教師にも，子どもの問題側面よりも良好な側面に視点を置いた教育への転換が迫られている。

　フレデリクソン（Fredrickson, B. L.）らは，その拡大－構築理論（broaden-and-build theory；例えば，Fredrickson, 2001）の中で，ポジティブ感情が個人のさまざまな資源を高めることを仮説している。それは，社会的，知的，心理的資源に及ぶ。学校でのポジティブ心理学の導入は，個人のポジティブ感情を直接的に高めることになり，そのことが学業や対人関係を良好にしていくことをこの理論は示している。罰よりも賞の効用が強調されることは半ば常識的な

見解になっているが,学校においても,問題から良好な側面への視点の移行は教育を大きく変えていくことになろう。

ポジティブ心理学自体は,科学的な領域で研究が進められている。しかし,それが急速に広域の学校で取り入れられていく中で,懸念すべきことが生まれている。SWPBIS などは,ユニバーサルから指示的予防までを包括する中,学校の組織全体やその運営に適合した教育へと発展している。多くの基礎研究がそうであるが,ポジティブ心理学も応用現場のすべてのニーズに合わせて必要な科学的知見を提供できるものにはなっておらず,教育が包括的になればなるほどその科学的根拠は不足する。そのために,教育の科学的な効果評価が行われているのであるが,瑕疵のない科学的効果評価は困難なだけに,教育自体にも目標の設定や方法の中身に科学的根拠を取り入れたい。

(b) 社会・感情学習

第1章において少し触れたが,近年アメリカとイギリスを中心に,社会・感情学習(社会性と情動の学習)(Social and Emotional Learning: SEL)が教育界に大きく取り入れられている。日本においてもその機運が高まりつつあり,その点については第10章で紹介される。SEL は,われわれが社会・感情コンピテンス(social and emotional competence)を獲得するのに必要なスキル,態度,価値を身につける過程を意味している(Elias et al., 1997)。エリアスら

写真 2-1　CASEL のスタッフと筆者(右端)

によると，社会・感情コンピテンスとは，われわれの生活における社会的ならびに感情的側面を理解し，管理し，表現する能力になる。

SEL はプログラムの総称であり，世界では数多くの SEL プログラムがあるが，1994 年に創設された NPO 法人の CASEL（Collaborative for Academic, Social, and Emotional Learning）（写真 2-1）は，SEL のメッカともいえる位置づけにある。広域でのプログラム実施のみならず，SEL の実施にかかわる法律の制定に努め，メタ分析などにより SEL の科学的な総合評価を実施し，世界の SEL を先導し，整理する役割を果たしている。

中でもメタ分析による総合的な効果評価は注目され，本書で扱っているユニバーサル予防の最近のメタ分析では（Durlak, Weissberg, Dymnicki, Taylor, & Schellinger, 2011），学校で実施する 213 の SEL プログラムが対象にされ，そこでは 270,034 人の子どもたち（幼稚園から高校）がプログラムを受けていた。分析の結果，コントロール群と比較し，SEL を受けた子どもたちは，社会・感情スキル，態度，行動，そして学業面を有意に高めていた。

また，実際に学校教育においてこの種の教育が広く実施されるためには，法的な根拠が必要になるが，CASEL はこの点での活動も重視している。アメリカの第 112 回国会（2011-2012）において 3 名の議員が，学業，社会，感情学習法案（Academic, Social, and Emotional Learning Act）（HR2437）を提出し，SEL の円滑な遂行のために公的な財政援助をめざしている。学校においてこの種の新しい教育が広まるには教育の内容を高めていくだけではなく，その実施に向けて国レベルでの公的な承認と援助が必要となり，CASEL はこの両方の活動を力強く推進している。

SEL の教育目標を具体的に言うと，自己への気づき（self-awareness），自己の管理（self-management），他者への気づき（social awareness），対人的スキル（relationship skills），責任ある決定（responsible decision-making）に 5 大別される（Collaborative for Academic, Social, and Emotional Learning, 2005）。詳しく述べると（Collaborative for Academic, Social, and Emotional Learning, 2011），自己への気づきは，自分の感情，興味，価値感，長所を正確にとらえること，基盤のしっかりした自己信頼の感覚を維持すること。自己の管理は，ストレスに対処し，衝動をコントロールし，困難に屈せずやり通すために，自分の感情を制御すること，人格面あるいは学業面の目標を設定し，その進行状況をモニターすること，感情を適切に表現すること。他者への気づきは，他者

写真2-2　イリノイ大学でのワイスバーグ博士(左端)らとのセッション

の視点をとらえ，他者に共感することができること，個人間とグループ間の類似や相違を認識し尊重すること，家族，学校，地域の資源を認識し活用すること。対人的スキルは，共同に基づいて健全で互恵的な関係を確立し維持すること，不適切な社会的圧力に抵抗すること，対人的な衝突を防ぎ，うまく扱い，解決すること，必要なときは援助を求めること。そして，責任ある決定は，倫理基準，安全性，適切な社会基準，他者への尊敬，そして，行動の結果を考えて意思決定を行うこと，学業と社会場面で意思決定スキルを適用すること，学校と地域のウェル・ビーイングに貢献すること，となる。これらの目標にかかわる教育はSELと呼ぶことができ，この点からも世界中で多くの教育プログラムがSELとして走っていることがわかり，また，SELであってもSELとしての意識を持たずに進められているプログラムも多い。

　SELのメタ分析においては，科学的な効果評価の基準を厳しくして研究が選定されていて，取り上げられた研究はいずれもSELとして遜色がない。しかし，効果評価は不十分でもプログラム内容は良質であるというプログラムもある。逆に，効果評価方法は十分であるが，内容は不十分であるというプログラムもある。筆者らが，イリノイ大学シカゴ校にCASELのプレジデントであるワイスバーグ博士（Dr. Roger Weissberg）の研究室を訪ね今後の予防教育のあり方について討議した際（写真2-2），CASELがSELプログラムとしての認定を行うことによってSELの質の向上を図ることを提案したが，このことは

すぐには達成できないような様子であった。今から考えると，この提案はナイーブな問題を含んでいて，SELとして多くのプログラムをまとめるべきなのか，他のまとまりもあってよいのか，学校での円滑な取り入れの観点も含めて今後検討する必要があろう。

また第1章にも紹介したように，SELは学業面にも好影響を与え，その筋道も推定されている。筆者らが日本において国際カンファレンスを主催したとき，招待講演者であったオーストラリア，メルボルン大学のバーナード博士（Dr. Michael Bernard）が，SELは"Social, Emotional, and Learning"と呼ぶべきだと言っておられたと記憶しているが，学習面を強調するSELの姿勢は，学業を第一とする学校教育への参入には追い風となるだろう。

(c) キャラクター・エデュケーションと向社会性の育成

キャラクター・エデュケーション（Character Education；以下CE）は向社会性を育む教育でもあり，また，CEは道徳教育（moral education）の一環でもある。ここではCEを中心に紹介するが，CEの範疇にはない向社会性の教育も多数行われている。しかしそれらは，独立した教育以上に，総合的な教育プログラムの中の一部を成しており，本書においても随所で特定のプログラムの中に向社会性の教育が現れる。

そこで，リコーナ，ゴベルナリイ，ウースターの書籍や論文（Governali, 1995; Lickona, 1991; Wooster, 1990）を参考にして，アメリカにおける道徳教育の変遷を見ることによって現在のCEの特徴を浮かび上がらせてみたい。道徳教育の最初は（現在も存続しているが），基本とするモデルを示し，そのモデルの行為を受け入れ，その行為に反すると罪悪感や良心が働くようにする他律的な教育であり，キリスト教からの影響を大きく受けていた。この最初の道徳教育の潮流もCEと呼ばれたが，1930年代の半ばごろまでには衰退することになる。

その後長らく教育界では道徳教育が大きな関心事にはならなかったが，1960年代に入って，2つの新しい道徳教育が提起されることになった。その1つは，価値の明確化（value clarification）理論とその教育で，この教育は，子どもの生活体験を重視しながら，経験から生まれる主観的価値を他人とのかかわりの中で自己吟味，熟考し，より高い価値に向かって自分でそれを明確化することを手助けする（Raths, Harmin, & Simon, 1978）。今1つの教育は，道徳領域で

ピアジェ（Piaget, J.）の見解を発展させたコールバーグ（例えば，Kohlberg, 1969）によるもので，ディレンマ討論（dilemma discussion）を中心に，道徳判断の思考過程に注目して道徳性を高める方法論とその発達段階を明らかにした。

　しかし，この2つの教育も批判を受けることになる。価値の明確化理論では，明確な価値を提示することを避けることへの批判や，健全な価値形成に必要な多くの援助を強調しないことなどが批判され，急速に衰退していった。またコールバーグのディレンマ討論法では，知的面や認知面を強調しすぎ，道徳的な判断ができることは，そこに共感的感情が伴うこと，そして実際に援助する行動に移せることとは別であり，この教育は向社会性の一面をとらえているにすぎないとの批判である。

　1970年代の後半に価値の明確化理論が衰退すると，それに代わって再びCEが脚光を浴び始めた。近年の家族の崩壊，若者の暴力傾向の高まり，共有する倫理価値の再強調などがCEの再興をもたらしたという側面も指摘できる（Field, 1996）。しかし，この復興したCEは，最初のものとは異なる特徴を持っていた。それは，教育対象としてのキャラクターのとらえ方やその教育方法の多様性に新たな特徴を持つといえる。キャラクターを，認知，感情，行動の統一体として定義したり（Lickona, 2001），学校の授業だけでなく，家庭や地域社会を含めた広い立場から教育を行う試みが実施されつつある。このような特徴から，復興したCEは，新しいCEと呼んでもよい特徴を備えていて，キャラクター・エデュケーション運動（movement）と呼ぶ向きもあるほど，近年活況を帯びている。しかし，この新CEは多様で，一見とらえどころがないほど拡散していることも確かで，CEと銘うって行われている教育も，千差万別と言ってもよい混沌とした状況が指摘される。そこで，近年このCEにおいて中心的な位置づけにあるリコーナ博士とその教育について紹介し，新CEの特徴に具体的に触れてみたい。

　彼の教育は，キャラクターの定義の明確さ，キャラクターの構造を認知，感情，行動からとらえていること，そして，その教育方法がきわめて多面的な特徴を持つことなどの特色がある。さらには，実際の学校教員への普及活動，また学校場面での適用度の高さなど，近年のCEの特徴をすべて兼ね備えている。

　リコーナは，尊重（respect）と責任（responsibility）を中心とするキャラクターを教育するために，12の方法による総合的アプローチを準備している（Lickona,

写真2-3　ニューヨーク州立大学コートランド校におけるリコーナ博士らによる研修会
（a, b, c については本文参照）

1991）。そのアプローチは，①教師は，思いやりの実践者，模範となる人，助言者として行動する，②思いやりの心に満ちた教室コミュニティを創造する，③道徳規律を実践する，④教室で民主的な環境を育成する，⑤授業を通して価値（values）を教える，⑥協同学習を使用する，⑦学業への責任や学ぶこと，働くことの価値への関心を育成する，⑧倫理的に考えることを奨励する，⑨争いの解決方法を教える，⑩教室を超えて思いやりの態度を育成する，⑪学校に道徳文化を創造する，⑫親や地域社会の人々に価値の教育のパートナーとして参画してもらう。これらは，教室内から学校全体，そして地域をとりこんだアプローチまで広範囲にわたる内容を持っていることがわかる。そして，これら12のアプローチの具体的な方法は固定し決まっているのではなく，多くの研究者や教育者がそれぞれにその内容を考案，発展させるという特徴を持っている。つまりリコーナは，目標としてのキャラクターの内容を明確にし，その育成の場の多様性を12の側面をもって規定したのみで，各側面での具体的方法は発展的に変化し，また，方法自体も数多く存在させる，という姿勢をとっている。

　さらにこのCEの特記すべきところは，学校教員を主な対象とする規模の大きなセミナーが定期的に開催され，そのセミナーを通じてこの教育が現場で実

践されていることであろう。写真 2-3 は，2004 年の夏にニューヨーク州コートランドのニューヨーク州立大学で実施された 3 日間にわたるセミナーの光景である。200 名を超える参加者（米国外からの参加も少なくない）が 10 名弱で丸テーブルを囲み，1 時間半ほどごとに入れ替わる講師のもと，話を聞いたり，ゲームをしたりと，かなり参加度の高いセッションが展開される（写真 a）。このセッションは，上述の 12 のアプローチを単位として実施され，それにキャラクターの定義などこの教育の基盤と，また，この教育の効果の評価方法についての具体的な話題が付け加わる。セミナー室の周辺には，写真 b のように，CE に関係する書籍や教材が展示即売され，主催者が準備する膨大な印刷資料とともに多様な教育資料が手に入る環境が整えられている。またセミナーでは，昼食が準備され，参加者はともに食事をとり，休憩中の談話の中で，それぞれの学校の状況などの情報交換も行われる（写真 c）。

（d）教育対象となるよい側面の多様性

（i）セルフ・エスティームとセルフ・エフィカシー

セルフ・エスティーム（self-esteem）とは，ローゼンバーグ（Rosenberg, 1965）による定義では，「自己イメージの中枢的概念で，自己に対する肯定的なまたは否定的な態度」である。自分は価値ある存在だという判断（self-worth：自己価値）と自分のコンピテンシーに対する判断（an individual's judgment of competency）の 2 種類において定義する知見もある（Jindal-Snape & Miller, 2008）。例えば，クーパースミス（Coopersmith, 1967）はセルフ・エスティームを自己価値として概念化しているし，ジェームス（James, 1983）はコンピテンシーをより強調している。近年においては，セルフ・エスティームを 2 特性モデルで考える傾向がある（Mruk, 1999）。

セルフ・エスティームは，学力，スポーツ，社会的受容，家族関係，行動問題，情動，自己概念などに影響する（例えば，Gentile, Grabe, Dolan-Pascoe, Wells, & Maitino, 2009）。また，学業，職業上の成功，健全な社会的関係，ウェル・ビーイング，コーピングスキルなどとの関連が報告されている（例えば，Trzensniewski, Donnellan, & Robins, 2003）。このため，児童・生徒の発達に影響を与えると認識されている。

セルフ・エフィカシー（self-efficacy：自己効力感）とは，バンデューラ（Bandura, 1997）による定義では，「自分には，予測される状況を管理するの

に必要な行動を計画したり，実行したりする能力がある，という信念」で，バンデューラの社会的認知理論の中核をなす概念である。自己効力感が行動を予測する，自己効力感の変容が行動変容に影響するなどと指摘する知見が多い。

　一般化した場面において行動に影響する自己効力感に対して，領域固有の行動に影響する自己効力感があるとされる。つまり，高い自己効力感がある領域において，人はよりよく機能できるという（Kirk, Schutte, & Hine, 2008）。例えば，摂食障害の問題対応（Terence, Fairburn, Agras, Walsh, & Kraemer, 2002）やトラウマの処理（Benight & Bandura, 2004）において，感情の領域における自己効力感の高さとの関係が検証されている。

　自己効力感を育む源として，達成体験，代理体験，言語的説得，情動的喚起がある（Bandura, 1977）。よって，児童・生徒は，これらの体験や情報によって自己効力感を高めることができると考えられる。

（ⅱ）アサーションとストレス・コーピング

　また，セルフ・エスティームやエフィカシーとは別に，人間関係を円滑にするための自己表現として着目したい方法に，アサーション・トレーニング（assertion training）がある。これは，アメリカを発祥の地とし，1950年代に心理療法の1つである行動療法のアプローチ方法から開発されたものである（Rees & Graham, 1991／高山他訳, 1996）。そして日本でも学校現場のみならず，看護師やサービス業など，多くの現場で活用されている（平木, 2008）。

　アサーションについて解説する際，よく用いられる自己表現には主に3つのタイプがある。非主張的自己表現，攻撃的自己表現，そしてアサーティブ（assertive）な自己表現である。非主張的な自己表現では対人的なストレスを避けるため，あえて自分の意見を言わない。しかし，相手は本人の意図がわからず，それとは異なる行動をする可能性が高く，結果として対人ストレスをつくってしまうコミュニケーションである。具体的な特徴としては，自己否定的，沈黙，他人本位，承認を期待，弁解がましいなどがあげられる（平木, 1993）。もう1つの攻撃的な自己表現とは，自分の意見や考えをはっきり言うことで自己主張をするが，それは相手の意思を無視して行われることが多く，結果として対人ストレスを直接つくるコミュニケーションスキルである。具体的な特徴としては，強がり，他者否定的，自分本位，支配的，責任転嫁などがあげられる（平木, 1993）。このように見ると両者ともに適切なコミュニケーションス

キルとはいえない。一方，アサーティブな自己表現とは，相手も尊重した上で，自分の意思をはっきりと伝えるため，結果的に対人関係を円滑にするコミュニケーションスキルである。具体的な特徴としては，正直，素直，自他調和，自己選択で決める，柔軟に対応する，自分の責任で行動するなどがあげられる（平木，1993）。アサーティブな自己表現方法を身につけることは，円滑な人間関係につながり，結果として心身の健康や適応につながることが期待される。

　また，アサーションスキルやセルフ・エスティーム，セルフ・エフィカシーのほかに，子どもたちの教育対象となるものとして着目したい概念にコーピング（coping）がある。コーピングはストレスへの対処方法を説明するための，いわゆる専門用語である。その対象となるストレスの概念やコーピングとの関連については，後節を参照されたい。コーピングの分野は，これまで精力的に研究がなされ，近年では，概念，測定方法など，多くのレビュー論文が公刊されている（例えば，Parker & Endler, 1996; Penley, Tomaka, & Wiebe, 2002; Skinner, Edge, Altman, & Sherwood, 2003; Suls, David, & Harvey, 1996）。

　その中でもラザルス（Lazarus, R. S.）らに代表される研究が，現在のコーピング研究の発端となっているといっても過言ではないだろう（例えば，Folkman & Lazarus, 1980; Lazarus & Folkman, 1984）。彼らは，「外的・内的要求やそれらの間の葛藤を克服し，耐え，軽減されるために行われる，認知的・行動的努力（Folkman & Lazarus, 1980; p.223）」と定義している。また，「ストレスの原因となる人と環境との関係を管理あるいは何とかしようとするコーピング（p.223）」を問題焦点型コーピング（problem-focused coping），「ストレスフルな感情を調整しようとするコーピング（p.223）」を情動焦点型コーピング（emotion-focused coping）と定義し，コーピングをとらえている。

2．理論，方法の多様性

（1）多様な方法と理論の混在

　子どもたちの健康や適応を守るためのプログラムでは，実に多様な方法や理論が活用されている。本節では，これまでにしばしば適用されてきた，主要な方法や理論を紹介する。本項では概要の記述にとどめることとし，詳細は後述

する各事項を参照されたい。

　まず方法についてであるが，本節では特に代表的な，ソーシャル・スキル・トレーニング（social skills training），ピア・サポート（peer support），構成的グループ・エンカウンター（structured group encounter），ライフスキル教育（life skills education），ストレス・マネジメント教育（stress management education）の5種類について紹介する。

　ソーシャル・スキル・トレーニングや構成的グループ・エンカウンターは，主として他者との円滑な関係性の構築を目指した教育で用いられ，個々の教育の主たる目的に応じて柔軟に適用されている方法論である。これらの教育では，ロールプレイ（role play）やさまざまなエクササイズが取り入れられ，体験的に学ぶことが重要視されている。

　また，ストレス・マネジメント教育は，子どもたちが日々直面しているストレスへの対処力の向上をめざして行われる教育であり，この中にもさまざまな方法論が盛り込まれている。この対処能力は，「日常生活で生じるさまざまな問題や要求に対して，建設的かつ効果的に対処するために必要な能力」（World Health Organization, 1994）と定義されるライフスキルの教育と多くの共通部分を有する。ライフスキル教育はストレス・マネジメント教育を包含する，より広い教育方法のパッケージといえるだろう。

　ピア・サポートは，他の方法論とは若干異なる位置づけを持っている。これは，特定の問題の予防というよりは，特定のコミュニティにおける社会的支援（ソーシャル・サポート）のあり方を検討し，相互が援助し合う環境の構築をめざして行われる。用いられる手法や運営方法は，各コミュニティの実情に合わせて決定される。

　では次に，プログラムの背景となる理論に目を向けてみよう。ここでもさまざまな種類の理論が存在する。本節では，その中でも代表的な5つの理論について取りあげるが，それらは大きく，適応的な力を身につけていく過程に関する理論と，教育内容の構成にかかわる理論とに分類される。

　前者の，適応的な力を身につけていく過程に関する理論が，行動理論（behavior theory），社会的認知理論（social cognitive theory: Bandura, 1986），自己決定理論（self-determination theory: Deci, 1975／安藤・石田訳, 1980）などの諸理論である。これらの理論は，子どもたちがどのような動機づけによって，どのように教室の中で学び，学んだことがいかに日常生活へ活かされてい

くかの過程を説明するものである。

　後者の教育内容の構成にかかわる理論の代表的なものとしては，心理学的なストレス理論（Lazarus & Folkman, 1984）と，社会的情報処理理論（social information processing theory: Crick & Dodge, 1994）があげられる。心理学的なストレス理論は，現在行われているストレス・マネジメント教育の多くが，その拠り所としているものである。また，社会的情報処理理論は，主に攻撃性研究の中で発展したものであり，社会的な情報が個人の中でいかに処理され，攻撃行動につながっていくかを説明するものである。これは転じて，どのような介入を行えば，攻撃性を適正なかたちへ変容させられるかという手立てについて示唆を与えるものである。

　以上のように，予防教育において適用される教育方法やその理論的基盤は多種多様であり，教育内容のみならず，子どもたちの学びの過程にも目を向け，効果的な予防教育のあり方を追究するために必要不可欠なものとなっている。これらの多数の方法や理論を併用することにより，それぞれの利点を活かしての相乗効果が期待される。

　これと表裏一体ではあるが，その一方で，多くの教育は複数の理論・方法を含んだパッケージとなっているため，実践された教育に含まれる複数要素のうちの，何が功を奏したのかを特定しにくいという側面を併せ持っている。また，一見個別のプログラムのように見えるものでも，教育内容として重複するものも多数あり（例えば，対人関係の円滑化をめざしたソーシャル・スキル・トレーニングと，ストレス・マネジメントのひとつの方法としてのソーシャル・スキル・トレーニングなど），相互の位置づけが複雑化しているという問題もある。将来的にエビデンスに基づいた予防教育を展開する際には，教育方法やその理論的基盤について，枝葉をそぎ落とし，真に有効なものは何なのかを整理した上で，再び組み合わせていく必要があるだろう。

(2) 多様な適用性をもつ方法

(a) ソーシャル・スキル・トレーニング

(i) 理　論

　ソーシャル・スキル・トレーニングは，今や病院での躁うつ病，統合失調な

どのメンタルヘルスの治療としてだけでなく，学校での情緒的問題，対人関係の問題を予防するために用いられている。ここでは，学校で用いられているソーシャル・スキル・トレーニング（教育現場では，トレーニングという言葉に抵抗を感じる教師がいることから，ソーシャル・スキル教育とも呼ばれる）について説明する（渡辺, 1996）。

ソーシャル・スキルは，円滑な対人関係を築き，維持する能力として考えられている。こうしたソーシャル・スキルは，乳幼児期から周囲の大人との関係を通して学んでいく。言葉によって教えられるだけでなく，親や周囲の人たちの行動を模倣して学び，生活の中で繰り返し学んだことを練習し，失敗や成功の中で適切なフィードバックを得て，考え方だけでなく，自分の行動レパートリーの中にスキルを取り入れていく。

こうしたソーシャル・スキルの学びがうまく機能せず，各発達時期に必要なソーシャル・スキルが獲得されないと，望ましい対人関係が得られず，新たにソーシャル・スキルを学ぶことができなくなる。そのため，学校に不適応を示すようになり，結果的に学業にまで影響を及ぼすと指摘されている（Coie & Dodge, 1983; Parker & Asher, 1987）。

また，ソーシャル・スキル・トレーニングでは，対人関係の問題を個人の性格に原因を帰属するのではなく，必要なソーシャル・スキルが機能していないととらえ，トレーニングによって獲得することによって，問題が改善しうるという考え方をとる。具体的には，①ソーシャル・スキルの不足や未熟，②誤った考えや行動の学習，③考えと行動の不一致，④環境に応じたソーシャル・スキルの実践に問題，などが考えられる。

したがって，望ましいソーシャル・スキルが生活場面で発揮されるように，認知面においては，必要な情報収集や柔軟な考えを持てるようにトレーニングし，行動面では，適切な行動を遂行できるように導いていく。最近では，感情面を独立して強調し，感情の知覚や理解，調節などについてもトレーニングするようになり，社会・感情学習として，展開されるようになった。背景となる理論は，認知行動理論，社会的学習（認知）理論，オペラント条件づけ，があげられる。

(ii) アセスメントの方法

先の考え方から，不足している，あるいは機能していないソーシャル・スキ

ルがまず何であるかを適切にアセスメントすることが求められる。これまで用いられてきたアセスメントの方法は多様である。簡単に列挙すると，
① 教師や親による生徒のソーシャル・スキルの質問紙による評定
② 教師や親による生徒のソーシャル・スキルの観察による評定
③ 仲間による評価（ソシオメトリー）
④ 生徒自身のソーシャル・スキルの質問紙による自己評定
⑤ 教師や親へのインタビューによるソーシャル・スキルの評定
⑥ 生徒へのインタビューによるソーシャル・スキルの評定
⑦ オンラインツールによるロールプレイを利用しての評定

などがある。どれか1つよりも複数の方法を用いて総合的にアセスメントすることが求められる。クラスワイドやスクールワイドにソーシャル・スキル・トレーニングを実施する場合は，対象となる生徒にまず基本的に必要なソーシャル・スキルから，しだいに難易度を上げてカリキュラムを立てていくことが望まれる。

(ⅲ) ソーシャル・スキル・トレーニングの方法

ソーシャル・スキルをうまく獲得できるように，次のようなストラテジーをとられることが一般的である。
① 言語的教示（言葉で，何をどうすればよいのか具体的に説明する）
② モデリング（実際にモデルを見せて，模倣学習を実施する）
③ ロールプレイ・リハーサル（実際に，繰り返し練習する）
④ フィードバック（周囲から適切な強化を得る）
⑤ ホームワーク（学んだことを現実場面に応用する）

理論的な背景に言及すると，いくつかの理論をベースにして実践が組み立てられている。認知行動理論からは，コーチング（直接的な言語教示や問題解決）を通しての介入が重視され，ステップごとにレベルアップするように導いていく。社会的学習（認知）理論からは，モデリングが取り入れられ，象徴モデリング，ライブモデリング，参加モデリングなどが利用される。さらには，ポジティブな強化によって望ましい行動を獲得させるオペラント条件づけが利用されている。ソーシャル・スキルの定着には，セルフモニタリング，行動リハーサルなどが取り入れられている。

（b）ピア・サポート

　学校でのピア・サポート活動は，子どもたちが孤独にならないように，あるいは，気軽に相談したりできるように，同世代の子どもたちが，その目的に応じたトレーニングを受けて，おとなの最小限の支えのもとで，可能な範囲で支援を行う活動である。ピア・サポートを広く定義すると，「支援を受ける側と年齢や社会的な条件が似通っている者による社会的支援」(戸田，2001)である。しかし，この用語は狭義に用いられることが多く，ピア・サポートという用語がどのような活動を指して用いられるのか，現時点では，必ずしも合意が形成されているわけではない。目的も内容も似た実践が多様な呼称で呼ばれていたり（ピア・ヘルピング，ピア・カウンセリングなど），異なる目的や内容の実践が同じくピア・サポートと呼ばれていたりする。

　実践として展開する際には，多様な適用性をめざして，理論的および方法論的な多元性を許容することも1つのあり方であると考えられる。しかし，子どもたちが仲間と協働する実践のすべてをピア・サポートと呼んでしまうのは，新たに実践を学ぼうとする場合に混乱を招く恐れがある。その一方で，狭い定義の議論に陥ると，ベテランの実践者たちが本家・元祖争いで消耗することになりかねず，バランスの取り方が難しい。

　筆者は「子どもたちが世代内の自己解決能力を育むことを，おとなが支援する」実践を，「ピア実践」と総称している。その中に，子どもが子どもの心の支えになる実践があったり（ピア・サポート），子どもが争いの解決を試みる実践があったり（ピア・メディエーション），子どもが仲間に得意なことを教える実践があったり（ピア・チューター）するが，その中に，さらに細かな類型があると見ている。

　ピア・サポートの理論的背景については，英国などの研究者や実践指導者の過去10年間の説明は，一貫した明確なものではない。実践の展開の中で，それを説明するのに有用な理論を後づけで援用していると思える。技法に関しても，かなり折衷的に取り込んでいるので，そこに厳密な方法論的な検討があるというようには思えない。ただ，全体的には，ピア・サポート実践の多くは，ソーシャル・スキル教育などの認知行動主義的な心理教育プログラムによる教育を基礎とし，子どもの主体的活動をより重視した応用実践といえるだろう。

　ある種のピア・サポートは，以前はピア・カウンセリングと呼ばれていた。

現在でも，カウンセリングの考え方を参考にしたピア・サポート実践もあり，カウンセラーによるサポーターへのトレーニングやスーパービジョンが行われることもありうるが，子どもがカウンセリングをする実践ではない。

そのころには意識されていたことで，近年はあまり意識されていない問題が2つある。支援の限界の問題と，類似の経験の危険性の問題である。

支援は，子どもがかかわる限り，無制限な促進は危険である。もちろん，ピア・サポーターのトレーニングや支援実践によって，必要な場合に相談する際のためらいが減ることや，日常場面でのサポーティブな関係が広がることに意味はある。しかし，相談活動を行うピア・サポートのトレーニングの中には，かつて，守秘や相談の限界に関する学びが重く位置づけられていた。それは，子どもにとっては重過ぎる内容の相談をピア・サポーターが抱えこまず，おとなの支援にゆだねるというかたちで，子どもの活動とおとな（特にカウンセラー等）の活動を区別するためである。近年，集団でのトレーニングが中心になっている中で，そのような留意が希薄になっているのではないかと懸念される。

もう1つは，類似の経験の危険性である（森定・戸田，2002）。ピア・カウンセリングの実践が紹介されたころには，カウンセリングをする能力のあるすばらしい子が，面談でカウンセリング的なサポートを提供するというイメージがあったかもしれない。しかし，実際には，いじめられた経験のある子だけではなく，いじめた経験のある子もピア・サポーターになることがあり，問題を抱えている子がサポーターを志願することも珍しくはない。面談のピア・サポートでは，子どもたちの適性を考えて，面談をするのに向かないと思われた子には別の役割を割り振るなどの配慮がなされることがある。また，ディション他（Dishon, McCord, & Poulin, 1999）は，仲間が集まることが問題行動を促進してしまう可能性を述べており，ピア実践において留意すべきことであろう。

支援者が被支援者との類似性を意識してサポートするという点は，おそらく，カウンセリングとピア・サポートの大きな違いであると思われる。同士性に重心をおくピア・サポートは，自助グループと同じである。学校内で行われるピア・サポート実践では，ピアは同輩として意識されることが多く，同士として考えられることは少ない。しかし，ピア・カウンセリングの初期報告には同士ゆえのメリットとデメリットへの言及があり，その初心は忘れてはいけないであろう。

つまり，ピア・サポートは一見，子どもたちのかかわり合い促進へのアクセルを踏む実践に見えるが，その背後で，必要に応じてブレーキも踏む実践なのである。

（c）構成的グループ・エンカウンター

本項では，世界に目を向け，予防教育に関連して使用されている方法のうち多様な適用性を持つものを簡単に紹介している。しかし，ここで紹介する構成的グループ・エンカウンター（structured group encounter）は日本で開発され，発展した方法で，日本の教育や研究の紹介が中心になる。第8章において日本の予防教育の現状に触れるとき，その詳細が説明される。

広く教育現場で実践されている構成的グループ・エンカウンターは，もともと1970年代に米国からベーシック・エンカウンター・グループ（Rogers, 1970）として導入されたものが始まりである（野島，2000）。当初は，あまり構造化されていないエンカウンター・グループが主流であったが，1970年代半ばから構造化されたエンカウンター・グループが日本各地でさまざまな形態で行われるようになった。その背景には，畠瀬（1972）の身体接触を伴う人間関係促進技法の紹介があったようである。畠瀬らの人間関係研究会で行われたワークショップの中に1975年度からより構造化されたエンカウンター・グループ（構成的エンカウンター・グループ）が登場している（野島，2000）。それと同時期に，國分・菅沼（1978）は，構造化されていないエンカウンター・グループは「参加者にダメージを与えることがある」とし，そのダメージを予防するために，構造化されたエクササイズを主としたエンカウンター・グループを行うようになった。そして1981年に「構成的グループ・エンカウンター」という用語をその著書（國分，1981）の中で使用して以来，多くの人々に知られるようになった。「構成する」とは条件設定（場面設定）をするという意味であり（國分・片野，2001），条件設定は，エクササイズの内容，エクササイズをするときのグループのサイズおよび時間，そしてルールによってなされる。これらの四要素で設定されたグループ・エンカウンターが「構成的グループ・エンカウンター」と定義されている。

國分（1981）は，非行や不登校などの不適応行動を形成する要因として他者との関係（リレーション）の不足やその挫折によることがもっとも大きいと指摘し，その具体的な方法として構成的グループ・エンカウンターを推奨したの

である。構成的エンカウンター・グループは，主に教育（小学校，中学校，高等学校，大学）の領域で実践が活発に行われてきた（野島，2000）。導入の時期には，日本の学校でいじめや不登校が大きな社会問題となっており，その予防のために，また学級づくりや仲間づくりのために盛んに行われるようになった。國分（2000）によれば，「構成的グループ・エンカウンターとは，パーソナル・リレーション（感情交流）を主軸にし，これに若干のソーシャル・リレーション（役割関係）を加味したグループ体験の場を提供し，その体験を通して各メンバーの人間的成長を援助する方法」である。人間的成長とは，自己発見（self-discovery）であり，思考，感情，行動の三領域のいずれかが拡大されるか修正されることである。構成的エンカウンター・グループの目標は，國分（1981）が述べるように，ふれあいと自己発見である。ふれあいとは，本音と本音の交流であり，心と心の通い合う出会いのことである。自己発見とは，自分と他者の固有性と独自性，かけがえのなさの発見である。そしてふれあいと自己発見を体験することにより，行動変容がもたらされるのである。このようなことを目的とした構成的グループ・エンカウンターを学校現場に導入することによって，児童同士および児童と教師との間にあたたかな人間関係を築くことができ，いじめ・不登校を予防する学級風土が形成されることになる（岡田，1996）。そして河村・藤村（2004）や岡田（2004）は，教育のさまざまな分野において構成的グループ・エンカウンターを活用することによって，教育活動全体をより効率的・効果的な教育活動へと再構築することが可能であると示している。

（d）ライフスキル教育

WHO精神保健部局ライフスキルプロジェクトはライフスキルを「日常生活で生じるさまざまな問題や要求に対して，建設的かつ効果的に対処するために必要な心理社会的能力である」と定義している（World Health Organization, 1994）。この定義によるとライフスキルとみなされるスキルは多くなるが，青少年の健康増進に特に大きな影響を及ぼすと考えられる次の10のスキルをあげている。意志決定（decision making skills），問題解決（problem solving），創造的思考（creative thinking），批判的思考（critical thinking），効果的コミュニケーション（effective communication），対人関係スキル（interpersonal relational skills），自己認識（self-awareness），共感性（empathy），情動への

表2－1　少年が獲得すべき主なライフスキル
(川畑, 2009 より改変)

セルフ・エスティーム形成スキル	セルフ・エスティームを維持したり高めたりする能力
意志決定スキル	問題状況においていくつかの選択肢の中から最善と思われるものを選択する能力
目標設定スキル	現実的で健全な目標を設定，計画，到達する能力
ストレス対処スキル	ストレスの原因と影響を認識し，ストレスの原因を少なくしたり，避けられないストレスの影響を小さくしたりする能力
対人関係スキル（よいコミュニケーションスキル）	自分の気持ちや考えを上手に伝え，また相手の気持ちや考えを理解する能力

対処 (coping with emotions)，ストレスへの対処 (coping with stress) である。わが国においてライフスキル教育を推進している JKYB ライフスキル教育研究会 (Japan Know Your Body Study) では，表2-1に示すように，青少年が獲得すべき主なライフスキルとして，セルフ・エスティーム（日本語で健全な自尊心，自尊感情と訳されることがある）形成スキルを中核に，意志決定スキル，目標設定スキル，ストレス対処スキル，対人関係スキル（よいコミュニケーションスキル）の5つのライフスキルをあげている（川畑, 2009）。これらのライフスキルは，人が世の中を要領よく生きて行くための小手先のスキルではなく，一人ひとりが自分らしく，よりよく生きて行くために基盤となる能力としてとらえられている。スキルは特定の問題の解決に役立つ具体的スキル（例えば調理スキル，運動スキル，応急処置スキルなど）とさまざまな問題の解決に共通して有用な一般的・基礎的スキルに大別でき，後者のうちで心理社会的能力に関係するものがライフスキルに相当する。また，スキルという用語は誰でも学習することによって獲得することが可能な能力であるということを明確にするために用いられており，"ライフスキル"呼称自体が教育的介入を意図した用語となっている。"ライフスキル"は日本語ではその意味からこころの能力と訳されることもあるが，特別なことがない限り固有名詞として英語読みそのままの"ライフスキル"と呼ばれている。

　以上より，ライフスキルの本質を理解する上で特に重要なポイントとして次の3点があげられる（日本学校保健会, 2002）。①誰もが学習し，経験し，練

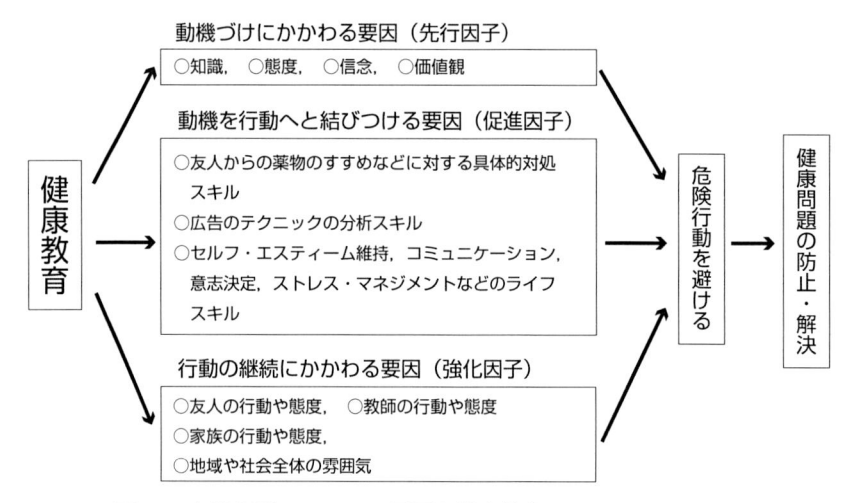

44　第Ⅰ部　学校における予防教育の必要性

```
                動機づけにかかわる要因（先行因子）
              ┌─────────────────────────────┐
         ┌──→│○知識，　○態度，　○信念，　○価値観  │──┐
         │    └─────────────────────────────┘    │
         │    動機を行動へと結びつける要因（促進因子）   │
         │    ┌─────────────────────────────┐    │
  ┌───┐ │    │○友人からの薬物のすすめなどに対する具体的対処│    │  ┌───┐  ┌───┐
  │健 │ │    │  スキル                          │    │  │危 │  │健 │
  │康 │ │    │○広告のテクニックの分析スキル        │    │  │険 │  │康 │
  │教 │─┼──→│○セルフ・エスティーム維持，コミュニケーション，│──→│  │行 │→│問 │
  │育 │ │    │  意志決定，ストレス・マネジメントなどのライフ│    │  │動 │  │題 │
  └───┘ │    │  スキル                          │    │  │を │  │の │
         │    └─────────────────────────────┘    │  │避 │  │防 │
         │    行動の継続にかかわる要因（強化因子）     │  │け │  │止 │
         │    ┌─────────────────────────────┐    │  │る │  │・ │
         │    │○友人の行動や態度，　○教師の行動や態度  │    │  └───┘  │解 │
         └──→│○家族の行動や態度，                │──┘          │決 │
              │○地域や社会全体の雰囲気            │              └───┘
              └─────────────────────────────┘
```

図 2-2　危険行動にかかわる要因と健康教育によるはたらきかけ
（川畑，1994 より改変）

習することよって獲得することが可能な能力である。②幅広い問題に適用可能な一般的・基礎的能力である。③心理社会的能力である。

　ライフスキル教育は，一般に「知識を行動に結びつけるための学習」と位置づけられ，喫煙，飲酒，薬物乱用などの危険行動を防止するための健康教育に適用されてきた。危険行動を防止する，すなわち行動変容をめざす現代の健康教育においては，図 2-2 に示すように，行動変容モデルとしてグリーンらのプリシード・プロシードモデル（PRECEDE<Predisposing, Reinforcing and Enabling Constructs in Educational Diagnosis and Evaluation>-PROCEED <Policy, Regulatory, and Organizational Constructs in Educational and Environmental Development> Model; Green & Kreuter, 1991）を採用した健康教育の因子が考えられている。健康教育のはたらきかけの対象となる因子は，危険行動にかかわる 3 つの要因の各々に対応する先行因子，促進因子，強化因子の 3 つに大別される。ライフスキル教育は促進因子（動機を行動へと結びつける要因）へのはたらきかけとなっている。人の行動はこれら 3 つの因子群の総合的な影響を受けた結果であり，米国の 1960 年代の知識中心型あるいは"脅かし"の喫煙防止教育では喫煙者減らすことができなかったという失敗に見られるように，先行因子のみのはたらきかけでは，行動変容の面での効果は期待

できない．知識中心型あるいは"脅かし"の防止教育を受け，子どもは，タバコは有害であり，自分はこれからもタバコは吸わないという"動機"を持つことができる．しかし，そうは思っていても実際は仲間からの誘いで喫煙をしてしまうことが多い．そこで対人関係スキルなどのライフスキルを身につけていれば，その誘いを上手に断ることができ，喫煙はしないという"動機"を，喫煙をしないという"行動"につなげることができる．また，喫煙してみたいという"動機"があっても，セルフ・エスティームやライフスキルのレベルが高いと実際の喫煙行動につながることはない．

　1970年代，欧米で，青少年の喫煙，飲酒，薬物乱用などの危険行動を防止するための健康教育にライフスキル教育が初めて取り入れられ，その後，これらの危険行動に加えて，性に関する逸脱行動，暴力などの危険行動の防止の教育にも適用がされるようになってきた．わが国においても，これらの危険行動は早期化，深刻化しており，その防止のための教育にライフスキル教育が不可欠となっている．

　ここで，青少年の危険行動について触れておきたい．米国の疾病管理センター（CDC: Centers for Disease Control and Prevention）は「危険行動（risk behavior：個人の健康や社会に対して危険度の高い行動）」という概念で現代の健康・社会を総合的にとらえる試みを行っている（Centers for Disease Control and Prevention, 2005）．現代の多様な健康課題に共通する因子は，青少年期の6つの危険行動（「故意または不慮の事故に関する行動」，「喫煙」，「飲酒および薬物乱用」，「望まない妊娠，HIVを含む性感染症に関係する性行動」，「不健康な食生活」，「運動不足」）に集約され，これらの危険行動を防止することが，現代社会の健康問題の解決にとって具体的目標になる，という概念である．この6つの危険行動は「青少年期にきっかけが起こりやすい」，「成人になるにつれて進行，固定化する」，「相互に関連し，複数の危険行動が同時あるいは連続的に出現する」等の特性を持つことから，公衆衛生学的立場からこれら危険行動に対する包括的な対策（健康教育）が必要とされている．これらの危険行動の要因についての多くの研究から，共通かつ基本的因子としてライフスキルの欠如が認められ，それらの防止教育においてライフスキル教育の重要性がさらに高まった．青少年において危険行動のきっかけを避ける（すなわち予防）能力を身につけることは，すなわち健康行動へと行動変容を促すことである．

ライフスキル教育は一般的なライフスキルの指導を基盤として，重要な健康・社会問題，例えば上述した CDC が提示した「青少年の6つの危険行動」など，に関連づけたスキル指導が勧められている（World Health Organization, 1994, 2012）。ライフスキル教育のプログラムは系統性を持ったライフスキルの以下の3つの基本的学習活動から構成される。レベル1：核となるライフスキルの基本的要素について指導し，日常の状況に関連づけて練習する，レベル2：ライフスキルをさまざまな健康・社会問題と結びついた関連テーマに応用する，レベル3：ヘルスプロモーションや予防の目標となる健康・社会問題やニーズを引き起こす具体的状況に関連づけてライフスキルを適用する。これらのライフスキル学習は主体的学習方法であるロールプレイ，ブレインストーミング，グループディスカッションなどのグループでの参加型学習形態が主となる。なお，このようなグループ活動を効果的に実施するためには，教師・指導者はこのような学習指導法について研修を受けるなどして，熟知・鍛錬しておくことが必要であることを述べておく。

　現在，ライフスキル形成に焦点を当てた代表的な健康教育プログラムとして，米国のライフスキル教育プログラム（Botvin, 2000），Know Your Body プログラム（American Health Foundation, 1996）がある。後者のプログラムは CASEL（既述：第2章1（2）（b）社会・感情学習）によって，SEL プログラムとして認定されている。わが国では，JKYB 研究会（現 JKYB ライフスキル教育研究会）により開発された日本版 Know Your Body プログラム（JKYB 研究会，1994），喫煙防止教育プログラム（JKYB 研究会，2005a），食生活プログラム（JKYB 研究会，1998）がある。なお，プログラムの作成，実施に当たっては，ライフスキルの性質や定義は文化や状況によって異なるため，子どもたちがおかれている社会環境を考慮することが大切である。

　以上のように，これまでライフスキル教育は危険行動防止，行動変容を目的にする健康教育へ適用されてきたが，新たな動向として，学校教育の目的である「児童生徒の全人的な発達」（生きる力，人間力の発達）にかかわる教育，言いかえればユニバーサル予防教育としての適用に視点が向けられ始めている。このことは，よりよく生きて行くために基盤となる能力であるライフスキルの獲得，その教育の本来の目的に沿うものであると考えられる。JKYB 研究会では，表2-1 に示した5つのライフスキルについて，特定の危険行動の防止と直接の関係がない，一般的なライススキル教育プログラム（JKYB 研究会，

2005b, 2006, 2007）を開発し，健康教育のみならず，人権教育，非行防止，キャリア教育などの青少年の健全な発達にかかわるさまざまな領域への適用をめざしている（川畑，2009）。

(e) ストレス・マネジメント教育

(i) ストレス・マネジメント教育とは

　ストレス・マネジメント教育とは，自分のストレスに向き合い，望ましい対処を学ぶ理論と実践である（山中・冨永，2000）。ストレス・マネジメント教育の理論の中心は，ラザルス他（Lazarus & Folkman, 1984）の心理社会的ストレスモデルである。ある出来事（ストレッサー）があると，心と身体に変化（ストレス反応）が生じる。しかし，同じ出来事があっても，ストレス反応の現れ方は異なり，その個人差の要因として，①素因や器官脆弱性，②ストレス対処，③認知的評価をあげた。ストレス対処には，問題焦点型対処と情動焦点型対処があるとしている。なお，ラザルスらのストレス理論については次項で詳しく説明する。

(ii) わが国の学校教育でのストレス・マネジメント教育の位置づけ

　わが国の学校教育においては，保健体育の「心の健康」という項で，取り上げられている。小学校では，「心の発達及び不安，悩みへの対処の仕方について理解できるようにする」とされ，中学校では「心の健康を保つには，欲求やストレスに適切に対処するとともに，心身の調和を保つことが大切であること」と学習指導要領に記載されている。中学の保健体育の教科書には，ストレス対処の項が立てられ，リラクセーションや相談など望ましい対処や，用語こそ記載されていないが，問題焦点型対処と情動焦点型対処に対応する記載，考え方で感情や行動が変わるという認知の例が記載されているものもある。しかし，中学では体育教師のみがこの単元を教えているのが現状であり，道徳のようにすべての教師が「心の健康」を教えているのではない。また時数が少ないため，リラクセーションなどの体験学習を行い深めることが難しい。しかし，わが国は総合的な学習の時間を設定しており，健康・福祉という例示があるように，すべての教師がこの時間に，また，さまざまな行事などの直前に取り入れるなど，心の健康に関する知識と体験を学ぶことができるよう年間カリキュラムをたてることはできる。

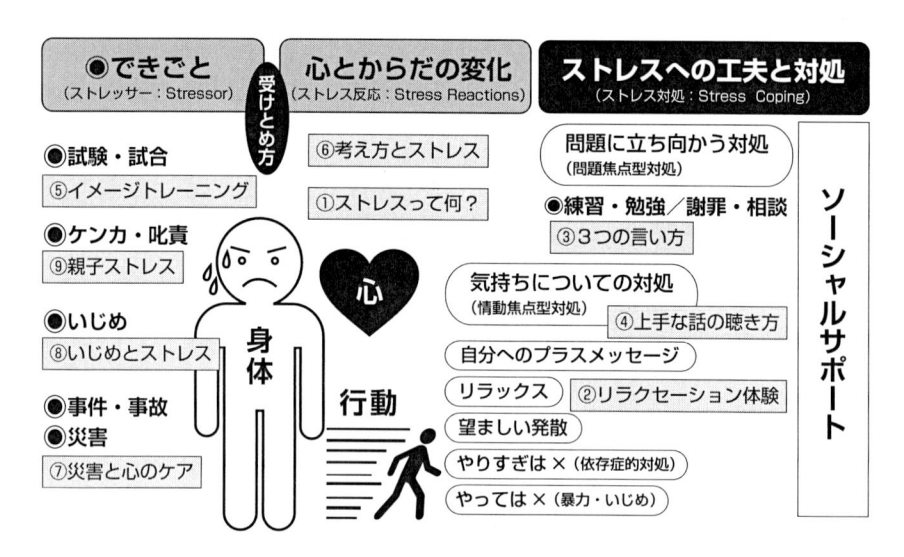

図2-3 ストレス・マネジメント教育の理論と授業案

できごと（ストレッサー：Stressor）
- ●試験・試合
  - ⑤イメージトレーニング
- ●ケンカ・叱責
  - ⑨親子ストレス
- ●いじめ
  - ⑧いじめとストレス
- ●事件・事故
- ●災害
  - ⑦災害と心のケア

受けとめ方

心とからだの変化（ストレス反応：Stress Reactions）
- ⑥考え方とストレス
- ①ストレスって何？
- 心／身体／行動

ストレスへの工夫と対処（ストレス対処：Stress Coping）
- 問題に立ち向かう対処（問題焦点型対処）
  - ●練習・勉強／謝罪・相談
  - ③3つの言い方
- 気持ちについての対処（情動焦点型対処）
  - ④上手な話の聴き方
- 自分へのプラスメッセージ
- リラックス
  - ②リラクセーション体験
- 望ましい発散
- やりすぎは×（依存症的対処）
- やっては×（暴力・いじめ）

ソーシャルサポート

（ⅲ）ストレス・マネジメント教育を柱にした心の健康教育プログラム

図2-3は，心理社会的ストレスモデルとストレス・マネジメントを柱にした授業案を掲載している。①＜ストレスって何？＞ストレッサー，ストレス反応，ストレス対処について自分の体験と照らして学ぶ。②＜リラクセーション体験＞眠れないときのリラックス法や落ち着くためのリラックス法を体験的に学ぶ。③＜3つの言い方＞非主張・攻撃・アサーティブな言い方の3つをロールプレイなどにより体験的に学ぶ。④＜上手な話の聴き方＞「えらそう」「真剣」の2つの聴き方をロールプレイにより体験的に学ぶ。⑤＜イメージトレーニング＞もっとも勉強に集中しているイメージを浮かべ，この1週間を振り返り，ベストの自分に近づくために，一日の行動をどのように変えればいいかを考える。受験や試合の前に行う落ち着く方法を体験的に学ぶ。⑥＜考え方とストレス＞「おはよう」とあいさつをしたのに友だちから返事がないといった場面を考え，どんな気持ちになるか，どんな行動をとるかを考えさせ，気持ちや行動は，心の中のつぶやき（考え）で変わることを学ぶ。⑦＜災害と心のケア＞災害できょうだいを亡くした人の手記を読み，災害によるトラウマ反応やPTSDを学び，回復するために必要な体験を学ぶ。周りのサポートの大切さを体験的に学ぶため絆のワークを取り入れる。⑧＜いじめとストレス＞いじめ被害を受

けたときの心身の打撃と回復方法を学ぶ。いじめ加害者のストレスを考えさせ，望ましいストレス対処について学ぶ。いじめの集団性・同調性について学び，いじめ加害をしない意識を育成する。⑨＜親子ストレス＞教師による親子のけんかのロールプレイを見て，望ましい親子のかかわり方について考える。ストレス・アンケート（日常ストレス反応，トラウマストレス反応，ストレス対処）により自分のストレスを知ることでよりよい対処を学ぶことができる。

　また，大災害後の心のケアとしてのユニバーサル予防として，ストレス・マネジメント教育を柱としたこころのサポート授業が行われている。震災後の予防教育については，第12章で詳しく紹介される。

（3）予防教育のベースとなる理論

（a）行動理論

　行動理論（behavior theory）という言葉が明確に何を指すのかについてコンセンサスの得られた定義は見当たらないが，一般にワトソン（Watson, J. B.）の提唱した行動主義（behaviorism），それ以降にワトソンの理論を継承しつつも批判的に展開していった新行動主義（neo-behaviorism），およびそれらの理論を継承しつつ現代までに新たに提唱された理論を包括的に指し示す言葉であると考えられる。具体的には下に示すような理論が代表的なものとしてあげられる。現代ではこれらの理論を土台として行動療法（behavior therapy）や認知行動療法（cognitive behavior therapy），応用行動分析（applied behavior analysis）といった心理療法，療育技法が展開されており，心理療法において行動療法が精神分析療法と対置的に紹介されることから，行動理論と精神分析理論とが対照的に用いられることも多い。

　行動主義を最初に提唱したワトソンはヴント（Wundt, W. M.）以来主流であった，内観を方法として用いる心理学研究を批判し，物理的データとして観測される行動のみを研究データとして用いることを主張した。ワトソンは行動の予測とコントロールを研究目的としたため，研究対象についても，意識やイメージといった観測不可能なものは対象としなかった。具体的にはパブロフ（Pavlov, I.）の条件づけ研究を応用し，人の行動についても条件づけ（conditioning）によって説明することをめざした。その後ワトソンの行動主義

を引き継いだスキナー（Skinner, B. F.）は，パブロフ型の条件づけに対し，自発行動を重視した条件づけを区別し，前者をレスポンデント条件づけ（respondent conditioning），後者をオペラント条件づけ（operant conditioning）とした。

　レスポンデント条件づけ（古典的条件づけ；classical conditioning）とは，元々は何の行動も引き起こさない中性刺激（neutral stimulus）の提示後に，ある行動（無条件反応；unconditioned response）を引き起こす無条件刺激（unconditioned stimulus）を対提示することを繰り返すと，中性刺激であったはずの刺激が行動を引き起こすようになることをいう。パブロフの犬の唾液条件づけでは，メトロノーム音（中性刺激）と，唾液分泌（無条件反応）を生じさせるエサ（無条件刺激）を対提示することを繰り返すと，メトロノーム音の提示だけで唾液分泌が生じるようになることを指す。パブロフは，このような条件づけが成立した後，メトロノーム音のみを提示することを繰り返すことで，メトロノーム音が唾液分泌を生じさせるという条件づけが消去されることも示した。

　このようなレスポンデント条件づけは脊椎動物だけでなく，無脊椎動物であるタコやイカ，ミツバチ，さらにはミミズやナメクジにおいても成立することが示されている。

　一方，オペラント条件づけ（道具的条件づけ；instrumental conditioning）は，レスポンデント条件づけとは異なり，主体的な行動が引き起こした偶然の結果として刺激が出現または消失し，その刺激によって先行する行動の頻度が増すことをいう。スキナーはレバーを押すとエサが出てくる仕掛けのある箱（一般にスキナー箱と呼ばれる）にラットを入れ，ラットがレバーを押すたびにエサが出てくるということを繰り返していくと，レバーを押す頻度が高まっていくことを示した。

　オペラント条件づけにおいて，刺激によって行動の頻度を増やす手続きおよびその過程を強化（reinforcement）という。また，行動の頻度を増やす刺激のことを強化子（reinforcer）といい，行動によって出現する刺激を正の強化子（好子），行動によって消失する刺激を負の強化子（嫌子）という。オペラント条件づけによって頻度の増えた行動に対し，強化を行わないことを継続した場合，行動の頻度は低下していく。この手続きおよび過程を消去（extinction）という。行動の頻度を低下させる方法として，消去のほかに罰（punishment）を与えるという方法がある。しかしながら罰によって頻度が低下した行動は，

罰が与えられなくなったときには頻度が増加することが明らかになっている。

　いずれの条件づけの場合においても，行動を引き起こす刺激とまったく同一のものではなく，似たような刺激であっても行動を引き起こすことが知られている。このことを般化（generalization）という。また，レスポンデント条件づけにおいて，特定の刺激の場合に無条件刺激を提示し，それと似た別の刺激の場合には提示しない場合，特定の刺激の場合にのみ行動が生じるようになる。このことを分化（differentiation）という。オペラント条件づけの場合においても，特定の刺激がある条件下の行動に対して強化を行い，その刺激がない条件下の行動に対しては強化を行わない場合，特定の刺激がある条件下の行動の頻度のみが増加する。このことも同様に分化といい，このときの特定の刺激のことを弁別刺激（discriminative stimulus）という。

　このような条件づけにおいては刺激と行動の媒介変数について考慮されていない。一方，新行動主義の中でもハル（Hull, C. L.）やトールマン（Tolman, E. C.），バンデューラ（Bandura, A.）は刺激と行動の間に媒介変数を想定することでより正確に行動を予測，説明することをめざした。中でもバンデューラは，行動の変容がすべて直接的な行動とその結果から行われるのであれば，非常に効率が悪く危険が伴うと考え，他者の行動を観察することで行動の変容が起こるモデリング（modeling）という概念や自分で自分を強化する自己強化（self-reinforcement）の概念を提唱し，現代の教育においてもその理論は広く用いられている。

　これらの行動理論は，現在では，上述したように，行動療法や認知行動療法で応用されるほか，特別支援教育を中心に用いられる応用行動分析の理論的背景ともなっている。また，ソーシャル・スキル・トレーニング等に取り入れられ，医療場面や教育場面でも応用が見られる。

(b) 社会的認知理論

　社会的学習理論（social learning theory: Bandura, 1977）は，主として個体が単独で特定の行動を習得していく過程に着目していたそれまでの学習理論から一歩前進し，個体と個体の相互作用の中で学習が進む過程を説明するものとなった。社会的学習理論では，他個体（モデル）を観察してから同一のあるいは類似の行動が遂行される観察学習（observational learning）の過程について，モデルに注意し，そこに含まれている特徴をよく観察するための注意過程，観

察した事象を言語化・体制化し，リハーサルなどにより記憶を強固にするための保持過程，必要なときに保持していたことを再生し実行するための運動再生過程，そして，保持された反応の再生を促す動機づけ過程の4つの過程が存在すると考えられている。

その後，社会的学習理論は認知心理学の隆盛の流れを受けて社会的認知理論 (social-cognitive theory: Bandura, 1986) へと発展した。社会的認知理論では，動機づけや行動は，思考によって制御されており，行動変容が生じるか否かは環境をコントロールできるという感覚の有無によって決まるとされている (Ian & Marcus, 2008)。

社会的認知理論では，このように認知的側面が強調されるが，特に特徴的な概念が，結果期待 (outcome expectancy) と自己効力感 (セルフ・エフィカシー) である。仮にモデルの行動Xに注意を向け，行動Xによってある結果Yが得られることを学習したとしても，その結果が自分にとって肯定的な結果でなければ，行動Xは生じない。行動Xによって，特定の肯定的結果Yが得られるという期待が，結果期待である。この結果期待が存在して初めて行動Xが実行される。一方，行動Xによって肯定的な結果Yが得られるとわかっていても，自分に行動Xを行う力があると思えなければ，行動Xは生じず，当然結果Yも得られない。行動Xを自分は実行できるという信念が自己効力感である。社会的認知理論には，そのほかにも多数の概念が盛り込まれているが，それらの中でも自己効力感は最重要な概念として位置づけられている。また，当初は社会的学習の観察学習の文脈で生まれたこれらの概念も，社会的認知理論ではそのような文脈の制限なく広く展開されている。

社会的認知理論におけるもう1つの重要な考え方に，相互決定主義 (reciprocal determinism) がある。これは前身の社会的学習理論の段階から強調されていたものであり，環境，個人，行動の三者が持続的に作用し合っているとする考え方である。例えば，タバコの自動販売機が身近にあるという環境が，すぐに喫煙への嗜好（個人）や，喫煙行動につながるわけではない。また，喫煙への嗜好があり，目の前にタバコの自動販売機があるからといって，必ずしも喫煙行動が生じるとは限らない。これらの3つの要素は常に相互に作用し合っているのである。したがって，健康を維持・増進させる行動を形成するための取り組みを行う際には，これらの3つの要素の相互のかかわりを考慮する必要がある。

このような特徴を持ちながら，社会的認知理論は健康教育や健康行動プログラムと深くかかわっている。特に，行動変容の認知的過程や動機づけなどの情動的側面を重視している点で，さまざまな切り口から健康・適応行動を形成し維持していくためのアプローチ方法を示唆している。

さらに，社会的認知理論そのものが適応行動の形成過程を説明しただけでなく，ここに包含されている概念は，その他の健康行動モデルにも影響を与えている。例えば，健康・適応領域でしばしば活用されているヘルス・ビリーフ・モデル（health belief model: Janz & Becker, 1984）には，当初は自己効力感の概念は含まれていなかったが，後に，健康行動の維持において自己効力感の概念の追加が必要との議論が生じている（Rosenstock, Strecher, & Becker, 1988）。バンデューラ自身も，行動変容の開始だけでなく，行動変容の維持における自己効力感の重要性を主張している（Bandura, 1995／本明・野口監訳, 1997）。

また，近年のわが国では，定期健康診断後の保健指導において，トランスセオレティカル・モデル（transtheoretical model: Prochaska & Velicer, 1997）が活用されている。この健康行動モデルも，社会的認知理論の影響を少なからず受けて生まれたものである。トランスセオレティカル・モデルは，行動変容への過程を，無関心期，関心期，準備期，実行期，維持期の5ステージに分け，このステージを考慮したプログラムの必要性を主張している。このモデルにおいても，行動変容の過程において，人々が健康行動を起こすか否か，行動変容の維持が保たれるか否かの部分に，自己効力感の影響を考慮している。

以上のように，社会的認知理論は，健康・適応を維持・増進させるための基本的な道筋を示しただけでなく，関連する他の健康行動モデルの誕生や発展をも導いたという点で，非常に大きな貢献を果たしたといえる。子どもを対象とした予防教育においても，行動変容を促進し，適応行動を維持する手立てを検討する際の，重要な理論的基盤となる。

（c）自己決定理論（self-determination theory）

動機づけ（motivation）の1つの分類方法として，外発的（extrinsic）と内発的（intrinsic）の2つの区別がある。その区別にはあいまいさが残るが，総じて言えば，外発的動機づけは，金銭や名誉など外的な報酬をめざしたやる気であり，内発的動機づけは，あることを行うこと自体に興味を持って生まれる

やる気である。

　デシ（Deci, 1975／安藤・石田訳，1980）によれば，内発的動機づけは生得的で，生後の環境要因の多くはこの動機づけを低め，外発的動機づけを高めることになる。こうして，内発的動機づけは発達とともに減じられていくことになり，下にも触れるが賞罰を中心に子どもを外的にコントロールすることの多い学校教育は不必要なまでに外発的動機づけを高める。この内発的動機づけの機能は重要で，健康面，学業面，向社会性面など多方面にわたって健全さを保障する（Deci & Flaste, 1995／桜井監訳，1999 参照）。内発的動機づけが損なわれ，外発的動機づけが高まった例として，よくタイプ A 性格（type A personality）があげられる。この性格は，攻撃・敵意，競争，時間切迫などの各特徴が高まったことで特徴づけられ，その形成には，他者に勝ったり，外的な報酬を得ることに敏感になる過程がある（山崎，1996）。そしてタイプ A 性格を持つ者は，心臓病（冠状動脈性）になりやすく，社会的にも成功しにくく，対人関係上でも問題をもたらすことが多くなり（Friedman & Ulmer, 1984），このことは，内発的動機づけの重要性を逆の側面から証明している。

　上述のように，内発的動機づけは外的なコントロールによって損なわれやすい。特に，物的な報酬がそれを受けることへの期待とともに提示されるとき，内発的動機づけは低下する（Greene & Lepper, 1974）。反対に，賞賛などの言語的報酬も，その内容や与え方にもよるが，一般に内発的動機づけを高める（Deci, 1975／安藤・石田訳，1980 参照）。他にも，罰，締め切り，競争，評価などの操作も内発的動機づけを損ねる（櫻井，2009 参照）。このような操作は，教育や養育場面では多用されており，この点からも学校での教育や家庭での養育は，内発的動機づけから外発的動機づけへの移行を促進させることがわかる。言語的報酬にしても，ほめることはすべての内発的動機づけを高めることはなく，教育現場のほめ方は制御的な側面が強いものが多く，言語的報酬でも制御的側面が強くなると内発的動機づけを損ねることになる（Deci, 1975／安藤・石田訳，1980）特徴には十分に留意したい。

　これまで，デシらの自己決定理論は，大きく修正され，変化してきた。扱う概念が複雑なだけに，それは当然の成り行きであろう。自己決定理論は，認知的評価理論，有機的統合理論，因果志向性理論，基本的欲求理論からなるが，上記の内発的動機づけの高低化の現象は認知的評価理論の示すところである。これらの理論をすべて説明することは本項の紙幅が許さないが，基本的欲求理

論が示す，自己決定にかかわる欲求については触れておきたい。自己決定理論では，自己決定（自律性）の欲求（need for autonomy）がもっとも重要になるが，最初に仮定されていた有能さへの欲求（need for competence），そして最後に導入された関係性の欲求（need for relatedness）が加わり，これら3つの欲求が基本的欲求とされている。

これら3つの欲求は，並列的な関係にあるのではなく，階層的な関係にあることが示唆される。長沼（2004）によると，まず有能さの認知はどのような動機づけにも必要な認知であるが，自律性の認知は内発的動機づけを保持するために必要となり，有能さの認知が自律性の認知を経由して行動を決定する健全な過程が想定される。また，関係性については，非自律的な関係性は依存関係を産み出し自律性を損なうことが予想され，関係性の認知は自律性の認知を経由してこそ健全な行動にいたることが予想される。

こうした内容を持つ自己決定理論は，学校教育に与える示唆は，具体的かつ多様であり，内発的動機づけの重要性とその育成や保持，有能感の育成，そして対人関係までも教育を規定することができる。ことに内発的動機づけの尊重という点では，これまでの学校教育は，罰にしても賞にしても，また競争にしても評価にしても，外発的動機づけを高める教師の態度やシステムが強すぎた事実は否めない。上述した外発的動機づけと健康問題との関連のみならず，自律性が健康をもたらし（Eysenck, 1987），ソーシャル・サポートなどの側面から見た関係性も適応や健康と関連が深いこと（Sarason, Sarason, & Pierce, 1990）は明らかである。つまり，健康や適応面の予防教育においては，自己決定理論は適用性の高い理論となる。

こうして自己決定理論は，学校でユニバーサル予防教育を行う場合，健康や適応問題の予防への根本的な心的特性を培う理論的な背景の1つを提供することができる。

(d) ラザルスのストレス理論

ラザルスは心理学的にストレスへアプローチした研究者である。彼の理論は現在のストレス理論のベースとなり，多くの研究が行われている。

そもそも，ストレス学説を唱え，ストレスという言葉を世に広めたのは，セリエ（Selye, H.）である。それまで，ストレスとは「圧力」，「緊張」，「圧迫」などを意味する言葉であった。彼は身体に与えられた有害刺激が，その刺激の

図 2-4 心理学的ストレスモデル

```
潜在的ストレッサー → ┌─────────────────────────┐
                    │ 一次的評価                │
                    │ ストレッサーが脅威か否かを評価  │
                    │ 無関係，無害―肯定感，       │
                    │ ストレスフルのいずれかに区別   │
                    └─────────────────────────┘
                              ↕
                    ┌─────────────────────────┐
                    │ 二次的評価                │
                    │ ストレスフルとされた出来事に   │
                    │ 対して何がでいるのかを考え    │
                    │ 評価する過程              │
                    └─────────────────────────┘
                              → コーピング
```

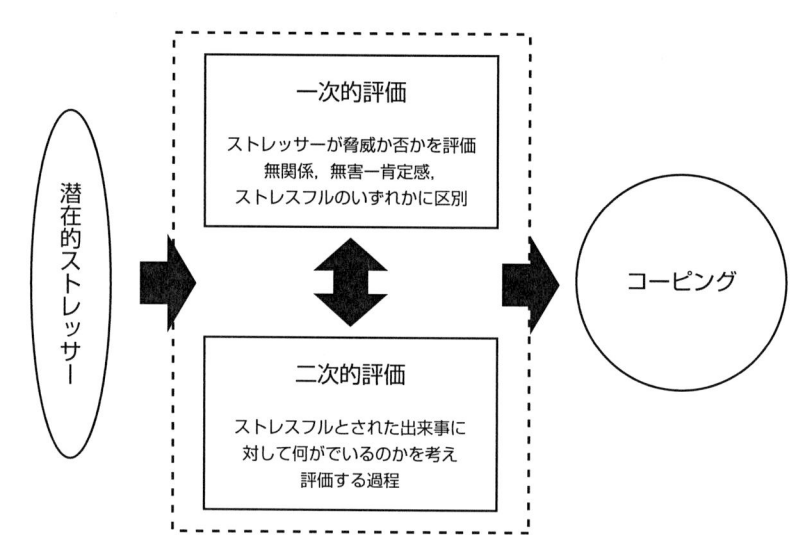

図 2-4　心理学的ストレスモデル（Lazarus & Folkman, 1984 より作成）

種類とは無関係に，「副腎皮質の肥大」など非特異的な共通の生理的変化を引き起こすことを動物実験により確認した。その研究や理論は 1936 年に汎適応症候群（general adaptation syndrome）として，科学雑誌ネイチャー（Nature）に発表された（Selye, 1936）。しかし，彼の研究は心理的側面を考慮していない点に欠点があり，その点を考慮したのがラザルスのストレス理論ともいえる。

　ラザルスとフォルクマン（Lazarus & Folkman, 1984）は，前節で説明したコーピングにいたるまでの道すじを，以下のような心理的ストレスモデルにより説明することを試みている。その流れを図 2-4 に図式化した。

　ここでは我々の身の回りにある，事物，出来事等，ストレスの原因になりうる可能性のあるすべてのものを潜在的ストレッサー（stressor）と呼ぶ。そして一次的評価過程において，この潜在的ストレッサーがストレスフルなものと評価された場合に，初めてその人においてストレッサー，つまりストレスの原因となる。一次的評価（primary appraisal）では評価される際に潜在的ストレッサーは無関係，無害 - 肯定感，ストレスフル（stressful）の 3 種類に区別される。そしてストレスフルと評価されたものについては，何らかの損害を受けている場合の害 - 喪失（harm-loss），まだ起こってはいないが予想されるような害 - 損失に関連する脅威（threat），そしてその出来事に統制や利益が予測

される場合を挑戦（challenge）という3つの形態をとる。なお，脅威と挑戦は一次元上の対概念ではなく，同時に起こり得るものだとしている。二次的評価（secondary appraisal）は，一次的評価においてストレスフルとされた出来事に対して，何ができるのかを考え，評価する過程である。なお，ラザルス他（Lazarus & Folkman, 1984）も指摘しているように，一次的，二次的という用語は時間的なものを示すのではなく，相互に影響し合う評価過程である。

そして，上述における一連の評価過程を経て，ストレスへアプローチしようとする試みをコーピングと呼ぶ。そして，一般に各コーピングの方法をコーピング・ストラテジー（coping strategy）と呼んでいる。なお，コーピングの定義や下位概念などについては前節（p.34）を参照されたい。

(e) 社会的情報処理理論

(i) 社会的情報処理とは

本項では，クリック他（Crick & Dodge, 1994）による子どもを対象とした社会適応のための改訂版社会的情報処理モデルをとりあげ，それがどのように学校教育で生かされる可能性があるかについて論じる。

彼女たちのモデルは6つのステップからなる。それを図2-5に示す。ステップ1では，子どもは選択的にある特定の外的な状況や内的な手がかりに対し符号化を行う。次いでステップ2で，スキーマやスクリプトを照合しながら，手がかりの心的表象化と解釈が行われる。解釈を行う上では以下にあげる6つのプロセスのうちいずれかが行われていると考えられる。①長期記憶で保存されている，ある特定の状況における手がかりに対する個人的な心的表象によりフィルタリングを行うこと，②なぜ意図された目標が達成されなかったのかについての分析，③相手の意図の帰属も含めた他者の視点への推論，④どのように社会的な状況が変化しようとも目標が達成できるかどうかのアセスメント，⑤過去の友人関係から作られた結果予期とセルフ・エフィカシーの的確さの評価，⑥過去と現在における自己評価および他者評価に関する意味付けの推論である。これらの解釈は記憶に貯蔵されている，例えば社会的スキーマ，スクリプト，社会的知識により影響され，導かれている。

ステップ3では，目標を新しく作るもしくは明確にすることが行われる。目標とは，通常ある特定の結果に導くことに焦点が当てられるが，社会的状況に合った目標を設定するだけでなく，その時々に遭遇した社会的刺激に即座に新

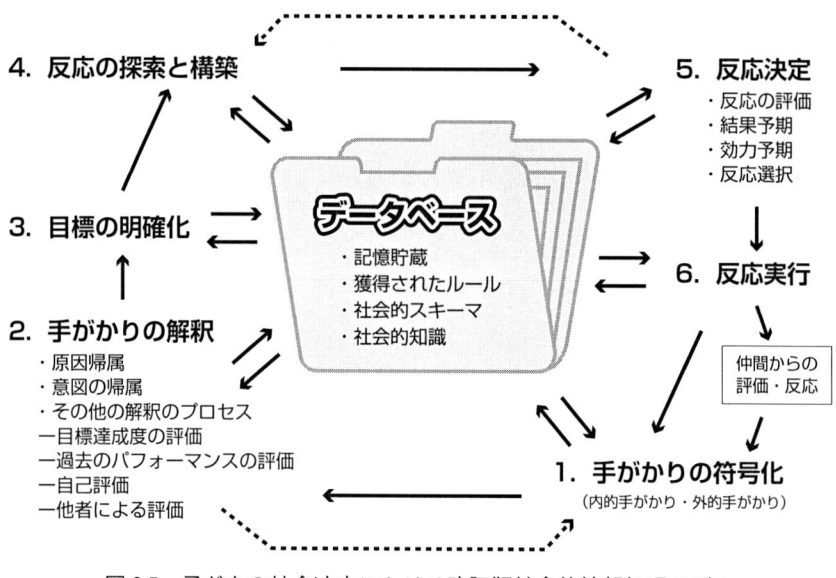

図2-5　子どもの社会適応における改訂版社会的情報処理モデル
(Crick & Dodge, 1994 より改変)

たな目標を立てるものである。ステップ4では，反応の検索と構築のステップである。子どもは，長期記憶にある行動のレパートリーから状況に適切な反応の検索が行われる。ステップ5では，記憶にアクセスし，検索した反応の中から実際に行動に移す際に，もっともその状況に適した行動の選択が行われる。ステップ6は反応実行のステップである。選択された行動が実行に移されると同時に，その反応を実行した能力による自信（セルフ・エフィカシー），それぞれの反応が適切であったかどうかを評価する（反応評価），自分の選択した行動から予期される結果（結果予期）が生じる。

(ⅱ) 社会的情報処理の適応性を促進する心理教育プログラム

社会的情報処理の適応性を促進する中学生を対象とした心理教育プログラムが吉澤・吉田（2007）より作成されている。プログラムは主に社会的ルールの知識構造をよりよい方向に変化させることが期待されるソーシャルライフ（吉田・廣岡・斎藤, 2005）と，認知的歪曲の改善に有効であるエクイップ（EQUIP）プログラム（Gibbs, Potter, & Goldstein, 1995）を参考に，「ものの見方」，「原

因帰属」,「視点取得」,「認知的歪曲」,「社会的考慮」の5つのセッションから構成されている。プログラムの事前事後テストを実施し結果を分析した結果,全般的に社会的情報処理に関する指標を適応的な方向へ変化させる効果が示されている（吉澤・吉田, 2007）。

　社会的情報処理モデルを活用した心理教育プログラムは,子どもの発達に適したより効果的な内容のものを作成することが求められる。また社会的情報処理尺度の作成については,濱口（1992）,久木山（2002）に代表される研究があるが,文化要因を考慮した上で妥当性を検討していく必要がある。

引用文献

American Health Foundation (1996). *Know Your Body*. New York: Kendall/Hunt Publishing Company.

荒木　剛 (2005). いじめ被害体験者の青年期後期におけるリズィリエンス(resilience)に寄与する要因について　パーソナリティ研究, *14*, 54-68.

Bandura, A. (1977). *Social Learning Theory*. New Jersey: Prentice-Hall.（原野広太郎（監訳）社会的学習理論　－人間理解と教育の基礎－　金子書房）

Bandura, A. (1986). *Social Foundations of Thought and Action: A Social Cognitive Theory*. New Jersey: Prentice-Hall.

Bandura, A. (1995). Exercise of personal and collective efficacy in changing societies. In Bandura, A. (Ed.), *Self-Efficacy in Challenging Society* (pp.1-45). Cambridge: Cambridge University Press.（バンデューラ A. 本明　寛・野口京子（監訳 (1997). 激動社会の中の自己効力　金子書房　pp.1-41.）

Bandura, A. (1997). *Self-efficacy: The exercise of control*. New York: W. H. Freeman and Company.

Benight, C. C., & Bandura, A. (2004). Social cognitive theory of posttraumatic recovery: The role of perceived self-efficacy. *Behavioral Research and Therapy*, *42*, 1129-1148.

Beran, T., & Li, Q. (2005). Cyber-harassment: A Study of a New Method for an Old Behavior. *Journal of Educational Computing Research*, *32*, 265-277.

Botvin, G. J. (2000). *Life Skills Training*. Princeton: Princeton Health Press.

Campbell, M. A. (2005). Cyber bullying: an old problem in a new guise? *Australian Journal of Guidance and Counselling*, *15*, 68-76.

Centers for disease control and prevention (2005). Youth risk behavior. Surveillance-United States, MMWR 55（No SS-5）, 1-108.

Coie, J. D., & Dodge, K. A. (1983). Continuity of children's social status: A five-year longitudinal study. *Merrill-Palmer Quarterly*, *29*, 261-282.

Collaborative for Academic, Social, and Emotional Learning (2005). *Safe and sound: An educational leader's guide to evidence-based social and emotional learning programs - Illinois edition*. Chicago: Author.

Collaborative for Academic, Social, and Emotional Learning (2011). http://casel.org/why-it-matters/what-is-sel/skills-competencies/

Coopersmith, S. (1967). *The antecedents of self-esteem*. San Francisco: Freeman.

Crick, N. R., & Dodge, K. A. (1994). A review and reformulation of social information-processing mechanisms in children's social adjustment. *Psychological Bulletin, 115,* 74-101.

de Boo, G. M., & Wicherts, J. M. (2009). Assessing cognitive and behavioral coping strategies in children. *Cognitive Therapy & Research, 33,* 1-20.

Deci, E. L. (1975). *Intrinsic motivation*. New York: Plenum Press.（デシ, E. L. 安藤延男・石田梅男（訳）(1980). 内発的動機づけ－実験社会心理学的アプローチ－　誠信書房）

Deci, E. L., & Flaste, R. (1995). *Why we do what we do: The dynamics of personal autonomy*. New York: G. P. Putnam's Sons.（デシ, E. L.・フラスト, R. 桜井茂男（監訳）(1999). 人を伸ばす力－内発と自律のすすめ－　新曜社）

傳田健三 (2008). 児童・青年期の気分障害の臨床的特徴と最新の動向　児童青年精神医学とその近接領域, *49,* 89-100.

Dishon, T., McCord, J., & Poulin, F. (1999). When interventions harm: Peer groups and antisocial behavior. *American Psychologist, 54,* 755-764.

Durlak, J. A., Weissberg, R. P., Dymnicki, A. B., Taylor, R. D., & Schellinger, K. B. (2011). The impact of enhancing students' social and emotional learning: A meta-analysis of school-based universal interventions. *Child Development, 82,* 405-432.

Elias, M. J., Zins, J. E., Weissberg, R. P., Frey, K. S., , Greenberg, M. T., Haynes, N. M. , … Shriver, T. P. (1997). *Promoting social and emotional learning: Guidelines for educators*. Alexandria, VA: Association for Supervision and Curriculum Development.

Eysenck, H. J. (1987). Personality as a predictor of cancer and cardiovascular disease, and the application of behaviour therapy in prophylaxis. *European Journal of Psychiatry, 1,* 29-41.

Field, S. L. (1996). Historical perspective on character education. *Educational Forum, 60,* 18-123.

Flannery-Schroeder, E. C. (2006). Reducing anxiety to prevent depression. *American Journal of Preventive Medicine, 31,* S136-142.

Folkman, S., & Lazarus, R. S. (1980). An analysis of coping in a middle-aged community sample. *Journal of Health and Social Behavior, 21,* 219-239.

Fredrickson, B. L. (2001). The role of positive emotions in positive psychology: The broaden-and-build theory of positive emotions. *American Psychologist, 56,* 218-226.

Friedman, M., & Ulmer, D. (1984). *Treating Type A behavior and your heart*. New York: Fawcett Crest.

Gentile, B., Grabe, S., Dolan-Pascoe, B., Wells, B. E., & Maitino, A. (2009). Gender differences in domain-specific self-esteem: A meta-analysis. *Review of General Psychology*, *13*, 34-45.

Gibbs, J. C., Potter, G. B., & Goldstein, A. P. (1995). *The EQUIP program: Teaching youth to think and act responsively through a peer-helping approach*. Champaign, IL: Research Press.

Gilman, R., Huebner, E. S., & Furlong, M. J. (Eds.) (2009). *Handbook of positive psychology in schools*. New York: Routledge.

Gladstone, T. R. G., Beardslee, W. R., & O'Connor, E. E. (2011). The prevention of adolescent depression. *Psychiatric Clinics of North America*, *34*, 35-52.

Goodstadt, M. S. (1978). Alcohol and drug education: Models and outcomes. *Health Education Monographs*, *6*, 263-279.

Governali, J. F. (1995). Health education and character education. *Journal of School Health*, *65*, 394-396.

Green, L.W., & Kreuter, M.W. (1991). *Health promotion planning -an educational and environmental approach*. Palo Alto, CA: Mayfield Publishing Company.

Greene, D., & Lepper, M. R. (1974). Effects of extrinsic rewards on children's subsequent intrinsic interest. *Child Development*, *45*, 1141-1145.

濱口佳和 (1992). 挑発場面における児童の社会的認知と応答的行動との関連についての研究　教育心理学的研究, *40*, 224-231.

畠瀬 稔 (1972). 身体接触を伴う人間関係促進の一技法（改訂増補）人間関係研究会, 刊行資料, No.1.

Hawker D. S. J., & Boulton M. J. (2000). Twenty years' research on peer victimization and psychosocial maladjustment: A meta-analytic review of cross-sectional studies. *Journal of Child Psychology and Psychiatry*, *4*, 441-455.

平木典子 (1993). アサーション・トレーニング　－さわやかな〈自己表現〉のために　日本・精神技術研究所

平木典子（編）(2008). アサーション・トレーニング　自分も相手も大切にする自己表現　至文堂

法務省 (2011). 平成23年度　犯罪白書

Horne, A. M., Bartolomucci, C. L., & Newman-Carlson, D. (2003). *Bully busters: A teacher's manual for helping bullies, victims, and bystanders, grades K-5*. Champaign, IL: Research Press.

Ian, P. A., & Marcus, M. (2008). *Key Concepts in Health Psychology*. London: Sage Publications.

石橋佐枝子・若林慎一郎・内藤　徹・鹿野輝三 (1999). 大学生の過去のいじめ被害経

験とその後遺症の研究－対人恐怖心性との関わり－　金城学院大学研究所紀要, *3*, 11-19.
James, W. (1983). *The principles of psychology*. Cambridge, MA: Harvard University Press.
Janz, N. & Becker, M. H. (1984). The health belief model: A decade later. *Health Education Quarterly, 11,* 1-47.
Jindal-Snape, D., & Miller, D. J. (2008). A challenge of living? Understanding the psycho-social processes of the child during primary-secondary transition through resilience and self-esteem theories. *Educational Psychology Review, 20,* 217-236.
JKYB 研究会（編）(1994).　学校健康教育とライフスキル　亀田ブックサービス
JKYB 研究会（編）(1998).　ライフスキルを育む食生活教育　東山書房
JKYB 研究会（編）(2005a).　ライフスキルを育む喫煙防止教育　NICE Ⅱ－学習材と授業のすすめ方－　東山書房
JKYB 研究会（編）(2005b).　JKYB こころの能力を育てるライフスキル教育プログラム　中学生用　レベル1　東山書房
JKYB 研究会（編）(2006).　JKYB「実践につながる心の能力」を育てるライフスキル教育プログラム　中学生用　レベル2 東山書房
JKYB 研究会（編）(2007).　JKYB「未来を開く心の能力」を育てるライフスキル教育プログラム　中学生用　レベル3　東山書房
川畑徹朗 (1994). 喫煙防止教育の国際的動向　保健の科学, *36,* 95-100
川畑徹朗 (2009). 青少年の危険行動防止とライフスキル教育　学校保健研究, *51,* 3-8.
川畑徹朗・石川哲也・近森けいこ・西岡伸紀・春木　敏・島井哲志 (2002). 思春期のセルフエスティーム，ストレス対処の発達と危険行動との関係　神戸大学発達科学部研究紀要, *10,* 83-92.
川上憲人 (2007).　平成 16 ～ 18 年度厚生労働科学研究費補助金こころの健康科学研究事業　こころの健康についての疫学調査に関する研究（総合研究報告書）
川上憲人　(2012). 不安障害の疫学と精神保健の課題　第 4 回日本不安障害学会抄録集, 58.
Kawakami, N., Takatsuka, N., & Shimizu, H. (2004). Sleep disturbance and onset of type 2 diabetes. *Diabetes Care, 27,* 282-283.
河村茂雄・藤村一夫（2004）. 授業スキル　小学校編　図書文化
警察庁 (2007).　出会い系サイトの現状（統計・資料）
　http//www.npa.go.jp/cyber/deaimeeting/h19/doc1/1-1.pdf
警察庁 (2012). 平成 23 年中における少年の補導及び保護の概況
　http://www.npa.go.jp/safetylife/syonen/hodouhogo_gaikyou_H23.pdf
Kirk, B. A., Schutte, N. S., & Hine, D. W. (2008). Development and preliminary validation of an emotional self-efficacy scale. *Personality and Individual Differences, 45,* 432-436.

Kohlberg, L. (1969). Stage and sequence: The cognitive-developmental approach to socialization. In D. A. Goslin (Ed.), *Handbook of socialization theory and research* (pp. 347-480). Chicago: Rand Mcnally.（コールバーグ，L. 永野重史（監訳）(1987). 道徳性の形成 新曜社）

國分康孝 (1981). エンカウンター －心とこころのふれあい 誠信書房

國分康孝 (2000). 続・構成的グループ・エンカウンター 誠信書房

國分康孝・片野智治 (2001). 構成的グループ・エンカウンターの原理と進め方 誠信書房

國分康孝・菅沼憲治（1978）. 大学生の人間関係開発のプログラムに関する研究その(3)－人間関係尺度の Pilot Study 日本教育心理学会第20回大会発表論文集, pp.716-717.

厚生労働省 (2008). 平成19年国民健康・栄養調査結果の概要
http://mhlw.go.jp/houdou/2008/12/h1225-5.html

厚生労働省 (2009). 平成20年人口動態統計月報年計(概数)の概況
http://www.mhlw.go.jp/toukei/saikin/hw/jinkou/geppo/nengai08/index.html

久木山健一（2002). 社会的情報処理尺度の妥当性検討に関する試み 名古屋大学大学院教育発達科学研究科紀要, *49*, 207-215.

共同通信 (2011a). 精神疾患加え「5大疾病」に －厚労省，医療計画で方針－ (2011年7月7日報道)

共同通信 (2011b). 小中高で自殺予防教育を導入へ －文科省方針，米国参考に－ (2011年8月7日報道)

Lazarus, R. S., & Folkman, S. (1984). *Stress, appraisal, and coping*. New York: Springer.

Lickona, T. (1991). *Educating for character : How our schools can teach respect and responsibility*. New York: Bantam Book.（リコーナ，T. 三浦 正（訳）(1997). リコーナ博士のこころの教育論 慶應義塾大学出版会）

Lickona, T. (2001). What is good character?: And how can we develop it in our children? *Reclaiming Children and Youth, 9*, 239-251.

Ma, Y., Bertone, E. R., Stanek, E. J., Reed, G. W., Hebert, J. R., Cohen, N. L., … Ockene, I. S. (2003). Association between eating patterns and obesity in a free-living US adult population. *American Journal of Epidemiology*, *158*, 85-92.

McGrady, A. (2007). Psychophysiological mechanisms of stress: A foundation for the stress management Therapies. In Leher, P. M., Woolfolk, R. L., & Sime, W. E. (Eds.), *Principles and Practice of Stress Management* (3rd ed., pp. 16-37). New York: Guilford Press,

Miller, D. N., Nickerson, A. B., & Jimerson, S. R. (2009). Positive psychology and school-based intervention. In R. Gilman, E. S. Huebner, & M. J. Furlong (Eds.), *Handbook of positive psychology in schools* (pp. 293-304). New York: Routledge.

宮田智基・日高なぎさ・岡田弘司・田中英高・寺嶋繁典 (2003). 小児のストレス・マ

ネジメントにおける基礎研究（第1報）－小児におけるストレス反応とストレス軽減要因との関係－　心身医学, 43, 129-135.

文部科学省 (2005).　学校保健統計調査
http://www.mext.go.jp/b_menu/toukei/chousa05/hoken/1268826.htm

文部科学省 (2012a).　平成23年度「児童生徒の問題行動等生徒指導上の諸問題に関する調査」について　http://www.mext.go.jp/b_menu/houdou/24/09/__icsFiles/afieldfile/2012/09/11/1325751_01.pdf

文部科学省 (2012b).　いじめの問題に関する児童生徒の実態把握並びに教育委員会及び学校の取組状況に係る緊急調査結果について（概要）
http://www.mext.go.jp/b_menu/houdou/24/11/__icsFiles/afieldfile/2012/12/09/1328532_01_1.pdf

森定薫・戸田有一　(2002).　特別な教育的ニーズ（SNE）とピア・サポート－経験の類似性・同世代性・訓練の度合い－　SNEジャーナル（特別なニーズ教育とインテグレーション学会）, 8, 99-117.

Mruk, C. (1999). *Self-esteem: Research, theory and practice*. London: Free Association Books.

永井道明・苅尾七臣 (2009).　睡眠と高血圧のかかわりを探る　寺本民生（編）Life Style Medicine 2009年7月号（Vol.3 no.3）.　先端医学社　pp. 198-204.

長沼君主 (2004).　自律性と関係性からみた内発的動機づけ研究　上淵　寿（編著）動機づけ研究の最前線　北大路書房　pp. 30-60.

日本学校保健会 (2002).　喫煙，飲酒，薬物乱用防止に関わる用語事典　日本学校保健会

日本学校保健会 (2008).　平成18年度児童生徒の健康状態サーベイランス事業報告書

日本スポーツ振興センター (2007).　平成17年度児童生徒の食生活等実態調査報告書

野島一彦 (2000).　日本におけるエンカウンター・グループの実践と研究の展開: 1970-1999.　九州大学心理学研究, 1, 11–19.

大芦　治・曽我祥子・大竹恵子・島井哲志・山崎勝之 (2002).　児童の生活習慣と敵意・攻撃性との関係について　学校保健研究, 44, 166-180.

岡田　弘 (1996).　あたたかく対等な人間関係　國分康孝監・岡田弘編　エンカウンターで学級が変わる　小学校編　図書文化　p. 3.

岡田　弘 (2004).　どんなときにエンカウンターを活用できるか　國分康孝・國分久子（編）構成的グループエンカウンター事典　図書文化　pp. 52-53.

岡安孝弘・高山　巌 (2000).　中学校におけるいじめ被害者および加害者の心理的ストレス　教育心理学研究, 48, 410-421.

Paffenbarger, R. S., Hyde, R. T., Wing, A. L., & Hsieh, C. (1986). Physical activity, all-cause mortality, and longevity of college alumni. *The New England Journal of Medicine*, 314, 605-613.

Parker, J. D. A., & Endler, N. S. (1996). Coping and defense: A historical overview In

M. Zeidner., & N. S. Endler. *Handbook of coping: Theory, research, application* (pp. 3-23), New York: John Wiley & Sons.

Parker, J. G., & Asher, S. R. (1987). Peer relations and later personal adjustment: Are low-accepted children at risk? *Psychological Bulletin, 102,* 357-389.

Penley, J. A., Tomaka, J., & Wiebe, J. S. (2002). The association of coping to physical and Psychological health outcomes: A meta-analytic review. *Journal of Behavioral Medicine, 25,* 551-603.

Prochaska, J. O., & Velicer, W. F. (1997). The transtheoretical model of health behavior change. *Journal of Health Promotion, 12,* 38-48.

Raths, L. E., Harmin, M., & Simon, S. B. (1978). *Values and teaching: Working with values in the classroom* (2nd ed.). Columbus, Ohio: Charles E. Merrill. （ラス, L. E.・ハーミン, M・サイモン, S. B. 遠藤昭彦（監訳）福田　弘・諸富祥彦（訳）(1992). 道徳教育の革新 －教師のための「価値の明確化」の理論と実践－　ぎょうせい）

Rees, E., & Graham, R. S. (1991). *Assertion training: How to be who you really are.* London and New York: Routledge（リース, E.・グレイアム, R. S. 高山巖・吉牟田直考・吉牟田直（共訳）(1996). 自己表現トレーニング －ありのままの自分を生きるために－　岩崎学術出版社）

Rogers, C. (1970). *Carl Rogers on encounter groups.* New York: Harper & Row.

Rosenberg, M. (1965). *Society and the adolescent self-image.* Princeton, NJ: Princeton University Press.

Rosenstock, I. M., Strecher, V. J., & Becker, M. H. (1988). Social learning theory and the health belief model. *Health Education Quarterly, 15,* 175-183.

佐伯素子 (2002). 中学生のストレスと自己評価－スクールカウンセラーの生徒全体に対する働きかけの試み－　山村学園短期大学紀要, *14,* 79-98.

櫻井茂男 (2009). 自ら学ぶ意欲の心理学 －キャリア発達の視点を加えて－　有斐閣

Sarason, B. R., Sarason, I. G., & Pierce, G. R. (1990). *Social support: An interactional view.* New York: John Wiley & Sons.

Scales, P. C., Benson, P. L., Lefferet, N., & Blyth, D. A. (2000). Contribution of developmental assets to the prediction of thriving among adolescents. *Applied Developmental Science, 4,* 27-46.

Schreier A., Wolke D., Thomas K., Horwood J., Hollis C., Gunnell D., … Harrison G. (2009). Prospective Study of Peer Victimization in Childhood and Psychotic Symptoms in a Nonclinical Population at Age 12 Years. *Archives of General Psychiatry, 66,* 527-536.

性の健康医学財団編 (2001). 　性感染症／ＨＩＶ感染　メジカルビュー, pp. 24-26.

Seligman, M. E. P. (2002). Positive psychology, positive prevention, and positive therapy. In C. R. Snyder & S. J. Lopez (Eds.), *Handbook of positive psychology* (pp. 3-9). New York: Oxford Universtiy Press.

Seligman, M. E. P., & Csikszentmihalyi, M. (2000). Positive psychology: An introduction. *American Psychologist, 55*, 5-14.

Selye, H. (1936). A syndrome produced by diverse nocuous agents. *Nature, 138*, 32.

篠邊龍次郎・塩見利明 (2009). 睡眠と循環器疾患のかかわりを探る 寺本民生（編）Life Style Medicine 2009 年 7 月号（Vol.3 no.3）先端医学社 pp.205-210.

Skinner, E. A., Edge, K., Altman, J., & Sherwood, H. (2003). Searching for the structure of coping: A review and critique of category systems for classifying ways of coping. *Psychological Bulletin, 129*, 216-269.

Stallard, P. (2009). *Anxiety: Cognitive Behaviour Therapy with Children and Young People*. London: Routledge.

Sullivan, A. L., Long, L., & Kucera, M. (2011). A survey of school psychologists' preparation, participation, and perceptions related to positive behavior interventions and supports. *Psychology in the Schools, 48*, 971-985.

Suls, J., David, J. P., & Harvey, J. H. (1996). Personality and coping: Three generations of research. *Journal of Personality, 64*, 711-735.

Terence, W. G., Fairburn, C. C., Agras, W. S., Walsh, B. T., & Kraemer, H. (2002). Cognitive-behavioral therapy for bulimia nervosa: Time course and mechanisms of change. *Journal of Clinical and Consulting Psychology, 20*, 267-274.

Terjesen, M. D., Jacofsky, M., Froh, J., & DiGiuseppe, R. (2004). Intergrating positive psychology into schools: Implication in the schools. *Psychology in the schools, 41*, 163-172.

Thompson, E. L. (1978). Smoking education programs 1960-1976. *American Journal of Public Health, 68*, 250-257.

戸田有一 (2001). 学校におけるピア・サポート実践の展望と課題 −紙上相談とオンライン・ピア・サポート・ネット− 鳥取大学教育地域科学部紀要（教育・人文科学），*2*, 59-75.

Trzensniewski, K. H., Donnellan, M. B., & Robins, R. W. (2003). Stability of self-esteem across the life span. *Journal of Personality and Social Psychology, 84*, 205-220.

上原千恵 (2008). 青少年の危険行動と規範意識およびセルフエスティームとの関係 筑波大学学校教育学研究紀要，創刊号，119-125.

和田 清・近藤あゆみ・高橋伸彰・尾崎米厚・勝野眞吾 (2006). 青少年の薬物使用問題 −全国中学生意識・実態調査（2004 年）から− 思春期学 *Adolescentology, 24*, 70-73.

渡辺弥生 (1996). ソーシャル・スキル・トレーニング 日本文化科学社

Wooster, M. M. (1990). Can character be taught? *American Enterprise*, November/December, 51-55.

World Health Organization (1994). *Life skills education in schools*. Geneva: WHO.

World Health Organization (2012). The World Health Organization's information series on school Health document 9: Skills for Health. Skills-based health education including life skills: An important component of a Child-Friendly/Health-Promoting School.
http://www.who.int/school_youth_health/media/en/sch_skills4health_03.pdf

World Health Organization. Self-directed violence (suicide). http://www.who.int/violence_injury_prevention/violence/world_report/factsheets/en/selfdirectedviolfacts.pdf

山中　寛・冨永良喜 (2000). 動作とイメージによるストレスマネジメント教育・基礎編　北大路書房

山崎勝之 (1996). タイプA性格の形成に関する発達心理学的研究　風間書房

吉田俊和・廣岡秀一・斎藤和志 (2005). 学校教育で育む「豊かな人間関係と社会性」－心理学を活用した新しい授業例－　明治図書

吉澤寛之・吉田俊和 (2007). 社会的情報処理の適応性を促進する心理教育プログラムの効果－中学生に対する実践研究－　犯罪心理学研究, *45*, 17-36.

財団法人日本性教育協会 (2005).「若者の性」白書　第6回青少年の性行動全国調査報告

第Ⅱ部

世界の予防教育の現状

　いよいよ第Ⅱ部では，世界の予防教育を紹介する。予防教育は先進諸国で発展しているが，そこでは実に多様な予防教育が開発され，実施されている。本書をもってしても，そのすべてを紹介することはできない。

　そこで，まず，もっとも予防教育の開発が盛んで，普及度も高いアメリカ，そしてカナダの予防教育について概説する。アメリカ１国に限っても，そこでの予防教育のすべてを紹介することはできないが，その代表格は登場させた。次にヨーロッパでの紹介に移る。ヨーロッパといえば，日本でもいじめ関連の教育が有名であるが，他にもピア・サポートなど近年の動向に触れる。その後，オーストラリアが続くが，この国では世界的にも名高いプログラムがあって，その普及度が国際級のプログラムが登場する。最後に，近年の大震災後に発展しつつある中国の予防教育についても触れておきたい。

第3章
アメリカ・カナダの予防教育

※※

概　要

　北米地域の予防教育ということから，アメリカ，カナダの2国に焦点を合わせて予防教育の特徴を概観する。いじめの研究や予防教育については，歴史的にはヨーロッパに遅れを取りながらも，今や，行動推進力やエビデンスにおいては，海外のモデルになるような多くの予防教育が取り組まれている。

　本章の執筆者の1人（渡辺）は，偶然にもアメリカに在外研究中であったこともあり，文献研究にとどまらず，実際にたくさんの予防教育の存在を知ることができた。すなわち実践に参加したり，視察する機会を得た。したがって，こうした予防教育がポピュラーになりエビデンスベースの研究が強く求められている背景に，これまでの歴代の大統領の教育政策などが影響していることを肌で感じることができた。また，アメリカでの現状や課題を，多くの研究者と交流することでより詳細に知ることができた。

　とはいっても，アメリカもカナダも大国である。ご存知のようにアメリカ合衆国は本土の48州と，飛び州のアラスカとハワイの2州，対して，カナダは，10の州と3の準州を持つ。国家としての予防教育対策もあるが，州やコミュニティ単位のユニークな取り組みや，研究者発信の自由で闊達なさまざまな取り組みもある。また，アメリカ心理学会は，15万人にのぼる研究者，教育者，臨床家などから構成され，カナダの研究者も多く含まれる。これに対して日本心理学会は，1万人に満たないことを考えると，まずその規模の違いに驚くことになる。そのため，全体の概要は，あくまでも執筆者のフィルターを通して理解されたものにとどまるが，アメリカとカナダの予防教育を概観することで，大いに学ぶものがあることから，ここに紹介したいと考える。

　本章では，アメリカとカナダの予防教育の背景と歴史の特徴をまとめ，次に，スクールワイドで拡大しつつあるスケールの大きい予防教育の介入と支援のあ

り方について紹介する。さらには，ローカルではあるが，ユニークでオリジナリティのある予防教育を紹介する。これらの内容は，実際に実践している研究者の方々から直にいただいた資料やメールが基本になっている。その意味で，いずれも新鮮で力強さを感じる予防教育ばかりである。

1．アメリカの予防教育の特徴と歴史

（1）予防教育の普及の速さ

　アメリカは，予防教育プログラムの普及の速さや多様性においては，他の国々のモデルになっている。学校における予防教育について概観してみると，1994年の終わりまでには，1960年代から合計してすでに586にのぼる研究が公刊されている（図3-1）。1995年においては，アメリカの小学校と中学校で約4,700万の子どもたちがおり，おおよそ15％が臨床的な問題を抱えていると推計されている（Durlak, 1995）。そして，多くの時間と焦点が当てられてきたのは，こうした介入が，子どもたちの行動，社会性，そして学業のどのような点を改

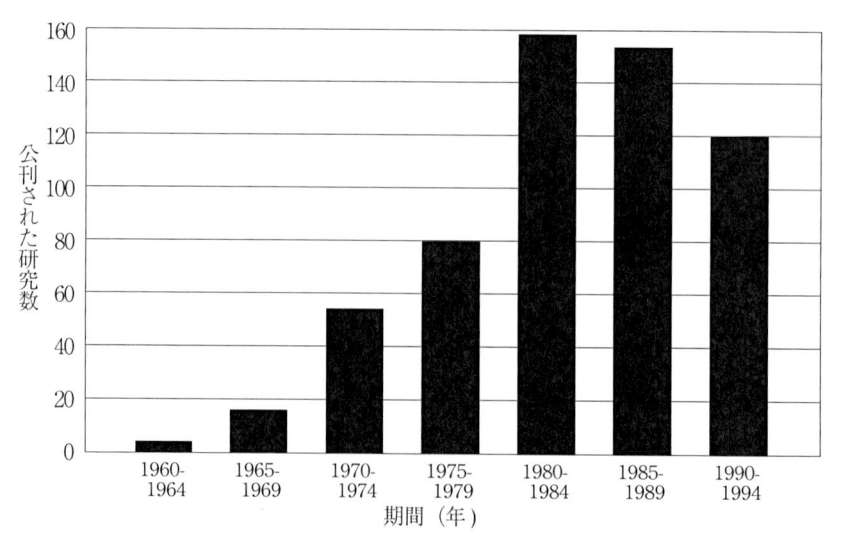

図3-1　1960年以降に公刊された学校における予防教育の研究数（Durlak, 1995より改変）

善してきたかということについて明確にすることであった。すなわち，エビデンスを得ることにあったのである。

　歴史的に見ると，予防教育は，まず病気の予防など，どちらかといえば身体的なリスクを減らすことに力が注がれていた。そのため，心理的要因を含めた健康システムを適応的に機能させることや，問題を予防していこうとする方向は比較的遅れて注目されるようになった。したがって，初期のころには研究なども比較的散見されるにとどまり，こうした研究を支えるファンドも比較的小さいものが多かったようである。しかし，今日，健常児にあまねく必要なプライマリー，換言すればユニバーサルな予防教育のニーズがアメリカ全土で高まっており，海外にも大きな影響を及ぼしている。

　こうした背景には，アメリカの教育環境の変化などさまざまな背景があることから（Doll, Pfohl, & Yoon, 2010），次に詳しく概観する。

（2）予防教育の3つのレベル

　一口に，予防教育といっても，学術的には異なる多くの領域をまたぐ教育となる。すなわち，健康，疫学，教育，医学，コミュニティ，発達，臨床心理学などにかかわる学際的な科学である。そして，予防教育については，早くから，3つに分けて，考えられてきた。

　まず，1次予防教育である。問題の発生を予防するために健常児すべてを対象にする介入である。次に，2次予防であり，障害が大きくなる前の時期への介入をいう。最後に，3次予防は，問題や障害がすでに問題として顕著である子どもに，いかに対応していくか，あるいは治療するための介入のことである。3次になると，臨床的な治療とリハビリの双方が必要になる。

　1994年当時は，まず予防教育を明確に把握できるよう，6つのアプローチに分けて考えられていた（図3-2）。

　介入プログラムは，先の3次の予防に対して，さらに「人」と「環境」のいずれに焦点を当てるかによって区別されてきた。人に焦点を当てる場合には，特定の問題を想定し，それを予防することが考えられる。具体的には，各生徒が問題を予防し，精神的健康を維持できるように，それに必要なスキルを与えるといったアプローチが考えられることになる。他方，環境に焦点を当てる介入も考えられた。子どもだけではなく，子どもを取り巻くさまざまな要因に目

介入の焦点

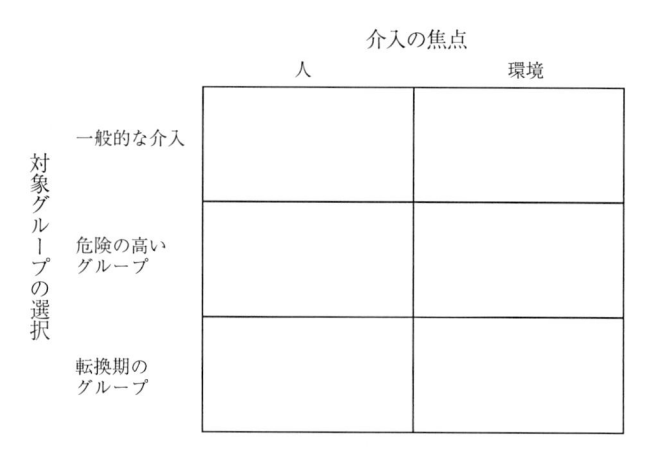

	人	環境
一般的な介入		
危険の高いグループ		
転換期のグループ		

対象グループの選択

図 3-2　予防のアプローチの概略（Durlak, 1995 より改変）

を向けることが重視されたのである。この着眼は後で紹介するポジティブ行動介入および支援（Positive Behavior Interventions and Supports: PBIS）や社会性と感情の学習（社会・感情学習とも呼ばれるが，オリジナルは，Social and Emotional Learning: SEL）など多くの予防教育に影響を与えていることが明らかである。

（3）グループ対象を広げ，プロアクティブな目標設定

　予防を押し進めるための理論や方法に関しては，2つの動きがあった。
　1つは，特定の問題にのみ焦点を当てて予防するといった考え方から，次第に予防の目標を広げ，予防の対象となるグループを広げていく動きである。その結果，心理的な変数についても，特定の症状や問題ではなく，健康な生徒の一般的な行動や感情を対象に含めて広がっていくようになった。
　もう1つは，時間の展望の変化である。初めは，長期的な展望が中心であったが，次第に比較的近々の目的の重要性が認識され，スパンに合わせてアプローチを考える必要性が認められるようになった（Doll et al., 2010）。
　また，目標については，リスクになる要因を減らすことだけではなく，望ましい要因を積極的に育てようとする2つの目標が同時にたてられるようになった。例えば，いじめの予防教育として，攻撃性を減らすことだけに焦点を当て

るのではなく，思いやり行動や共感性を育てるといったポジティブな資質の育成にも焦点を当てていくことである。これは，必ずしも，攻撃性を軽減することが，思いやりを育てることにつながるわけではないことが明らかになったからである。すなわち，攻撃行動は減ったが無気力になったとか，引きこもるようになる可能性もあり，リスク要因の減少がそのまま健康であると言うには不十分だからである。したがって，ただ問題行動を減らすだけでなく，育成すべき要因に焦点を当て将来の問題を予防することが目標として掲げられるようになった。特に，ここ数年はポジティブな心理変数への関心が強い。

(4) 学校での予防プログラムの歴史

(a) 予防教育の導入の流れ

　1940年ごろの歴史を振り返ると，最初は，子どもへの臨床的なガイダンスのかたちで実施されてきた。すなわち，ハイリスクの子どもたちを対象としたクラス対象のカリキュラムが，1940年代初期からすでに現れ始めていた。そして，1950年代には，予防教育についてパイオニア的な研究が現れ，その中には，セント・ルイス・プロジェクト（Saint Louis Project; Glidewell, Gildea, & Kaufman, 1973）などがあった。その後，1990年代になって，具体的な健康教育が見られるようになった。

　図3-1に示されるように，学校ベースの予防教育に関するコントロール群を用いた研究は，1960年を皮切りに，5年ごとの区切りでカウントされている（この図は，アカデミックな問題の予防についての研究は含まれていない）。

　スクールワイドで，かつコントロール群を用いた研究は，1990年代の統計では，毎年学校のほぼ70％以上で，たばこ，アルコール，ドラッグ，身体的な健康の問題などについて実施されてきた。また，85％が，性教育のプログラムも実施されてきている。1993年には攻撃性の予防プログラムは，225学校，12万人の生徒を対象に実施されたと報告されている（Durlak, 1995）。

　ただし，こうしたプログラムの大半は，システマティックに評価されてこなかったことが問題であった。また，ファンドや権限を持つ州の行政からの指示に影響される場合が多かった。そのため，学校サイドは，自発的にプログラムを開発するというよりは，手軽で実施しやすいプログラムを安易に選ぶ傾向が

どうしても高くなり，危機的な問題を回避する方への関心が強くなりがちであった。その結果として，予防に焦点を当てた取り組みは，国レベルで見ると比較的数も限られ，ファンドも大きいものは少なかった。

今日では，アメリカ国内にさまざまなスクールワイドの予防教育が実践されているが，海外をはじめアメリカ全体で実践される規模の予防教育はまだ限られている。特に連邦レベル，州レベルの行政サイドの意向と，地道にエビデンスを求めながら実践を積み重ねる研究者サイドの意図する実践とは，いまだ大きなギャップがあるようである。

そのほか，下記のような行政からの影響をさまざまに受けてきた歴史がある。

（b）行政からの影響

（ i ）落ちこぼれ防止法（No Child Left Behind Act: NCLB）

アメリカは連邦国家であり，1791年の憲法によって，連邦の権限が規定されており，教育行政は基本的に州にゆだねられている。つまり，州が州憲法や州の教育法に基づいて州内の教育全般を統括しているしくみである。連邦レベルの教育行政機関は連邦教育省であり，「教育の機会均等」，「優れた教育の振興」が使命である。そのため，主たる事業は，補助金や奨学金や，教育情報の収集や提供，研究開発であり，国家の教育費全体の10％を負担している。1960年代に公民権法の成立に伴い，初等中等教育法（1965）や高等教育法（1965）によって，補助金の交付や教員養成などが規定されていた。1990年代には，①就学前における学習準備の徹底，②高校の卒業率の引き上げ，③基礎的教科の達成度評価の実施，④教員の資質向上，などが盛り込まれたアメリカ教育法や学校改善法などが制定された。そして，さらに大きな改革が2001年に起こり，初等中等教育を対象にした落ちこぼれをつくらないための防止法が制定されたのである。

これは，法的に2002年に制定された。元来，教育に関する権限を持たないとした連邦政府が，学力向上という目標を掲げて積極的に関与し始めた背景には，1989年の「教育サミット」で，初めて全国レベルの共通教育目標について発表されたことがひきがねとなっているようである。1994年にクリントン政権時に，アメリカ教育改善法が制定され，2000年にブッシュ大統領が，教育を国内政策の最重要課題と位置づけ，公的教育における連邦の役割を押し出したことになる。この法律は，法律としての効力の期限の明記はないが，規定

には 2013-2014 終了時点までに，すべての児童生徒が，居住している州の決めた学力水準に到達することをめざしている。

この NCLB に規定された施策の策定や導入は，州の任意であるが，大半の州が導入しており，国の基本計画に近いものと考えられる。これによって，教育に関する学校の説明責任が大きくなり，学校環境そのものへの見直しや働きかけが強くなったと考えられる。学力が特に重視されているわけであるが，同時に学校の安全や環境についての見直しが図られたことから，予防教育についての取り組みについても後押しされるようになったと考えられる。

(ⅱ) 薬物乱用防止教育 (Drug Abuse Resistance Education: DARE)

行政や資本家が積極的に押し進め，一般大衆に広く認知されるようなプログラムは，広く施行される割合が高い。しかし，その領域での専門家による研究やエビデンスを十分にふまえた上での取り組みでないことから，結果的に十分な効果をおさめず，批判される場合も少なくない。

その一例として指摘される場合があるのが，行政側主導の DARE プロジェクトである。このプログラムは，1980 年代のロサンゼルスでの取り組みから次第に全国規模に広がったプログラムである。レーガン大統領時代のドラッグへの対策も影響して，警官によって実施されるプログラムであった。司法省によれば，1995 年には，小学校から高等学校を含め，推計 550 万人の子どもたちが受けたと考えられる。コアになるカリキュラムは，約 45～60 分の授業を毎週利用して，16～17 週間実施される。警官はこのプログラムのために 90 時間のトレーニングを受けるというものである。ドラッグやアルコールに抵抗する知識とスキルの獲得，自尊心の向上，主張訓練，アンガーマネジメント，コミュニケーションスキルの獲得などのレッスンから成り立っている (Petrosino, 2005)。

このプログラムは，1990 年代にかけて多くのニーズのもとに全国規模にまで広がり実施されるようになった。しかし，その後，このプログラムの効果について論争されるようになり，知識は獲得できても態度の変容にまでは効果がないなど，批判されるようになった。1990 年代後半になって，教育省 (Department of Education) は州が学校安全関係の資金をどのように使っているかを厳しく検証するようになり，1998 年には，「効果の原理 (principles of effectiveness)」のもとにエビデンスベースのプログラムを用いることが強く

求められるようになった。こうした流れを受けて、DAREはエビデンスを疑問視されるようになり、さらなる改善が求められるようになっている。ただし、DAREの取り組みは、はからずも、スクールワイドのプログラムの導入を推進するきっかけを与えたように思われる。

(iii) ゼロトレランス (Zero Tolerance) の影響

学校構内での武器の持ち込みや発砲事件、ドラッグなどの問題への対応としてとられた考え方である。具体的には、校内での行動に関する詳細な罰則を定めておき、これに違反した場合は速やかに例外なく罰を与える方法である。これによって、生徒自身に責任を自覚させ、改善が見られない場合はサスペンションや退学処分を科すというものである。1994年にアメリカ連邦議会が各州に同方式の法案化を義務づけ、1997年にクリントン大統領が全米に導入を呼びかけ広まった。

しかし、この処分は過剰反応を引き起こした感もあり、少しでも問題があると厳しくあたる傾向を助長している。そのため、例えば小学生でも規則に違反した場合に、サスペンションといった対応がとられる場合もあり、問題のある子どもの問題に対応していこうとするスクールワイドの予防教育の推進を阻害し、問題に蓋をする、あるいは排除するといった方向に行きがちである。問題のある子を学校から排除することは、結果的に社会からもドロップアウトする子どもたちを増やしてしまうことにつながり批判をよんでいる。

(iv) 障害判定や評価モデルとしての RTI (Response To Intervention)

2004年、合衆国は、障害者教育改善法 (Individuals with Disabilities Education Improvement Act: IDEA) の改正を行った。これは、先述のNCLBの整合性を高める方針であり、学校は障害のある子どもたちに質の高い技術と知識を持った教師を充当し、すべての特殊教育の担任教師に特殊教育免許所持を求めた。そして、できるだけ多くのアセスメントツールを使用し、生徒の学力や行動面、機能面、環境などの重要な情報を標準検査だけではなく、日常の指導記録や試験などから得ることを求めた。

これは、介入ベースのアプローチ (intervention-based approach) と呼ばれるもので、児童生徒の学力や行動面、機能面、環境面などの重要な情報を、標準検査によってのみではなく、日常のさまざまな記録から得ることによって

子どもへの効果を最大にする試みである。すなわち，これがRTIモデルの考え方であり，それまでのLDの判定に用いられていたディスクレパンシーからの大きな転換を求めたことになる。ディスクレパンシーモデルは，IQと学力面の乖離の測定をもとにLDの判定をする方式であったが，RTIでは，多層モデルによる教育的介入を実施する（Jimerson, Burns, & VanDerHeyden, 2007）。すなわち，第1次教育的介入，第2次教育的介入，第3次教育的介入というように，現在の予防教育の3つのカテゴリーに対応する考え方である。したがって，すべての子どもについてアセスメントを実施し，階層を経ることによって問題のある子どもへの支援の目を行き届かせようとする特徴がある。

ただし，早期発見による予防を重視するか，時間をかけて子どもをよく見て障害の確実な判定をめざすかは，いまだ議論がある。さらに，健常児を中心に考えてきた方向性と，障害児への対応を中心に考えてきた方向性とが偶然にも類似した枠組みを持ち合流したかのように見受けられるが，実際のところ，成果を上げているかどうかといった公式な評価についてはまだ明確ではない（川井，2009）。

（3）現状と将来

（a）エビデンスベースという効果検証のあり方

1991年の終わりまでのメタ分析によれば，表3-1の効果サイズに表れているように，プログラムの効果の大きさが示されている（Durlak, 1995）。プログラムの結果は，特徴を示すチェックリスト，不安の自己報告，適切な行動の観察や不安を含む。例えば，コンピテンスを評価する結果は，主張性，対人間の問題解決，自尊心や自己効力感が向上するか否かに焦点が当てられている。また，適応と不適応の両方の指標の効果を測定することがめざされつつある。また，単なる心理変数だけでなく，学校から入手できるすべての統計変数，例えば，退学率，サスペンションの数，学業成績，登校数などの指標をも含めて望ましい変化をめざそうとする大がかりなスケーリングが実施され始めている。

また，般化と維持についても力が入れられつつある。教育の効果を測るためフォローアップを実施している研究はいまだ26％にとどまっており，実施している教育自体の期間が短い。中央値は8週間で，8つの研究だけが，1年か

表 3-1　行動や社会性の問題を予防する第1次プログラムの効果サイズの平均
（Durlak, 1995 より改変）

プログラムのタイプ	すべての結果	コンピテンス	問　題
環境プログラム（17）	0.35	0.56	0.26
移行プログラム			
離　婚（7）	0.36	0.33	0.38
転　校（9）	0.39	0.41	0.36
人に焦点を当てたプログラム			
感情教育（46）	0.29	0.31	0.26
対人問題解決（23）	0.39	0.44	0.06 △
その他のプログラム			
行　動（26）	0.50	0.44	0.55
非行動（16）	0.25	0.24	0.25

（　）内は研究数
△は，有意差なし。

それ以上を実施しているのみである（Doll et al., 2010）。それゆえ，プログラムの効果の継続性についてはあまり多くのことが知られていない。また，明確な仮説のないまま，例えば，不適応を防ぐなどといったあいまいな目標が掲げられていたり，アセスメントについての理論的な説明がないまま用いられている。さらには，介在の効果の解釈が難しい自尊心や不安といった心理的変数を用いるといったことが少なくなく，この点については改善が求められている。

（b）感情や学力に焦点

　2011年度のアメリカでの在外期間中に視察した印象からすると（カリフォルニア大学サンタバーバラ校），どちらかといえば，認知行動理論や社会的認知理論に基づいたプログラムが多かったが，近年，次第に「感情」を重視する研究や実践が増えているように思われる。感情のリテラシーや感情知能などの理論が一躍アカデミックな話題をさらったことや，本来感情に正面から取り組みたくても難しいと考えられていた研究者や実践者の気持ちが，素直に真っ向から取り組みたいという動きに拍車をかけたのかもしれない。また，従来は、

感情や社会的な側面の成長が，学力の向上とは区別されて考えられてきていたが，今や学力の向上自体が，感情や社会的な育成によって支えられるというエビデンスが増えてきたことによる意識改革が起こったことも原因と考えられる（Collaborative for Academic, Social and Emotional Learning, 2012; Elias et al., 1997）。

（c）多くのコストとトレーニング

　アメリカにおいては，次のセクションにも紹介するようにさまざまなユニークで興味深い予防教育プログラムがローカルに実施されているが，いずれも実施にコストがかかる。金銭的なコストだけではなく人的なコスト，時間的なコストがかかることが推進にストッパーをかけてしまうという問題がある。

　また，こうしたプログラムを学校で実施するために，管理職，スクールカウンセラー，スクールサイコロジスト，教員といった学校スタッフ全員が予防教育を実施できるようなトレーニングが必要であり，連携のしかたを学ぶことが大切である。そのためのシステムも確立されてきているが，トレーニングや企画をするコーディネーターの派遣や，会合に要する時間など，多くのコストがかかる。さらに，教材やアセスメントツールの作成費，それを配布し，購入する費用など，学校の予算だけでは，予防教育を実施したくてもできない状況となる。教員は多忙を極める中，新しい予防教育の習得に時間をかけることに躊躇することも多い。オンラインなどによる比較的時間をかけないで，好きなときにトレーニングを受けるなどの工夫が急速に重ねられているが，その成果の検証は今後積み重ねられていくことになろう。

　ローカルな文化に応じた取り組みが求められる一方で，ユニバーサルでインターナショナルな取り組みも期待されている。学校の危機対策など，誰がどのように子どもたちをケアしていくのか，ベストでシンプルな対応策の構造が考えられ始めている（Thomas & Grimes, 2008）。例えばアメリカ学校心理士会（National Association of School Psychologists : NASP）は，学校危機予防カリキュラムとしてPREPaREモデルを提唱しており，主にスクールサイコロジストを対象に例年学会や研修会でトレーニングが重ねられている（National Association of School Psychologists, 2012）。

2．カナダの予防教育の特徴と歴史

(1) 国家レベルでのいじめ予防対策

　北米において，アメリカとカナダは研究において互いに影響し合っており，予防教育における顕著な区別は難しいが，国家の仕組みや行政単位は異なっている。国家レベルの対応策として，近年カナダは，いじめの予防に焦点を当てていることがうかがわれることから，ここではいじめを中心に紹介することとする。

　世界保健機関（World Health Organization）の2001年/2002年の13歳対象のいじめに関する調査では，アメリカもカナダもいじめた経験ではほとんど同じ割合で，比較的割合が高い国々としてランクされている。いじめの被害者の経験はカナダの方がアメリカよりも割合が高くなっている（Craig & Harel, 2004）。

　カナダは，アメリカに比較すると予防教育に関する取り組みは比較的新しく，1990年代半ばに関心が寄せられてきたようである。犯罪を防ぐためには社会性の発達を促すことが重視され国をあげて支援されてきている。主に，カナダ政府は，国防省（National Crime Prevention Council: NCPC）を通して，国家犯罪予防方略（National Crime Prevention Strategy）を計画し，社会文化経済的なリスク要因を減らすことに力が入れられている。2003年から2006年は，国の機関，コミュニティ，学校すべてが一丸となっていじめの予防に取り組むことが目標に掲げられ，いじめ予防に取り組んでいる（Canadian Initiative for the Prevention of Bullying: CIPB, http://cipb.ca/）。近年では，さらに暴力を根絶するべくパワーアップした取り組みに進展している（PREVNet, http://www.prevent.ca）。こうした対策で得られた知見をもとに，コミュニティレベルで具体的な方略が広く実践されている。

　例えば，次のように明確化されている。
①学術的な研究をもとに期待される実践を明確にする。
②いじめ予防プログラムの応用を検討する。
③この領域の今後の研究の発展を期して研究や実践を比較する。
④期待できる実践の要因を明らかにするプロジェクトを立ち上げる。

⑤どこでも応用できるプロジェクトのツールや成果に関するインベントリーをつくる。

　これらを概観すると，行政レベルで，積極的に基金を出して介入していく意気込みをうかがうことができる。特に，学術的な研究をきちんと検討し，エビデンスのある実践や何が効果を産み出しているかといった分析や評価の視点が行政サイドで強調されている。したがって，国内外の学術的研究にアンテナをはり，自国の教育方針へ積極的に活用していこうとする姿勢がうかがわれる。

　2006年には，カナダ国内で学童期の子どもたちの大規模な研究が実施された。この調査はカナダ政府と世界保健機構の協同で，11〜15歳を対象に9,600名以上のデータが収集された。内容は，喫煙，飲酒，ドラッグ，身体的健康／ボディイメージ，食事，情緒，けがなどが含まれている。その結果は，5つに分けられて報告されている。

　「生活習慣」においては，6〜10年生が，運動が少なく，1日1回果物や野菜を食べている生徒が50％に満たないこと，過去10年間で肥満が増加しつつあることが報告されている。「健康に影響を与えるリスク要因」については，9,10年生の4分の1から3分の1が，喫煙，飲酒，性的な問題について報告されている。「いじめやけんか」は，生徒の5分の2がいじめの被害者の経験を報告しているほか，銃，ペッパースプレイなどの学校への持ち込みの報告が少なくないことを指摘している。「傷害に関与する活動」については，生徒の20％が，少なくとも1年に1回はけがなどで学校を欠席したと報告しており，年長になるほどけがのリスクが大きくなっている。最後に，「情緒的な問題」では，女子が男子より情緒的な問題を多く経験していることや，10年生までは性差が顕著であるとまとめられている。

（2）「いじめ」の定義の明確化

　すべての子どもは家庭，学校，コミュニティで安全に暮らす権利を持つという国連の一文が引用され，いじめを予防していくためにも，いじめをきちんと理解することの重要性が指摘されている。かつて，いじめは，身体的な暴力と同様にとらえられていたが，今ではたとえ暴力がふるわれなくても心理的に傷つくことが認められ，攻撃性などの先行研究をもとに，表3-2のように，わかりやすくタイプ化されている。

表 3-2　いじめのタイプと影響

身体的	心理的	
	言語的	社会的
たたく ける 殴る 押す、つく 盗む デートでの暴力	侮辱 名前の呼びつけ 外見など 脅し セクハラ 人種差別	ゴシップを流す うわさ 無視 仲間はずれ
結　果		
身体的に傷つけたり、持ち物にダメージを与え、気持ちを傷つける	心理的に傷つける	孤独に追い込む 所属をなくす

　また、いじめの影響が長期にわたることが指摘され、うつ、不安、自尊心、攻撃性、身体症状に大きく影響するエビデンスが国防省のサイトにもわかりやすく紹介されている（Public Safety Canada, 2011）。そこでは、先行研究として、アメリカの研究だけではなく、ヨーロッパの研究も数多く紹介されている。カナダの歴史を考えると、イギリス、フランスからの影響を強く受けているが、他方で地理的には隣国であるアメリカからの影響が大きい。さらには、移民の多いアジアからも多様な文化の影響を受けている。カナダはそれぞれの民族のアイデンティティを強く維持しつつも、カナダ国家を協力してつくっていこうとする視点が強い多文化主義をとっており、さまざまな文化、地域の特徴を理解しようとする姿勢が強いといえる。

　さらに、現代は、メディアによる影響を受けていることを指摘し、センセーショナルにいじめの事件を取りざたする方向性を批判している。必ずしもメディアやゲームなどがいじめの原因ではないと認めつつも、こうした過激な映像が行動や攻撃に対する無感覚化を助長している原因の1つとして強く責任を問うている。そのため、メディアリテラシーを明確にし、批判していくことの必要性が強調されている。

（3）期待される予防プログラム

（a）エビデンスをふまえて

　学術研究では，いじめの減少が期待できる成功率は，20％から70％と報告されている。海外の研究も参考にしており，イギリスのスミス博士の取り組みの成功例を紹介している（Smith, 2000）。一方で，ゼロトレランスによるサスペンションなどの効果はあまり見られないこと，逆に問題が増えていることも指摘されている。

　実際，ノルウェーのオルヴェース博士（Olweus, 1993）の研究を引き出しつつも，カナダでは，こうしたスクールワイドの取り組みはあまり広く見られていなかったことが指摘されている（Shaw, 2003）。特に，個人や，いじめに関与した者だけを対象にした取り組みに終始し，あまりその他の環境要因，学校文化，仲間や家族の力動までを含めて考えてこなかったようである。

　そのため，行政は，最初のステップとして，いじめや学校安全のポリシーを作ることからとりかかった。次に，スタッフや親やコミュニティを含むおとながとるべき役割，責任，手続きが決められ，より具体的な介入のプロセスが考案されていった。その結果，成果をおさめるためには，管理職のリーダーシップ，教師，生徒，親への支援が必要であることが明確にされた。ポリシーを発展させるために，次の4つのステップが述べられている。すなわち，学校の必要とするアセスメントの実行，利害を持つ関係者とのコンサルテーションのポリシーの発展，学校でのポリシーの実行，そして，ポリシーの評価，である。

（b）学校がリーダーになるために

　学校がリーダーシップを発揮できるようなサポート体制が考えられている。まず第一に計画が練られ，内容，評価の枠組み，サステナビリティが考えられている。次に，プログラムに関与する関係者を明確にし，プログラムが選択される。その際，リスク要因とメリットとなる要因が確認され，対象年齢，適切な教材，スケジュールなどが検討される，ジェンダー，ターゲットスキルなどが考慮され，ソーシャル・スキル・トレーニングなどの効果が認められた介入をできるだけ長期にかかわれるように配慮されている。

(c) 具体的なプログラムの推薦

2004年の12月にカナダいじめ予防連合 (Canadian Initiative for the Prevention of Bullying) で，カナダの研究者によって，46のスクールワイドのプログラムの概要が報告された (National Crime Prevention Strategy, 2004)。そのうち成功が認められているトップ5がどのような特徴を持つかが指摘された。1つは，ユニバーサル，2次的，3次的の3つのレベルが設定されていること，2つめは，対人間のスキル，感情のスキルだけでなく，思考にかかわる行動や態度を強調していること，3つめは親も巻き込む工夫が考えられていること，そして，できるだけコミュニティなどの広がりを持たせていること，などがあげられている。

1998年から2003年の研究で報告されている介入を目的別に表3-3に示した。カナダでは，1990年代になって関心が強く持たれるようになったことから，まずはいじめなどに関する意識づけが目的とされている。同様に，いじめについての知識を持たせることが第2の目的としてあがり，その後，行動，ソーシャル・スキル，態度変容などが具体的に目標にされるようになった。

こうしたプログラムがどれくらい社会的な影響を与えることを想定しているかについては，90％以上の研究がまずは生徒個人と答えている。コミュニ

表3-3　いじめ予防教育の目的

目的	プロジェクトの数	％
教育・啓発	67	77
知識の向上	50	57
コミュニティ能力の育成	31	36
ライフ／ソーシャル・スキルの育成	30	34
行動変容	30	34
参加・動員	29	33
態度変容	27	31
関係・パートナーシップの形成	25	29
プログラムの発展	22	25
リーダーシップ育成	10	11
組織能力の育成	5	6
システムの統合や変容	5	6

ティや，学校関係者まで含めている研究は 60 % 以上である。家族や友人は 23 % となっており，コミュニティは学校同様にかなり意識されていることが明らかである。プログラムの対象は，さまざまであり，少数ではあるが，エスノカルチャルのマイノリティだけでなく，セクシャルマイノリティの人たち（Gay, Lesbian, Bisexual, and Transgendered; GLBT）や，障害を持っている人たちなども含まれている。

（4）成果をおさめるプロジェクトの条件

表3-4にはプロジェクトに含まれた活動とその割合が示されている。ワークショップやプレゼンテーションは，学校スタッフのプロジェクトについての理解を深めるためには不可欠である。セッションは1から12と幅広いが，多くともこの程度の数をこなすのが限界かもしれないと指摘されている。教員ではなく外部からコーディネーターが活動を進めていく場合は，非政府組織（Non-

表3-4　プロジェクトに含まれる活動タイプ

参　加	プロジェクトの数	％
子どものためのワークショップや発表	37	58
ワークショップやリソースをつくる	32	50
学校スタッフのためのトレーニング	21	33
文献レビューや活動の評価	17	27
ニーズのアセスメント	13	20
啓発キャンペーン	11	17
パートナーシップやネットワークの形成	11	17
カンファレンスやシンポジウムの開催	10	16
会合やコンサルテーションの開催	9	14
カリキュラムつくりや変更	8	13
保護者への支援	6	9
スキル形成，リクレーション活動	6	9
メンタリング	4	6
学校に保護者を招く	4	6
行動やしつけの基準，手続きの作成	2	3
子ども向けのテクニカルなトレーニング	2	3
ピア・サポート	1	2

Governmental Organizations：NGO）や地域の警察関係，コミュニティの関係団体がかかわる場合が多いようである。コミュニティの力を借りることは，意識を高める（increased awareness）ことには効果があることが報告されている。演劇の活用も効果があると報告されている。関心をひきつけ感情レベルまでの理解に達する効果が得られる。2年生でもプレゼンテーションをすることができることや，8年生ではうわさを流すといういじめに焦点を当てていたこと，さらには10年生以上になるとコミュニティがどのような対応をすべきかまで視野を広げて考えられたことなどを取り上げている。他方で，保護者を巻き込むことの難しさがまとめられている。理由として，説明のためのパンフレットを読まない，経済的に困っている，学校に来る手段がない，スケジュールが合わない，親の関心がない，などがあがっている。

代表的な取り組みとして，カナダいじめ予防連合の3年計画のプロジェクトがある。このプログラムは，行政と行政でない教育機関とが手を組んで可能になったものであり，研究者，実践者，病院，大学が連携して実施された。主に2つのアプローチがとられた。①ステップ1…国家的な枠組みの展開（教育，アセスメント，介入，ポリシーなどの基礎を多くのいじめにかかわる団体と連携しながら展開する）と，②ステップ2…カナダの子どもたちすべてのために国家的な枠組みを広げ実行していくこと，であった。

（5）現状と将来

（a）子どものポジティブな側面に焦点を当てた取り組み

犯罪を減らそうという目的から，いじめ問題に焦点が当てられて取り組まれてきたが，2000年半ば以降，アメリカの影響を受けて，ポジティブな側面を率先して考えることの重要性が主張されるようになっている（Schonert-Reichl, Lawlor, Oberle, & Thomson, 2009）。特に，学校教育では，読み書き，算数にならんで社会的責任（social responsibility）が加えられている。この社会的責任として，①クラスや集団に貢献すること，②協力的に問題解決をすること，③互いに敬意をもって対等にかかわること，④地域，国家，地球レベルで民主的に責任を遂行していくこと，の4つが具体的に説明されている（Schonert-Reichl & Hymel, 2007）。このことを背景に，社会性や感情の向上に焦点を当

てた社会性や感情に関する学習が学校に導入され多くのエビデンスが報告されている。これについては，アメリカに本部がある CASEL（Collaborative for Academic, Social, and Emotional Learning）がリーダーシップをとり，社会性，感情の発達および学力の向上に向けて多くのスクールワイドのプログラムをまとめている。

（b）道徳教育と社会性の教育のオーバーラップ

多くの犯罪の背景にソーシャル・スキルの欠如と同時に，モラルの欠如に注意が注がれてきた。特に，1990年代に，価値が多様化しても，次代を担う青少年にユニバーサルに伝えるべき価値があるという考え方から，価値教育に力が入れられるようになった。カリキュラムにも導入され，価値判断だけでなく実際の行動につながるような内容が考えられた。

この流れとあいまって，コールバーグ（Kohlberg, 1971）により道徳性の発達段階が提唱され，発達段階をもとにジレンマ教材をもとにした討論形式のプログラムがさまざまに開発された。これに感化されて今でも，オンタリオ州などではキャラクター・エデュケーション（character education）についてまとめられているが，先に指摘した社会的責任などは概念的にオーバーラップしているように思われる。

（c）プロビンスによる違い

アメリカも州によって取り組みが異なるが，カナダも東から西へと広大な面積を持つ国であり，州によって独自性が異なる。ただし，アメリカに比較すると人口が少ないこともあり，プロビンスによる違いはあるものの，比較的情報がアメリカ国内よりも共有されやすいところがあるようである。

他方で，アメリカと隣接しており，学会などで行き来する機会も多いことから，例えば，ポジティブ行動支援（Positive Behavior Support: PBS）や介入への反応（Response to Intervention: RTI）などのアメリカで影響力を拡大させつつある心理教育の枠組みが，州によっては大きく影響している（Kemp-Koo & Claypool, 2011; McIntosh et al., 2011）。

そのほかにも，独自のプログラムを採用しているプロビンスやコミュニティがある。日本と同様に，研究者が興味を持った枠組みやプログラムが，地域との連携によって導入され，次第に簡便で成果が顕著なものが普及していく場合

が少なくない。

3．スクールワイドの枠組みに関する介入

　ここでは，単なるプログラムではなく，プログラムやプログラムの策定，環境支援，データのフィードバック，といった子どもたちの人格形成に望ましい学校をとりまくすべての環境の健全化を視野に入れた枠組みをもつ介入について3つ紹介する。1つは，特別支援における実践から広がった「スクールワイド型積極的行動介入および支援」であり，2つめは，社会性だけでなく感情面の向上をベースに学業達成までを可能にする「社会性と感情の学習（社会・感情学習）」，そして，3つめには，海外に広く浸透している「セカンドステップ」の活動である。

（1）スクールワイド型ポジティブ行動介入および支援
　　（School-wide Positive Behavioral Intervention and Supports: SWPBIS）

（a）プログラムの開発・担当者・開発の経緯等

　スクールワイドに実施されているポジティブ行動支援は，学校を対象にした場合に限定してスクールワイド型ポジティブ行動介入および支援（School-wide Positive Behavioral Intervention and Supports: SWPBIS）とも呼ばれている。行動上にさまざまな問題を呈する子どもたちに個別に対応することから始まったプログラムとして，ポジティブ行動支援（Positive Behavior Support）が知られている。自閉症などコミュニケーションが困難な子どもは，友だちや周囲の大人の注目をひくため，あるいは，好きな物を得たり，好きな活動をするために，あることを回避したり，問題行動を取る傾向がある。そこで，PBSでは綿密に計画が立てられ，問題行動の機能を明らかにし，問題行動を低減して，社会的に適切なコミュニケーションやソーシャルスキルを学ぶように子どもたちに働きかける。さらに，問題行動を触発するような出来事を減らすために，環境に働きかけて作業や日課，状況および環境を変えていくことも検討している。

写真 3-1　スガイ博士とホーナー博士
（スガイ博士は 2013 年の教育心理学会で初めて来日予定）

　こうした特別支援で用いられていた PBS であるが，近年，次第に，個々の生徒に焦点を当てるだけではなく，予防研究の必要性が認識され始めた。そして，現在は，生徒やスタッフすべてのニーズを満たす「健康」に関するシステムの確立に焦点が当てられるようになっている。

　そのため，スクールワイドのシステム構築に力が注がれ，近年急ピッチで，対象となる学校が増加している（Sugai et al., 2000）。具体的には，写真 3-1 にあるコネチカット大学のスガイ博士（George Sugai）とオレゴン大学のホーナー博士（Robert Horner）らを中心に，全米センター（National Center on Positive Behavioral Interventions and Supports）を本拠地にして，取り組まれてきた。特に，エビデンスの確立に力が注がれ，PBS は，単なるプログラムではなく「システム」，「枠組み」として拡大しつつある。

　行政面では，アメリカ教育省の特別支援担当（Office of Special Education Programs, U.S. Department of Education）は，学校での予防システムの確立が重要であるという認識において，目的を同じくする SWPBIS に注目し，国家技術支援センター（National Technical Assistance Center）の介在を通して，強く支援している。その結果，現在，アメリカでは 14,300 以上の学校が この SWPBS を実施するにいたっている。

　特に，SWPBIS の拡大をめざして リーダーシップに関する多層的なシステムが掲げられている。すなわち，教育省（Department of Education）と 国

家技術支援センターは，国家レベルの技術支援センター（例えば，California Technical Assistance Center on Behavior：CalTAC）の傘下に地区，学校，地域のコミュニティを位置づけている。

そして，各領域に必要な高度専門的な支援を発達的な視点および技術の面から支援している。大規模な組織を動かしつつ，ローカルレベルの実践を押し進めていくためにも，技術的なサポートと質の高い研究を重ねていくことが重視されている。

こうした大規模な枠組みの確立には，スガイ博士やホーナー博士だけではなく，優れた研究者や実践家が実に多く協力している。

(b) 理論的な枠組み

SWPBISの急ピッチな進化および普及は，多くの科学的領域から導かれてきたといえる（Carr, 2007）。まず，応用行動分析が重要な役割を果たしている。さらには，システム分析，環境心理学，エコロジカル心理学，ポジティブ心理学，行動科学，神経科学，予防科学が統合されており，結果的に個々を加算した以上の成果が期待されるシステムが考えられている（Carr et al., 2002）。

したがって，SWPBISの理論は，コミュニティ，教育施設（プリスクール，幼稚園，小学校，中学校，高校，それ以上の高等機関）のキャパシティを最大限に活かす行動システムアプローチとして考えることができる。同時に，研究から得られたエビデンスを実践に生かすことが常にめざされており，効果的な学習環境を確立する一連のシステムが念頭におかれている（Sugai et al., 2000）。

さらには，生態学的なコミュニティ理論の応用から，文化的な環境に適応するということがどういうことなのかが深く考えられており，単なる生徒個人の問題を解決することだけではなく，学校環境そのものの健全性の確立に重点がおかれている。こうした考え方は，今やアメリカだけではなく，他の国においても普及しており，例えば，ノルウェー，カナダ，オーストラリア，ニュージーランドでも，自国の文化やしくみになじむような実践が考えられている。

(c) 目標と対象者

SWPBISは，すべての学校において，望ましい社会的文化を学ぶことができる環境をつくり出そうとしている。また，グローバルな市民になる上で必要なことを身につけることが目標とされている。マクロレベルには，心身の病を予

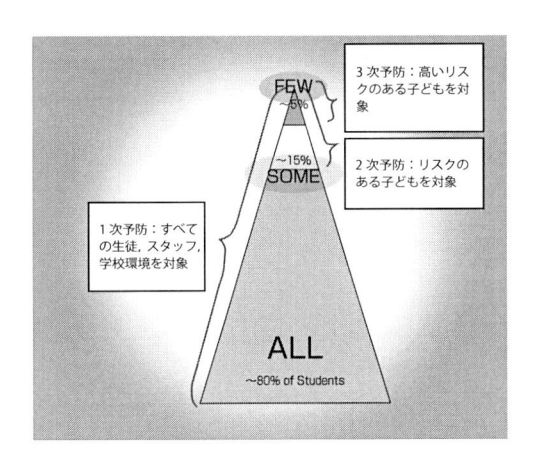

図3-3　スクールワイドの PBS の考え方

防し，健康な環境を積極的につくりだすことが，ミクロレベルには，個人の生活の質（QOL）を高めることが目標とされている（Carr, 2007）。

こうした実践は，今や学校を超え，コミュニティやビジネスにも応用されているが，それを可能にしているのは，生涯発達の視点をとっていることである（Carr et al., 2002）。個人の成長は，多様で複雑な環境に適応していくことであり，発達のモデルとして，連続したサイクルとシステマチックなプロセスが想定されている。つまり，個人をシステムととらえて環境の変化を受けながら進化していくとイメージされている。

対象については，3つの観点から考えられており，図3-3のように，問題をまだ抱えていない子どもたち，問題をいくらか顕にしている子どもたち，そして問題を実際に抱えている子どもたち，への集中的な対応が想定されている。

目標を具体的に示すと，次の4つにまとめられる。
①効果的な実践を行う上で学校を支援するシステムをデザインすること。
②問題を予防する学校文化の創成と肯定的な社会的経験を明示し，それを教え，認識させること，さらには，問題行動について一貫した教示を与えること。
③望ましい支援を必要とする生徒に継続的な介入を与えること。
④決断のためのデータを集め，活用すること。

(d) 対象としている変数

　主に対象としているのは，生徒すべてが問題を予防し，社会的にも学業においても成長していくことである。個別だけでなく，最適な学校環境を創成していくことが目標におかれている（Algozzine et al., 2010）。

　ここでの成果は，生徒にかかわることすべてについての変化を指す。すなわち，学業，いじめの頻度，退学率，校長室への呼び出しなど，具体的な数字に効果が現れることが期待されている。しかも，時間をおいて年に1，2回といった測定ではなく，常に評価し，それを活用していくことが求められている（Algozzine et al., 2010）。さらに，問題行動や暴力の頻度を軽減するだけではなく，肯定的な資質である社会性，感情のスキルが向上すること，さらには，学業の向上と安全な学校環境が創成できることを目標に掲げている。

(e) 方　法

　トレーナー養成は，専門職養成に関するエビデンスを基にしている（写真3-2）。特に，この枠組みの導入に3～5年をかけている。まず，学校のスタッフに，掲げている教育目標の説明，学校にどのように貢献するか，また，どのようにして期待されるものを実現するかという全貌について説明する。1年めは3日かけて学校を代表するリーダーを養成することから始まる(Universal-Tier I Systems)。

写真3-2　トレーニング会場

2年めは2日間かけての養成を行い（Secondary-Tier II Systems），さらに，3年めでは1～2日かけてのトレーニングを実施する（Tertiary-Tier III Systems）。各年度の養成プロセスにおいてチームが編成されることとなる。各チームは，コーチの指導のもとに，さらに5日間の養成とネットワークのフォーラムに出る。チームの管理職（すなわち，校長や，副校長）は，コーチとともにフォーラムに出席する。地区ではまた，リーダーのチームをつくるように求められる。SWPBISには，コーディネーターがおり，地区のコーチと管理職とコミュニケーションし，システムを促進していく上で重要な働きをしている。

(f) 評価とエビデンス

アルゴジーン他（Algozzine et al., 2010）の文献に書かれているが，SWPBISでは評価とは意思決定のために情報を集めることであり使うことと考えている。つまり，もっとも大事なことは，すなわち，有益な問題点に取り組み，地域の意思決定に必要な評価測度を選び，評価スケジュールを立てること，学校，地域，州レベルにわたる情報を評価することと考えている。

評価およびエビデンスについては，先にも書いたように国が支援してデータをとっている。状況（誰が，どこで，いつ，なぜといった視点），インプット（何に力を入れ，誰が参加し，何に価値をおくか），忠実性（どの程度計画され，信頼できるか），インパクト（生徒の行動変容，学業や退学などへの影響など），

写真3-3　ポスターなどの教材

写真3-4　トークン（ご褒美）

追試・持続可能性・改善，などが常に求められている。具体的なアセスメントやツールについてはネットで紹介されている（www.pbis.org）。カテゴリーとして，学校が所有しているデータ（例：校長室への呼び出し，停学，学業成績），生徒をアセスメントする測度（例：行動評定，社会性や感情面の評定尺度，学業，学校安全，学校環境や雰囲気について），教師評定尺度（例：自己効力感，学校雰囲気など）などがある（Horner, Sugai, & Anderson, 2010；McIntosh, Filter, Bennett, Ryan, & Sugai, 2010）。また，実際に用いられている教材としてのポスターやトークンなどについては写真3-3, 3-4に紹介した。

（g）今後の問題と展望

　教育や経済に関する国家レベルでの報告によれば，教育における専門家たちは，国際学習到達度調査（Programme for International Student Assessment：PISA）における得点の上位5か国（中国，シンガポール，フィンランド，日本，カナダ）が，主要な領域の知識やスキルの修得だけでなく，将来の成功に結びつくソーシャルスキル，個人的な習慣，性格，価値など（すなわち，忍耐力，品格，つながり，個人的な達成）の重要性も強調するようになったと指摘している（Tucker, 2011）。

　しかし，いまだアメリカでは，教育行政の分析は，こうした国々の行政に着目せず，子どもの知的な側面のみに注意が注がれがちである。標準化されたテストは重要であるが，今日の学校は問題行動やゼロトレランスの方針（行動を

変えない）の影響を受けますます固定化してきた観がある。そのため，エビデンスに基づいた実践（行動やソーシャルスキルを教えていくこと）についていまなお行政上の後押しが強く求められる。

　このような変化のために，構造的なシステムは，まさに行政の変化を推し進めるために必要である。さらに，エビデンスベースの実践は，構造化されたシステムを支える上で必要である。例えば，学校は継続して，介入がうまく機能しているかどうかを評価し支援することができなければ，学校運営を行きづまる方向に持っていってしまう危険性が大である。こうしたSWPBISのような取り組みを今後さらに拡大化していく上で大切なことの1つは，リーダシップをとる立場の人に，いかにこうした取り組みが大切なのかを理解してもらうことであるといえる。

　最高責任者，学校の教育委員会，管理職は予防の枠組みを遂行し，統合していくために，ヴィジョン，ミッション，アクションにおいて連携していくことが強く求められる。コミットメントがなされず，管理職のリーダーシップが発揮されないならば，こうした実践を継続していくことは難しい。最高責任者たちと信頼し合い，コミットメントが強いものとなることが，不可欠である。

　現在，学校は深刻な問題行動やさまざまな危機を抱えている生徒を支援するようにという社会からのプレッシャーを強く受けている。しかし，社会自体が学校を支えていく視点を持つことが必要である。つまり，積極的に時代を先取りしていく視点へと変換していく必要である。ただし，経済的な支援など他の要因による影響も少なくなく，現実には時間を要するかもしれない。

(h) 展　望

　効果的な予防教育の枠組みの最たる特徴の1つは，支援の継続の多層性である（Ruthford, Quinn, & Mathur, 2007）。子どもが予防アプローチを早い段階で受けられるほど，効果サイズは大きくなる。実際の介入に関して，実践がエビデンスベースであれば，細かいところまで実践を明確にしておくことが重要である（Horner, Sugai, & Anderson, 2010）。実践が明確になった後は，研究の方法論的な質を査定することになるが，以下のことを配慮しておくべきである。①研究における実験効果のエビデンス，②方法論が健全な研究かどうか，③結果の再現性，④効果サイズ，⑤観察された効果の般化性，である。

（2）社会性と感情の学習（社会・感情学習）
（Social Emotional Learning: SEL）

（a）プログラムの開発・担当者・開発の経緯等

　1994年に，フェツァーインスティテュート（Fetzer Institute）は，発達，心理学，教育，健康にかかわる研究者，実践者を集め，それまで多様ではあるがまとまりのないスクールベースのプログラムのあり方に警鐘を鳴らそうと会議を開いた。このときに紹介された言葉が，社会性と感情の学習（社会・感情学習）（Social and Emotional Learning：SEL）であった。日本では，社会性と情動の学習とも呼ばれる（小泉，2005）。

　この SEL は，いわゆる単一のプログラムを超えて，今では，フレームワーク（枠組み）となる考えであり，若者が人生において幸せにまた豊かな人間関係を育むことを願って，それに必要なスキルを学ぶ機会をつくることがめざされている。社会性や感情の学習が，将来の成果にもっとも結びつきやすい年齢として考えられる就学前の子どもから高校生を主に対象として効果的なスクールベースのプログラムを確立していくことが目標である（Elbertson, Bracket, & Weissberg, 2010）。

　この1994年の会議がきっかけとなり，キャセル（Collaborative for Academic, Social, and Emotional Learning：CASEL）が設立され，質の高い，エビデンスに基づいた SEL を確立していくことが目標にされ（Elias et al., 1997），スクールワイドの SEL の指針が示された（Collaborative for Academic, Social and Emotional Learning, 2012）。

　これによれば，効果的な SEL の基本的なコンピテンスとして，5つがあげられている。すなわち，自己覚知（self-awareness），社会的覚知（social awareness），責任ある意思決定（responsible decision making），セルフマネジメント（self-management），関係維持のスキル（relationship skill）を獲得していくことを意図している。また，教育関係者のための39のガイドラインは，4つの主要な領域について示されている。①ライフスキルと社会的コンピテンス，②健康促進と問題解決スキル，③変化や危機に対応するコーピングスキルとソーシャルサポート，④ ポジティブで貢献的な支援，の領域である。

　当初，「SEL とは何か？」ということに関心が向けられていたが，次第に，「SEL

を学校で効果的に教えるにはどうすればよいか」ということに関心がシフトしていった。したがって，今では，こうした動きの中で，これまでは異なる研究や実践の流れであったキャラクター・エデュケーション，サービスラーニング，さらには，先に紹介したSWPBISなどとも組み合わせつつ，SELの枠組みが学校において可能になるようなサポートの構築に注意が注がれている。

(b) 理論的な枠組み

　SELの理論的な背景には，1990年代半ばのゴールマン（Goleman, 1995）の感情知能（emotional intelligence）とガードナー（Gardner, 1993）の多重能（multiple intelligence）の出版による影響が強い。大切な学びは，人間関係の文脈で生じるという考え方があるが（Payton et al., 2000），メンタルヘルスのみならず，道徳判断や市民性，学力などさまざまな領域の研究においても，このSELの発達が重要であることが示されてきている。特に，SELと学力との関係が強いことが多くの研究で示唆されている（Brendtro, Brokenleg, & Van Bockern, 1990; Izard, 2002; Lazarus, 1991; Mayer & Salovey, 1997; Zins, Weissberg, Wang, & Walberg, 2004）。すなわち，感情面の発達が，意欲や，考え，学びの上で重要な役割を果たしていることが実証的に明らかになってきたのである。さらには，子どもの個人要因だけではなく，教師との関係や，学校での居心地，雰囲気など，を含めて学習環境そのものを望ましいものにすることが，学力を伸ばすことがわかっている。

　行政レベルにおいても労働省（Department of Labor）は，1999年に対人スキル，コミュニケーションスキル，意思決定，問題解決，交渉能力，責任，自尊心，傾聴，自己管理，などSELに関係する多くのスキルの重要性を具体的に指摘しており，これらが職場に適応する上で必要であると示唆している。

　こうした背景から，現在，SELの枠組みにおいて実にたくさんのプログラムが開発され実施されてきているが，なかでも広く普及され効果を明らかにしているモデルプログラムの例として，パス（Promoting Alternative Thinking Strategies:PATHS）(Greenberg, Kushe, & Mihalic, 1998) や，子どもの発達プロジェクト（Child Development Project : CDP）(Battistich, Watson, Solomon, Schaps, & Solomon, 1991) などがある。

(c) 目標と対象者

　先にも述べられているように，子どもたちの社会性と感情の教育は，学業を伸ばすだけではなく，人生においても成功をもたらすと考えられている。自分自身に満足している生徒は，他人にも望ましいかかわり方を行い，学びについても高く動機づけられる。粘り強く根気も養われ，ソーシャルスキルも獲得していく。専門的には前頁にも述べたが，下記の5つをコアとして育てることが目標とされている。

自己覚知（self-awareness）…感情を認識し，自身の興味や強さを理解し，自信の感覚を身につける。

社会的覚知（social awareness）…他人と共感し，視点取得できる，個人や集団の共通性や違いについて認識する。

責任ある意思決定（responsible decision making）…適切な要因（倫理的な基準，安全，社会的規範）をもとに熟慮できる。評価し，内省できる。

セルフマネジメント（self-management）…ストレスに対処するため感情を調節し，衝動を抑え，障害を乗り越える。モニタリングしたり，感情を適切に表現する。

関係維持のスキル（relationship skill）…健康で互いに有益な関係をつくり維持できる。対人間の葛藤を予防し建設的に対応できる。必要なときに援助を求められる。

　効果の見いだされる対象として就学前児から高校生までを対象としているが，トレーニングの対象は，教師，管理職，生徒の保護者を含めて幅広く考えられている。

(d) 対象としている変数

　効果的なプログラムを確立するために，スクールワイドの介入を推し進めており，クラス全体，教員，管理職全体を対象にしている。日常生活においては，生徒の態度，行動などについての教師や保護者への調査，インタビュー等，日常生活のさまざまな状況で集められる情報をもとにプログラムの効果を探っている。

　他方，実証的なアセスメントについては，研究者と共に，効果を実証的に明らかにするため，調査，観察のほかに，学業成績，出席のデータを集め，さら

に，感情リテラシーの尺度などが実施される。

(e) 方　法

SEL はフレームワーク（枠組み）であることから，実際の方法については，各プログラムによって異なるが，SEL の実施と継続性については，まず，プログラムが，校長や関係者からスタートすることから考えられている。リーダーである管理職にこの枠組みを深く理解してもらうことが重要である。次に，SEL プログラムのニーズや資源をアセスメントし，実行可能な計画を立てることが求められる。そして，最終的に，継続可能な遂行段階となる。こうしたすべてのプロセスを想定し，スムーズに進めていくことが必ず成果を生むために大切である。

また，実施していく上で，プログラムを実施する学校スタッフ，プログラムの評価と継続性，家族やコミュニティとの連携，などを揺るぎないものとしていく必要性がある。例えば，クラス用感情リテラシー（Emotional Literacy in the Classroom：ELC）（Brackett et al., 2008）などは，実行プロセスを図 3-4 のように計画している。管理職や教師，家族へのトレーニングも必要であり，そのプロセスでトレーナーのリーダーを養成していくことも介入を長く継続していくためにも不可欠である。

また，教師が日々長時間子どもたちとかかわることを考えると，教師の信念

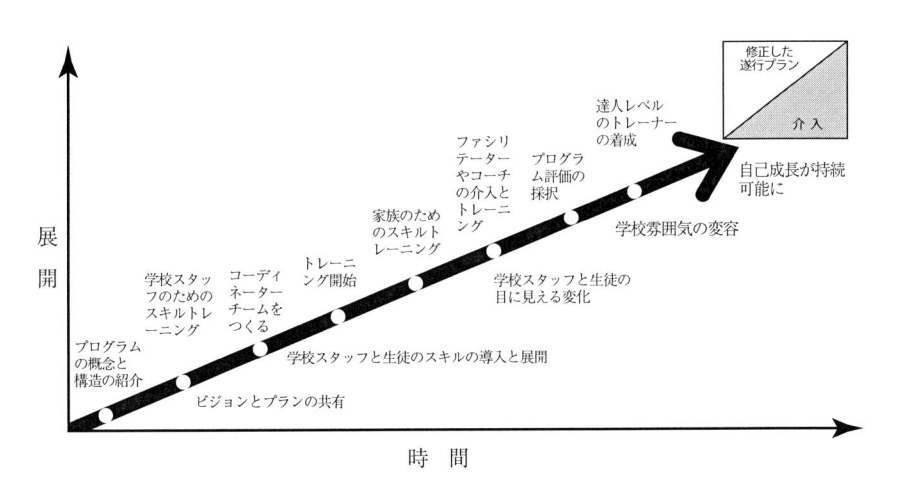

図 3-4　遂行プラン（Elbertson et al., 2010 より改変）

や理解が子どもに大きな影響を与えることは明らかである。したがって，教師がSELの重要性や目標，具体的な方法を理解した上で，これを実行していく効力感を持っているかどうかが大切である。したがって，SELプログラムのいずれも教師へのワークショップには時間をかけている。

次に，生徒の家族をいかに連携していくかも忘れてはならない。子どもが大きくなると親の子どもへの関与度が減ってしまいがちであるが，この背景には，学校が親と連携する機会を減らしていることも関係しているようである。しかし，子どものウェルネスを考えると，実際は青年期こそ，学校と家族との連携の強さが求められる。

(f) 評価とエビデンス

地域レベルの評価システムが財団の支援を受けてアメリカ研究インスティテュート（American Institutes for Research：AIR）で行われる予定である。すでに，多くのエビデンスが明らかにされていることがサイトで述べられている。しかし，さらに一層，地域が連携して長期的に効果を明らかにしていく必要性が述べられている（http://casel.org/collaborating-districts-initiative/project-evaluation/）。

(g) 今後の展望と課題

1994年以来，すでに多くの学校でSELプログラムが実施されてきた。ただし，成果を上げているにもかかわらず，いまだこうしたプログラムを受け入れていない学校がある。これらの学校は，SELの重要性を理解していなかったり，多くのその他の活動に疲弊していたりする。また，こうしたプログラムをシステマチックにカリキュラム化することを念頭においていない。

また，国の政策である落ちこぼれ防止法などの影響を受けて，学力向上のみに関心を向け，それにばかり時間を費やす学校もある。しかし，先にも述べたように，学力や試験のみに焦点を当て，SELの側面を軽んじていることは，最終的には，子どもにとって望ましい成果をもたらさないと考えられる。

さらに，教員養成の中で，こうした理論と実践のスキルが学べるようにしていくべきであり，教員を支援していくしくみを確立していくことが求められる。特に，学校内の活動をそれぞれ別個のものとして考えるのではなく，SELの枠組みを理解して，他の教科教育や学校での活動を有機的につなげて考えるしく

みづくりや，学年でバラバラな取り組みをするのではなく，学年が上がるにつれてつながっていくようなカリキュラムを考えることが必要である。

そのほか，学校には，その地域での文化，経済的状況，などいろいろな背景がある。そのため，SELは，学校の特性をしっかりとアセスメントして把握した上で望ましい具体的なプログラムを提供すべきであろう。

最後に，行政のバックアップが期待される。例えば，イリノイ州などでは，SELの重要性を認め，児童メンタルヘルス法令（Children's Mental Health Act）を制定している。これにより，すべての学校が参加でき，より広範でしっかりした取り組みが保証される。したがって，財政的にバックアップを獲得することは，さらに一層普及をすすめる上で重要なことである（Elbertson et al., 2010）。

（3）セカンドステップ
（Second Step: Skills for Social and Academic Success）

（a）この枠組みの経緯

セカンドステップが開発されたアメリカでは，1970年代以降少年犯罪の増加や粗暴化，いじめや虐待などの問題が大きな社会問題となった（日本子どものための委員会，2009）。そのような状況の中，「キレない子どもを育てよう」を合言葉に，子どもが幼児期に集団の中でソーシャルスキルを身につけ，さまざまな場面で自分の感情を言葉で表現し，対人関係や問題を解決する能力を身につけ，怒りや衝動をコントロールできるようになることを目的としたセカンドステッププログラムが開発された。「セカンドステップ」プログラムは，米国ワシントン州にあるNPO法人子どものための委員会（Committee for Children, 1979年設立）によって，「子どもが加害者にならないためのプログラム」として開発されたものである（The Committee for Children, 1986）。そして，1998年にはアメリカホワイトハウスの「1998年　学校の安全に関する年次報告」の中で「学校での暴力防止のモデル・プログラム」と称賛され，2001年に米国教育省からアメリカの数々の暴力防止教育プログラムの中で，「最も効果的なプログラム」として表彰されている。さらに2004年には連邦法務省の青少年健全育成・非行防止課からの表彰を受けている（http://www.

cfchildren.org）。

（b）理論的背景と対象としている変数

　このプログラムは，社会的認知理論（Bandura, 1986）や社会的情報処理モデル（Crick & Dodge, 1994; Dodge, Pettit, McClaskey, & Brown, 1986）をその方法論としており，さまざまな問題行動の鍵リスクや予防因子となるものを変数としている（Hawkins, Catalano, & Miller, 1992; Resnick, Ireland, & Borowsky, 2004）。つまり，感情，思考，行動は相互に影響を及ぼしており，そのため共感性や怒りへの対処方法は学習によって学ぶことができるという理論背景を持っている。セカンドステップ全体は，3つの章から構成されており，それらは，「相互の理解」，「問題の解決」，「怒りの扱い」である。「相互の理解」は，自分の気持ちを表現し，相手の気持ちに共感してお互いに理解し合い思いやりのある関係をつくることをねらいとしている。「問題の解決」は，困難な状況に前向きに取り組み，問題を柔軟に解決する力を養って，円滑な関係をつくることをねらいとしている。自分の身に問題が起きたとき，衝動的に行動を起こすのではなく，解決策を頭の中で整理し，自分が考えることができるもっとも適切な手法で解決を図ることを学ぶ。「怒りの扱い」は，怒りの感情を自覚し，自分でコントロールする力を養い，建設的に問題を解決する関係をつくることをねらいとしている。これらのことを通して，さまざまな感情が衝動的・攻撃的な行動につながらないように，楽しみながら人間関係を学んでいくのである。

（c）目標と対象者

　プログラムの目標は，子どもの社会性や感情を向上させ，自己調整を発展させることによって，学校での成功体験を増やし，問題行動を減少させることである。また，子どもたちの学習，共感性，情動の調整，問題の解決などの能力を強化することを目標としている。さまざまな問題行動の発生を防止することによって，学校は，より安全な場となり，すべての児童生徒にとってより学習に適した場となると考えるのである。

　具体的な目標変数としては，社会的能力と向社会的行動である。それには，学習のスキル（聞く，集中力，指示に従うこと，課題遂行のための自問，自己主張など），共感性，情動の調整，問題解決が含まれ，就学前児童，小学生，中学生を対象としている。

（d）方　法

「セカンドステップコース1」のレッスンは，主として4歳から8歳を対象に1週間に1回約30〜40分，計28回，教師やカウンセラーによって実施される。レッスンの回数は，年齢によって異なるが約28回で，1回は約20分から中学生では40分程度である。また，ぬいぐるみやカードを使い，ある状況に置かれた登場人物の気持ちをそれぞれ想像し，子どもたちに自由に発言してもらい，みんなで話し合いながら，問題を解決していく方法がとられている。そして，米国の「セカンドステップ」は，未就学児向け・小学生低学年向け・高学年向け・中学生向け，およびその保護者向けのプログラムがこれまでに開

写真3-5　セカンドステップの教材

写真3-6　幼稚園でのセカンドステップの実施例

写真 3-7 高学年での実践例

発されている。プログラムには，オンライントレーニングもあり，指導ガイドやさまざまな学習教材もオンライン上にある（写真3-5, 3-6, 3-7）。

（e）評価とエビデンス

　プログラムには，それぞれの学年での評価を行う形式と実践が正確に行われたかどうかをチェックする形式が開発されている。また，長所と短所の質問紙（SDQ: Strength and Difficulties Questionnaire）や，デベルー生徒長所調査票（DESSA: Devereux Student Strengths Assessment）のセカンドステップ版をプログラムの前後で実施することを推奨している。

　これまでの研究結果からは，プログラム参加者は，向社会的行動の得点が上がり，特に教室，運動場，カフェテリアにおいてその行動が見られ，介入後2週間，継続した効果が示された（Grossman et al., 1997）。また，反社会的行動は，特にプログラムの実践1年目において効果的に減少した。また，身体的な反社会的行動も，運動場，カフェテリアにおいて介入後2週間継続して出現することは少なく，教室での身体的攻撃性も介入後6か月間少なかった（Frey, Nolen, Van Schoiack-Edstrom, & Hirschstein, 2005）。また教師による評価では反社会的行動も本プログラムを実施した学校では減少し，実施しなかった学校では増加していたという研究結果も示された（Taub, 2001）。

（f）普及，適用状況と今後の課題

　このようなプログラムを学校で実施していくためには経費がかかり，経済的に困難な状態の学校が多い中でそれは難しい問題でもある。また，実践を行う教師やカウンセラーの訓練や支援も，課題である。そんな中でも，現在アメリカ・カナダにおいて，すでに25,000校以上の幼稚園，小学校，中学校において実施されており，2011年4月には，セカンドステッププログラムの第4版が出版された。それに伴いその訓練や支援をオンライン上に徐々に移行し，より広範囲の学校に最新の情報を提供することが可能になった。アメリカ・カナダ以外でもヨーロッパや東欧の国々でも翻訳され，徐々にその効果が示されてきている（例えば，Larsen & Samdal, 2007; The Norwegian Health Association, 1998）。

　これまでアメリカでは，それぞれの地域において必要なプログラムを地元発生的に行ってきたが，それらの多くは，その効果について示されてこなかった。しかし，現在，国は，エビデンスに基づいたプログラムにのみ財源を供給するというガイドラインを示しており，多くの州，地域，学校は，本プログラムのようにその効果が実証されているものに移行している。本プログラムはこれからもその効果を示し，予防的プログラムをリードしていくものであるといえる。

　また，「セカンドステップ」は，感情のコントロールの問題に取り組もうとしている他の国々でもその内容が翻訳され，各国独自でその効果が検証されている。日本でも「日本こどものための委員会」が2001年に発足し，セカンド

写真3-8　シェリー　C. バーク

ステップの実践と普及に取り組んでおり、今後もますます広がっていくことが予想される（写真 3-8）。

4．学校心理士や教師が選択する独自なプログラム

(1) ソーシャル・スキル・グループ介入プログラム
　　　（Social Skills Group Intervention: S.S.GRIN）

(a) プログラムの開発・担当者・開発の経緯等

　このプログラムの開発は、ノースキャロライナ州のキャリー（Cary）にある 3-C 社会性発達研究所（3-C Institute for Social Development：写真 3-9）の

写真 3-9　Institute の建物

写真 3-10　ディロージャー博士　　写真 3-11　スタッフ

所長であるディロージャー（DeRosier, M.：写真3-10）博士が開発したソーシャル・スキル・トレーニングである。3-CのCは，コミュニケーション（Communication），協力（Cooperation），自信（Confidence）を意味する。写真3-11は，スタッフである。

S.S.GRINは，先に説明したRTIの二次的なプログラム（Tier Ⅱ）として活用されており，学校でのいじめ予防を目的とされている。日本では，ディロージャー博士（DeRosier, M.）のスーパーバイズのもと，青年期対象のプログラムとして，ユニバーサルにまた，スクールワイドで実施されている（原田・渡辺, 2011）。また，ディロージャー博士は，法政大学大学院特定課題ライフスキル教育研究所の特任研究員でもある。

特に，社会性や感情面を育てるスキルに焦点が当てられており，主にはカウンセラーによってセッションが実施されるように想定されている。1994年より実施され，今では，3～5年生対象のプログラムを例にすると，17州以上のクリニックや200にのぼる学校で，合計5,000名以上の子どもたちを対象に実施されてきている。

(b) 理論的な背景

この介入は，主に社会的認知理論や認知行動理論がベースにある。社会的な問題解決を可能にするため，行動的，認知的側面だけでなく，感情的な側面についてもサーロベイ（Salovey, P.）の感情リテラシーの理論が取り入れられている。実践の効果についてはディロージャー博士自身の多くの研究によって確認されているが，2011年には，科学的な基盤および実施の簡便さが高く評価され，S.S.GRINの3年生から5年生対象のプログラムは，薬物乱用とメンタルヘルス支援管理局（The Substance Abuse and Mental Health Services Administration: SAMHSA http://nrepp.samhsa.gov/）からエビデンスに基づいた実践であると承認を受けている（National Registry of Evidence-based Programs and Practices）。SAMHSAは，アメリカの健康とヒューマンサービス部の傘下にあり（Department of Health and Human Service），国による承認を受けたこととなる。

(c) 目標と対象者

4歳から16歳の子どもたちを対象にしている。友だち関係のトラブルをう

写真 3-12　S.S.GRIN のレッスン風景

まく解決できない子どもたちの背景に，ソーシャルスキルの未熟さがあることを重視している。特に，衝動的な行動から仲間に拒否される子どもたちや，いじめられやすい子どもたち，あるいは，不安が高く引きこもりがちな非社会的な子どもたちを対象に，綿密に構成されたカリキュラムから構成されている（写真 3-12）。

　基本は，認知的な柔軟性を促し，向社会的な態度や行動を育成すること，さらには，いじめられる，排除されるなどの社会的状況に直面しても健全に解決し適応できるコーピングの獲得に焦点がおかれている。

　具体的に目標においている心理的変数は，子どもたちが仲間から受け入れられることであり，また，自尊心や自己効力感を高め，社会的不安や抑うつ的な兆候をなくしていくことにある。間接的には，学校への関与度を高め，学業達成の側面を高めるところまで見据えている。

(d) 方　法

　メンタルヘルスの専門家（スクールカウンセラー，サイコロジスト，ソーシャルワーカー）によるトレーニングが中心である。ただし，日本では，渡辺・原田がディロージャー博士のスーパーヴィジョンをもとに，学校の教員によるス

クールワイド型のトレーニングを実施している。トレーニングするトレーナーは，直接あるいは，オンラインによってS.S.GRINの内容を理解し，その知識を獲得することができる。オンラインによるトレーニングは，わかりやすくビデオで講習を受けながら，テストを通して十分に修得できるように構成されている。オンラインでの勉強が可能なため，忙しい教師やスクールサイコロジストでも，自分の空き時間に，繰り返し，学ぶことができ高い評価を得ている。

S.S.GRINは，週に1回60分を基本とし，10週にわたるカリキュラムから構成されている。セッションは，特定のソーシャルスキルであるターゲットスキルを獲得するために必要な，モデリング，肯定的な強化，認知的なフレーミング，講義，ロールプレイ，ゲーム，ブレインストーミング，さらには，協同で描画をするなどの魅力的な活動から構成されている。具体的な資料は，URLに多々紹介されている（http://www.3cisd.com/what-we-do/evidence-based-interventions/ssgrin/）。

こうしたトレーニングは，臨床場面だけでなく，放課後や学校において実施されている。

(e) 評　価

エビデンスを重視し，常に実践だけでなくその効果を測定し，得られた結果は論文などに発表されている。また，先にも述べたが，国によっても高い評価を受けているプログラムの1つにあげられている。具体的には，オンラインを利用したアセスメントや分析，さらには，フィードバックなどに力が注がれている。トレーナーのデータの入力の負担を少なくし，即時にフィードバックを得られることや，データを統計パッケージSPSSやSASなどによってさらに高度な分析をすることも可能であり，ITを効果的に用いている。ソーシャルスキルのオンラインアセスメントツール（Zoo-U）は，現在日本版ツール（Zoo-U-Japan）が開発されている。

以下に，教育対象の特徴別に評価方法を紹介する。

仲間からの受容（peer acceptance）：集団内の社会的地位や行動を査定するため仲間による評価方法として知られているソシオメトリック法が用いられている。生徒は例えば，いちばん好きな子，苦手な子，けんかをよくする子，いじめられている子，などが尋ねられる。各生徒は，学年の名簿をもとにして選択する。

自尊心（セルフ・エスティーム）(self-esteem)：ハーター(Harter, 1982)の6項目から構成される自己概念尺度から査定される。生徒は各項目について，(例えば，たいてい自分について肯定的でいる，など)，一般的にあてはまるかどうかを4件法で評定した。

自己効力感（セルフ・エフィカシー）(self-efficacy)：自分がどの程度社会的な課題を遂行できるかについて査定する。オレンディックとシュミット(Ollendick & Schmidt, 1987)の10項目からなる自己効力感尺度が用いられる。例えば，集団に所属できる，とか仲間にイライラさせる行動をやめるように言う，といった項目からなる。5段階評定で，評定される。

社会的不安(social anxiety)：6項目の友だちへの不安項目と，4項目の一般的な社会的不安の項目からなる計10項目のラグレッカ(La Greca & Stone, 1993)の社会的不安尺度が用いられる。例えば，「新入生と会うときはどぎまぎする」「良く知っている友だちと会うときでも気を遣う」などの友だち関係における不安を測定する。5段階評定で，自分がどれくらいあてはまるかを自己評定する。

抑うつの程度(depressive symptoms)：アンゴールド他(Angold, Costello, Messer, & Pickles, 1995)の気分と感情の質問紙が用いられる。13項目からなり，「みじめな，不幸な気分がする」「まったく楽しいと思わない」などの項目である。3段階評定で，過去2週間の気分や活動について尋ねられる。

(f) エビデンス

ディロージャー博士他(DeRosier, 2004; DeRosier & Marcus, 2005)は，仲間に嫌われていたり，いじめを受けていたり，社会的不安が高い3年生を対象に実施し，介入グループとコントロールグループとを比較している。データは，プリテストとポストテストと，フォローアップの3時点で検討されている。

コントロールグループの生徒に比較すると介入グループは，統計的に有意に仲間から好かれるようになり，1年後にも効果が維持されていることが明らかとなった。また，攻撃性も軽減していた。さらには，自尊心や自己効力感，社会的不安もポストテストおよび1年後において，コントロールグループよりも効果が認められた。抑うつについては1年後のフォローアップの際に，有意に軽減していることが明らかとなった。

ディロージャー博士の研究(DeRosier, 2007)は，アメリカの教育省によっ

て打ち出された学校安全／健康な生徒プロジェクト（Safe-Schools/Healthy Students project）によって支援されてきている。仲間との関係が難しい，あるいはいじめられたといった経験をした4年生の生徒を対象に実施されている。コントロールグループと比較した結果，有意に仲間からの受容が介入グループで高まったことが明らかとなった。また，仲間からの拒否が軽減し，攻撃性も減少している。

(g) 今後の展望と課題

　このプログラムはアメリカ国内で何千もの生徒を対象にしており，また，12か国で実施されている。このように普及しているのは，このプログラムの教材（写真3-13）が理解しやすく，実施が簡便で，視覚的に魅力が大きいからと考えられる。マニュアルはまた子どもたちだけでなく，親にとっても包括的で，サプリメンタルな構成となっている。特に，ウェブサイト（S.S.GRIN on SELmedia's website: www.selmediainc.com/ssgrin/overview）は，参加者にとって魅力的な資源に満ちており，サポートが常になされるようプログラムキットやサイトにおいて工夫がほどこされている。電話やメールでもサポートされる。プログラムのウェブサイトにはセッションについてのチェックリストや，プリ，ポストのアセスメントもわかりやすく記載されていることから，参加者の状況を知りたいときにチェックできるようになっている。こうしたアセスメントツールは，介入の効果を知ることができる。今後課題とするのは，このプログラムが少しでもさらに多くの子どもたちに役立つように，このプログラムの

写真3-13　教　材

存在を知らしめることにある。

(h) アメリカでの予防教育についての考え

ディロージャー博士にアメリカの予防教育について感想を尋ねたところ，以下のコメントを得た。「生徒の社会的および感情が生徒の学校への関与や，学業に影響を及ぼしているかについては，かなりの理解がなされてきている。予防の介入は，いじめ，暴力，ドラッグ，抑うつ，自殺などを含む生徒の問題を十分理解した上で，あまねく実施されてきている。学校での社会性および感情の問題の重要性の認知が高まり，エビデンスをもとにした一貫した介入がなされてきている一方で，財政や時間の制約によって，ニーズに比較すると制限されてしまっている状況がある」。このことから，優れたプログラムを開発維持していくには，継続的なバジェットが重要であることが示唆される。

(2) Voices Literature & Writing (VLW)

(a) プログラムの開発・担当者

プログラムの開発は，ザナーブラザー出版社（Zaner Bloser Publisher）が進めているが，理論的な背景は，役割取得理論，社会的視点調整理論にあり（Selman, 2003）、写真3-14にあるハーバード大学のセルマン博士（Selman, R.

写真3-14　セルマン教授

L.）によって提唱されてきた。プログラム名は，以前は，Voices of Love and Freedom（VLF）（Sun Chyng & Selman, 1995 ; Walker, 1996）と名づけられており，日本では渡辺（2001）が，セルマン博士の監修のもと，VLFによる思いやり育成プログラムとして実施されてきた。昨年（2012年），ボストンでセルマン博士とお話ししたが，「書く」ということによって，リテラシーの発達だけではなく，社会的歴史的な視点から社会視点調整能力を身につけることができると語られていた。子どもの言語や読み書き能力であるリテラシーの発達で有名な，同じハーバード大学で言語やリテラシーの発達を専門としているスノウ博士（Snow, C.）他6名と協力して，現在はこの名称に変更されている。

（b）理論的背景

先にも述べたが，役割取得理論，社会的視点調整能力の認知発達理論を基盤にしている（Selman, 2003）。以前は，道徳性心理学として取り上げられた理論の1つであるが，このプログラムでは，社会的コンピテンスという言葉で述べられている。自己中心的な視点から脱中心化して，他者の視点に立てる能力，すなわち，自己の視点と他者の視点の調整能力の健全な育成が意図されている。

このプログラムは，子ども一人ひとりが自分自身の主体性を発揮し，世界中の文化と言語に根ざした物語を通して，読み書き能力を発達させるばかりでなく，子どもの人格形成におけるソーシャルスキルを発達させることを目的としている。

自分や他人のことを語り，関心を持つ物語の登場人物の生き方について話すことは，自分だけでなく，他の人の視点を持つ能力を高めるよい方法である。子どもが自分の気持ちを表現し，感情をうまく調節する能力や，友だちとの葛藤を解決する能力についても獲得することができるようになる。

同時に，こうした社会的コンピテンスの育成のベースにリテラシーの育成が表裏一体であることから，読み書き，話す，聞くなどのワークが，物語の理解や登場人物への心情的な関与と並行して取りこまれており，結果的には学力の向上にもつながるようなカリキュラムにまとめられている。

以前のVLFに比べて，書くことに重点が置かれているが，書くということが自分の意見を推し出す表現過程であり，こうした自分の考えやアイデアを展開させていくことは社会性の発達に重要だとの認識が強くなったからであろう。談話，討論，議論は，社会性の発達を促すが，こうした発達は，適切な環

116　第Ⅱ部　世界の予防教育の現状

境やスーパーヴィジョンがあってこそ，大きく伸びるものなのである。

（c）目標と対象者

　目的は，社会的コンピテンスの促進と，リテラシースキル（読み書き能力）の改善を掲げており，就学前児童から小学校6年生を対象にしている。図3-5のようにフレームワークとして，書くことに焦点を当てたうえで，聞くこと，話すこと，考えること，反応すること，狭義の書くという活動に焦点が当てられている。さらには，教師が声を上げて読むことに力点を置いている。教師が参考にするマニュアルや，リテラシーの向上を知るためのアセスメント，絵本

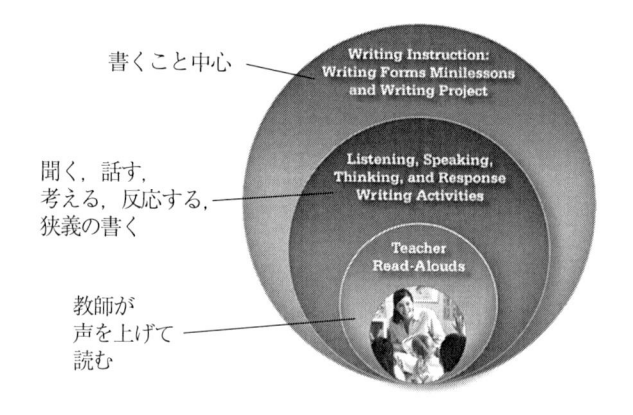

図3-5　VLWのフレームワーク

図3-6　教材の絵本

教材などが充実している（図3-6）。

（d）方　法

　すべての子どもを対象に，子どもの発達に応じた物語を与え，教師が声を出して読み聞かせする。聞くこと，話すこと，考えること，書くことなどがバランスよく取りこまれ，生徒の動機づけを高めるような活動に参加させる。それにより，語彙も増え，言語能力が高まり，理解が深まる。物語に登場する人物をモデルにしたミニワークを利用して，書くジャンルのスキルを高められるように意図されている。

　物語のテーマには，自己覚知（identity awareness），役割取得（perspective taking），葛藤解決（conflict resolution），家族・友だち・コミュニティ（family, friends, & community），社会的覚知（social awareness），民主的精神（democracy），などの6つが取り上げられている。

　各テーマは，年齢ごとにさらに，ふさわしいテーマが設定され，1年をかけて取り組むように構成されている。例えば，1年生での役割取得では，「テーマ」は「わたしたちの気持ち」で，ねらい（central question）は，「どんな気持ち？」，「どうしてそんな気持ちになるの？」というようにわかりやすく設定されている。

　各レッスンの構造は，結びつけること（connect），読み話し合うこと（read & discuss），応用すること（apply），よく考えること（reflect）の4つの構成要素がカリキュラムとして考えられている。また，本人が自分では読めない物語でも，内容に集中できるように，声を出す活動（speak aloud, read aloud）がよく用いられている。また，それが書く力も養えるように，やさしい表現のしかたを書いてモデルで示したり，興味深いワークでミニレッスンをしたり，チャレンジさせるように工夫されている。

　例えば，図3-7は，登場人物のピエロをどのように表現したらよいかを考えさせ，同時にリテラシーとして必要な形容詞を3つ思い浮かべて書かせるというワークの例である。また，各学年のテーマに合わせて，書くことについてのプロジェクトが盛り込まれている（writing project）。

　これには6つの書くジャンルが用意されている（ナレーション，比較化，物語，探索，原因と結果，スピーチ）。ナレーションでは，あることを行った進行状況を考えて書いたり（図3-8），比較化ではあることと他のことを比べて違

図3-7　ピエロを表現するにふさわしい形容詞を書かせるワーク

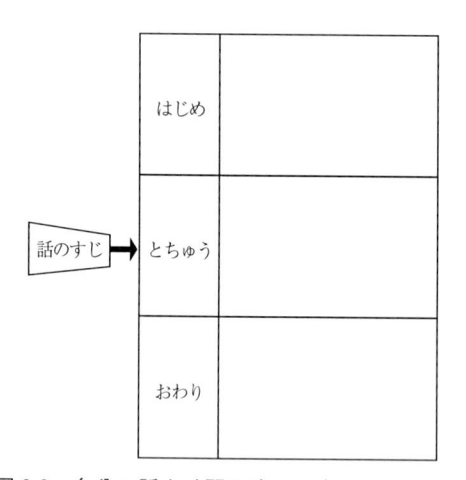

図3-8　自分の話を時間を追って書かせるワーク

いを書いたり、というように、書くことに必要なスキルがプロジェクトを通して確実に身につくようにカリキュラムの中に織り込まれている。

(e) 普及，適用状況（研修等含む）

　現在まさに新しい形式に移行している状況であり、この名称になってからの普及や適用状況はもう少し時間が必要であるが、下記のサイトに詳細が述べられている (http://www.zaner-bloser.com/voices-lw/zaner-bloser-voices-literature-writing-overview)。

また，物語を通して，子どもがどのようにして，社会的なコンピテンスを獲得していくかについては，セルマン博士らの研究（Selman & Kwok, 2012）に詳述されている。物語をただ目にし，自分なりに読むことを通しても，人生に重要な知識や態度，ソーシャルスキルを学ぶことができる。しかし，このプログラムを通すことによって，必要な読み書きのリテラシーを発達に応じて獲得し，社会的なコンピテンスだけでなく知的な学力，さらには，人間として共生するに必要な総合力を獲得することができる。

（f）今後の展望と課題

セルマン博士いわく，「こうしたプログラムは，実は，補足的なものであり，すべてを包括したリテラシープログラムとはいえない」，ということである。実際，プログラムを成功させるかどうかの鍵は，コミュニティが，こうした書くことや討論すること，などを教室の中で伸ばしていこうとすることに意義を持ち，そうした教育的環境をつくり出せるかどうかにあると指摘される。現実問題として，子どもたちの教室での活動に，学術的な討論や話し合いは本当に少ない。よりよい議論の場をつくるためにも，生徒に関心を持たせるテーマ，話題，出来事に焦点を当てていくことが求められよう。

（3）パワー・オブ・プレイ（Power of Play）

（a）プログラムの開発・担当者・開発の経緯等

いじめやからかいなどの問題はたいてい学校では授業時間ではなく，休み時間に起きることが多い。したがって，休み時間を安全な環境に保つ工夫が必要である。また，向社会的行動，葛藤解決，規則の順守などは，授業よりもむしろ休み時間での仲間との相互作用を通して学ばれる。すなわち，休み時間における仲間との遊びを通して，向社会的な仲間関係が促進され，問題解決のスキルが育成されるのである。さらには，自分たちで遊びを創造していける力を養うことができる。

このように休み時間が大切な時間であることは経験的に理解できるが，実際には休み時間を対象としたプロジェクトがほとんどない。教師も目が行き届かず，遊具などの置き場所がいじめなどをひき起こしやすい隠れ場所になってい

写真 3-15 カリフォルニア大学サンタバーバラ

写真 3-16 ジマーソン博士

ないかなどの配慮も十分でない。年齢や性別に適切な遊び環境が創造されているともいえない状況が多い。また，休み時間を見回る人がいても，子どもたちにうまくかかわるために必要なトレーニングを受けている場合は少ない。

しかし，子どもたちを，安全な環境に置くことは学校として重要なことであり，適切で安全な遊びができるようにサポートしていくことは必要なことである。こうした重要性が指摘されながらも，休み時間を対象にした介入が実証的に検討されていない状況を鑑みて，カリフォルニア大学のサンタバーバラ校（写真 3-15）のカウンセリング，臨床および学校心理学のデパートメント（Department of Counseling, Clinical, and School Psychology）のジマーソン（Jimerson, S.）博士によって，このプログラムが開発された（写真 3-16）。

(b) 理論的な背景

このパワー・オブ・プレイのプログラムは，先にも述べたように，学校の休み時間を利用して，向社会的な行動を育むことを通して望ましい友だち関係を築くことを目的としている。これは主に次の2つの要素から構成される。

① 構造的で意味のある遊びの活動ができるような環境を構築することが，問題行動（けんか，あらっぽい格闘ごっこ，いじめなど）の頻度を低減させて

いく。
② IDEAL 問題解決ステップ（Bransford & Stein, 1984）を用いて，問題解決や葛藤解決を促進していく。

　前者については，プレイグラウンド・スペシャリスト（playground specialists）が，サッカー，キックボール，テニス，チョーク描画，バスケットボール，なわとび，ハンドボール，キックスケーター，折り紙などのゲームに子どもたちを参加させる機会を与える。ゲームの構造やしかたを教えてあげることは，所在なさや何してよいかわからずつまらないために引き起こされる問題行動の確率を減らすことにつながる（写真3-17）。

　後者は，葛藤が起きたときに基本的な問題解決のスキルがうまく使えるようにしていくことである。まず，けんかなどが起きたら，やめるように言い，深呼吸して落ち着かせる。わめいたり名前を呼びつけたりしないで，それぞれに話す機会を与え，その上で，IDEAL 問題解決ステップが用いられる。

　以下の5つのステップから構成される。
ステップ1：問題が何かを明らかにする（Identify the problem）
ステップ2：目標を設定する（Define your goals）
ステップ3：解決方法を探る（Explore possible solutions）
ステップ4：選択し，実行する（Action – choose and use a solution）
ステップ5：行動から学ぶ（Learn from your actions）
　学校の休み時間に，子どもたちどうしの対人間の葛藤が生じたとき，プレイ

写真3-17　プレイグラウンド・スペシャリスト
（著者もこの中にいます）

写真 3-18　パワー・オブ・プレイの活動の様子

　グランド・スペシャリストは，IDEAL 問題解決ステップが，けんかやいざこざをエスカレートしていくのを防げる方法だということを子どもたちに示していく。したがって，すぐに解決してしまわず，葛藤を対象化して，自分たちが解決することができるのだという効力感を持たせ，実際に解決する手立てを学ばせる。一日の中で，また週を通して，子どもたちは，生活の中でこの問題解決法を使うことを繰り返し経験していくのである。このことが，結果的に，校長室への呼び出しやサスペンションを減らし，子どもたち自身の基本的な問題解決スキルの習得につながっている。その様子は写真 3-18 に示される。

(c) 目標と対象者

　小学生1年生から6年生(6歳から12歳)を対象に実施している。主な目的は，問題解決スキルの促進，葛藤を減らすこと，罰則などを受ける機会の減少を目標としている。次に，向社会的な仲間関係の促進を念頭に置いている。

(d) 方　法

　このプログラムは，学校の行事に基づいて，毎日各休み時間に実施されている。すなわち，スクールワイドのプログラムである。休み時間には，トレーニ

ングを受けたプレイグランド・スペシャリスト（学部生）が，向社会的な活動に子どもたちを導き，問題が起きたらスキルを活用できるように支援していく。

　学部生は，各自の責任時間に小学校に行き，プレイグランド・スペシャリストの目印であるブルーのキャップをかぶり，運動用具や遊び道具の置かれている倉庫から必要な道具を出して，あらかじめ運動場に準備しておく。

　運動場をみんながうまく活用できるように考えておく。また，雨のあとなどは滑りやすいなどの天候なども考えていつも安全なように考えている。遊びも雨の日にできるような遊び（Heads Up 7 Up, Simon says, トランプなど）を準備する。学部生はトレーニングを受けているが，日々の活動の中で，さまざまな子どもたちの問題行動に直面するため，どのように対応すればよいのか判断に迷う場合もある。そのため，常に活動後にプレイグランド・スペシャリストのためのサイトに，起きたことや相談したいことなどを投稿するようなシステムがつくられている。ジマーソン博士は，常にそれに対してコメントしたり，週ごとにあるカンファランスでスーパーバイズしている。大学院生がマネジメントやプログラム支援する体制になっている。

(e) 評　価

　評価は，学校での罰（校長室への呼び出し）の回数といったデータや，問題解決スキルについて活用されているかどうかの観察と，プレイグランドでの問題についての報告などをもとになされている。毎週カンファランスが実施されているほか，オンライン上で，プレイグラウンド・スペシャリストから上がってきた問題やジマーソン博士自身が観察した課題について検討され，フィードバックされている。メンバーにこうした情報は共有され，いつでも意見を出せるようにオーガナイズされている。

(f) エビデンス

　これまでに，校長室への呼び出しは 67 ％減少し，問題解決スキルの使用は 50 ％，生徒間の問題報告は 72 ％の減少が明らかになっている（前年度と比較して）。学校関係者からも，生徒が楽しく活動するようになったことや，望ましい効果を上げていることがインタビューなどから報告されている（Saeki, Jimerson, & Martinez, 2011）。

（g）今後の展望と課題

　現在のプレイグランド・スペシャリストは，学部生であることから，このプロジェクトを実施していくためには，大学の近くにある学校であることが条件となってしまう。したがって，さらに広い地域での学校に広げていく場合には，高校生や他のおとなのボランティア，さらには，学校の他の関係者が実施できるようにしていく必要性がある。

（4）ルーラー・アプローチ（The RULER Approach）

（a）プログラムの開発・担当者・開発の経緯等

　このプログラムを開発したのは，写真 3-19 にあるイェール大学のブラケット（Brackett, M.）博士たちであり，ルーラー・アプローチと呼ばれている。もともと，イェール大学の健やかな感情と行動を研究する研究室（Health Emotion, and Behavior Laboratory）で，感情知能（emotional intelligence）の研究に取り組んでいたが，感情リテラシーを学校で育てることの意義に焦点を当てた。2005 年からグループでこのプロジェクトを立ち上げ，今では何百もの学校で行われており，SEL のプログラムの 1 つとして普及しつつある。

　このアプローチは，CASEL のガイダンスに従って発展させてきた。ルー

写真 3-19　ブラケット博士

ラー・プログラムの開発は，SEL の他の研究者との関係だけでなく，CASEL の中心にいる人たちと密接にかかわりながら，展開してきている。特に，最高責任者（CEO）である，ワイスバーグ博士（Weissberg, R.）とは同じ出版物にもかかわった仲である。また，ブラケット博士自身，キャセルの研究顧問の1人であり，プログラム開発者でもある。

(b) 理論的な背景

この介入は，感情知能についての理論と感情，認知と発達に関する研究がもとにされている。ルーラー（ruler）とは，感情を認識すること（recognize），理解すること（understand），感情を命名すること（label），表現すること（express），そして調節すること（regulare）という意図をこめて，頭字語（アクロニム）から名づけられている。このルーラー・アプローチ・モデルは，感情知能の理論をもとにしている（Mayer & Salovey, 1997; Salovey & Mayer, 1990）。また，認知および感情に関するその他の科学的な根拠に基づいている。感情は，注意や動機づけ，記憶を喚起し，学び，賢明な決定をさせ，ポジティブな社会的関係を維持させる（Damasio, 1994; Ekman, 1973; Izard, Fine,

写真 3-20　レッスンの様子

Mostow, Trentacosta, & Campbell, 2002)。また，感情のスキルを持つことは，知的で成功を生むことにつながることや（Gardner, 1983），問題行動を減らすことが明らかにされている（Eisenberg, Fabes, Guthrie, & Reiser, 2000）。

（c）目標と対象者

就学前児から高校生までを対象としており，トレーニングの対象は，教師，管理職，生徒の親である。目標は，感情のリテラシーや認知，理解，ラベリング，表現，感情の調節などルーラー・スキル（"RULER" skillsと呼ばれている）を獲得することである（写真3-20はレッスンの様子）。

社会のメンバーとして貢献し，互いに協力していくことのできる人材の養成を考えるにあたって，まずは，子どもたちを社会化する大人の養成が必要である。そのため，社会的，感情的な側面を伸ばす方略を獲得させ，結果として，子どもたちの社会性や感情の発達を促すようなかかわりができるようになることがめざされている。

したがって，主に，生徒や学校の教職員，親の感情のリテラシーを育てることになる。ルーラー・スキルが獲得され，コミュニティがうまく機能するようになれば，結果的に，生徒の学業達成も高まることが期待される。教育関係者は個人的にも職業人としても社会に貢献することが強く望まれる。

写真3-21 教　材

（d）方 法

　スクールワイドに実施されている。さまざまな魅力的な教材が用いられている（写真3-21）。学校のリーダーを対象に2日間のトレーニングが実施され，その後3日間を用いて教師のトレーニングが行われる。教師は，クラスの生徒を対象とするカリキュラムを実施するが，標準的な学習内容を教えることとなる。教師は，コーチングによる支援を行う立場にあり，保護者は，子どもたちの社会性や感情の発達を伸ばすようにするにはどうすればよいかについてトレーニングを受ける。

（e）評 価

　プログラムは，メイヤー，サーロベイ，カルーソによる感情知能テスト（Mayer-Salovey-Caruso Emotional Intelligence Test：MSCEIT; Mayer, Salovey, & Caruso, 2002）を用いて評価される。そのほか，このテストの青年バージョン（MSCEIT-YV; Mayer et al., 2004）やクラスのアセスメント・スコアシステム（Classroom Assessment Scoring System：CLASS）が用いられている。さらには，クラスの雰囲気を第三者の観察によって評価する。学業については，レポートカードや標準化されたテストの結果をもとに評価している。

（f）エビデンス

　ブラケット他（Brackett, Rivers, Reyes, & Salovey, in press）では，5年生と6年生を対象にしたルーラー感情語カリキュラムに関する内容が論じられている。このアプローチに参加した生徒は，コントロール・グループに比較して，学年末の成績が増し，社会性や感情のコンピテンス，自己評価による肯定感が高まったことが報告されている。

　また，リバース他（Rivers, Brackett, Reyes, & Salovey, in press）では多重水準のモデリングを用いて，ルーラー・アプローチを用いた学校と実施していない学校とで成果が比較されている。その結果，実施した学校の方が教師と生徒間のつながりや温かさの程度が高く評価された。また，生徒たちの間に自律性やリーダーシップが高まるほか，教師は生徒の関心や動機づけに焦点を当てるようになることが明らかとなった。

（g）今後の展望と課題

もっとも大きな課題は，子どもたちの感情教育や教育実践の理論の確立であるが，これには研究を支える財源の獲得が必要である。今現在アメリカで普及しているスクールベースのプログラムは，いじめ予防やキャラクター・エデュケーションが多く，感情教育はいまだ少ない。

（5）学校生活関係性攻撃予防・介入プログラム（PRASE）

（a）はじめに

アメリカにおける子どもの身体的攻撃を対象とした予防・介入プログラムは数多く見られるが，関係性攻撃（relational aggression）（例えば，悪い噂を流すなどして対人操作を行う，絶交すると脅す，所属するグループから疎外する）が注目されるようになっている。このような攻撃の予防は，生徒個人にとってメリットがあるばかりでなく，学級の雰囲気にも影響を与える。関係性攻撃が頻繁に起こっているクラスでは生徒は安心して過ごすことができないといわれ，関係性攻撃に関連したアメリカにおける教育現場の切迫したニーズを受け，学校生活関係性攻撃予防プログラム（Preventing Relational Aggression

表3-5 学校生活関係性攻撃予防プログラムの特徴

プログラムの特徴	
タイプ	全生徒を対象とした予防的介入
様式	学校の各クラスごとに20セッション 隔週で40分ずつ施行
ファシリテーター	修士レベルの3人のセラピスト 1名の教員パートナー
参加者	低社会的経済的ステータス 都市部在住のアフリカ系アメリカ人 3年生から4年生の男女全生徒
プログラムの目標	社会認知的再教育 共感の取得 他者の視点取得 攻撃性から距離を置く

表3-6 プレイズ・プログラムの主要な内容とセッションのアウトライン

プログラムの特徴
    セッション1   プログラムの目的，構造，期待
    セッション2   フレンドシップをつくる上での多様な諸問題や，どのような状況で諸問題が起こりうるかについて考える

社会－認知的再教育
    セッション3   感情の範囲の理解と自分の感情としての意識化
    セッション4   怒りを感じたときの身体的な警戒サインを意識する
    セッション5   怒り感情とコーピングする戦略の発展
    セッション6   他者の意図を解釈する
    セッション7   他者の意図の解釈を実践する
    セッション8   選択肢における一般化や評価を行い，どの反応を実行するかを選択する

うわさや仲間入りの状況についての社会認知的戦略への適用力
    セッション9   うわさとは何かやうわさの威力について判断する
    セッション10   うわさを扱う戦略を適用する
    セッション11   仲間入りの状況を理解し仲間に入れてもらう戦略を適用してみる

共感の向上と視点取得
    セッション12   感情への覚醒とそれに伴う身体的覚醒について振り返る
    セッション13   他者の感情を意識化し，他者の視点を理解するように導く
    セッション14   他者の視点を取得することの難しさと利点を探究し実践する
    セッション15   個人のあるいは共通した状況で用いられる視点取得を実践する

すべての人は攻撃性の減少とフレンドシップの向上において役割を持っていることを認識させることへの援助
    セッション16   葛藤状況における傍観者の役割の導入
    セッション17   傍観者であることの感情を探究し，傍観者として攻撃の仲介をチャレンジする
    セッション18   フレンドシップをつくる上での諸問題を防御し，減らす学級プランを発展させる
    セッション19   学級プランを振り返り，微調整する
    セッション20   すべての戦略と学級プランを振り返り，終結にする

in Schools Everyday Program: PRASE，プレイズ）は作成されることになった（Leff et al., 2010）。

(b) プレイズの作成

　プレイズは仲間から仲間へプログラム（The Friend to Friend Program: F2F）がベースになって作成された。仲間関係プログラムは攻撃性の減少とソーシャルスキルの向上に焦点が当てられており，参加型アクションリサーチ（Participatory Action Research: PAR）のアプローチを用いることによって作

成された。仲間から仲間へプログラムは，アフリカ系アメリカ女子の関係性攻撃と身体的攻撃の双方に対するアニメ，ビデオ，ロールプレイを用いた介入で，対象者の文化的背景に即しているという点で，最初の介入プログラムのひとつである。仲間から仲間へプログラムに参加した教員が，攻撃性のハイリスクな生徒のグループだけでなく，学校全体として取り組むことができるようなプログラムを要望したことから作成されたのがプレイズである。プレイズは，仲間から仲間へプログラムと同じように，社会認知的再教育をベースとした環境的モデルを強調したものである。プレイズの特徴について記述したものを表3-5に，プログラムにおける各セッションの内容と詳細については表3-6に示した。

（c）プレイズのセッションの流れ

　プログラムの流れは，短時間でさまざまなワークが用意されており，子どもたちの視覚や認知を適宜刺激しながら，心理教育的なかかわりをファシリテーターが中心に行われていく。その一部を以下に示す（PRAISE Facilitator Manual, 2011より抜粋）。ここでは、そのセッション4を中心に（一部略）紹介する（テーマ：怒りを感じた時の身体的な警戒サインを意識する）。

（i）教　材
　名札，フリップチャート，マジック，漫画イラストつきのワークブック，テレビ，ビデオ

（ii）エクササイズ
－エクササイズをしてみましょう。目をつぶって次の情景を思い浮かべてみましょう。
　「学校で仲間外れにするいじめが横行していた。ある日，昼休みにそのいじめがあなたの身の上に起こった。誰もあなたの味方をしてくれないし，大人も周辺にいてくれなかった」
－このような状況に陥った時，あなたの顔や体はどのように変化しますか？そしてどのような感情が湧いてきますか？
　＊このときに，参加者に目をつぶって状況を思い浮かべながら自分の身体の変化に注目してみるように指示する。
－それから，あなたが同じ状況であってもクールダウンしたときに，顔や体に

どのような変化が生じたかについて考えてみてください。

(ⅲ) クールダウンについての紹介
－（漫画イラストつきのワークブックを用いながら）怒りを感じ，あなたの体にそのサインが生じたら，怒りをそのまま表出する前に「クールダウン」しましょう。
－クールダウンとは……
　①目つぶって大きく深呼吸をしましょう。
　②ゆっくり数えましょう。
　③セルフトークを行いましょう。「リラックスして，クールダウン」と自分に言い聞かせる。
　④イメージを使ってリラクセーションを行いましょう。「どこか自分の好きな場所へ出かけていって，自分の好きなことをする」

(ⅳ) クールダウン戦略の練習
漫画イラストつきのワークブック「廊下であなたの友人があなたの秘密をばらして他の女子生徒と一緒に笑っている」を見せる。
－クールダウンにおけるセルフトークを交えた練習
　①目をつむって5回深呼吸をする。
　②「私は怒ったりしない」。それから10数える。
　③「彼女らのやっていることによって私は気分を害さないようにしよう。リラックス」
　④イメージの中で自分はその意地悪をしている子どもたちからはるか離れたところにいるのを想像する。
　⑤自分がハッピーになれるようなことを考える。

(d) アセスメントの方法

(ⅰ) ピア・ノミネーション
ピア・ノミネーションはクリック他（Crick & Grotpeter, 1995）によって開発された尺度である。子どもの関係性攻撃のレベル測定の5項目，顕在性攻撃3項目，向社会性2項目の計10項目である。

（ⅱ）教師による攻撃性リポート

生徒の関係性，顕在性攻撃のレベルが，児童用社会的行動尺度（Children's Social Behavior Questionnaire: CSB）で測定される。児童用社会的行動尺度は，関係性攻撃（7項目）と，顕在性攻撃（4項目）の項目を選んで回答させる。

（ⅲ）漫画をベースとした敵意帰属による認知バイアスの測定

広く用いられてきた敵意帰属による認知バイアスの質問紙（Crick, Grotpeter, & Bigbee, 2002）に，アフリカ系アメリカ人の男女の子どもを漫画のキャラクターにして書いたものにアレンジして作成し，それを使用する。

（ⅳ）怒り感情の問題解決における知識

攻撃性や怒りのコントロールにおいて，生徒が社会的情報プロセスモデルの知識をどの程度保持しているかを測定する15項目からなる質問紙（Leff, Cassano, Paquette, & Costigan, 2010）を使用する。

（ⅴ）介入プログラムの理解や参加の仕方

プログラムのモニタリングシステムは，参加型アクションリサーチにより発展してきた。プログラムのプロセスを問う質問（例えば，生徒はセッション中熱心に取り組むことができたか，生徒と先生のファシリテーターへの反応はどうだったか，ファシリテーターは一緒に仕事をうまくできたかどうかなど）について，3件法でその程度を尋ねる。

（ⅵ）介入プログラムの受容性と弱点

参加者や教員はプレイズがよかったかどうか16項目4件法にて回答させる。

（e）プレイズの効果測定で明らかにされたこと

本プログラムは関係性攻撃においてハイリスクな女子生徒に効果が示されたが，男子生徒にはさほど効果が示されなかった。認知バイアスによる敵意について，その人のパーソナリティ傾向やソーシャルサポートの有無など，複雑多様な要因から影響を受けることが考えられるため，このような全生徒に対する学級での介入のみでは，効果がすぐ示されることは難しいことが明らかになった。しかし，情報やスキルが身につくことで，子どもたちに「関係性攻撃が仮

に自分や周囲に起こっても，それに対処する方法がある」と認識できるということが，教育効果であるとも考えられ，今後国際的にも広まる可能性が高い。

引用文献

Algozzine, B., Horner, R. H., Sugai, G., Barrett, S., Dickey, S. R., Eber, L., Kincaid, D., & Tobin, T. J. (2010). *Evaluation blueprint for school-wide positive behavior support.* Eugene, OR: National Technical Assistance Center on Positive Behavior Interventions and Supports. Retrieved from www.pbis.org

Angold, A., Costello, E. J., Messer, S., & Pickles, A. (1995). Development of a short questionnaire for use in epidemiological studies of depression in children and adolescents. *International Journal of Methods in Psychiatric Research, 5,* 237-249.

Bandura, A. (1986). *Social Foundations of Thought and Action: A Social Cognitive Theory.* Englewood, NJ: Prentice Hall.

Battistich, V., Watson, M., Solomon, P., Schaps, E., Solomon, J. (1991). The child development project: A comprehensive program for development of prosocial character. In W. M., Kurtines, Z. J. L. Gewirtz (Eds.), *Handbook of moral behavior and development* (vol.3). *Application* (pp. 1-34). New York: Erlbaum.

Brackett, M. A., Kremenitzer, J. P., Maurer, M., Carpenter, M., Rivers, S. E., & Katulak, N. A. (2008). *Emotional literacy in the classroom: Upper elementary.* Port Chester, New York: National Professional Resources, Inc.

Bransford, J. & Stein, H. (1984). *The ideal problem solver: A guide for improving thinking learning and creativity.* San Francisco: W. H. Freeman.

Brendtro, L., Brokenleg, M., & Van Bockern, S. (1990). *Reclaiming youth at risk: Our hope for the future.* Bloomington, IN: National Educational Service.

Carr, G. E., Dunlap, G., Horner, H. R., Koegel, L. R., Turnbull, P. A., Sailor, W., ... Fox, L. (2002). Positive behavior support: Evolution of an applied science. *Journal of Positive Behavior Interventions, 4,* 4-16.

Carr, G. E. (2007). The expanding vision of positive behavior support: Research perspectives on happiness, helpfulness, hopefulness. *Journal of Positive Behavior Interventions, 9,* 3-14.

Collaborative for Academic, Social, and Emotional Learning (2012). What is SEL? Retrieved from http://casel/org./

Craig, W. & Harel, Y. (2004). Bullying, physical fighting and victimization in the school yard. *Canadian Journal of School Psychology, 13,* 41-60.

Crick, N. R. & Dodge, K. A. (1994). A review and reformulation of social information-processing mechanisms in children's social adjustment. *Psychological Bulletin, 115,* 74-101.

Crick, N. R. & Grotpeter, J. K. (1995). Relational aggression, gender and social-

psychological adjustment. *Child Development, 66*, 710-722.
Crick, N. R., Grotpeter, J. K., & Bigbee, M. A. (2002). Relationally and physically aggressive children's intent attributions and feelings of distress for relational and instrumental peer provocations. *Child Development, 73*, 1134-1142.
Damasio, A. R. (1994). *Descartes' error: Emotion, reason, and the human brain.* New York: Grosset/Putnam.
DeRosier, M. E. (2004). Building relationships and combating bullying: Effectiveness of a school-based social skills group intervention. *Journal of Clinical Child and Adolescent Psychology, 33*, 196-201.
DeRosier, M. E., & Marcus, S. R. (2005). Building friendships and combating bullying: Effectiveness of S.S.GRIN at one-year follow-up. *Journal of Clinical Child and Adolescent Psychology, 34*, 140-150.
DeRosier, M. E. (2007). Peer-rejected and bullied children: A Safe Schools Initiative for elementary school students. In J. E. Zins, M. J. Elias, & C. A. Maher (Eds.), *Bullying, victimization, and peer harassment: A handbook of prevention and intervention* (pp. 257-276). Binghamton, NY: Haworth Press.
Dodge, K. A., Pettit, G. S., McClaskey, C. L., & Brown, M. M. (1986). Social competence in children. *Monographs of the Society for the Research in Child Development, 51(2)*, 1-85.
Doll, B., Pfohl, W., & Yoon, J. (2010). *Handbook of youth prevention science.* New York: Routledge.
Durlak, J. A. (1995). *School-based prevention programs for children and adolescents.* Thousand Oaks, CA: SAGE publications.
Eisenberg, N., Fabes, R. A., Guthrie, I. K., & Reiser, M. (2000). Dispositional emotionality and regulation: Their role in predicting quality of social functioning. *Journal of Personality and Social Psychology, 78*, 136-157.
Ekman, P. (1973). Darwin and facial expression: A century of research in review. Oxford, England: Academic Press.
Elbertson, N. A., Brackett, M. A., & Weissberg, R. P. (2010). School-based social and emotional learning (SEL) programming: Current perspectives (pp.1017-1032). In A. Hargreaves, M. Fullan, D. Hopkins, & A. Lieberman (Eds.). *Second international handbook of educational change.* New York: Springer.
Elias, M. J., Zins, J. E., Weissberg, R. P., Frey, K. S., Greenberg, M. T., Haynes, N. M., Kessler, R., Schwab-Stone, M. E., & Shriver, T. P. (1997). *Promoting social and emotional learning: Guidelines for educators.* Alexandria, VA: Association for Supervision and Curriculum Development.
Frey, K. S., Nolen, S. B., Van Schoiack-Edstrom, L., & Hirschstein, M. K. (2005). Effect of a school-based social-emotional competence program: Linking children's goals,

attributions, and behavior. Applied *Developmental Psychology*, *26*, 171-200.
Gardner, H. (1983). *Frames of mind: The theory of multipleintelligences.* New York: Basic Books.
Gardner, H. (1993). *Multiple intelligence: The theory in practice.* NewYork: Basic.
Glidewell, J. G., Gildea, M. C. L., & Kaufman, M. K. (1973). The preventive and therapeutic effects of two school mental health program. *American Journal of Community Psychology*, *1*, 295-329.
Goleman, D. (1995). *Emotional intelligence.* New York: Bantam.
Greenberg, M. T., Kusche, C. A., & Mihalic, S. F. (1998). *Promoting alternative thinking strategies* (PATHS). Boulder, CO: Center for the Study and Prevention of Violence, University of Colorado.
Grossman, D. C., Neckerman, H. J., Koepsell, T. D., Liu, P. V., Asher, K. N., Beland, K., … Rivara, F. P. (1997). Effectiveness of a violence prevention curriculum among children in elementary school: A randomized controlled trial. *Journal of the American Medical Association*, *277*, 1605-1611.
原田恵理子・渡辺弥生 (2011). 高校生を対象とする感情の認知に焦点をあてたソーシャルスキルトレーニングの効果　カウンセリング研究, *44*, 81-91.
Harter, S. (1982). The Perceived Competence Scale for Children. *Child Development*, *53*, 87-97.
Hawkins, J. D., Catalano, R. F., & Miller, J. Y. (1992). Risk and protective factors for alcohol and other drug problems in adolescence and early adulthood: Implications for substance abuse prevention. *Psychological Bulletin*, *112*, 64-105.
Horner, R. H., Sugai, G., & Anderson, C. M. (2010). Examining the evidence base for School-wide Positive Behavior Support. *Focus on Exceptional Children*, *42(8)*, 1-14.
Izard, C. E. (2002). Translating emotion theory and research into preventative interventions. *Psychological Bulletin*, *128*, 796-824.
Izard, C. E., Fine, S., Mostow, A., Trentacosta, C., & Campbell, J. (2002). Emotion processes in normal and abnormal development and preventive intervention. *Developmental and Psychopathology*, *14*, 761-787.
Jimerson, S. R., Burns, M. K., & VanDerHeyden, A. M. (2007). *Response to intervention at school: The science and practice of assessment and intervention.* New York: Springer Science+ Business Media, LLC.
川井紀宗 (2009). IDEA2004の制定に伴う合衆国における障害判定・評価の在り方の変容について　特別支援教育実践センター研究紀要, *7*, 59-68.
Kemp-Koo, D., & Claypool, T. (2011). Response to Intervention (RTI) in the province of Saskatchewan. *Communique Online*, *39*. Retrieved from http://www.nasponline.org/publications/cq/39/6/RTI-Sakatchewan.aspx
Kohlberg, L. (1971). *From is to ought: How to commit the naturalistic fallacy and*

get away with it in the study of moral development. New York: Academic Press.

小泉令三 (2005). 社会性と情動の学習（SEL）の導入と展開に向けて　福岡教育大学紀要, *54*, 113-121.

La Greca, A. M., & Stone, W. L. (1993). Social anxiety scale for children-revised: Factor structure and concurrent validity. *Journal of Clinical Child Psychology, 22,* 17-27.

Larsen, T. & Samdal, O. (2007). Implementing Second Step: Balancing fidelity and program adaptation. *Journal of Educational & Psychological Consultation, 17,* 1-29.

Lazarus, R. (1991). Cognition and motivation in emotion. *American Psychologist, 46,* 352-367.

Leff, S. S., Cassano, M., Paquette, J., & Costigan, T. (2010). Initial Validation of a Knowledge-Based Measure of Social Information Processing and Anger Management. *Journal of Abnormal Child Psychology, 38,* 1007-1020.

Leff, S., Waasdorp, T. E., Paskewichi, B., Gullan, R. L., Jawad, A. F., MacEvoy, J. P., ... Power, T. J. (2010), The Preventing Relational Aggression in Schools Everyday Program: A preliminary evaluation of acceptability and impact. *School Psychology Review, 39,* 569-587.

Mayer, J. D., & Salovey, P. (1997). What is emotional intelligence? In P. Salovey & D. J. Sluyter (Eds.), *Emotional development and emotional intelligence: Educational implications* (pp.3-34). New York: Basic Books.

Mayer, J. D., Salovey, P., & Caruso, D. R. (2002). *Mayer-Salovey-Caruso Emotional Intelligence Test (MSCEIT) item booklet, Version 2.0,* Toronto, Ontario, Canada: Multi-Health Systems.

Mayer, J. D., Salovey, P., & Caruso, D. R. (2004). *Mayer-Salovey-Caruso Emotional Intelligence Test: Youth Version (MSCEIT : YV) item booklet,* Toronto, Ontario, Canada, MHS Publishers.

McIntosh, K., Filter, K. J., Bennett, J. L., Ryan, C., & Sugai, G. (2010). Principles of sustainable prevention: Designing scale-up of school-wide positive behavior support to promote durable systems. *Psychology in the Schools, 47,* 5-21.

McIntosh, K., Mackay, L. D., Andreou, T., Brown, J. A., Mathews, S., Gietz, C., & Bennett, J. L. (2011). Response to intervention in Canada: Definitions, the evidence base, and future directions. *Canadian Journal of School Psychology, 26,* 18-43.

National Association of School Psychologists. (2012). PREPaRE: School crisis prevention and intervention training curriculum: Retrieved from http://www.nasponline.org/prepare/

National Crime Prevention Strategy (2004). *CMP Fact Sheet-Project Plan.*

日本子どもための委員会 (2009). キレない子どもを育てるセカンドステップ. NPO法人　日本子どものための委員会.

Ollendick, T. H., & Schmidt, C. R. (1987). Social learning constructs in the prediction of peer interaction. *Journal of Clinical Child Psychology*, *16*, 80–87.

Olweus, D. (1993). *Bullying at School: What we know and what we can do.* Willinston, VT: Blackwell Publishing.

Payton, J. W., Graczyk, P. A., Wardlaw, P. M., Bloodworth, N., Tompsett, C. J., & Weissberg, R. P. (2000). Social and emotional learning: A framework for promoting mental health and reducing risk behavior in children and youth. *Journal of School Health*, *70*, 179-185.

Petrosino, A. (2005). D.A.R.E. and scientific evidence: A 20 year history. *Japanese Journal of Sociological Criminology*, *30*, 72-88.

PRAISE: Preventing Relational Aggression in Schools Everyday Facilitator Manual 2/1/11/ Version. Unpublished.

Public Safety Canada (2011). Bullying prevention in schools. Retrieved from http://www.publicsafety.gc.ca/res/cp/res/bully-eng.aspx

Resnick, M.D., Ireland, M., & Borowsky, I. (2004). Youth violence perpetration: What protect? What predict? Findings from the National Longitudinal Study of Adolescent Health. *Journal of Adolescent Health*, *35*, 424.

Rivers, S. E., Brackett, M. A., Reyes, M. R., & Salovey, P. (in press) Improving the social and emotional climate of classrooms with emotional literacy skill building: A clustered randomized control trial of The RULER Approach. *Prevention Science*.

Ruthford Jr., B. R., Quinn, M. M., & Mathur, R. S. (2007). *Handbook of research in Emotional and behavioral disorders.* New York; Guilford.

Saeki, E., Jimerson, S., & Martinez, N. (2011). Power of play: strategies to promote problem solving and reduce discipline referrals. The California Association of School Psychologists conference (Costa Mesa, CA).

Salovey, P., & Mayer, J. D. (1990). Emotional intelligence. *Imagination, Cognition and Personality*, *9*, 185-211.

Selman, R. (2003). *The promotion of social awareness.* Russell Sage Foundation. New York.

Selman, R., & Kwok J. (2012). Using literature to promote social awareness and literacy in children. B. Falk (Ed.), *Defending childhood* (pp. 250-273). Teachers College, Columbia University. New York and London.

Schonert-Reichl, K. A. & Hymel, S. (2007). Educating the heart as well as the mind: Social and emotional learning for school and life sucess. *Education Canada*, *47*, 20-25.

Schonert-Reichl, K. A., Lawlor, S. M., Oberle, E., & Thomson, K. C. (2009). *Identifying indicators and tools for measuring social and emotional healthy living: Children ages 5-12 years.* Report for the Public Health Agency of Canada, Ottawa, Ontario.

Shaw, M. (2003). *Comprehensive approaches to school safety and security: An international view.* International Centre for the Prevention of Crime.

Smith, P. (2000). *Bullying: Don't suffer in silence-an antibullying pack for schools.* Department for Education and Skills: United Kingdom.

Sugai, G., Horner, R. H., Dunlap, G., Hieneman, M., Lewis, T. J., Nelson, C. M., ... Wilcox, B. (2000). Applying positive behavior support and functional behavioral assessment in schools. *Journal of Positive Behavior Interventions, 2,* 131-143.

Sun Chyng, & Selman, R. L. (1995). Introduction to voices of love and freedom. In Search of Moral Education in the 21st Century. 2nd International Conference on Moral Education. The Institute of Moralogy, Chiba, Japan.

Taub, J. (2001). Evaluation of the Second Step violence prevention program at a rural elementary school. *School Psychology Review, 31,* 186-200.

The Committee for Children. (1986). *Second Step.* Seattle, WA: Author.

The Norwegian Health Association. (1998). *Second Step.* Oslo, Norway: Author.

Thomas, A., & Grimes, J. (2008). *Best practices in school psychology.* Bethesda, MD: National Association of School Psychologists.

Tucker, M. S. (2011). *Standing on the shoulders of giants. An American Agenda for Education Reform.* National Center on Education and the Economy. Retrieved from www.ncee.org.

Walker, P. C. (1996). An Introduction to Voices of Love and Freedom. Family, Friends, and Community. Unpublished paper.

渡辺弥生 (2001). VLFによる思いやり育成プログラム　図書文化社

Zins, J. E., Weissberg, R. P., Wang, M. C., & Walberg, H. J. (Eds.) (2004). *Building academic success on social and emotional learning: What does the research say?* New York: Teachers College Press.

第4章

欧州の予防教育

xxxxxxxxxxxxxxxxxxxxxxxxxxxxxxxxxxxxxxxxxxxxxxxxxxxxxxxxxxxxxxxxxxxxxxxxxxxx

概　要

　PISAの高得点や少人数学級など，欧州の教育の陽の当たる側面は，よく日本に伝えられる。しかしながら，教育問題を抱えていない国はない。欧州各国は程度の差こそあれ，青年期のアルコール依存や薬物依存や非行，そして抑うつや自殺についても問題を抱えているが，ここでは，いじめや攻撃性の問題に焦点化して，その現状と対策を概観していく。

　例えば，ノルウェーでは1982年にいじめ自殺が3件連続し，大規模な調査が行われるにいたった。英国では1980年代後半にいじめ自殺が続き，「欧州のいじめ王国」とタブロイド紙に揶揄され，1990年代に対策が進んだ。フィンランドでは2008年の学校銃乱射事件の犯人がかつていじめ被害者だったと判明し，社会にショックを与えた。

　このような経緯から，各国でいじめ対策や子どもたちの社会性涵養の必要性が認識された。いじめや攻撃性の問題は，抑うつ系の問題や非行などとも無縁ではなく，また，自殺や銃乱射事件への社会的注目が高いこと，そして，学校が責任を問われる事態があるために，教育行政側も重大な問題として取り組んでいる。北欧や英国のプログラムの伝統の上に，近年，各国で国レベルでの対策が展開されている。

1．欧州の予防教育の概要

（1）問題認識と対応の方針

　欧州では，青年期研究の中で，移民の問題とも重ねながら，いじめや攻撃性

の研究が展開されている。スミス（Smith, 2011）によれば，いじめ研究は4つの時期に区分される。第1期は1970年から1988年ころで，起源の時期である。これより早い時期にも研究が散見されるが，学校でのいじめの系統的な研究は1970年代からの主にスカンジナビア諸国での研究に遡る。第2期は1989年から1990年代半ばで，調査プログラムの確立期である。第3期は1990年半ばから2004年までで，国際的な共同研究の確立期である。第4期は2004年以降で，ネットいじめ研究の登場による研究領域の発展変革期である。

　いじめの諸研究は，次の3つの特徴を持っている。①いじめの問題は，他の精神保健上の諸問題と不可分であると認識され，②学校でのいじめ問題と，家庭での虐待問題との関連も想定され，③近年では，ネットいじめの問題などは，国境を越えた問題として認識されている。

（a）いじめと精神保健上の諸問題

　いじめと他の諸問題との関連についての研究は，北欧諸国のものが大規模で，かつ，よく知られている。

　フィンランドにおける14〜16歳の生徒のいじめと精神保健上の諸問題（摂食障害・抑うつ・不安症状・心身症・度を越えた飲酒・薬物使用）の関係についての調査結果（Kaltiala-Heino, Rimpelä, Rantanen, & Rimpelä, 2000）によると，いじめの被害と加害の両方を経験している被加害者は抑うつや不安感がひどく，度を越えた飲酒や薬物使用は加害者，被加害者の順に多かった。この研究では，被加害者の問題の深刻さを憂慮している。確かに，被加害者は「いじめられる側がよくない」という論理に逃げるわけにもいかないし，「いじめる側が悪い」という論理に立つわけにもいかない。

　同じく北欧のノルウェーでは，14歳の生徒のいじめと抑うつや自殺念慮の関連を検討した結果，いじめ加害と被害・抑うつ・自殺念慮のすべてが正の相関を示していた（Roland, 2002）。いじめ被害者の自殺が多く報道されることから，自殺念慮はいじめ被害側に特有と思われがちだが，この結果はその通念に反する。同様の結果は，フィンランドの他の研究でも示されている。いじめ被加害者はもちろんのこと，いじめ加害のみの生徒も，いじめ被害のみの生徒と同じかそれ以上に自殺念慮があったと回答している（Kaltiala-Heino, Rimpelä, Marttunen, Rimpelä, & Rantanen, 1999）。

　これらの実証的な研究の結果を受けとめ，欧州諸国では，顕在化した個々の

問題に対症療法的に対応するのではなく，すべての問題が関連していることを前提とし，個々の顕在化事例に対処しつつも予防的な手法で対応しようとしている。

(b) いじめと虐待

学校におけるいじめに関する研究は，家庭での攻撃性に関する研究と不可分の問題意識で行われている。例えば，イタリアのメネシニ（Menesini, E.）は，いじめを，家庭内暴力や子どもの虐待，学校でのいじめ，職場でのいじめ，恋人間のいじめ，そして家庭内へと続く連鎖の中で考え，一連の研究を行っている。マンクス（Monks, C.）らも，さまざまな状況におけるいじめを総合的に考えようとしている（Monks & Coyne, 2011）。

特に，フィンランドのビョーククヴィスト（Björkqvist, K.）とオステルマン（Österman, K.）は，いじめの被害者や加害者に過去に虐待の経験があるかどうかについて，調査結果に基づき検討している（Björkqvist, Österman, & Berg, 2011）。いじめと虐待の関連に関する研究課題は，学校と家庭・地域，教育と福祉がどのように連携していくのか，という対応の課題にもつながっていく。

(c) ネットいじめ

インターネットの普及に伴い，子どもが直面する問題の質や広がりにも変化が出てきている。それに伴いネットいじめ（cyberbullying）の研究が急激に増加し，従来のいじめ研究の在り方まで問い返している。対策に関しても，ネットいじめは学級や学校レベルの対応を超えている部分があるため，警察やネット接続業者の協力が不可欠である。

しかし，オルヴェース（Olweus, D.）は，ネットいじめの広がりについて，メディアや一部の研究者が過大評価をしているのではないかと論じている（Olweus, 2012）。2007年からの4年間，ネットいじめは決して増加しているとはいえないし，また，いまだに従来型の言語によるいじめよりも被害率が低い。さらには，従来型のいじめとネットいじめの重複状況を考えると，ネットいじめだけが行われているのはわずかであるとする。もしもそうであれば，対策も，従来のように教室や学校を基盤になされるべきということになる。しかし，ネットいじめの生起率や従来型のいじめと重複しないネットいじめの度合

いを「少ない」と言ってしまっていいかどうかは疑問である。スミス（Smith, 2012）によれば，ネットいじめは，従来型のいじめを攻撃（aggression）と区別する定義の中心部分に変更を要するもので，あくまで，別のものとして研究する必要がある。さらに，子どもたちのネットでの問題はいじめだけではなく，プライバシー情報や画像などの不用意な暴露などもあり，むしろ，攻撃行動に限定しないで研究する必要があるのではないかと思われる。

（2）欧州全体およびいくつかの国の予防教育の概観

（a）欧州の予防教育の広がり

欧州の予防教育プログラムに関しては，言語・文化・宗教等の違いがあるため，欧州全体に広がっているものは現時点ではない。本節筆者のつながりの限定性にもよるが，英国・北欧・ドイツ語圏の予防教育実践は，英語の文献で詳しく読むことができるが，地中海沿いの国々の独自のプログラムは，あまり知られていない。東欧の情報は少なく，フランスの実践についてはまったく情報がない。比較的知られているプログラムについて，地図上に示すと図 4-1 のようになる。

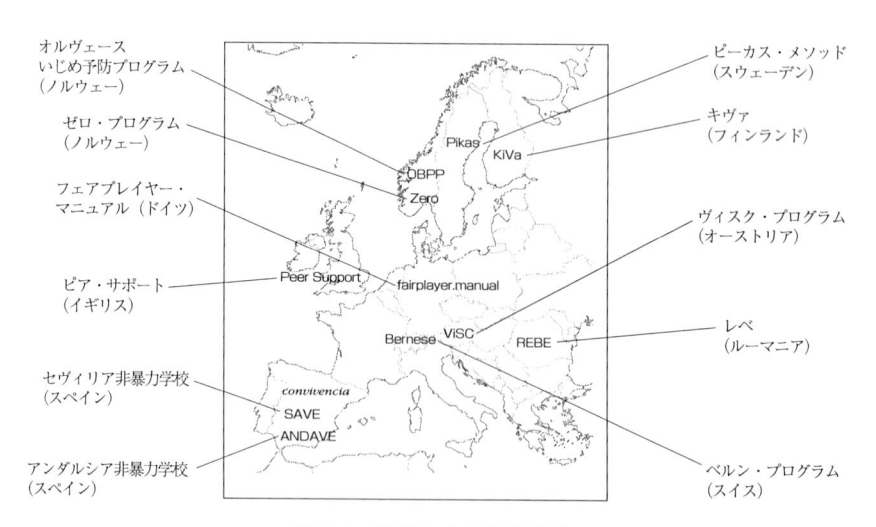

図 4-1 欧州の主な予防教育

これらのプログラムの多くは、学校や学級の単位で行われる認知行動主義に基づくプログラムで、集団としての社会性の醸成が問題を予防すると考えるとともに、ネット環境における問題への対応も視野に入れている。また、プログラム導入の背景に学校安全に関する立法やマニフェストによるバックアップがある。

欧州のプログラムを先述の期別（Smith, 2011）に見ると、第1期は1983年秋のノルウェーでの国レベルのキャンペーンに始まり、その後、オルヴェースによってオルヴェースいじめ予防プログラム（Olweus Bullying Prevention Program：OBPP）となり国際的に普及している。第2期には、英国やベルギーなどで予防キャンペーンが行われた。特に、英国での1990年前後のシェフィールド・プロジェクトが知られている。この市規模の介入実践では、ピア・カウンセリング（現在では、ピア・サポートと呼ばれている。第4章2節で詳述）、非叱責法、劇を使う方法、など、現在も使われている多様な手法がほぼ網羅されている。第3期には、多くの国で多様な手法を用いてのさまざまな予防の努力が展開されてきた（Smith, Pepler, & Rigby, 2004）。第四期においては、ネットがいじめにも使われているが、いじめに対抗するための知識やスキルの学習にも用いられている。

（b）各国の予防教育

図4-1に示した個々のプログラム等について、簡単に紹介をしていく。

北欧では、第1期に開発されて、その後も更新されているプログラムとして、前出のOBPPや、ピーカス・メソッド（Pikas method：Pikas, 2002）がある。それらに加えて、フィンランドやノルウェーで新たなプログラムが開発されて広がっている。

フィンランドでは教育省が2006年から、国レベルのいじめ対策であるキヴァ（KiVa：反いじめのフィンランド語の略）というプログラムの開発と評価を資金援助している。トゥルク大学（Turku University）によって開発と評価研究がされ、今や、9割以上の小中学校にプログラムが届けられ、教員の工夫によって実践が展開されている。学校間で交流する機会もあり、他の国々にも紹介され導入が準備されている（第4章4節で詳述）。

ノルウェーのゼロ・プログラム（Zero program）は、スタヴァンガー大学（University of Stavanger）の研究者によって開発された学校規模の反いじめ

プログラムである。このプログラムは，いじめをゼロにする目標の共有，学校の教職員すべての共同関与，実践の継続という3つの原則に基づいている。そして，いじめを発見して止める能力と予防できる能力を向上させることによっていじめを減らすことをめざしている。このプログラムは2003年に公開されたが，1983年の国レベルの最初のいじめ対策に起源を持つ。実施期間は16か月にわたるもので，教員がいじめに気づく力や対応する力をつけていける。学校のリーダーシップのもと，子どもたちと保護者も参加し，ノルウェーの360校以上の学校で実施されている（Roland & Midthassel, 2012）。

ドイツ語圏では，オーストリアのプログラムがよく知られているが，スイスやドイツでも独自のプログラムが開発されている。

オーストリアでは，国の施策としてヴィスク（Viennese Social Competence: ViSC）・プログラムが実施されている。これは，中等学校用に作られた一次予防プログラムで，クラスプロジェクトや教員研修を通じて実施される。無作為抽出された介入・統制群比較研究の結果，学校での攻撃行動の減少が示唆されている（第4章3節で詳述）。

スイスのベルン・プログラム（Bernese Program）は，幼児期と児童期に焦点化した被害予防プログラムである点に特徴がある。介入・対照群モデルの事前事後比較で，介入群における被害の有意な低下が見られた。また，教員のいじめへの見方や対処能力についても改善された（Alsaker & Valkanover, 2012）。

ドイツのフェアプレイヤー・マニュアル（fairplayer.manual）は，学校単位の反いじめプログラムとして開発された。認知行動主義の技法，集団の規範やグループ・ダイナミクスに焦点を当てた技法，モラル・ジレンマに関する議論などを用いている。2日間の訓練を受け，教員がフェアプレイヤー・チームの生徒と共に，通常の授業中に，フェアプレイヤー・マニュアルを学級に導入していく。効果検証研究で，いくつかの側面での肯定的な結果が示されている（Scheithauer, Hess, Schultze-Krumbholz, & Bull, 2012）。

スペイン・ポルトガル・イタリアでは，共存（convivencia）というキーワードのもとに研究や実践の交流がなされ，広がりを見せている。ここでは，その中でスペインの状況を紹介する。

スペインでは，セヴィリア非暴力学校（*Seville Anti-Violencia Escolar*: SAVE）（Ortega, 1997）やアンダルシア非暴力学校（*Andalucía Anti-Violencia*

Escolar: ANDAVE）などのプロジェクトが，1990 年代に初期の広範囲適用プログラムとして実施されている。それらは，学校のあり方に即して，学校の今後のために生態学的なデザイン（an ecological design）のもとに開発された。続いて，カスティーラ・レオン地方で，コンパ（Program for *convivencia* and participation: CONPA）が実施され，その後もアンダルシア（Plan Andaluz for Culture of Peace and Nonviolence），マドリッド（Living is Coexist Program of the Community），バスク地方（Program of Education for *Convivencia* and Peace），バレンシア地方（Plan for the Prevention of Violence and the promotion of *convivencia* in schools: PREVI）での実践が行われている。また，オルテガ（Ortega, R. R.）のもとで，「共存と暴力防止研究所」（The Laboratory about Studies of *Convivencia* and Violence Prevention: LAECOVI）が，平和で民主的な学校にしていくための調査と実践展開を行っている（Feria, 2010）。

　上記の諸国に比べ，フランスや東欧の状況はほとんど伝わってこない。言語の壁の問題だけではなく，文化・習慣の違いもあり，社会が別の問題に焦点化している可能性も，予防教育プログラム以外の方策で対応がなされている可能性もある。

　フランスについては，いじめは大きな社会問題にはなっていないようで，いじめ対策プログラムについては，報告が見あたらない。しかし、ごく最近の，中・高校生 738 名にいじめについて半構造化面接を行った研究（Kubiszewski, Fontaine, Huré, & Rusch, 2012）によれば，従来型の学校でのいじめでも，ネットいじめでも，それぞれ 4 人に 1 人が，いじめる側・いじめられる側・その両方のいずれかの立場で関与していた。従来型いじめとネットいじめの重なりは少なく，相当数の生徒のいじめ関与が示唆されている。筆者を含め多くのいじめ研究者は，今まで，フランスにはいじめはほぼ無いという認識であったが，今後，フランスの研究者との共同で見えてくることが多いと思われる。

　東欧の中で唯一情報を得られたルーマニアについては，レベ（Rational Emotive and Behavioral Education Program: REBE）というアンガー・マネジメントのプログラムが導入されている（Eyberg, Nelson, & Boggs, 2008）。効果に関するメタ分析もなされており（Trip, Vernon, & McMahon, 2007），非合理的な信念や否定的な感情の低減の主効果が強く出ている。最近は，このレベとオーストリアのヴィスクの統合実践も計画されている。

(3) 欧州の予防教育の課題と将来展望

　欧州に限ったことではないと思われるが，予防教育の今後の課題は，実践の継続と，諸実践間の交流と，問題の複雑化に応じた実践の高度化である。
　実践の効果がエビデンスとして示されたとしても，やがては，実践の形骸化が起こるおそれがある。実践に予算が伴う場合，社会的な関心の薄れと同時に，予算が削減されてしまう可能性もある。センセーショナルな事件に惹起された世論に反応しての対策ではなく，予防接種のように，継続的な実践として定着させる必要がある。また，欧州のいくつかの国の予防教育研究者は，日本と比べると政治家との距離が近く，政策として推進されることによる効果が大きいと思える。しかしながら，それはまた，政策の変更による影響も受けることを意味しており，より一貫性のある実践の推進が求められる。
　そのためにも，他の学校や地域，また国を超えての実践の交流には大きな意義があると思われる。実際，欧州内の交流に限らず，北米のプログラムの導入の報告も見られる。例えば，スペインでのエクイップ（EQUIP）やオランダでの「良い行動ゲーム」（Good Behavior Game: GBG）である。その中で，実践の中の要素をユニット化し，何のためにどのような実践を行うのかを明確化していけると思われる。さらに，問題の様態の深刻化，複合化，局地的蔓延に備えての実践の高度化と，実践者相互の支援体制の構築も求められるであろう。ただし，プログラムによっては特許を取得して高額な使用料を課しているものもあり，調整は簡単ではないと思われる。
　近年，ネットいじめの問題について共通理解と実践の交流をするための動きがすすめられてきた（COST Action IS0801：「科学と技術の欧州共同事業」の一環）が，そのような場が，ネットいじめに限らず，問題の本質究明と対策の交流・高度化のプラットフォームとして機能する可能性がある。
　しかし，どんなにプログラムが多様に準備されても，実践者に運用の力量がないのであれば，問題への対処には役立たない。教員のプログラム運用能力の基礎的な素養をどこで育てるのか，実践現場から最新の情報や資料に効率的にアクセスするにはどうしたらいいのか，など，課題は多い。しかし，それらが整う中で，いじめだけではなく，子どもたちの直面する諸問題への対応が，特別のことではなく日常のこととしてできていくと思われる。
　本節では，研究者が主導している予防教育実践について論じてきたが，欧州

では慈善団体やNPO法人が主体となった活動が多い。それらを子どもたちに系統的に紹介することも，学校の役割として重要になってくるかもしれない。

2．ピア・サポート

　子どもが子どもを支えるピア・サポート（peer support）実践は，もともと北米発祥であるが，欧州でいじめ対策として導入・展開され，今や世界各国で多様なかたちで実践されている。子どもたちの中にもともとある自然な支え合いを，おとなが支えて見守ることで，安全で効果的に行われることがめざされている。いじめ防止への効果は顕著とはいえないが，学校雰囲気の改善やピア・サポーターの成長における効果が示されている。

　本節では，英国でいじめ対策として提案・展開されてきたピア・サポートに関する記述を基本としながらも，ピア・サポートの欧州等での広がりにも触れていく。よって，本節の内容は英国に限ったものではないが，英国での実践からの論調になっている。

（1）プログラムの開発・担当者・開発の経緯等

　ピア・サポートは，学校の教員などに導かれつつ，子どもが他の子をサポートする公式の活動を指す包括的な用語である。ピアとは，類似の経験を持つ同士，年齢的に近い同輩を含む仲間ということを意味する。ピア・サポート実践は，学校内で起きることに積極的に関与したいという子どもの要望や，学校コミュニティにおけるいじめや意図的な社会的排除等の不正に対処したいという利他的な想いに応えているようだ。ピア・サポートは，子どもの心理面の健康と福利を実現するための学校全体のアプローチの一環として，学校で行われるパストラルケア（宗教的な背景を持った心理的ケア）に新たな選択肢を提供する。

　カウィとワラス（Cowie & Wallace, 2000）は，ピア・サポートを，情緒的サポートを提供するアプローチと，学習面を重視したアプローチの2つに分類した（写真4-1a）。前者には，友だちづくり，ピア・メディエーション（peer mediation），ピア・カウンセリング（peer counseling）が含まれる。後者には，ピア・チューター（peer tutor），ピア・エデュケーション（peer education），

写真 4-1　a カウィ教授　　　b ジェイムス博士（p. 156 参照）

メンタリング（mentoring）が含まれる。全体的に見て，一般的なアプローチとして確立しているのは，ピア・メディエーション，メンタリング，ピア・カウンセリングである。

　ピア・サポートは，ある開発者または組織によって開発されたわけではない。1970 年代に米国で開発され，1980 年代以降にカナダとオーストラリアで広く使用されている。さらに最近では，ピア・サポート・システムはいじめを予防・防止するためや，子どもの権利条約に沿ったものとして，国際的な拡がりをみせている（Cowie & Smith, 2010; UN, 1991）。

　学校内での関係性の問題が深刻になってくることと，ピア・サポートが唱導されることは無関係ではないようだ。また，ピア・サポートの歴史は，学校でのパストラルケアの歴史と並行している。パストラルケアとは，子どもの支援と養育を広く指すが，学校が子どもの教育だけではなく福利にも責任があるという認識が背景にある。また，パストラルケアと同様，ピア・サポートにはさまざまな目的・手法の活動があり，また，各学校に適するように改変しうることから，多くの国に広がっていると思われる。

（2）理論的背景

　ピア・サポートの基本理念は，子どもにとって，大人よりも仲間からサポートを受ける方が有用というものである。同クラス・同学年の子だけではなく，上学年の子によってサポートが行われることもある。ピア・サポートは「サポートを受けている人と年齢または社会的条件が類似している者による社会的支

援」と説明できる（Toda, 2005, p. 59）。ピア・サポートは，友だちの中で見られる自然な思いやりの上に成り立っていて，ピアからピア（仲間から仲間）へ行われるべきとされている（Cowie, Naylor, Talamelii, & Smith, 2002；Cowie & Wallace, 2000；Topping, 1996）。

　ピアからのサポートは，以下の点から有益であると考えられる。

①ピア・サポーターは，学校の教員などより，助けを必要とする子と多くのわかり合える共通点を持っている可能性がある。
②ピア・サポートは，友人がいない子たちや，友人以外に話をしたい子たちに，他の子からのサポートを提供する。
③子どもが直面する困難は，しばしば自分たちの仲間関係に由来しているので，同じコミュニティに属する仲間が他の子どもの問題を解決する手助けができる（Cowie & Wallace, 2000）。
④仲間集団は，子どもの社会化に大きな影響を及ぼす。ピア・サポートは，子どもの社会化を円滑にする助けとなり，肯定的な影響を及ぼす。
⑤子どもは，年の離れたおとなよりも，他の子どもに自分の抱える問題を話しやすいだろう。学校におけるいじめの実態研究によれば，いじめ被害を隠す子は自尊感情が低く，多くの場合，教員が自分のことを心配していることに気がつかない（Rigby & Bagshaw, 2003）ので，仲間の支援が意味を持つ。
⑥ピア・サポートは，学校内の一人ひとりが，尊重されつつ共同体に参加することを奨励し，協力的なコミュニティをつくる助けとなる。

　さらに，ピア・サポートは，子どもの福利の重要性を認める，より広い枠組みの中に組み込まれている。子どもの権利条約（UN, 1991）により，多くの国々で児童保護の優先順位が高くなった。セーブ・ザ・チルドレン，ユニセフ，経済協力開発機構（OECD）は，その政策提言において，子どもの心理面の健康と福利の実現をもっとも優先している（Cowie, 2009）。ピア・サポートは，学校が子どもの感情面のニーズ（the emotional needs）に配慮する機会を提供し，子どもに発言権を与え，子どもの社会参加を促進する。

（3）目標と対象者

　ピア・サポート実践に参加する子の年齢もさまざまであるが，何を変化させるのかも多様であるし，その実践の方法も多様である。例えば，友だちづくり

やピア・チューターやピア・メディエーションは，小学生くらいから可能である。一方，ピア・カウンセリングやピア・エデュケーションやピア・メンタリングは，通常，中学生以上に適していると考えられている（Cowie & Wallace, 2000）。また，1つの学校の中で行われることが多いが，複数の学校が連携して行われることもある。

　何の変化を意図するのかについては，以下の3つが一般的である。
① 全学校環境：学校全体での変化がめざされる際には，校内環境の改善，子どもを力づけること，校内の社会的関係の改善，そして，いじめと取り組むことなど，学校全体の環境がターゲットとなる。いじめとの取り組みとは，いじめ事例を予防したり，被害側の子をサポートしたりすることである。
② 支援される子：これは，困難な状況にある子へのサポートや，そのような子を助けるためのシステム導入と関連している。例えば，小学校から中学校へ入ったばかりで，仲間も少なくていじめられやすい子どものためのサポートなどが考えられる。
③ ピア・サポーター：ピア・サポーターは，支援のスキルを学び，支援の中で対人関係の難しさや機微を間接的に体験する。また，支援に関与する中で責任を自覚するなど，意義のある機会を得る。

　学校は，教育課題を満たす必要から実践を行うことがある。法的規制や政府の主導で，子どもの心理面の福利に学校が配慮する必要があれば，学校はピア・サポート導入に前向きになるだろう。例えば，英国で実施されているピア・サポートでは，手厚いパストラルケアで子どもたちのよい関係を促進しているとして，学校の外部評価でプラスに評価されると思われる。
④ 教員：ピア・サポート導入完了後には，教員の時間に余裕ができることもあるという実用的利点がある。子どもが，他の子どもが抱えている，教員のかかわりがあまり必要ではない問題の解決を手助けするのであれば，教員は，より切迫した出来事や他の業務に対処することができる。

（4）方　法

　ピア・サポートは，さまざまな方法と形態が可能で，学校の中で時間をかけて展開することができる。とはいえ，ピア・サポートの核となる要素は，以下の5つである。

①子どもは，なにかしら類似している子どもからサポートを提供される。
②ピア・サポーターは，選ばれて適切なスキルを身につけるために，経験豊富で専門的知識を持つ教員などからトレーニングを受ける必要がある。
③活動は学校の教員など（スクール・カウンセラーなどを含む）が指導する。教員などは，ピア・サポーターから活動の様子の報告を受け，助言を与える機会をつくる必要がある。また，ピア・サポーターの追加的なトレーニングを必要に応じて準備する必要もある。
④ピア・サポートは援助指向性や道徳性の感覚を促進する。
⑤ピア・サポートは，学校社会の前向きな発展に貢献することができる。

　サポートを子どもに提供する方法は，通常，ピア・サポーターと学校の教員などが協力して決める。英国では，学校によるピア・サポート導入の手助けや，ピア・サポーターへの外部研修を提供できる組織がある。学校で展開されるピア・サポートの種類は，子どもの現在のニーズや，その特定の学校の環境への適合についての教員などの解釈に由来する。しかし，何が望まれていて，どうすればうまくいくのかについて，教員などの思いと子どもの感じていることは違うこともよくあるので，学校は制度設計の前にニーズを分析する必要がある（Cowie & Wallace, 2000）。
　以下に，ピア・サポートのいくつかの方法について簡単に説明する。
①友だちづくり：ピア・サポーターは，孤独だったり支援が必要だったりする子に声をかけ，仲間とつなぐ役割を果たす。この「声かけ係」または「バディ」には，親しみやすい雰囲気の子が選ばれ，対人関係スキルを促進するためのトレーニングを受ける。これは，ピア・サポートの，より日常場面に近い実践方法である（Cowie & Hutson, 2005）。学校の教員などは，声かけ係に，いじめを受けている等の支援が必要な子どもをサポートすることを頼んだり，ピア・サポート・ルームやベンチ等の居場所を校内や校庭に設けたりする。
②ピア・メディエーション：ピア・メディエーターは，中立的な第三者として子ども間のいざこざを解決できるようにトレーニングを受けている。ピア・メディエーション（仲間による争い解決のための仲裁）は，ピア・サポートの中でもより構造化された方法である。当事者は，仲裁を行うことに同意する必要があり，その結果を見直すための事後の話し合いをする必要もある。仲裁をするメディエーターにはコミュニケーションスキルが不可欠で，問題解決へと促し，手助けしなければならない（Cowie & Hutson, 2005）。

写真 4-2　ピア・サポートの傾聴練習場面

写真 4-3　ロールプレイの練習場面

③ピア・カウンセリング：ピア・カウンセラーは，困難を抱えた子どもをサポートするために，傾聴スキルのトレーニングを受けている（写真 4-2）。学校の教員やカウンセラーによる定期的なスーパービジョンは，ピア・カウンセリング活動に必須である（Cowie & Hutson, 2005）。

④ピア・チューター：ピア・チューターは，年下の子の音読を聞く等，他の子に学業面でのサポートを提供する。1 対 1 のチュータリングの場合もあるし，子どものグループをサポートすることもある。

⑤ピア・エデュケーション：情報提示によって，他の子どもの教育を手助けする。例えば，ピア・エデュケーターは，反いじめキャンペーンを提供するこ

ともできる。年上の，トレーニングをすでに受けたピア・エデュケーターは，安全な性行為，薬物・アルコール乱用に伴うリスクに関する情報提供や指導をする場合がある。ピア・エデュケーションの方法としては，プレゼンテーションやポスター，ロールプレイや演劇などがある（写真4-3）。

⑥メンタリング：メンタリングとは，自律的に考えて行動することを，年長者（メンター）が年少者（メンティー）に1対1で，養育的に支援する仕組みである。メンティーは，学校内で通常以上のサポートを必要とする。場合によってピア・メンターは，1対1ではなく，子どものグループ相手に活動するように割り当てられることもある。

⑦匿名のピア・サポート：子どもが匿名のまま，例えば，いじめ相談箱のシステムや，電話やインターネットで助けを求めることができる（Cowie & Hutson, 2005; Cowie & Smith, 2010; Cowie & Wallace, 2000; Smith & Watson, 2004）。これらの手法は，より多角的なピア・サポート実践の一部として，または単独で実践される。英国のある慈善団体（Beat Bullying）は，トレーニングを受けた「サイバーメンター」がオンラインで子どもをサポートすることができるように，サイバーメンター研修を提供している。

⑧友だちの輪：このアプローチは，人間関係や行動の面で困難を抱えている個人のために仲間のつながりを形成して助けるために，ピア・サポートを使用している（Newton & Wilson, 2000）。友だちの輪は，困難の回避法を見つける手助けをし，対処するための方略をサポートする。助けられる子は，困難対処の優れたセルフコントロールを身につけ，仲間への帰属感を得る。これは特に，自らの行動のせいで社会的に孤立してしまっている子に役立つ。友だちの輪は，小学校と中学校の両方において有効である。

⑨その他のアプローチ：その他のタイプのピア・サポートは，ピア・サポーターが活動を実行している昼休みのクラブや，クラス内の協働的グループワーク，クラスの重要な問題を子どもが話し合えるサークルタイムなどである。

　学校では，ピア・サポートの中の複数の手法を組み合わせたり，特定の学校環境に適したアプローチをカスタマイズしたりする。英国の調査では，ピア・サポートを適用している68.3％の学校のほとんどは，複数の手法を実践していると回答した（Houlston, Smith, & Jessel, 2009）。

（5）効果評価の結果

　学校でのピア・サポートを評価する手法の例は次のとおりである。
①利用記録：学校が，サポートを受けている子について，年齢と学年，サポートを必要とする理由などの記録をとる。
②アンケート：子どもに，ピア・サポートについて匿名のアンケートへの回答を求める。子どもがピア・サポートをいいことと思っているか，助けを得るために使用しているか，校内に何か変化は見られたか，そして何か改善点の提案はないかといった質問である。ピア・エデュケーションが行われている場合には，活動に即した特定の質問（例えば，子ども主導のいじめ反対キャンペーンの認知や，いじめについての自分の意見）をすることもありうる。
③学業成績：学業成績の記録は，ピア・チューターやメンタリングシステムの有効性を見るために使用されうる。欠席・退学・補導の数は，メンタリングシステムや学校コミュニティ全体の向上をめざすシステムの有効性評価に使用できる。
④教員などとのコンサルテーション：教員などが，ピア・サポート・システムに賛同していることが重要である。同僚や管理職が学校内の前向きな変化に気づいているか，何か改善提案はないか知るために，ピア・サポートを運用する教員などが同僚や管理職と話し合う機会が望まれる。

　学校でのピア・サポート実践の有効性に関するエビデンスには，実質的な国際的蓄積がある。総合的に見れば，ピア・サポートが子どもや学校全体の環境に対してプラスの影響を与えうるというエビデンスがある。

　学校がピア・サポートを行う際に改善をめざす，学校全体の環境，支援を利用する子，およびピア・サポーターのそれぞれについてのエビデンスは以下のとおりである。
①学校全体の環境：学校の教員なども子どもも，ピア・サポートは校内の雰囲気をよくするなど学校生活にプラスの影響を持つと述べている。いじめについての入手可能なエビデンスは，少人数の年上の子が年下の子を直接的および言語的にいじめることが多い欧米諸国からのものである（例えば，Smith, 2004）。
②支援を利用する子：仲間からのサポートを受ける子がそれを役に立つと見ていること，また，学校の教員などが，それらの子にポジティブな結果を見て

いる（例えば，Naylor & Cowie, 1999）。ピア・サポート利用者が報告した利点には，自尊心やコミュニケーション，社会的スキルの向上が含まれている。しかし，子どもがピア・サポートを受けることを恥ずかしいと感じることや，助けを求めることに消極的である可能性を示した研究もある。

③ピア・サポーター：他の子にサポートを提供する子は，学校をよりよくするという経験から，ソーシャル・スキルにおいて効果があると感じたと報告されている。ピア・サポートを行った期間を通して，ピア・サポーターのソーシャル・スキルや自尊心の向上を示している研究もある。学校の教員などはまた，自信の増加など，これらの子どもに効果が見られたと述べている。しかし，英国での研究には，その役割のために他の子からいじめを受けたという報告もある（Cowie, 1998; Cowie et al., 2002; Smith & Watson, 2004）。

（6）普及，適用状況（研修等含む）と課題

ピア・サポートの国際的な視野での普及については，現在，英国，イタリア，スペイン，フィンランドなどの欧州諸国に限らず，アメリカ，カナダ，オーストラリア，ニュージーランド，日本など，世界中の多くの国で使われている（Cowie & Smith, 2010）。さらには，サウジ・アラビア，ノルウェー，オランダ，南アフリカでの実践も報告されている（Abu-Rasain & Williams, 1999; Baginsky, 2004; Diesen Paus, n.d.; Junger-Tas, 1999）。

長期的にピア・サポート・サービスを運用できるかどうかは，明らかになったニーズにすべて応えているかどうかにかかっている。長期的成功に寄与する他の要因は，小学校でピア・サポートのトレーニングを受けていた子に，中学校でもピア・サポーターをしてもらったり，ピア・サポーターに新しいピア・サポーターのトレーニングを手伝ってもらったりすることなどである（Smith & Watson, 2004）。ピア・サポートの効果が見られるまでには，長い時間を要することがある。ピア・サポートが学校の文化の一部になり，子どものニーズを満たすほど発展するまでには長い時間がかかるので，信頼と忍耐が不可欠である。特に教員などをコーディネートする者は，やる気を維持し，実践がすぐに成功しない場合にも落胆しないようにする必要がある。

国際的な予防プログラムとしてピア・サポートを考えると，ピア・サポートを使用している多くの国々の研究者や実践者がコミュニケーションを継続し，

優れた実践を交流することが重要である。ジェイムス（James, 2012）は，研究者はピア・サポート実践を理解するために，国際的な視点を持つ必要があるということを提唱してきた（写真 4-1b）。それは，以下の3つである。
①ピア・サポートの利用範囲とその特質についての国レベルの調査
②複数の国で行われている似通ったピア・サポートを比較する研究
③個々の国からの実践と知見を共有し，ピア・サポート実践のための知見を国際的に描くための，研究者や実践者の国を超えたネットワークの形成

（7）展　望

　近年，教育者や教育政策立案者は，いじめのような行動の深刻な結果や，それが学校全体に与える影響を憂慮し，学校でのいじめを減らすことに関心を持ち続けている。特定の予防プログラム，特に学校全体にアプローチするものを実施することで，いじめの減少への貢献が見られている。うまく設計されたピア・サポート・トレーニングは，子どもが自らの行動に対する責任をとったり，社会的スキルや争い解決のスキルを身につけたり，いじめの被害者のためにサポートを提供したりするための機会を提供している。ピア・サポートは，いじめそれ自体を防止したり減らしたりできるとは限らないが，学校全体へのアプローチの重要な一部となる。ピア・サポートを含むいじめ防止プログラムの重要な解説についてはスミス他（Smith, Salmivalli, & Cowie, 2012）に詳しい。

3．ヴィスク

　オーストリアでは国の施策として，共に暴力に立ち向かう（Together Against Violence）ために，ヴィスク（Viennese Social Competence: ViSC）プログラムが実施されている。このプログラムは，中等学校（11～15歳）用に作られた1次予防プログラムで，教員研修や生徒によるクラス単位でのプロジェクトが含まれる。無作為抽出された介入群・統制群による評価が行われた結果，このプログラムで学校での攻撃行動が減少することが示唆された。

（1）プログラムの開発・担当者・開発の経緯等

1990年代半ばに，オーストリアの学校における暴力防止に関する研究活動は開始されていた（Robier & Spiel, 1998; Singer & Spiel, 1998）。しかし，オーストリアの学校での暴力行動やいじめを防ぐための既存の実践を集約した2003年の報告は，それらの実践が実証的根拠に基づいたものではなく，成功していなかったことを示した（Atria & Spiel, 2003）。

2007年初頭に学校で悲劇的な事件がたて続けに起こったことや，若者の間でいじめが比較的高い比率で起こっていることについての公開討論（Currie et al., 2004; HBSC survey, Craig, & Harel, 2004）をうけて，オーストリア連邦教育科学文化省は，公立学校での暴力防止のための国家方略計画の開発を研究者に委託した（写真4-4）。その目標は，①より多くの関係者間でのいじめ予防の共通目標化，②既存の研究成果や国際的な事例から学ぶこと，③オーストリアの学校に実証的根拠に基づくプログラムを適用することであった。

この「共に暴力に立ち向かう」ための国レベルの方略の活動領域は，①政策と提起，②情報と広報，③ネットワーク形成と協力，④知識の伝達と教育，⑤予防と介入，⑥評価と研究である。2008年にこの方略は2与党連立協定の一部として拡張され，2013年まで財政的に支援されている。その活動例には，国のホームページの作成，関係者のための年次会議の運営，学校がオンラインでできる自己評価手段の開発（Spiel, Strohmeier, Schultes, & Burger, 2011），

写真4-4　ViSC開発者　スピール教授（上段左端）・ストロマイヤ教授（その右）

ヴィスク・プログラムの実施と評価（Atria & Spiel, 2007; Strohmeier, Atria, & Spiel, 2008）などがあげられる。

（2）理論的背景

このアプローチの背後に特定の理論的立場があるわけではないが，＜いじめが重大なものであると受け止められていない，もしくは見過ごされているような環境においては，いじめの発生が促進される＞という前提に立っている。つまり＜いじめのような行動を許すべきではないという総意の存在する環境においては，いじめは予防され，首尾よく止められる＞という立場である。これは，個々の子どもを変えるのではなく，集団の在り方を変えるアプローチである。

また，この取り組みの背景にあるもう1つの考えは，生徒一人ひとりが，いろいろな能力を習得する必要があるというものである。そのため，学校のおかれた背景や経緯，クラスの在り方，個人の抱える問題に応じて，実践がカスタマイズ（個別に最適化）されることが特徴である。

つまり，実践の背景の理論的な考えは，生徒自身がよい集団に属していると感じられ，共通の成功経験を積める，安心でき，構造化され，そして親しみやすい環境では，攻撃的な行動が起こる可能性が低いというものである。

（3）目標と対象者

ヴィスク・プログラムの主な目標は，攻撃的な行動やいじめを減らすこと，そして，学校内で社会適応能力および異文化理解能力を育むことである。

オーストリアの中等学校用（11～15歳）に作られた一次予防プログラムであるため，「共に暴力に立ち向かう」という国の方略が原則として共有され，学校全体で系統的に問題にかかわることが意図されている。攻撃行動やいじめの予防は学校の責務とされ，プログラム運用はまず1年間継続する。1学期中は学校レベルでの介入的予防的措置を行い，主に教員の学びが期待される。2学期にはクラスレベルでの予防的措置が実践され，教員と子ども両者の学びがめざされる。

（4）方 法

　プログラムではまず，学校全体でできるだけ多くの教員が「共に暴力に立ち向かう」ことに参加することをめざし，教員間で責任分担をする。深刻な事例への取り組み法や，学校やクラスのレベルでの予防対策の共同実施手順について教員研修で学び，できるだけ多くの教員が共通理解にいたることをめざす。

　ヴィスク・プログラムを円滑に実施するため，ヴィスク・コーチが各学校を支援する。ヴィスク・コーチは，最新の知識を提供し，問題に取り組む際の最善の方法や学校やクラスレベルでの最善の予防対策を実践する方法について，具体的な手順を示す。その上でヴィスク・コーチは，各教員の既存の専門性を統合し，より多くの教員を力づけることができる「コーチ」でもある。学校のスタッフがこのプログラムの要素を自分のものにできるように促すヴィスク・コーチの存在は，実践の持続・発展にとって重要である。このプログラムの「理念」の導入に加え，ヴィスク・コーチは，校内研修において多くの「実用的」なツールを教員に提供する。そのために，2回の校内研修が学校のために提供される。

（a）第1回の校内研修

　1学期の初めに行われる最初の校内研修の際に，教員は，①いじめ事例を発見する方法，②切迫したいじめ事例への対処法，③学校レベルのいじめ予防対策について研修を受ける。プログラムの理念に従い，できるだけ多くの教員間で共通理解ができるように，参加体験型の研修が多く含まれている。研修の目標に沿って，この校内研修は3つの部分に分かれている。

（i）いじめ事例を発見する方法

　教員たちが，異文化対応力，暴力や攻撃行動，そしていじめの概要を理解するために，ヴィスク・コーチのもとで，自由な討論を行う。目的は，教員の考えの正誤の判断をすることではなく，教員がすでに持つ考えを集約することである。討論の中で，教員間で相反する意見があるかどうか，これらの問題にすでに取り組んできたか，取り組んできたならばどの程度取り組んできたのか，という情報を明確にする。次に，ヴィスク・コーチは，WHOによる暴力の広い定義（Krug, Dahlberg, Mercy, Zwi, & Lozano, 2002）と，はるかに狭いいじ

めの定義（Olweus, 1978, 1993; Roland, 1989）を論じることによって，実証的な視点を紹介する。さらに，社会的コンピテンス（social competence）についての研究上の定義も説明される（Rose-Krasnor, 1997; Rubin & Rose-Krasnor, 1992）。

　教員が既存の知識を出し合って共有することで，問題の共通理解が予防と介入にとって非常に有用であること，そして，いじめが対処すべき非常に深刻な問題であることがわかる。その後，教員は小グループで作業し，架空の事例を分析する。目標は，いじめ事例を発見する方法を習得することである。そのために，いじめ事例を，反応的攻撃，内気や子どもの自主的な孤立などと区別する方法について検討する。このような作業を通して，通常はいじめ事例を発見することが容易ではないことや，必要な情報を得るために教員が協働することの有用さが明らかになる。

（ii）切迫したいじめ事例への対処法

　教員が，切迫したいじめへの対処法についての一般化された手順に沿うことは，介入にも予防にもたいへん重要である。そのための最善の実践手順（Roland & Vaaland, 2006）が教員に紹介される。いじめ事例に取り組むために，3つのステップがある。第一に，教員は被害を受けた生徒と話す必要がある。第二に教員は，いじめは間違っていてすぐやめるべきと明確に示すために，加害側の生徒と話す必要がある。その対話ではきっぱりと原則を示しつつ，生徒への敬意を忘れてはいけない。集団でいじめている場合，加害側が裏で話を合わせないように，加害側の生徒間が接触できないように対話する必要がある。第三に，親に通知する必要がある。ヴィスク・プログラムには，これらの対話や通知用の詳細な手引きが教員用に用意されている。既存の研究結果も参考にして作成したこの手引きには，加害側生徒，被害側生徒，そしてその保護者と対話する際の例文集も載っている。

（iii）学校レベルのいじめ予防対策

　ヴィスク・プログラム実施以前から，多くの学校は学校レベルでの予防措置をすでに実施してきている。そこで，ヴィスク・コーチは暴力を防止するために，既存の学校レベルの取り組みを統合することをめざす。例えば，ピア・メディエーション（子ども同士のトラブル解消プログラム）はいじめ対策ではな

いが，対等の力関係にある当事者間のトラブル解決には有用で，ヴィスク・プログラムと併用すると，学校での暴力対策として統合することができる。つまり，ヴィスク・コーチの務めは，目標に適した手法を明らかにすることである。

また，ヴィスク・コーチは，マニュアルにあるガイドラインに沿って切迫したいじめ事例に教員が対応することで，その責任の所在を明確にして仕事ができるようにしている。学校レベルでのいじめに対応する活動をコーディネートしたい教員は，学校全体にかかわるチームに参加する。これらの教員は，生徒や保護者のためにヴィスク・プログラムに関する情報シートを準備する。

(b) 第2回の校内研修

2学期になると，ヴィスク・コーチはヴィスク・クラスプロジェクト（以下，CPと略す）を最善のかたちで導入するために働く。どのクラスがそれに参加するのか，どの教員が導入するのか，CPに必要な学習内容とクラスのカリキュラムをいかに統合するのかを明確にしていく。

第2回の校内研修は2学期開始時に行われる。この研修の主な目的は，個々の教員のクラスで実施できるように，教員がCPの理念や教材を学ぶことである。この研修にも，ロールプレイや対話型ゲームのような，参加体験型の要素を含む（写真4-5）。これは，CPを実施するときに，各クラスで参加体験型の授業を展開することを意図しているからである。

CPは，クラスで起こることに生徒が責任をとれるように育むことを目的としている。CPは13単元あり，前半と後半の2つの部分に分かれている。前半（単元1〜8）は，生徒はクラス内での攻撃的行動を防ぐための協働作業をする。

写真4-5　対話型ゲーム

表 4-1　ヴィスク・クラスプロジェクト

単元	内容
単元1	クラスプロジェクトとは何ですか？ なぜ私たちはそれに参加しているのですか？ なぜルールは私たちの生活の中で重要なのですか？ クラス内にどのようなルールが必要ですか？
単元2	大切な社会的状況をどのようにしたら認識できるのですか？ 状況を改善するためには何ができますか？
単元3	私たちは他者の感情をどのようにしたら認識できますか？ 他者の気持ちをより良くするためには何ができますか？
単元4	私たちは自分自身の感情をどのようにしたら認識できますか？ 気分を良くするために，自分の感情をどのように扱うことができますか？
単元5・6	他者から，意地の悪い，不当な方法で扱われた時，どうすればよいですか？ そのような状況では，どうするのが最善の行動ですか？ それはなぜですか？
単元7・8	他の国から来た同級生の行動が理解できない場合，どうすればよいですか？ そのような状況では，どうするのが最善の行動ですか？ それはなぜですか？
単元9	これまでのプロジェクト期間中，何を学びましたか？ 残りの単元では，何を学びたいですか？ プロジェクトの日に，どのような活動をみんなでしたいですか？ すべてのクラスメイトが貴重な貢献をすることができるように，どのような活動を計画し実行することができますか？
単元10〜13	共同の成功体験につながる過程を創造することで，共通の活動を実施する。

　後半（単元9〜13）は，生徒たちは肯定的で共通した目標を達成するために，協働作業をする（詳細は表4-1を参照）。したがって，CPは，狭い意味でのいじめ対策プログラムではなく，社会適応能力および異文化理解能力の開発のための幅広い能力を養成する。この取り組みの背景には，生徒の個性はさまざまで，個性的に能力を習得する必要があるという見方がある。

　CPの背景には次のような生徒観と対応方針がある。

　第一に，多くのクラスでは，自分たちの周りで起こっていることに責任を感じず，危機的な状況を見て見ぬふりをする生徒が大半である（Craig, Pepler, & Atlas, 2000; O'Connel, Pepler, & Craig, 1999）。したがって，すべての生徒が，①なにかよくないことが起こっているときに責任を感じ，②その状況を改善しうる方法で対応するための教育が必要となる。第二に，中等学校の生徒の中には，自分たちのネガティブな感情に攻撃的な方法でしかつき合えない生徒も多い。したがって，すべての生徒が，①自分や他者の感情を認識して，②それらの感情に，建設的で非攻撃的な方法で対処する訓練を受ける必要がある。第三

に，自信なさそうなおどおどした行動はしばしば攻撃を誘発するので，被害に合いそうな生徒が自信を持って行動できるように，力づけることが必要である。例えば，誰かから文句を言われた際にどう対応するのが最善か等について，具体的に練習をしておく必要がある。

　CPには，直接的に，いじめ加害側生徒の行動を変えるための単元は含まれていない。その代わり，いじめが発生する可能性が低い環境をつくることをめざしている。そのような能力を磨くための具体的な題材も手引きに記載されている。各単元は，2時間の授業用に作られており，各生徒のためのワークシート，小グループ用ワークシート，要約シート，そして詳細な実施計画のためのシートから構成されている（図4-2）。教員は，積極的に生徒たちを引きつけ，手引きに記載されている題材でワークをすることになる。各単元は，生徒間の議論や意見交換を促進するために作られている。

　教員は，第2回の校内研修の際に実際の運用方法を学び，手引きの中の説明を読み，参加体験型のゲームやロールプレイ，演劇による教育方法などを使用することを奨励されている（写真4-6, 4-7, 4-8）。

　単元9から，CPの焦点が変化する。前半では，生徒は仮想的な状況や準備された資料でワークをしていたが，ここで，後半に移行する。後半のプロジェクト実施期間は，社会適応能力を現実世界で発揮するために，生徒たちは共に

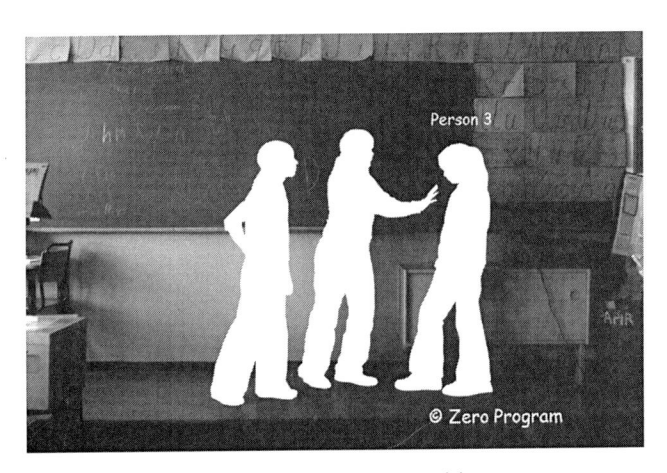

図4-2　ワークシートの例
（「何が起きていますか」「この生徒は何と言っているのでしょうか」「3人の生徒は，それぞれどんな気持ちでしょうか」などと発問する）

写真 4-6　グループ・ワークの模様

取り組める地域での建設的で現実的な活動を見つける。

　教員の役割は，協働学習と共通の成功経験ができるように，生徒集団を指導することである。したがって教員は，生徒が協力体制をつくることを助け，活動を計画し遂行するのを支援する。後半の活動期間に，実に多様な活動が実行される。写真，短編映画，歌や新聞を作ったクラスもある。他クラスや街の人々や地元の政治家などにインタビューを行い，暴力を防止するための彼らの貢献について尋ねたクラスもある。最後には保護者を招いて集会を開き，そこでCPで学んだことを発表することになっている。

（5）効果評価の結果

　試行段階では，CPが4回実施され，プログラムが短期的には成果をもたらすことが実証された（Atria & Spiel, 2007; Gollwitzer, 2005; Gollwitzer, Banse,

第 4 章　欧州の予防教育　　165

写真 4-7　まとめの話し合い

写真 4-8　行動の選択肢の評価

Eisenbach, & Naumann, 2007; Gollwitzer, Eisenbach, Atria, Strohmeier, & Banse, 2006)。しかし，その評価で，CP は長期的に攻撃行動を防ぐためには効果的でなかったことが明らかになった。この評価結果をふまえ，①CP の構成や教材が改善され，②教員研修，学校レベルでの測度，そして推奨される行動も含むヴィスク・プログラム完成版が開発された。

　2009 年 5 月から 2010 年 10 月にかけて，大規模な評価研究が行われた。無作為抽出で介入群と統制群を設け，4 時点で 2,042 人の生徒からデータを収集した（Spiel, Strohmeier, Schiller, et al., 2011）。さらに，338 人の教員が，事前と事後に調査に回答した（Burger, Strohmeier, Stefanek, Schiller, & Spiel, 2011）。攻撃と被害に関するプログラムの短期的効果を検討するために，攻撃行動を測定する 3 つの自己報告尺度と，被害を測定する 3 つの自己報告尺度が使われた（Yanagida et al., 2011）。

　その結果，介入群の攻撃性が有意に減少した。ただし，被害の方は介入群と対照群に有意な違いはなかった。また，攻撃と被害に，年齢による影響はなかった。初回測定時，男子は攻撃性得点が高く，時間経過後もほとんど減少していなかった。さらにプログラムの前と後で，教員がいじめの例に取り組むために異なる方略を使用したかどうかを調べた（Burger et al., 2011）。教員の使用方略によるプログラムの有効性を評価した結果，ヴィスク・プログラムに参加した教員は参加していない教員に比べて，いじめの加害側の子への非叱責的な対応法や，被害者をサポートする方法をより多く用いていた（Spiel, Strohmeier, Schiller, et al., 2011）。

（6）普及，適用状況（研修等含む）

　研究者と実践者間で継続的に知識や結果がやりとりされるように，階層化された養成モデルが開発・適用されている。まず，研究者がヴィスク・コーチを養成する。ヴィスク・コーチが教員に研修を行い，教員が生徒にプログラムを実施する。

　ヴィスク・コーチを養成するためのヴィスク・コースは，3 年連続してウィーン大学（University of Vienna）において提供された。各ヴィスク・コースは，1 学年度内（9 月から 6 月）の間にウィーン大学で開催される 3 回のワークショップと，同じ期間中に同時に実施された 1 つの学校内でのヴィスク・プログラム

第4章　欧州の予防教育　　167

によって構成されている。ヴィスク・コーチは，オーストリア連邦教育科学文化省からオーストリア全土の教育大学の学長宛と，学校心理に関する施設長宛の正式な招待状を通して募集された。つまり，研究者と実践者の間の継続的な知識交流を可能にするために，教育大学や学校心理に関する施設で働く常勤職員を訓練することでヴィスク・コーチを養成した。

　ヴィスク・コースの目的は，ヴィスク・コーチに，①いじめ研究についての最新の知識を提供すること，②ヴィスク・プログラムの理念と具体的な手段を紹介すること，③学校へのヴィスク・プログラムの最善の導入について詳細に

表 4-2　ヴィスク・コーチのためのヴィスク・コース

月	活動	内容
9月	ウィーン大学での2日間のワークショップ	いじめ研究の最新知識 科学的根拠の基準に関する知識 ヴィスク・プログラムの概要 学校レベルでプログラムを実施する詳細な手順
9月	第1回教育会議	すべての教師へのプログラム概要の情報提供
9月～10月	校内研修	問題の定義と認識 急を要する事例への対応 学校レベルで最善の予防措置を実施する方法
10月～2月	学校チームの指導	学校でより多くの人々と協働する方法 親と協働する方法
2月	第2回教育会議	学校レベルでの導入過程についての振り返り 活動を継続する最善の方法
2月	ウィーン大学での2日間のワークショップ	学校での導入過程とヴィスク・コーチの専門的役割についての振り返り クラスレベルでプログラムを実施する詳細な手順 学校レベルでの実践の継続
2月～3月	校内研修	クラスレベルでの予防措置 クラスプロジェクトの内容と導入
3月～6月	クラスや学校のチームの指導	学校レベルでの活動を継続する方法 クラスプロジェクトの単元を最善の状態で実施する方法
6月	ウィーン大学での1日ワークショップ	学校での導入過程とヴィスク・コーチの専門的役割についての振り返り
6月	第3回教育会議	プログラム導入の振り返りとヴィスク・コーチなしで次年度の活動を最善の状態で継続する方法

教示することである。学校での実践は，会議，校内研修，小集団での指導授業によって構成されている（詳細は表4-2参照）。これらの研修に必要なすべての材料（例えば，パワーポイント資料，ワークシート，手引書など）は，ヴィスク・コースや，オンライン学習システムによって，ヴィスク・コーチに提供される。ウィーン大学でのヴィスク・コースへの参加は無償で，ヴィスク・コーチが学校で仕事をする際には，教育大学が校内研修のために支払う標準的な謝金と同等額を得ている。

（7）課　題

　効果の検討は行われたが，目標達成の検証は最初のステップにすぎない。今後の研究では，理論モデルとより深いレベルで介入効果が生じるメカニズムを調査する必要がある。さらに，生徒の各グループ（例えば，傍観者，いじめ加害者，いじめ被害者，被加害者）ごとにさらなる分析が必要である。また，フォローアップのデータが収集されているので，今後，追加の長期的な分析が行われる必要がある。

4．キヴァ

　フィンランド教育省は，2006年から国レベルのいじめ対策であるキヴァ（KiVa）・プログラムの開発と評価を資金援助している。このプログラムは，トゥルク大学によって開発されて効果検証がなされているが，今や90％以上の小中学校にプログラムが届けられ，各学校の教員の工夫によって実践が展開されている。実践の成果を交流する機会もあり，最近では他の国々にも紹介され導入が準備されている。

（1）プログラムの開発・担当者・開発の経緯等

　昨今，フィンランドは学力調査PISAの高得点で着目されている。しかし，平均点が高いだけではなく，他国と比べて得点の格差が小さいことも特長である。フィンランドの小中学校はほとんどが公立で，私立は数えるほどしかない。

通常は決まった校区の学校に行くが，学校は家庭から遠くないところに設置するという原則がある。クラスの規模は大きくなく，1クラスがだいたい24～27名程度である。また，クラスに1名程度「留年」する生徒がいるが，否定的な受け止め方ではなく，確実な学習を保証する仕組みとして位置づけられている。また同様な配慮から就学猶予の制度もある。教育改革で，国のコントロールを減らし，地域や教員の主体性を重視してきたことで教員の社会的地位が向上し，「一番の人気職業は教員」と言われるまでになっている。

しかし，そのフィンランドから衝撃が走った。2007年11月にヨケラ中高等学校で，18歳の男子生徒が銃を乱射して，男子生徒5人，女子生徒2人と校長を殺害。その後自殺した。そして翌2008年，1年もたたないうちに，カウハヨキの職業訓練学校で銃乱射事件が起きた。同校の22歳の男子学生が銃を乱射して10名を殺害してから，自らを撃ち自殺した。この犯人がかつていじめの被害者であり，インターネットを通じてアメリカなどの若者と学校での銃乱射について情報交換をしていたことが明らかになった。

このような事件を二度と起こさないため，フィンランド教育省は，2006年から援助していたキヴァ・プログラムを国レベルで展開することとした。このプログラムは，トゥルク大学（写真4-9）によって開発されて効果検証がなされており，中心はクリスティーナ・サルミヴァッリ（Christina Salmivalli）教授とエリザ・ポスキパルタ（Elisa Poskiparta）博士である（写真4-10）。

写真4-9　トゥルク大学

写真 4-10　キヴァを開発した研究者
（左から4人目がサルミヴァッリ教授）

写真 4-11　ミイア・サイニオ
（第一著者）

　筆者（サイニオ（写真4-11）・サルミヴァッリ・戸田）らが，キヴァ・プログラムを導入している複数の学校を訪問した際の見聞も含めて報告する。訪問校は以下の3校である。
T 初等学校（市内中心部）：語学に力を入れていて，母語を含め最低3か国語をマスターすることになる学校。両親の母語が異なる家庭には好都合らしく，越境入学を受け入れている。10 〜 15%が移民。
E 初等学校（大都市郊外の田園の中の学校）：キヴァの実践展開で優れていると表彰された学校。
V 中等学校（大学の附属学校）：フィンランドにあるスウェーデン語系大学の附属学校。子どもたちは，基本的に近くの地域から通学している。

（2）理論的背景

　いじめという現象を説明する理論にはさまざまなものがあるが，キヴァの開発者たちは，まず，いじめ場面にかかわる子どもたちの役割に関するモデルを持ち，そして，いじめをする動機については，地位や力を得るための手段として行われていると見る。
　いじめ場面にかかわる子どもたちの役割については，「参加役割（participant role）」というモデル（Salmivalli, 2010 ; Salmivalli, Lagerspetz, Björkqvist, Österman, & Kaukiainen, 1996）を用いている。このモデルでは，いじめが行われている

場は，いじめ加害者といじめ被害者だけで成り立っているとするのではなく，いじめの中心者（ringleader）と一緒になっていじめをする加担者（assistants of bullies），いじめを見て笑ったり囃し立てたりする強化者（reinforcers of bullies），いじめ場面にかかわろうとしない傍観者（outsiders），被害者の側に立つ擁護者（defenders）の4つの役割もあるとする。このような集団現象としていじめを認識すると，いじめ加害者や被害者に問題があるとして済むものではなく，この状況を変えるには傍観者がどう動くのかが重要である。傍観者の動き次第で，形勢は逆転するのである。

　いじめをする動機については，いじめっ子が問題を抱えている，あるいは自尊感情が低いということだけでは，他の問題行動ではなくいじめに向かう理由は説明できない。自分の問題や自尊感情の低さを補える力・支配・特権を仲間の中で得る手段として，いじめを手段化しているのである。それはある意味，特定の状況下で，適応的に行動しているのである（Salmivalli, 2010）。

　おとながそのような理由からのいじめの状況を変えようとしても，往々にして効果はない。なぜなら，いじめっ子は，見ている仲間からの肯定的フィードバック（positive feedback）を得続けているからである。だからこそ，周囲の子にいじめの悲しい結末に気づかせ，起きていることに責任を持たせることが重要になる。だからこそ，傍観者の行動こそが事態を左右すると考える。いじめの被害にあっていても，自分の側に立ってくれる仲間がいると，そうではない場合に比べて抑うつや不安も少なく，自尊感情が高く，仲間からも拒否されにくい（Sainio, Veenstra, Huitsing, & Salmivalli, 2011）。また，個人のリスク要因（不安や仲間からの拒否）は，いじめをあおる風潮のあるクラスでは被害の増加につながり，逆に，いじめから被害者を守ろうというクラスでは，個人のリスク要因の影響が最小化される（Kärnä, Voeten, Little, Poskiparta, Alanen, & Salmivalli, 2011）。

　このような研究から言えることは，いじめを減らすためには，いじめられやすい子の何かを変える必要は必ずしもないということだ。一方，いじめる側の行動も，仲間のあり方（peer context）を無視しては，直接的に変えられるものではない。個々の子どもがいじめはいけないと学んだとしても，クラスの中にいじめを肯定する強い同調圧力があれば，被害者を守る行動にはならない。しかし，クラス集団がいじめを面白がらないのであれば，いじめる側は対価を失い，結果的にいじめる気が失せていく。特に，クラスの中で人気があるなど，

社会的な地位の高い子が被害者を守る側にまわれば、その社会的役割モデルが他の子にも影響を与えていく。

（3）目標と対象者

　表4-3にキヴァの対象者（ターゲット），目的，方法，実施者の全体像を示した。
　キヴァの主目標は，いじめの初期的な状況において，周囲の子どもたちが抑止的にかかわることで，いじめの深刻化を防ぐことである。しかし，その副次的な効果として，子どもたちのソーシャル・スキルの幅が広がることや，学校が安全なところであると思えることなどから，学びへの動機づけが高まることが期待されている。
　キヴァには，いじめへの対応のために，2つの側面がある。1つは，すべての子がいじめに対抗するためのユニバーサルな予防教育である。もう1つは，被害者を支えつつ，いじめをなくす活動で，原則として3名の教員のチームが問題に取り組む子どもたちを支える。
　キヴァのユニバーサルな教育には，7歳から始まる小学校用（1年生用と4年生用），中学校用（7年生用）の3種類があり，それぞれの年齢に即した状況設定での教材やゲームが準備されており，クラス単位で実施するのが原則である。特定の生徒による被害者を支える活動には，ピア・サポートや友だちづ

表4-3　反いじめプログラムのモデル：ユニバーサルおよび事例に応じた介入策

	ユニバーサル	事例即応	
ターゲット	すべての子	個々のいじめ加害者と被害者 ＋	一部の（向社会的、高い地位）の同級生
目　的	いじめを促進する行動を減らす 被害者へのピア・サポートの増加 学級の規模への影響 ＜用いる手法＞ 気づき，共感，介入への効力感の向上	起こっているいじめを止める 被害者を支える ＜用いる手法＞ いじめは許されない，すぐにやめるべきと明示する	被害者へのピア・サポートの増加 ＜用いる手法＞ 地位の高い仲間が，守ってくれる 友だち・他の子のモデルになる
方　法	生徒へのレッスン	個人や小グループとの話し合い 事後の話し合い	小グループでの話し合い
実施者	学級の先生	学校のチームのメンバー	学級の先生

くりの活動が含まれ，仲間の中でのある程度の地位や向社会性を持つ子に，被害者を支える役割を与えるものである。特定の教員対象の研修では，いじめに対応するための高度な知識やスキルの獲得・更新が求められ，応用が期待されている。

（4）方　法

まず，キヴァの開発者による実践の原型を示し，続いて，各訪問校での応用の状況を紹介する。

（a）実践の原型

キヴァのユニバーサルな教育を，1年間で実施する場合の導入スケジュール例を表4-4に示した。

小学校用のレッスンは10回分あり，それぞれ2コマ連続の授業として月に1回ほどのペースで行う。そこには，話し合い，グループワーク，いじめについての短い映画，ロールプレイなどが含まれている。内容は，相互尊重などの話題から始まり，集団でのコミュニケーション，集団圧力などの話題を経て，いじめのメカニズムや結果について学ぶことになる。レッスンを重ねる中で，クラスの約束が形成され，最後に「キヴァ契約」としてクラス全員が署名する。

教員の指導体制としては，キヴァ・チームという原則各校3名程度のいじめ対策の中心的な教員が選任される。このチームは，予防的な実践を主導するだけではなく，いじめが顕在化した際には，各クラスの担任などと共同して，いじめ解決の中心的な役割を果たす。また，担任は，被害者を支えるための数人の同級生を集め，ピア・サポーターとしての活動を促す。それらの話し合いの手順や内容も，すべて教員用の手引きに示されている。

教室でのキヴァ・レッスンには全員が一緒に参加するが，個々人が自分の好きなだけ，自分のやりたいように，遊び感覚で取り組むことができる「キヴァ・ゲーム」が準備されている。これは，仮想空間でのロールプレイングゲームで，社会的な関係について学べるものである（図4-3, 図4-4）。このゲームの特徴は，ある場面で立ち止まって考えることができること，相手の感情や考えが表示されることで現実には得にくいヒントが示される（図4-5）ことなど，子どもが主体的かつ試行錯誤的にソーシャル・スキルを学べる点にある。

表 4-4　学年の間での KiVa プログラムの導入スケジュール例

月	学校	学級	影響を及ぼすレベル		保護者
			二者間	個々人	
8月	学校チームと先生への教育	Lesson 1	認知事例への即応	必要時の個々の加害者や被害者へのサポート	
	学校全体の会議		フォローアップも		各家庭へのニュースレター配布
	事前テストのフィードバック				
9月		Lesson 2			保護者懇談会 家庭用教材配布
10月	学校ネット会議	Lesson 3 +KiVaゲーム			
11月		Lesson 4			
12月		Lesson 5 +KiVaゲーム			
1月	学校ネット会議	Lesson 6			
2月		Lesson 7 +KiVaゲーム			
3月		Lesson 8			
4月	学校ネット会議	Lesson 9 +KiVaゲーム			
5月	学校全体の会議	Lesson 10 +KiVaゲーム			保護者会

図 4-3　キヴァのホームページ

図 4-4　キヴァ・ゲームの画面例

図 4-5　4 年生用キヴァ・ゲームの画面例
（思っていることも，吹き出しになっている）

（b）キヴァの実際の運用例

　訪問校のいずれにあっても，カリキュラムにキヴァのための特別な時間枠が設けられているわけではなく，各校で工夫をして時間確保している。

T 初等学校：どの科目の時間に実施するのかは担任の裁量に任されている。キヴァの感情理解のカードに台紙をつけ，そこに英語で感情語を書き，いわば，英語との合科的工夫をしていた（写真 4-12, 写真 4-13）。

E 初等学校：授業時間については，校長の采配で，いずれかの科目の時間に偏っ

写真4-12 キヴァ開発の中心のサルミヴァッリ教授（右）と実践者のイソラウリ先生（左）

写真4-13 イソラウリ先生のキヴァの授業の様子

　て削られないようにしている。しかし，「授業時間が削られても，全体的に効率的に進むので，価値がある」とのこと。
　中学校用のキヴァは，4つの中心的なテーマから成り，各学校が独自にそれを展開する。
V 中等学校：必要な新たな授業をするために，それまでの授業を減らすのではなく，授業のコマ数を増やした。その結果，教員の数も必要になり，財政的

写真 4-14　児童作成の啓発ポスター

には負担になるが，国の基準は最低の時間を示しているだけなので，その時間数を超えてもよい。キヴァは「学校の機能の一端になっている」。

E 初等学校では，校庭での活動を監督する教員が着る黄色のベストを，上級生が着るということも行っていた。また，キヴァについてのポスターが各学校に配られているが，子どもたち自らポスターを製作して掲示している学校もあった（写真 4-14）。そのような自主的な工夫を促進する姿勢がキヴァにある。また，そのような工夫が可能な教員が多いことも，この実践の前提にある。

教員は，非叱責法（いじめ加害者を問い詰めないで，被害者の味方になるように説得する手法）などを用いていじめの事態に対応しているが，なんらかの事態が起こる前に保護者にも対応方針を説明しておくことで，保護者の誤解や無用のクレームが生じないようにしている。また，子どもにも，いじめの事実を教員に伝えるようにレッスンやゲームを通じて促すが，保護者もいじめを発見できるように情報提供を行っている。

（5）効果評価の結果

キヴァの効果検証研究において特徴的なことは，子どもや教員のいじめや学校生活に関する回答がオンラインで収集され，国際的なチームによって分析さ

れて発表されていることである。キヴァ・ゲームはインターネットにIDとパスワードで接続して行うため，個々の子どものキヴァ・ゲームのロールプレイでの進行度や行動選択のデータが，子どもにストレスをかけることなく収集できる。また，子どもへのアンケートも，その接続時に行うこともできる。

　無作為の対照群比較研究が，2007年から2008年には4～6年生，2008年から2009年には1～3年生と7～9年生で，3万人を超える規模で実施された。また，キヴァの全国規模導入の最初の年以来，無作為の比較ではないものを含めれば約15万人の規模で実践の評価がなされている。

　それらを概観すると，キヴァの効果は有望である。無作為の対照群比較研究では，いじめの被害側になる確率も加害側になる確率も，介入条件に比べて対照群では約1.3倍であった。これはつまり，約2割のいじめの減少である (Kärnä, 2012)。キヴァによって，いじめへの加担や強化が減り，被害者を守る側の自己効力感が向上するなど，傍観者への影響が見られた (Kärnä, 2012)。また，その効果は，いじめの形態にかかわらず見られた (Salmivalli, Kärnä, & Poskiparta, 2011)。さらには，いじめへの直接的な影響だけではなく，キヴァは対照群の学校に比べて内在化の症状を減少させ，同級生への肯定的な見方を促進させた (Williford, Boulton, Noland, Little, Kärnä, & Salmivalli, 2011)。また，学校への好感度や学業への動機づけへの肯定的な影響も報告されている (Salmivalli, Garandeau, & Veenstra, 2012)。同様に，キヴァにかかわった教員は，キヴァ・プログラムの導入後にいじめに対応できる自信がついたと感じていた (Ahtola, Haataja, Kärnä, Poskiparta, & Salmivalli, 2012)。

　本格的に大規模に国内全域で実施されたときは，実践研究のときよりもキヴァ・プログラムサイドからのサポートが少なくなったためか，効果は小さめであったが，それでもいじめ被害の減少は実際的には顕著であった。その効果をフィンランド全体の規模で推計すると，キヴァの1年間の導入で，約50万人の子どものうち，12,500人の被害者と7,500人の加害者の減少になるのである。

(6) 普及，適用状況

　キヴァは，フィンランド教育省とフィンランド教育委員会 (Finnish National Board of Education: FNBE) から支援を受けている。FNBEは，国の教育内容や指導要領を決めている機関で，キヴァの開発はこの機関と協力して

表4-5　キヴァの広報，採用，導入，維持を促す方略

広　報	メディア会議 新聞記事および教育関連雑誌への記事掲載 すべての学校および自治体へのニュースレター
採　用	効果のエビデンス 教材と研修の無料化（全体的コストの低減） 実践可能性：使いやすく魅力的な教材
導　入	導入前の研修 プログラム実施のマニュアル 導入のためのマニュアル
維　持	インターネット上の研修 インターネット上の議論フォーラム 自分たちの進捗状況をモニターする道具 隔年のキヴァ会議

行われ，キヴァ・プロジェクトの中心にFNBEからもメンバーが派遣されている。このことで，キヴァは，それまでの教育課程に新たなものを加えるということではなく，既存のものをより効果的に行うものになっている。教育省の資金で，国内すべての学校にキヴァの配布が可能である。

　キヴァの普及は，表4-5のように行われた。全国への普及は2008年秋に開始されたが，その広報の記者発表は学年開始の数日前に行われた。この時期，メディアは学校でのいじめに関連したニュースにもっとも関心を寄せるからである。また，キヴァの開発者は，新聞や教育雑誌にも積極的に寄稿し，国内の諸学会においてもキヴァを紹介した。続いて，キヴァの概要，導入過程，コスト，そしてキヴァの効果に関するエビデンスや先行実施校での感想などを含むニュースレターを国内すべての学校に送付し，2009年秋からの参加が可能であることを伝えた。また，学校を支える各自治体にも同様のニュースレターを送付した。

　義務教育学校3,226校中，2,300校がキヴァの導入を希望したが，2009年にはまず，1,400校で開始した。フィンランド教育基本法（The Finnish Basic Education Act, since 1999）が，すべての生徒に安全な学校環境への権利があるとしているにもかかわらず，いじめを効果的に低減する手法はそれまではなかったので，効果のエビデンスを示したキヴァ・プログラムを多くの学校が採用したわけである。また，キヴァの教材等だけではなく，研修も無償で学校に

提供された。さらに，エビデンスだけでは，教員が使ってみる気にはなれないので，その教材教具のできあがりの質の高さや見栄えにも工夫をこらした。

　フィンランドの各地で行われた導入前研修は，2日間で行われた。最初の1日はキヴァ・レッスンに焦点を当て，もう1日は事例への対応を中心に行われた。一部の教員はドラマやロールプレイの活用に自信がなかったため，その点での教員の効力感を高めるように工夫がされた。また，プログラム実施のマニュアルは，研修を受けなくても使えるように，多くの教員の協力のもとにわかりやすく作成されている。

　キヴァの導入後，初期の関心の薄れや教員の異動のため，キヴァの実践が衰退していく可能性がある。その防止のために，インターネットを通じて研修を受けられるようになっていて，そこでは教材提供等だけではなく，実践の経験や課題に関する議論をするフォーラムも準備されている。また，インターネット上の質問紙に回答するとすぐさま集計され，キヴァの評価のためのデータから標準化された指標と，自校のいじめの状態を比較することができる。また，導入の過程そのものも記録できるようになっており，自校の進捗状況をモニターできる。プログラム開発者も，新たにキヴァを導入した学校の模様や，全国的な状態をモニターできる。また，各学校が成果を持ち寄って交流する大会（KiVa conference days）も，2010年8月に第1回大会が行われ，外国からも多くの参加者が招待された。

　筆者（戸田）がT初等学校を見学した際には，ルーマニア警察からの見学者も訪問していた。中央警察の研究機関の博士号を持つ研究者であった。また，E初等学校でも，同じ日に，スウェーデンからの教育委員会職員と校長の計8名の訪問があった。この他にも，国外からの見学者が多く，現在のところ，スウェーデン，オランダ，英国（ウェールズ），アメリカ（デラウェア州）などで，キヴァ・プログラムの試験的実施が行われている。日本語版の翻訳も進んでおり，今後，さらに国際的な拡がりが見込まれる。

(7) 課　題

　キヴァは短期間で多くの学校に拡がり，その効果検証研究も数多くの論文として公刊された。今後は，キヴァを導入した学校が長期的に実践を継続していけるのかどうか，支援のあり方を検討していく必要がある。そして，そのよう

な長期的な実践による効果を検討する研究をしていくことが，大きな課題である。

引用文献

Abu-Rasain, M. H. M. & Williams, D. I. (1999). Peer counselling in Saudi Arabia. *Journal of Adolescence, 22,* 493-502.

Ahtola, A., Haataja, A., Kärnä, A., Poskiparta, E., & Salmivalli, C. (2012). For children only? Effects of the KiVa antibullying program on teachers. *Teaching and Teacher Education, 28,* 851–859.

Alsaker, F. D. & Valkanover, S. (2012). The Bernese program against victimization in kindergarten and elementary school. *New Directions for Youth Development, 133,* 15-28.

Atria, M., & Spiel, C. (2003). The Austrian situation: Many initiatives against violence, few evaluations. In P. K. Smith (Ed.), *Violence in schools: The response in Europe* (pp. 83-99). London: Routledge Falmer.

Atria, M., & Spiel, C. (2007). The Viennese Social Competence (ViSC) training for students: Program and evaluation. In J. E. Zins, M. J. Elias, & C. A. Maher (Eds.), *Bullying, Victimization and Peer Harassment: A Handbook of Prevention and Intervention* (pp.179-198). New York: The Haworth Press.

Baginsky, W. (2004). Peer mediation in the UK: a guide for schools. *NSPCC Inform.* http://www.nspcc.org.uk/inform/resourcesforteachers/classroomresources/peermediationintheuk_wda48928.html

Björkqvist, K., Österman, K., & Berg, P. (2011). Higher rates of victimization to physical abuse by adults found among victims of school bullying. *Psychological Reports, 109,* 167-168.

Burger, C., Strohmeier, D., Stefanek, E., Schiller E. M., & Spiel, C. (2011). Effects of the Viennese Social Competence Training (ViSC) on teachers' strategy use for tackling bullying. *Poster presented at the 12th European Congress of Psychology (ECP)*, Istanbul, Turkey, July 4-8, 2011.

Cowie, H. (2009). Peer support in Japan; a perspective from the outside. In K. Österman. (Ed.), *Indirect and Direct Aggression* (pp.133-142). Frankfurt: Peter Lang Publishing.

Cowie, H. (1998). Perspectives of teachers and pupils on the experience of peer support against bullying. *Educational Research and Evaluation, 4,* 108-125.

Cowie, H., & Hutson, N. (2005). Peer support: A strategy to help bystanders challenge school bullying. *Pastoral Care in Education, 23,* 40-44.

Cowie, H., Naylor, P., Talamelii, P. C., & Smith, P. K. (2002). Knowledge, use of and attitudes towards peer support: A 2-year follow-up to the Prince's Trust survey.

Journal of Adolescence, 25, 453-467.

Cowie, H., & Smith, P. K. (2010). Peer support as a means of improving school safety and reducing bullying and violence. In B. Doll, W. Pfohl, & J. Yoon (Eds.), *Handbook of Youth Prevention Science* (pp.177-193). New York: Routledge.

Cowie, H., & Wallace, P. (2000). *Peer support in action.* London: Sage.

Craig, W., & Harel, Y. (2004). Bullying, physical fighting and victimization. In C. Currie (Ed.), *Health behaviour in school-aged children: A WHO cross national study.* (pp.133-144). Geneva: World Health Organisation (WHO).

Craig, W., Pepler, D., & Atlas, R. (2000). Observations of bullying in the playground and in the classroom. *School Psychology International, 21*, 22-36.

Currie, C., Roberts, C., Morgan, A., Smith, R., Settertobulte, W., Samdal, O., & Barnekow, V. (2004). Young people's health in context. *Health Behaviour in School-aged Children (HBSC) study: International report from the 2001/2002 survey.* Geneva: World Health Organisation (WHO).

Diesen Paus, K. (n.d.). *Conflict resolution in Norway: end of project evaluation of the Asker and Baerum development programme on school mediation.* http://peersupport.ukobservatory.com/psia/ResSum_6.htm

Eyberg, S. M., Nelson, M. M., & Boggs, S. R. (2008). Evidence-based psychosocial treatments for child and adolescent with disruptive behavior. *Journal of Clinical Child & Adolescent Psychology, 37*, 215-237.

Feria, I. (2010). La convivencia escolar percibida por sus protagonistas: Acuerdos y desacuerdos de la comunidad educativa (School of *convivencia* perceived by the school community: Agreements and disagreements). Tesina (a part of Doctoral Thesis), University of Cordoba.

Gollwitzer, M. (2005). Könnten Anti-Aggressions-Trainings in der Schule wirksamer sein, wenn sie weniger standardisiert wären? In A. Ittel & M. v Salisch (Eds.), *Lästern, Lügen, Leiden lassen: Aggressives Verhalten von Kindern und Jugendlichen* (S. 276-312). Stuttgart: Kohlhammer.

Gollwitzer, M., Banse, R., Eisenbach, K., & Naumann, E. (2007). Effectiveness of the Vienna social competence training on implicit and explicit aggression. Evidence from an Aggressiveness IAT. *European Journal of Psychological Assessment, 23*, 150-156.

Gollwitzer, M., Eisenbach, K., Atria, M., Strohmeier, D., & Banse, R. (2006). Evaluation of aggression-reducing effects of the "Viennese Social Competence Training". *Swiss Journal of Psychology, 65*, 125-135.

Houlston, C., Smith, P. K., & Jessel, J. (2009). Investigating the extent and use of peer support initiatives in English schools. *Educational Psychology, 29*, 325-344.

James, A. (2012). *The use and impact of peer support schemes in schools in the*

UK, and a comparison with use in Japan and South Korea. Unpublished PhD thesis, Goldsmiths, University of London, UK.

Junger-Tas, J. (1999). The Netherlands. In: P. K. Smith, Y. Morita, J. Junger-Tas, D. Olweus, R. Catalano, & P. Slee (Eds.). *The nature of school bullying: A cross-national perspective* (pp.205-223). London and New York: Routledge.

Kaltiala-Heino, R., Rimpelä, M., Marttunen, M., Rimpelä, A., & Rantanen, P. (1999). Bullying, depression, and suicidal ideation in Finnish adolescents: School survey. *British Medical Journal, 319,* 348-351.

Kaltiala-Heino, R., Rimpelä, M., Rantanen, P., & Rimpelä, A. (2000). Bullying at school: An indicator of adolescents at risk for mental disorders. *Journal of Adolescence, 23,* 661-674.

Kärnä, A. (2012). *Effectiveness of the KiVa Antibullying Program* (Doctoral dissertation). Uniprint Suomen Yliopistopaino Oy, Turku, Finland. http://www.doria.fi/handle/10024/77007

Kärnä, A., Voeten, M., Little, T. D., Poskiparta, E., Alanen, E., & Salmivalli, C. (2011). Going to scale: A nonrandomized nationwide trial of the KiVa antibullying program for Grades 1-9. *Journal of Consulting and Clinical Psychology, 79,* 796-805.

Krug, E. G., Dahlberg, L. L., Mercy, J. A., Zwi, A. B., & Lozano, R. (2002). *World report on violence and health.* Geneva: World Health Organisation (WHO).

Kubiszewski, V., Fontaine, R., Huré, K., & Rusch, E. (2012). Le *cyber-bullying* à l'adolescence: problèmes psycho-sociaux associés et spécificités par rapport au bullying scolaire. *Encéphale* (2012). doi:10.1016/j.encep.2012.01.008

Monks, C. P. & Coyne, I. (eds.) (2011). *Bullying in Different Contexts.* Cambridge: Cambridge University Press.

Naylor, P., & Cowie, H. (1999). The effectiveness of peer support systems in challenging school bullying: The perspectives and experiences of teachers and pupils. *Journal of Adolescence, 22,* 467-479.

Newton, C. & Wilson, D. (2000). *Circles of Friends.* Dunstable: Folens Ltd.

Olweus, D. (2012). Cyberbullying: An overrated phenomenon? *European Journal of Developmental Psychology,* iFirst article. doi:10.1080/17405629.2012.682358

Olweus, D. (1993). *Bullying at school: What we know and what we can do.* Oxford: Blackwell.

Olweus, D. (1978). *Aggression in the schools: Bullies and whipping boys.* Washington, DC: Hemisphere Press (Wiley).

Ortega, R. (1997). El proyecto Sevilla Anti-violencia Escolar: Un modelo de intervención preventiva contra los malos tratos entre iguales. *Revista de Educación, 313,* 143-158.

O'Connel, P., Pepler, D., & Craig, W. M. (1999). Peer involvement in bullying: Insights and challenges for intervention. *Journal of Adolescence, 22,* 437-452.

Pikas, A. (2002). New developments of Shared Concern Method. *School Psychology International, 23*, 307-326.

Rigby, K., & Bagshaw, D. (2003). Prospects of adolescent students collaborating with teachers in addressing issues of bullying and conflict in schools. *Educational Psychology, 23*, 535-546.

Robier, C., & Spiel, C. (1998). Aggressionsbekämpfung in Hauptschulen: Zum Einfluss von Angst und Gewalt im Fernsehen [Tackling aggression in general secondary schools: The influence of anxiety and violence on TV]. In J. Glück, O. Vitouch, M. Jirasko, & B. Rollett (Eds.), *Perspektiven psychologischer Forschung in Österreich* (Vol. 2, pp. 227-230). Vienna, Austria: WUV.

Roland, E. (1989). A system oriented strategy against bullying. In E. Roland & E. Munthe (Eds.), *Bullying: An international perspective* (pp. 143-151). London: David Fulton.

Roland, E. (2002). Bullying, depressive symptoms and suicidal thoughts. *Educational Research, 44*, 55-67.

Roland, E. & Midthassel, U. V. (2012). The Zero program. *New directions for youth development, 133*, 29-39.

Roland, E., & Vaaland, G. (2006). *ZERO Teacher's guide to the Zero Anti-Bullying Programme*. Stavanger: Centre for Behavioural Research, University of Stavanger.

Rose-Krasnor, L. (1997). The nature of social competence: A theoretical review. *Social Development, 6*, 111-135.

Rubin, K. H., & Rose-Krasnor, L. (1992). Interpersonal problem solving. In V. B. Van Hasset & M. Hersen (Eds.), *Handbook of social development* (pp.283-323). New York: Plenum.

Sainio, M., Veenstra, R., Huitsing, G., & Salmivalli, C. (2011). Victims and their defenders: A dyadic approach. *International Journal of Behavioral Development, 35*, 144–151.

Salmivalli, C. (2010). Bullying and the peer group: A review. *Aggression and Violent Behavior, 15*, 112–120.

Salmivalli, C., Garandeau, C. F., & Veenstra, R. (2012). KiVa anti-bullying program: Implications for school adjustment. In A. M. Ryan & G. W. Ladd (Eds.), *Peer relationships and adjustment at School* (pp.279-307). Charlotte, NC: Information Age Pub.

Salmivalli, C., Kärnä, A., & Poskiparta, E. (2011). Counteracting bullying in Finland: The KiVa program and its effects on different forms of being bullied. *International Journal of Behavioral Development, 35*, 405–411.

Salmivalli, C., Lagerspetz, K., Björkqvist, K., Österman, K., & Kaukiainen, A. (1996). Bullying as a group process: Participant roles and their relations to social status within the group. *Aggressive Behavior, 22,* 1-15.

Scheithauer, H., Hess, M., Schultze-Krumbholz, A., & Bull, H. D. (2012). School-based prevention of bullying and relational aggression in adolescence: The fairplayer.manual. *New Directions for Youth Development, 133,* 55-70.

Singer, M., & Spiel, C. (1998). Erprobung eines anti-aggressionsprogramms an Österreichischen schulen: Erste ergebnisse [Establishing a program against violence in Austrian schools: First results]. In J. Glück, O. Vitouch, M. Jirasko, & B. Rollett (Eds.), *Perspektiven psychologischer Forschung in Österreich* (Vol. 2, pp. 223-226).Vienna, Austria: WUV.

Smith, P. K. (2012). Cyberbullying: Challenges and opportunities for a research program: A response to Olweus. *European Journal of Developmental Psychology,* iFirst article. doi: 10.1080/17405629.2012.689821

Smith, P. K. (2011). Why interventions to reduce bullying and violence in schools may (or may not) succeed: Comments on this Special Section. *International Journal of Behavioral Development, 35,* 419-423.

Smith, P. K. (2004). Bullying: Recent developments. *Child and Adolescent Mental Health, 9,* 98-103.

Smith, P. K., Pepler, D., & Rigby, K. (2004). *Bullying in schools: How successful can interventions be?* Cambridge: Cambridge University Press.

Smith, P. K., Salmivalli, C., & Cowie, H. (2012). Effectiveness of school-based programs to reduce bullying: A commentary. *Journal of Experimental Criminology, 8,* 343-367

Smith, P. K., & Watson, D. (2004). *Evaluation of the CHIPS (ChildLine in Partnership with Schools) programme.* Research report RR570, DfES publications, PO Box 5050, Sherwood Park, Annesley, Nottingham NG15 0DJ.

Spiel, C., Strohmeier, D., Schiller, E. M., Stefanek, E., Schultes, M. T., Hoffmann, C., … Pollhammer, B. (2011). WiSK Programm: Förderung sozialer und interkultureller kompetenzen in der schule. WiSK Evaluationsstudie: Abschlussbericht. [ViSC social competence program. *Evaluation study: Final report.] Report to the Federal Ministry of Education, Arts, and Cultural Affairs.* Vienna, Austria: University of Vienna.

Spiel, C., Strohmeier, D., Schultes, M. T., & Burger, C. (2011). Nachhaltigkeit von gewaltprävention in schulen: Erstellung und erprobung eines selbstevaluations-instruments. [Sustainable violence prevention in schools: Development and evaluation of a self evaluation tool for schools.] *Report to the Federal Ministry of Education, Arts, and Cultural Affairs.* Vienna, Austria: University of Vienna.

Strohmeier, D., Atria, M., & Spiel, C. (2008). WiSK: Ein ganzheitliches schulprogramm zur förderung sozialer kompetenz und prävention aggressiven verhaltens [ViSC: A whole school policy program to promote social competence and prevent aggressive behavior]. In T. Malti & S. Perren (Eds.), *Soziale kompetenzen bei kindern und jugendlichen* (pp.214-230). Stuttgart: Kohlhammer.

Toda, Y. (2005). Bullying and peer support systems in Japan. In D. W. Shwalb, J. Nakazawa, & B. J. Shwalb (Eds.), *Applied developmental psychology: Theory, practice, and research from Japan* (pp.301-319). Greenwich, CT: Information Age Publishing Inc.

Topping, K. (1996). Reaching where adults cannot: Peer education and peer counselling. *Educational Psychology in Practice, 11*, 23-29.

Trip, S., Vernon, A., & McMahon, J. (2007). Effectiveness of rational-emotive education: A quantitative meta-analytical study. *Romanian Journal of Cognitive and Behavioral Psychotherapies, 7,* 81-95.

United Nations. (1991). *United Nations Convention on the Rights of the Child.* Innocenti Studies, Florence: UNICEF.

Williford, A., Boulton, A., Noland, B., Little, T. D., Kärnä, A., & Salmivalli, C. (2012). Effects of the KiVa anti-bullying program on adolescents' depression, anxiety, and perception of peers. *Journal of Abnormal Child Psychology, 40,* 289-300

Yanagida, T., Schiller E. M., Strohmeier, D., Stefanek, E., von Eye, A., & Spiel, C. (2011). Evaluation of the ViSC social competence program in Austria. *Poster presented at the 15th European Conference on Developmental Psychology (ECDP)*, Bergen, Norway, August 23-27, 2011.

第5章

オーストラリアの予防教育

xxxxxxxxxxxxxxxxxxxxxxxxxxxxxxxxxxxxxxxxxxxxxxxxxxxxxxxxxxxxxxxxxxxxxxx

概　要

　オーストラリアでは，子どもと青少年のメンタルヘルスの問題を疫学的にとらえ，エビデンス・ベースの予防教育が行われている。先住民の人たちと移民による多民族国家であるため，多文化主義を尊重している。そのため，教育においても，それぞれの社会文化に配慮する努力を行ってきている。

　歴史と現状を概観するだけではなく，具体的な教育について学ぶことが効果的であると考え，それぞれの創始者に寄稿していただいた。バレット博士，バーナード博士に改めてここに謝辞を記したい。

1．オーストラリアの予防教育の特徴

（1）国全体の予防教育の特徴

　オーストラリアでは，国民の健康増進に対する取り組みは多面的に展開されてきた。国家的な取り組みであること，さまざまな専門家が連携していること，エビデンス・ベーストであることが特徴である。オーストラリア政府ヘルス・エイジング省（Department of Health Ageing）は，社会・感情学習（Social and Emotional Learning: SEL）とウェルビーイングの向上に焦点を当てた取り組みをオーストラリア全土で実施している。例えば，国，州政府や民間団体が助成するプロジェクトでは，医療，看護，福祉，教育，心理などの専門職による大きな研究調査によって子どもの問題の現状が明らかにされ，その後，それらの問題に対応するシステム構築に，連邦政府と州政府，各分野の専門家がかかわっている。この枠組みにおいて効果検証をしながら進められていくプロ

ジェクトにより，エビデンスに基づくサービスは各地域で提供されることが可能になっている。

　学校における予防教育もこの枠組みにおいて提供されている。例えば，ビヨンド・ブルー（http://www.beyondblue.org.au）は，2000年に始まったうつ病に介入・予防支援をする全豪をカバーするプロジェクトであるが，2009年に始まった，就学前児童と小学生のメンタルヘルス向上を支援するキッズ・マター（http://www.kidsmatter.edu.au）プロジェクトを助成する主団体の1つである。

（2）歴　史

　健康促進学校（health promoting school）という概念は，世界保健機構（WHO, 1978）によって提唱され，他国と共にオーストラリアがその実践を受け入れたのは，1995年である。「すべての子どものための健康」と「すべての子どものための教育」を目標にしている。そのためにWHOの設定したガイドラインには，学校保健政策，学校における環境設定，学校の社会的環境設定，地域との連携，個人の健康スキルの育成，ヘルスサービスの提供が含まれている。これ以前のオーストラリアでの健康教育は，健康状態や行動にかかわる目標を設定して行われていた。例えば，1994年の連邦政府，ヒューマンサービスとヘルス省（Australian Government Department of Human Services and Health, 1994）によると，虫歯予防，病気・けが・死亡の予防，喫煙予防，穀物の摂取，定期的な運動，いじめの減少，そしてレジリエンス（resilience）の向上などであった。

　オーストラリア健康促進学校協会（Australian Health Promoting Schools Association）が1997年に活動を開始し，学校の児童と生徒を対象とする一連の国家政策による健康推進が模索されることになった。その一連の国家政策には，栄養，体重管理，摂食，薬物，飲酒，喫煙，HIVとAIDS，免疫，自殺予防，メンタルヘルス，糖尿病，がん，ぜんそく，の各分野が含まれている。学校と教職員が，児童・生徒の健康と社会性の育成における中心的担い手であるという認識を強く持った展開をしている。

　21世紀の学校教育国家目標（National Goal for Schooling in the Twenty-First Century, 1999）として9つの重要課題，①ケアと思いやり：care and compassion，②最善を尽くすこと：doing your best，③公正：fair go，④

自由：freedom，⑤正直と信頼：honesty and trustworthiness，⑥規範：integrity，⑦尊敬：respect，⑧責任：responsibility，⑨理解と寛容と包摂：understanding, tolerance and inclusion，が設定され，「価値観教育：バリュー・エデュケーション（value education）」が始まった。いわゆるキャラクター・エデュケーションに似ている取り組みである。2002年には，価値観教育に加えて，セルフ・エスティーム，オプティミズム，自己充実に対するコミットメントなどの向上と，個人的・社会的責任感の理解を促す取り組みが加わる。この段階ですでに社会・感情学習の方向性が示されている。2004年には，これらの教育目標を，オーストラリア全土の学校に展開すると共に，関連するプロジェクト（National Safe Schools Framework, National School Drug Education Strategy, Mind Matters program promoting mental health in schools，など）との連携を推奨している。マインド・マターズは学校におけるメンタルヘルス推進の中心的な枠組みとなるプロジェクトである（マインド・マターズについての詳細は後述する）。

　メンタルヘルスとウェルビーイングの全国調査により，オーストラリアの小学生の14％にメンタルヘルスの問題が認められた（Sawyer et al., 2000）。全住民を対象にできるメンタルヘルス支援モデルの必要性が明らかになり，オーストラリア全国メンタルヘルス計画（2003〜2008年）のもと，さまざまな心理的，環境的領域に対応できる住民の健康促進の枠組み作りが始まった。2006年には，オーストラリア政府委員会（Meeting of the Council of Australian Governments）は，学校におけるメンタルヘルスの予防と早期介入に取り組むことを宣言した。地域の医師が学校におけるプログラムの実践に協力する役割も明記された。ほとんどの子どもは学校に行くのであるから，子どものメンタルヘルス向上の場として学校は理想的な場所である。サンダースらの研究（Sanders, Tully, Baade, Lynch, Heywood, & Pollard, 1999）は，保護者が子どものことを相談するのは，家庭医と教員であることを明らかにした。教員は日常から子どものメンタルヘルス支援をしているのである。同時に，学校現場においても，児童・生徒に見られるいろいろな行動問題とメンタルヘルスの関連が認識されていた。例えば，攻撃性やいじめに，専門家による支援が必要であるという見解である。そして，教職員はそういった専門家ではないが，児童・生徒のメンタルヘルスの向上，あるいは問題の予防や早期介入に必要なリソースは，教職員の子どもへのかかわりに役立つと考えられていた。

オーストラリアでは，すでに多くの実践が行われている。子どものウェルビーイングとレジリエンスを促進する包括的な社会・感情学習プログラムと，特定の問題に対応するプログラムがある。後者には，例えば，自殺予防，抑うつの早期介入，いじめ予防，文化の多様性の促進，学校安全などである。こうした取り組みは一定の効果は認められているが，十分ではないと考えられた。子どものメンタルヘルスの問題に関係する危険因子に包括的な対応ができる取り組み，学校が特定の児童・生徒の問題とニーズに適切に対応できる枠組みが必要であった。ここで必須と考えられたのは，家庭，保護者にかかわってもらうための方策であった。学校ベースのメンタルヘルス支援は，家庭と保護者に必要な情報とサービスを供給することができ，子育てを支援するものであるべきだと認識された。

WHO (World Health Organization, 2006) は，メンタルヘルスの健康は学業と関係すると述べている。学習に対する準備，動機ができていて，行動問題が少なく，学習に打ち込めるからである (Collaborative for Academic, Social and Emotional Learning, 2003)。子どものメンタルヘルスを向上させる学校は，子どもの理解度が高く，職員の達成感も高いという知見がある (Paternite & Johnston, 2005)。オーストラリアでは，連邦政府と各州政府において，この提言のもとに，SEL教育の普及に取り組んでいる。例えば，メルボルン大学のマイケル・バーナード博士は，連邦政府のSEL教育推進の相談役として，クィーンズランド州教育省に招かれ，学校長や教職員向けの学習会でプレゼンを行って理解を促すと共に，いくつかの学校でSEL教育を実践しデータによってその効果を検証している。その結果，情緒的問題と行動問題の減少，読解力と計算力の向上が報告されている。それと同時に，地域と学校が，児童・生徒の健康増進にふさわしい環境をつくり出している。

(3) 現状と将来

(a) マインド・マターズ (http://www.mindmatters.edu.au)

マインド・マターズは，中等教育（中学校と高校）における支援のシステムであり，学校共同体構成員全体のメンタルヘルスの保護と向上を促進する枠組みとして，全学的な取り組み (whole school approach) を展開している。教室

で使える資料や教材のパッケージと教職員の力量発展プログラムが提供され，生徒，教職員，保護者のメンタルヘルスに貢献し，学校全体のメンタルヘルスとウェルビーイングを高めようとする。

　全豪で80％以上の学校職員がマインド・マターズの専門能力開発コースを利用している。65％の中等学校が，マインド・マターズのカリキュラムを継続して利用していることから，メンタルヘルス推進の中心的な役割を果たしていると認識されている。今後，計画プロセスレベルの追加と早期介入の教材の補強，さらに先住民族の健康とウェルビーイング，青年の雇用問題，教員やスタッフの健康とウェルビーイングに対応する取り組みが計画されている。

(b) キッズ・マター (http://www.kidsmatter.edu.au)

　中等学校を支援するマインド・マターズに続いて小学校を支援する「キッズ・マター」が始まり，2006年から2008年にわたって，オーストラリア全土の101の小学校を対象にしたパイロット研究が行われた。児童のメンタルヘルスとウェルビーイングを促進するとともに，不安，抑うつ，行動問題などのメンタルヘルス問題に対応し改善するのが目的である。建設的な学校環境づくり，社会・感情学習，保護者教育と支援，メンタルヘルスの問題を抱える児童に対する早期介入の4部門で構成されている。

　各校では，アクション・チームが構成され，実践コーディネーターとしての役割を果たす。メンバーは，学校長，担任，保護者代表，子どもの福祉とウェルビーイングにかかわる専門職の代表（スクールカウンセラーや児童福祉司など）で構成されるよう推奨されている。アクション・チームは，7ステップからなる実施モデルを遂行する。7ステップとは，①問題や課題を文書にまとめて定義する，②まとめにそって目的を設定する，③目標達成のための課題を同定する，④それらの課題に対応するさまざまな方略を練る，⑤それぞれの方略の可能性を探る，⑥計画を立てる，⑦計画を実践し振り返る，である。

(c) キッズ・マター乳・幼児 (KidsMatter Early Childhood)
　　(http://www.kidsmatter.edu.au/early-childhood)

　2009年，オーストラリア連邦政府は乳・幼児 (early childhood) の教育改革に取りかかった。乳・幼児の発達にかかわる国家政策（National Early Childhood Development Strategy）において，乳・幼児教育の質と，教育

を受ける余裕の向上が図られた。また、オーストラリア早期学習の枠組み（Australian Early Years Learning Framework）おいて、0歳児から5歳児の学習と発達を促進するモデルが提供された。メンタルヘルスは、幸福で実りある生活を築くための学習に不可欠であり、幼い子どもたちにとってのメンタルヘルスとは、社会的、感情的、行動的なウェルビーイングであるとする。また、多くの知見が乳・幼児期のメンタルヘルス問題を指摘している。例えば、オーストラリアの研究によれば、1歳半から3歳の4％から14％の子どもに、攻撃性などの外在的問題や不安などの内在的問題があるとされる。

キッズ・マター乳・幼児支援は、出生から学校までの子どものメンタルヘルスとウェルビーイングの向上、子どものメンタルヘルス問題の軽減、子どものメンタルヘルス問題とその家族支援を目的とする。4つの中心的方針は、地域とつながる意識づくり、子どもの社会・感情的スキルの育成、保護者や養育者との連携、メンタルヘルスの問題を抱える子どもの支援、である。これらの実践のために、リーダーシップチームの形成が推奨されている。管理職、職員、保護者・養育者・家族、管理機関の代表（教育委員会のメンバーや運営者など）によって構成されたチームは、キッズ・マター乳・幼児支援を開始する前に、州政府が開催する2日間の研修に参加する。

（d）レスポンス・アビリティ（Response Ability）
（http://www.responseability.org）

教職員の事前研究を支援する「レスポンス・アビリティ」は、マルチメディア教材を無料で提供する。プロジェクトチームは、会議、講演会、出版物を通して情報を提供する。主な役目は、レジリエンスを促進することと付加的なサポートが必要な児童・生徒を同定することである。現在は主に中等学校の教員向けにリソースを提供しており、90％の学校で利用されている。評価データによってリソースが有効に使われていることが示されている。

これらの結果が、連邦政府による就学前児童に対する社会・感情学習とウェルビーイングの支援の導入につながったといわれる。資格やトレーニングと専門性を高める指導が見直され、さまざまな年齢の子どもを対象にする社会・感情学習のプログラムの発展に貢献している。

（e）社会・感情学習プログラム

　これまで見てきたように，オーストラリアの予防教育においては社会・感情学習が大きな役割を担っている。しかし，社会・感情学習は特定のプログラムを意味するのではなく枠組みとして提供され，情報や教材の提供，研修支援，実践サポートなどを学校が主体的に選択し実施するものである。エビデンス・ベーストのプログラムの使用が推奨されるが，学校によっては先生たちの取り組みに基づく体験から作られたプログラムが使われることもある。

　オーストラリア東部に位置するクィーンズランド州の教育省では，社会・感情学習を推進するチームによって「クィーンズランド州の学校のための社会・感情学習ガイド（Guide to social and emotional learning in Queensland State schools）」が作成され，21の社会・感情学習プログラムとマインド・マターズ，キッズ・マターを紹介している。社会・感情学習プログラムとして紹介されているFRIENDS for LifeとYou Can Do It!については，作者のバレット博士（クィーンズランド大学，オーストラリア国立大学教授）とバーナード博士（メルボルン大学教授）より寄稿していただいた論文をこの章に掲載する。

（f）展　望

　オーストラリアでは，連邦政府と州政府，メンタルヘルスにかかわる機関と専門家によって，予防教育が学校や地域で実践されている。本章では大きな取り組みに焦点を当てて紹介しているが，実際には，その他さまざまなプログラムや教材，情報支援が行われている。その多様性から，地域と学校のニーズに合った予防教育の実施ができる環境が整えられていくように思われる。

　多文化国家であるオーストラリアには，移民として元々の文化と生活様式を維持しながらオーストラリアという国を作り上げる人たちの多様性を認め，先住民であるアボリジニの人たちやトレスアイランド出身の人たちの文化と生活様式を守ろうとする政策がある。多様性を大切にする国策において，予防教育も多様な発展性を遂げる必要があるようだ。

2. フレンズプログラム（FRIENDS Program）

（1）教育の背景と理論

オーストラリアでは，いじめ，不登校，睡眠障害，ペアレンティングの問題，インターネットの安全性に関する問題などに取り組むプログラムや，社会・感

写真5-1　バレット博士と子どもたち

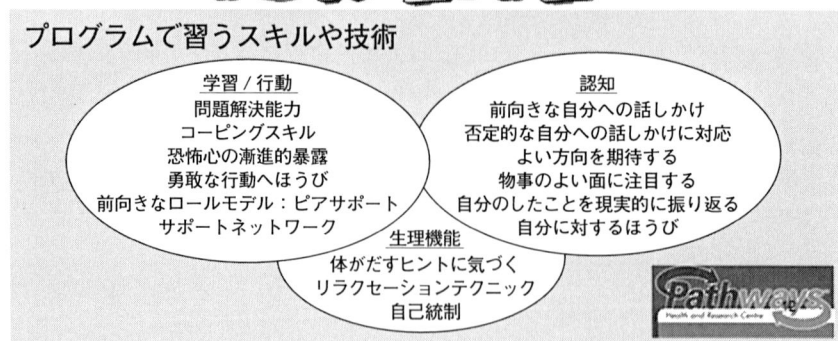

図5-1　フレンズで習う3分野のスキル

情的スキルを育成するプログラム，学習困難や青少年の自殺につながる不安症予防のプログラムなど，多様な予防教育が実践されている。その中の1つであるフレンズプログラムは，オーストラリア，クイーンズランド大学（University of Queensland）教授であり，パスウェイズ・ヘルス・リサーチ・センター（Pathways Health Research Center）（クイーンズランド州ブリスベン市 Queensland Brisbane）代表であるポーラ・バレット（Paula Barrett）博士によって開発された子どもを対象とする教育プログラムである（写真5-1）。認知行動療法（Cognitive Behavioral Therapy：CBT）とポジティブ心理学（positive psychology）に基づいた技術の使用を通して，子どもたちの社会・感情的スキル（social emotional skills）を育成することを目的とする。フレンズフォーライフ（FRIENDS for Life）は，小学生と中・高生を対象とする2つのモジュールがあり，ファンフレンズ（Fun FRIENDS）は4歳から7歳の児童を対象にするプレイベーストのプログラムである。

　認知行動療法（CBT）をベースとしている理由は，認知行動療法が，不安障害とうつ病の介入および予防にもっとも効果的であるという研究結果に基づいている（Compton, Burns, Egger, & Robertson, 2002; Gladstone & Beardslee, 2009; Neil & Christensen, 2009）。CBTは，従来の精神療法（カウンセリングなど）とは異なり，科学的な根拠（エビデンス）に基づいた顕著な治療効果が明らかである心理的介入方法であり，うつ病や不安障害など，多くの精神疾患の治療に用いられている。「認知」は考え方や物事のとらえ方であり，先行知見によりどのように「行動」に関連するかがわかってきている。また，生理的な要素，感情面との関係も含めた体系的治療がなされている（図5-1）。

　ポジティブ心理学は，人の人生や組織，社会のあり方が本来あるべき正しい方向に向かう状態に注目し，そのような状態を構成する要素について科学的に検証・実証を試みる心理学の一領域であると定義されている。臨床心理学では，その人の困難さにかかわる要因に働きかけるのに対して，ポジティブ心理学は，ウェルビーイングを社会，組織的にとらえたり，レジリエンスやモーティベーション（motivation）などその人の持つ強さに働きかけたりするという特徴がある。

　プログラム活動では，子どもと青少年が，ストレスや心配事に適切に対応するための対応策を身につけ使っていけるように支援する。対応策は，生理学的，認知的，行動的な3分野にわたる要素を持つ。例えば，行動的要素としては，

写真 5-2　いろいろな考え
（どっちを選ぶかは自分）

写真 5-3　リラクセーション
（静かにする時間）

写真 5-4　共感スキル
（この子の気持ちは？）

写真 5-5　赤と緑の考え
（どっちかな）

感情と思考のモニター，セッション外（out-of-session）での暴露，イメージによる暴露，リラクセーショントレーニングなどがある。認知的要素としては，感情，思考，それらのリンクを認識するスキルなどがある。さらに，誤った認知や矛盾する自己陳述を同定する，困難な状況をいくつかの異なるとらえ方をしてみるなども含まれる。学習形態は，グループ討議，プリント課題をするなどの作業，ロールプレイであるが，これらは，ピアサポートモデルと体験学習モデルがベースになっている（写真 5-2 〜 5-5）。

（2）プログラムの特徴

　社会・感情的スキルの向上を通して，子どもと青少年のレジリエンスを促進し，不安症とうつ病を予防するという明確な目標を持つ。7歳から11歳ま

での児童・生徒と，12歳から16歳までの青少年をターゲットにしている。主たる対象は不安とうつであるが，それらの介入・予防のために，自己肯定感（self-esteem），自己概念（self-concept），希望（hope），対処スキル（coping skills），社会的支援（social support），を変数（variable）ととらえている。

フレンズプログラムは，あらゆるレベルの予防，早期介入，治療に使うことができる。学校や地域の支援所において，ユニバーサル，選択的，指示的な3レベルで実施できる。トレーニングを受けた後，教員，心理士，看護師，社会福祉士，学校カウンセラーなどの専門職によって，プログラムは運営される。週に1回10セッションと，終了後1か月と3か月後に行われる2回の復習セッションの12回がだいたいのペースである。学校の実情に応じて回数や時間を設定したり，集中的に行ったりできる。1回のセッションは60〜75分であるが，学校の実態に合わせて45〜50分で行われることもある。つまり，授業者の工夫により柔軟な運営が可能である。

ユニバーサルの設定では，そのグループの全成員つまりクラス全員を対象とするが，グループ活動を主とし，グループの活動をクラス全員で共有する活動を組み入れる。選択的，指示的設定であれば，6人から10人の構成が望ましい。ユニバーサル設定では，補助となる成人やコファシリテーター（co-facilitator）と一緒に実践することが推奨される。それにより，より効果的なグループ活動を支援することができる。

ワークブック（写真5-6）には，イラストが効果的に用いられ，クラス，グ

写真5-6　フレンズフォーライフのワークブック（左：子ども用、右：ユース用）

図 5-2　ホームワーク（お家でロールモデルについて話合いましょう）

ループ，個人活動として行う活動が紹介されているが，すべてを行うのではなくクラスの実情に合わせて選択することが可能である。各セッションの最後には，家庭や地域で行うホームワークが設定されている（図 5-2）。これは強化と般化に大切な活動であるとともに，保護者に学習内容を理解して支援してもらうために大切な役割を果たす。

　フレンズプログラムについての詳しい情報は，以下のウェブサイトで得ることができる。

http://www.pathwayshrc.com.au
http://www.amistadparasiempre.com
http://www.friendsrt.com/
http://www.friendsforlife.org.nz/anxiety-and-youth/
http://www.amigosparaavida.com.br/
http://www.asemanlapset.fi/articles/311/
http://www.pathways.jp/
http://www.vriendenprogramma.nl/
http://www.interactive-connections.co.uk/friends%20prog.htm

（3）フレンズの研究

　プログラム効果の評価は，マルチ・インフォーマント・アプローチ（multi-informant approach）により，危険因子（risk factor）と防御因子（protective factor）それぞれをカバーする尺度を用いて行われることが理想的である。例えば，問題や障害を予防したり改善したりする要因となる防御因子としては，自己肯定感や社会的サポートなどを測る尺度が使われることになる。また，長期フォローアップ（long-term follow-up）による追跡評価も重要である。フレンズプログラムの評価には，以下の尺度が使われている。

- Spence Children's Anxiety Scale (SCAS; Spence, 1997).
- Revised Children's Manifest Anxiety Scale (RCMAS; Reynolds & Richmond, 1985).
- Children Depression Inventory (CDI; Kovacs, 1981).
- Strengths and Difficulties Questionnaire (SDQ; Goodman, 1997)
- Self-Esteem Inventory (SEI; Coopersmith, 1967)
- Piers-Harris Children's Self-Concept Scale (Piers, 1984)
- Anxiety Disorder Interview Schedule for Children (ADIS-C; Silverman & Albano, 1996)
- Child Behavior Checklist (CBCL; Achenbach & Rescorla, 2001).
- The Children's Hope Scale (Snyder et al., 1997)
- Multidimensional Scale of Perceived Social Support (Zimet & Farley, 1988)

　さらに，プログラム運営の忠実度（fidelity）と社会的妥当性（social validity）を測ることも重要視している。バレット博士（2005）はこれらを評価する尺度をいくつか開発している。

　フレンズプログラムは，実在するエビデンス・ベーストに基づく教育であり，子どもと青少年の不安症とうつ病を治療する，また予防するプログラムとして，世界保健機構（WHO）によって認められている唯一のプログラムである（World Health Organization, 2004）。全米研究評議会（米国学術研究会議とも訳されている；National Research Council: NRC, 2009）とコクラン・コラボレーション（Cochrane Collaboration Library: CCL, O'Kearny, Anstey, & von Sanden, 2007）（訳注：世界的に急速に展開している治療，予防に関する医療技術を評

価するプロジェクト）によっても，同様に承認されている。

　フレンズのユニバーサル支援としての最初の効果検証は，2001年にバレット博士とターナー博士によって行われた（Barrett & Turner, 2001）。10歳から12歳までの489人の児童が参加した。プログラムを受けた子どもたちには不安症状の減少が見られ，不安障害のリスクがあるとされた子どもたちのうつ症状にも減少が見られた。続いて行われた研究においても，不安とうつの症状の減少が見られ，また，危険な要因に改善が見られた（Lowry-Webster, Barrett, & Dadds, 2001）。この変化は，12か月後の追跡調査（Lowry-Webster, Barrett, & Lock, 2003）においても持続が観測され，24か月と36か月後の調査（Barrett, Farrell, Ollendick, & Dadds, 2006）においても変化は維持された。

　いくつかの研究に，中等学校（訳注：オーストラリアのハイスクールは，中学校と高校からなる）の生徒よりも，小学校の児童によりよい変化が現れた（Barrett, Lock, & Farrell, 2005; Lock & Barrett, 2003）。また，男子と女子を比べると，女子によりよい変化が見出された（Barrett, Farrell, Ollendick, & Dadds, 2006）。

　フレンズフォーライフは，オーストラリア国外では最初にイギリスにおいて効果検証が行われている。9歳から10歳の213人の児童を対象に養護教員によって行われた（Stallard, Simpson, Anderson, Carter, Osborn, & Bush, 2005）。プログラムに参加した子どもたちの不安症状は，心理統計的に有意な減少が見られた。また，自己肯定感に有意な向上が見られ，プログラムに対する満足度は高かった。深刻な情緒問題を抱えていた児童については，半数以上に有意な改善が現れた。イギリスでの次の研究は，スタラード他（Stallard, Simpson, Anderson, Hibbert, & Osborn, 2007）によって前回同様に実施された。しかし，このときには，プログラム終了3か月後の追跡調査が行われ，前回と同様に，子どもの不安症状の減少と自己肯定感の向上の維持が確認された。さらに，これらの変化は1年後にも確認されている（Stallard, Simpson, Anderson, & Goddard, 2008）。

　ドイツでは，イーソウ他（Essau, Conradt, & Ederer, 2004）が9歳から12歳の200人の児童を対象にプログラムの効果を測り，子どもの不安症状の有意な減少が見られた。子どもだけでなく保護者のプログラムに対する高い満足度が報告されている。この研究では，子どものプログラム満足度と臨床的結果の関連も研究対象とされた。子どものプログラム満足度と子どもが自己報告する

不安のレベルに相関関係が見られ，満足度の高さと不安レベルの低さは比例する関係があった。

その他の文化社会においてもプログラム効果は検証されている。モスタートとロクストン（Mostert & Loxton, 2008）による南アフリカの研究では，同様にプログラム後の子どもの不安症状の減少は4か月後と6か月後の調査において確認された。メキシコにおけるガレゴスの研究（Gallegos, 2010）では，うつ症状とリスク要因の減少と事前対策的対処スキル（proactive coping skills）の向上が見られた。

アットリスク（at-risk）の子どもと青少年を対象にした研究も行われている。オーストラリアでは，英語を話さない移民家庭の子どもを対象にプログラムが実施された。事前対策的対処スキルと自己肯定感の向上が見られた（Barrett, Moore, & Sonderegger, 2000; Barrett, Sonderegger, & Sonderegger, 2001; Barrett, Sonderegger, & Xenos, 2003）。アメリカでは，暴力問題が顕著な地域に住むアフリカ系アメリカ人の子どもを対象にプログラムが実施された。子どもの不安症状，生活ストレッサー，地域社会の暴力による犠牲の減少が報告された（Cooley-Quille, Boyd, & Grados, 2004; Cooley-Strickland, Griffin, Darney, Otte, & Ko, 2011）。この研究では，もう1つの利益がもたらされた。子どもたちは算数の標準テストで成績を伸ばしたのである（Cooley-Quille et al., 2004）。メキシコでは，養護施設に住む女子を対象にプログラムが実施された。プログラム後，オプティミズムと自己認識の建設的な変化，不安症状，うつ症状，自己肯定感のいくつかの項目の改善が見られた（Gallegos, Rodriguez, Gómez, & Rabelo, 2012）。さらに，オーストラリアにおいて，社会経済的に不利益な地域に住む子どもたちが参加するユニバーサル設定の学校で行われるプログラムが研究され，不安症状とうつ症状，ピア問題，行動問題の有意な減少と，自己肯定感と対処スキルの向上が報告されている（Stopa, Barrett, & Golingi, 2010）。

同じように，指示的レベルの予防教育として行われた研究がある。ダッヅ他（Dadds, Spence, Holland, Barrett, & Laurens, 1997）は，7歳から14歳の1,786人の子どもを対象に研究を行った。不安症状のスクリーニングは，教員の指名と児童・生徒の自己申告によって行われた。参加募集と，診断面接（diagnostic interview）を行って128人が研究に参加した。この子どもたちは，10週間の学校で行うプログラム（子どもと保護者に焦点を当てた心理的介入：child-and parent focused psychological intervention），つまりフレンズフォーライフに参

加するグループと，観察グループに無作為に分けられた。プログラム終了時には，両グループともに改善が見られたが，6か月後の追跡調査では，プログラムに参加したグループのみが変化を維持しており，現存する不安障害の率と新たな発症率もこのグループのみ減少していた。

　これまでの研究結果によると，子どもや教員の自記式レポートによって同定された不安の問題と不安症は，学校で行われる早期介入の支援によって防ぐことが可能であると言える。ダッヅ他（Dadds, Holland, Laurens, Mullins, Barrett, & Spence, 1999）の研究では，12か月後には2グループの差は特定されなかったが，プログラムに参加したグループの優位な変化は2年後の追跡調査において維持されていることが確認された。介入前の症状の深刻さ，性差，保護者・養育者の不安が，介入に対する低い効果結果を予想する主な要因であることが特定された。しかし，介入後では，症状の深刻さのみが24か月後の慢性症状を予想する要因であった。このように，学校における比較的短期間の支援介入によって不安症状の軽減を持続させることができるのである。

（4）課題と将来の展望

　フレンズプログラムをさらに普及させるための課題がある。それぞれの社会文化に適応したプログラムにすることと，その国の人々の意見を取り入れて社会文化に合った教材を作ることである。そして，プログラムを子どもたちに実施するファシリテーターのトレーニングをもっと参加しやすいものにすることである。今までも工夫を重ねては来ているが，例えば，僻地でも実施可能であること，どんな国においてもトレーニングができること，などを考えると，まずコスト削減に取り組む必要がある。これらの課題に対応するために，インターネットを利用したインターアクティブなフェイス・トゥ・フェイスのトレーニングを開設中である。

　さらなる課題として取り組んでいるのは，教育的パラダイムの移行である。治療のみに焦点を当てるのではなく，予防的側面とレジリエンスの向上に重点を置く方向性を明確にしている。地域のウェルビーイングとポジティブ心理学は重要な基盤になる。それと同時に，家族と学校全体の参加を促して子どもたちの人生に役立つ知識と技術が最大限に与えられる環境をつくることが大切である。予防教育をライフロング・アプローチ（lifelong approach）として見す

写真 5-7　ガレゴス博士（左）とバレット博士（右）

えた取り組みを理想とする展望を持って取り組んでいる（写真 5-7：メキシコのモンテレイ［Monterrey］大学教授ガレゴス博士はこれらの課題にバレット博士とともに取り組んでいる）。

3．ユー・キャン・ドゥー・イット！プログラム（You Can Do It! PROGRAM）
―児童・青少年の学業成績および健全性向上のための社会・感情学習プログラム―

（1）教育の背景と理論

（a）教育の背景

　20 世紀のオーストラリアにおいて，学校教育の使命は主として児童・生徒の学力向上を促進することであり，それによって彼らの就労の成功と，地域社会に対する，またオーストラリア社会の繁栄のための積極的な参画と貢献を図ることであった。学校教育のカリキュラムでは，英語や数学などの主要学習領域の指導に重点が置かれていた。
　残念ながら，21 世紀の成績データによると，オーストラリアではあまりに

も多くの生徒が，特に経済的に恵まれない環境に置かれている場合，標準以下の学業成績で学校を卒業し社会に出ている。さらに，「オーストラリア統計局2006年成人リテラシー・生活技術調査」(Adult Literacy & Life Skills Survey: ALLS, 2008) では，国民の言語，リテラシー，計算能力の水準は「1996年国際成人リテラシー調査 (International Adult Literacy Survey)」以来10年間，ほとんど向上していないことが明らかになった。また，オーストラリアの子ども，青少年のメンタルヘルスについても警鐘が鳴らされている。いじめの多発を含め，うつ，不安症，薬物乱用，行為障害の発生率が高いことが引き続き報告されている（例えば，Bernard, 2008a; Sawyer et al., 2000）。

　リテラシー，計算能力の低迷とメンタルヘルスの問題というオーストラリアの子どもと青少年の二重の困難に対処するため，学校は教育に対する取り組み方法を変えざるを得なくなった。教育成果の向上をねらった改革によって，学校の方針，リーダーシップ，経営慣行，カリキュラム，指導といった面でさまざまな変化が押し寄せている。成績不振とメンタルヘルスの問題の克服に向けて，学校では社会的および感情的学習の体験とプログラムを，学校文化，カリキュラム，指導方法の中に組み入れる動きが活発化している。また，メタ分析によって，学校における支援介入は，生徒の社会的および感情的学習の促進にプラスの効果があることが明らかになっている（例えば，Durlak, Weissberg, Dymnicki, Taylor, & Schellinger, 2011）。

　1970年代から1980年代にかけて，バーナード博士は小学校および中等学校において顧問学校心理士として，感情（怒り，不安，うつ），行動（不服従，いじめ，攻撃性），学習（動機づけの欠如，成績不振）の面で多様な問題を抱えた生徒（とその家族）を担当した。用いたカウンセリング手法は，理性感情行動療法 (Rational Emotive Behaviour Therapy: REBT, Ellis, 1962) とその派生的教育である理性感情教育 (Knaus, 1974) であった。バーナード博士は多年にわたって，若者が自分自身や他者，自分の学業に対して抱くネガティブで不合理な考え方を，より合理的でポジティブな考え方へと意識上の再構築をする手助けを行った。また，若者がさまざまな合理的信念（自己受容，高度な欲求不満耐性，他者受容）を獲得する支援も行った。合理的な考え方を強化することが，情緒および行動面の問題の減少と，前向きな態度や生活の満足感の増進につながった（例えば，Bernard & Keefauver, 1979）。

　この間，メンタルヘルス分野の医療従事者向けに，児童・青少年に対する

REBT 実施の理論と実践を詳述した著作が出版されている（Bernard & Joyce, 1984; Ellis & Bernard, 1983, 2006）。このモデルの成功がきっかけとなって，学校で全学年の児童・生徒を対象に，教師が教えることができ，父母の支持も得られるような予防プログラムを開発しようという決心が固まった。学校と家庭が，子どもたちの持って生まれた合理的思考能力の開発と，社会的および感情的能力の強化を支援することができれば，大きな違いをもたらすことが可能だと思ったのである。

「ユー・キャン・ドゥー・イット！教育」（You Can Do It! Education: YCDI）は，『ユー・キャン・ドゥー・イット！成功と幸福についてすべての生徒と親が知るべきこと』（Bernard & Hajzler, 1987）の出版と同時に始まった。当時，これはさまざまな合理的な態度と社会・感情的能力（自信，自己受容，粘り強さ，目標設定，時間管理，試験不安管理など）が好成績と健全性の支えになることを詳述したという点において，極めて画期的な著作であった。この本はオーストラリア各州とニュージーランドでベストセラーの地位を獲得した。バーナード博士は広くマスメディアや全国の教育者グループに向けて講演を行い，正規の学校教育に社会的および感情的学習を組み込むことの必要性を説いた。

1990 年代から今日にいたるまで，多くの同僚による多大な貢献とオーストラリア奨学基金（Australian Scholarships Group）からの継続的な惜しみない支援のおかげで，YCDI の開発は続いている。YCDI は，合理的信念と社会・感情的能力の開発のための学校・家庭間の協同プログラムであり，これらを育むことで多様なプラスの成果を若者が得られることが，研究によって明らかにされている。オーストラリア全国数千校で YCDI の理論と実践に関する全職員トレーニングが実施され，YCDI 教育プログラムが活用されている。YCDI は，若者を精神的苦痛から解放する手助けとなるのみならず，彼らの潜在能力の開花を促すことにも常に注目してきたという点で，1999 年にマーティン・セリグマン（Martin Seligman）によって提唱されたポジティブ心理学の動きに，まさしく重なるものである。

1990 年代のユー・キャン・ドゥー・イット！教育の学校への"取り込み"は，個々の教師や校長たちが自ら入門ワークショップに参加し，「プログラムアチーブ」（Program Achieve）のレッスン用 YCDI カリキュラム教本を学年に応じて購入し，自分のクラスに YCDI を導入したことで始まった。そうした取り組みが成功して，児童・生徒の態度や行動にプラスの変化が現れたことが職員会

議で伝えられ，結果としてYCDIが学校全体で採用されるようになった。

　21世紀に入って最初の10年間でYCDIは急激な伸びを見せ，2,000以上の学校が全職員トレーニングを申し込んでいる。学校管理者や教師の間で，YCDIの質の高さと学校に対する高度な専門的トレーニングについての評判が広まったことが，YCDIの全国的規模の成長をもたらした。2008年にジ・エイジ紙（The Age，訳注・豪ビクトリア州メルボルンを拠点とする新聞）は「オーストラリアでもっとも普及している社会・感情学習プログラムはユー・キャン・ドゥー・イット！教育であり……5,000以上の幼児教育施設や小学校，中学・高校が活用している」と報じた。YCDIは英国，ルーマニア，ベトナム，シンガポール，米国など多くの国々に導入されている。

　YCDIの理論的起源は3つの特徴的研究分野にまたがっており，そこから子どもと青少年の学業成績と健全性を制御する3種の社会・感情的能力が浮き彫りにされる。すなわち，学習性向，ソーシャル・スキル，感情的レジリエンスである。この3分野は，アメリカの学業，社会・感情学習協同（Collaborative for Academic, Social and Emotional Learning: CASEL, Elias et al., 1997）が生活の充足感を得るための基本スキルと見なした5つの社会・感情的能力（自己認識，自己管理，社会意識，人間関係スキル，責任ある意思決定）と共通点が多々ある。

（b）学習性向（学習する際の振る舞いや態度）

　オーストラリア，ビクトリア州政府教育・幼児発達省（Victorian Department of Education and Early Childhood Development）向けに執筆した研究論文「生徒の社会・感情的性質とリテラシーおよび計算スキルの発達の関連性」（Bernard, 2011）では，学校での学習についての批判理論と，児童・生徒の学業成績に影響する社会・感情的学習のさまざまな性質を明らかにした研究（例えば，Bloom, 1977; Carroll, 1966; Fantuzzo et al., 2007）が再考察された。

　教職員の指導効果が児童・生徒の好成績に最大限寄与するように方向づける学習性向とは，学習に対する姿勢（例えば，前向きな態度，粘り強さ，柔軟性，動機づけ）（例えば，McDermott, Green, Francis, & Stott, 1999），学業面での自己規制（達成目標の設定，自己監視）（例えば，Zimmerman, 1989），学業面での実現要因（内因的な動機づけ，自己効力感，社会的スキル，取り組み，学習スキル）（例えば，DiPerna & Elliott, 2002），内的な統制の所在（Rotter,

1966),オプティミズムの習得(例えば,Seligman, 1991),合理的信念(例えば,高度な欲求不満耐性)(例えば,Ellis & Bernard, 1983)である。さらに,学業の遅延(および不振)に関連する,児童・生徒の認知・感情的および感情的性質を取り上げた広範な研究がなされており,そうした性質には,不安(失敗に対する恐れ),課題回避や欲求不満耐性の低さ,稚拙な時間管理,無秩序さ,敵対心などが含まれる(Rosario, Costa, Núñez, González-Pienda, Solano, & Valle, 2009; Solomon & Rothblum, 1984)。さらに,読解力に問題のある生徒は,業績面の自信,社会的自信,粘り強さ,秩序などの社会・感情的能力の発達が進んでいないことが確認された(Bernard, 2004a)。

　バーナード博士は過去20年間にわたって,社会・感情的な学習性向や振る舞いについて系統立てて教育することこそが,学校環境への適応や成績の向上を促進するための学校の努力に欠けていた部分であると論じてきた(Bernard, 2006a)。YCDI教育では,生徒の取り組みや成績を制御するこうした主要な社会・感情的性質が多々指導される。

(c) ソーシャル・スキル

　子どもの社会適応に関するYCDIの理論的枠組みは,3つの異なる影響を受けている。第一に,1970年代初頭より,児童および青少年が人間関係の問題を解決するために用いる認知行動的ストラテジーを調査する広範な研究が行われ,対人関係の困難を抱えるケースにはこのストラテジーが欠けていることが明らかになった(例えば,Pellegrini & Urbain, 2006; Shure, 2000; Spivack, Platt, & Shure, 1976)。詳細な調査により,5つの認知スキル—考え方の類型—が対人関係の問題を有効に解決するために必要なことがわかった。それらは,感受性,または全体像の把握,代替案の策定,手段−目的思考,結果予測思考,因果的思考である。

　第二に,社会適応に関するYCDIの概念にとって重要なのは,アルバート・エリス(Albert Ellis)が「他者受容(acceptance of others)」と呼んだところの合理的信念である。エリスはこの合理的信念を,「人としての全体的価値が,周囲の人の敬意と公平性を常に必要とせず,また,その人の行動に基づいて評価されないで行われる受容」と定義している。他者受容と若者の怒りの程度の低さには関連があることが明らかになっている(Bernard & Cronan, 1999など)。

第三に,「オーストラリアの学校における価値観教育の国家的枠組み(national framework for values for Australian schools professional learning resources)」が2005年に発表されたことがあげられる。この枠組みは，いわゆる"善良な性質"を構成する共通の価値観の存在に関する研究に基づいた信念を反映したものである。この枠組みは，全国のすべての学校が計画的かつ系統的な価値観教育を行うというビジョンを示している。この枠組みで特定された9つの共通価値観とは,「配慮と思いやり」,「最善を尽くすこと」,「公平さ」,「自由」,「誠実さと信頼性」,「高潔さ」,「敬意」,「責任と理解」,「寛容さと包摂（inclusion）」である。こうした価値観の多くは，YCDIで教える「社会的責任」と呼ばれるポジティブな心的習慣の中に含まれている。

（d）感情的レジリエンス

　子どもの感情的レジリエンス，あるいは感情制御とは，有害事象に際して経験する否定的な感情の度合いを制御するのに役立つ対処ストラテジー（気晴らしをする，考え方を転換する，運動をする，助けを求めるなど）を活用する能力を，子どもが身につけることと定義されている（Bernard, 2004b; Bernard & Pires, 2006）。感情的レジリエンスの未発達は，問題行動発生の主な原因となり，他の，また，重度の精神障害につながりかねないということが論じられている（Landy, 2002; Saarni, 1999）。エリスは，誰でも自分の感情を制御する能力を大きく左右する2つの生物学的傾向，すなわち合理的信念と非合理的信念を持って生まれてくるという見解を示した。エリスは非合理的信念が精神的苦痛の核心であると考えた。

　YCDI教育に特に関連するのは，エリスの情緒不安のモデルと，非合理的信念を合理的信念に変えるのに役立つ心理教育的手法である。図5-3が示すように，何らかの拒絶や不成功の際に感情や行動の種類と程度がどうなるかは，本人が起きている事態をどうとらえるかという点に大きくかかわっている。自分自身を落伍者と見なす傾向がその事態に不釣合いなほど高い場合，その若者は深く落ち込んで引きこもるようになるだろう。逆に，合理的に自己受容を行い，嫌な出来事を個人的に受け取らない傾向があれば，その若者は落胆したとしても取り組み続けることができる。

　合理的な思考方法の基本を子どもに教えるのは可能であること，それのみならず，子どもに合理的な思考を教えると劇的な改善が見られることが，適応と

第5章　オーストラリアの予防教育　209

```
起きていること ──────→ 思　考 ──────→ 感　情 ──────→ 行　動
```

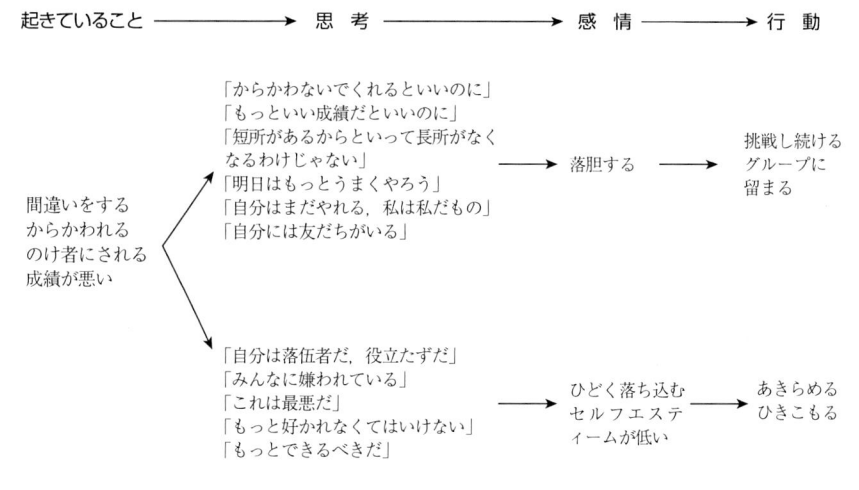

　　　　　　　　　「からかわないでくれるといいのに」
　　　　　　　　　「もっといい成績だといいのに」
　　　　　　　　　「短所があるからといって長所がなく　　　　　　　　　　　　　　挑戦し続ける
　　　　　　　　　　なるわけじゃない」　　　　　　　　　　→　落胆する　　→　グループに
間違いをする　　　「明日はもっとうまくやろう」　　　　　　　　　　　　　　　　 留まる
からかわれる　　　「自分はまだやれる，私は私のもの」
のけ者にされる　　「自分には友だちがいる」
成績が悪い

　　　　　　　　　「自分は落伍者だ，役立たずだ」
　　　　　　　　　「みんなに嫌われている」　　　　　　　　　ひどく落ち込む　　あきらめる
　　　　　　　　　「これは最悪だ」　　　　　　　　　　→　セルフエステ　→　ひきこもる
　　　　　　　　　「もっと好かれなくてはいけない」　　　　　ィームが低い
　　　　　　　　　「もっとできるべきだ」

図 5-3　思考方法の基本モデル

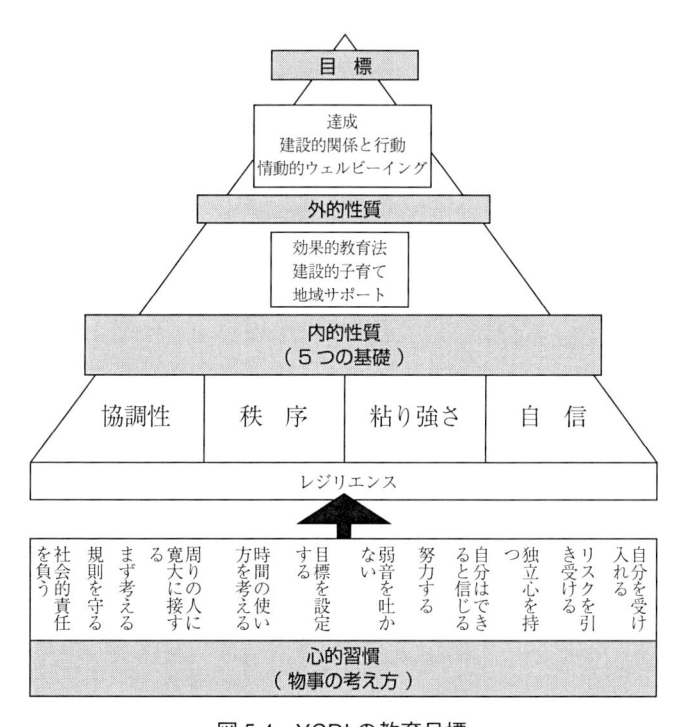

図 5-4　YCDI の教育目標

メンタルヘルスのさまざまなアセスメントで測定されたと，膨大な数の知見が報告している（例えば，Hajzler & Bernard, 1991）。これらにより，YCDI の理論的枠組みと派生的教育プログラムには，学習性向，ソーシャル・スキル，感情的レジリエンスという3領域が組み込まれている。

　YCDI の目標は図5-4 が示すモデルによって表される。児童・生徒が成果を達成するためには，「外的性質」が重要な影響を持つとされる一方で，「内的性質（5つの基礎）」，すなわち自信（業績面，社会的），粘り強さ，秩序，協調性，レジリエンスがもっとも重要だと見なされている。5つの基礎を十分身につけないかぎり，若者は適応や成績の問題という"リスクを抱える"であろう。地域，学校，個人，家庭，生物学的気質という要素が，5つの基礎の発達度合いに影響すると考えられる。

　このモデルはまた，12 のポジティブな「心的習慣」を表しており，これは 5つの基礎を認知的態度の面で支えている。心的習慣とは，人がある特定の考え方をする無意識の傾向のことである。その思考方法は特定の感情や行動を引き起こすが，そうした感情，行動は，心的習慣がポジティブな場合には優秀な学業成績や社会・情緒・行動面の健全性につながり，逆にネガティブな心的習慣が勝る場合には，学業不振や精神的不健全さにつながる。例えば，「自分を受け入れる」「リスクを引き受ける」「独立心を持つ」というのはポジティブな心的習慣で，若者が学業や社会的な面で自信を築くのに役立つ。5つの基礎と12の心的習慣の個々の定義は表5-1（pp. 212-213）に示してある。

（2）プログラムの特徴

　YCDI で5つの基礎と12 の心的習慣を教える方法は多様である。YCDI カリキュラムプログラム，YCDI クラスおよび学校全体での実践，YCDI 保護者教育について，以下に詳述する。

（a）YCDI 幼児カリキュラム（4〜7歳向け）

　学校で広範に用いられているYCDI カリキュラムには2種類ある。その1つ，「ユー・キャン・ドゥー・イット！幼児プログラム」（4〜7歳向け）（Bernard, 2004c）は 2,500 以上の幼稚園，および小学校1年生のクラスで用いられており，以下のような構成となっている。このカリキュラムには体系的で明示的

な種々のレッスンが含まれており，セルフ・トークの活用を含め5つの基礎と12の心的習慣を幼児に対し明確に教えるものとなっている。幼児が教室内外の遊び場でいろいろなやり方で社会・感情的スキルを応用してみることを促すのに役立つアクティビティが用意されている。こうしたレッスンの活用で大成功をおさめた教師は，自分の指導スタイルと自分の生徒たちの認知発達レベルや集中力の持続時間に適合したレッスンを選んで応用している。ほとんどのレッスンにはロールプレイのアクティビティが含まれており，重要なポイントを伝えるために5種類の人形（自信家コニー Connie Confidence, 粘り強いピート Pete Persistence, 秩序立って行動できるオスカー Oscar Organization, 協調性のあるギャビー Gabby Get Along, レジリエンスのあるリッキー Ricky Resilience）を使うため，相当の時間にわたって教師の関与が必要となる。

　YCDI 教育幼児版の実施において，授業だけではなく他のいろいろな機会に5つの基礎と12の心的習慣を組み込むための幅広い指導方法が工夫される。幼児用の"教室"には，視覚的に YCDI の主要テーマである自信，粘り強さ，秩序，協調性，レジリエンスを訴える掲示物や置き物が必要である。教師が子どもたちに読み聞かせる本や歌う歌は，YCDI のテーマに沿うさまざまな方法があるという観点から，子どもたちと話し合って選ばれている。また，子ども

写真5-8　「ユー・キャン・ドゥー・イット！」幼児プログラム教材

表 5-1　YCDI で指導する 5 つの社会的感情的スキルと 12 の心的習慣（考え方）

自信とは，自分は学んでいる多くの分野で成功する可能性が高いと自覚していることである。それは，間違うことを恐れず，新しいことに挑戦することを意味する。自信ある行動の例としては，授業で難しい質問に手を挙げて答える，助けを求める前にまず頑張って試してみる，先生やクラス全体に新しいアイデアを発表する，などが挙げられる。

　若者が自信を育むのに役立つポジティブな心的習慣には以下のようなものがある。
- 自分を受け入れる　間違いをしたり誰かに意地悪をされたりしても，自分は役立たずでも全くの落伍者でもなく，自分は自分だと考える。
- リスクを引き受ける　成功を望むものの必要とするわけではなく，たとえ達成できなくても何か新しいことに挑戦するのはよいことだと考える。
- 独立心を持つ　周囲の人の承認を望むものの必要とするわけではなく，大事なのは新しい活動を試すことや，たとえクラスメートにばかにされても堂々と意見を言えることだと考える。
- 自分にはできる　新しいことを学ぶ際に，失敗するより成功する可能性が高いと考える。

粘り強さとは，学校の勉強が難しいとかつまらないと感じるときでも，投げ出さずに頑張るということである。粘り強い行動の例には，勉強が難しくても努力し続ける，周囲に気をとられない，やり終わったら答えが正しいか見直す，などがある。

　若者が粘り強さを身につけるのに役立つポジティブな心的習慣には以下のようなものがある。
- 自分にはできる　懸命に頑張ればおそらく成功するということ。
- 努力する　頑張れば頑張るほど何でも上手になり，うまくいくと考える。
- 弱音を吐かない　物事が楽しく退屈しないことを望むものの必要とはせず，成功するためには易しくも楽しくもないことでも時にはしなくてはならないと考える。

秩序とは，勉強に最善を尽くすという目標を立て，慌てないよう時間の使い方を考え，必要なものをすべて揃えて，宿題の提出期限を把握しておくことである。秩序ある行動の例としては，課題を始める前に自分が先生の指示を理解しているか確かめる，机を整頓して必要なものをすべて用意する，宿題とその提出期限を記録しておく，余裕を持って宿題を終わらせられるよう計画を立てる，といったことである。

　若者が秩序を身につけるのに役立つポジティブな心的習慣には以下のようなものがある。
- 目標を設定する　目標を設定することで，課題がよりうまくいくと考える。
- 時間の使い方を考える　勉強にどれぐらいの時間がかかるか考え，余裕を持って計画を立てる。

協調性とは，先生やクラスメートとうまく付き合い，腹を立てずに問題を解決し，クラスの規則を守り，他の人の権利を尊重したり環境に配慮したりして，学校，家庭，地域に貢献することを意味する。協調的な行動の例としては，グループ活動で協力する，他の人が話しているときはさえぎらずに耳を傾ける，誰かが不当な行いをしたら争わずに話し合う，クラスの規則を守る，困っている

人を助ける，環境美化に努める，などである。

　若者が協調性のある行動を身につけるのに役立つポジティブな心的習慣には以下のようなものがある。
- 周りの人に寛大に接する　他の人が公平で思いやりがあることを望むものの必要とはせず，自分に意地悪な人や自分とは違う人がいても，相手の全てが悪いとは考えない。
- 規則を守る　規則を守れば，学校生活がうまくいくと考える。
- まず考える　誰かにひどい扱いをされたら，どんな対処が最善か検討する必要があると考える。
- 社会的責任　大事なのは，他の人のことを思いやる，公平に接する，必ず皆が恐れずに意見を述べる自由を保てるようにする，正直である，約束したことは必ず守る，他の人を尊重する，マナーを守る，賢明な判断をして責任ある行動を取る，自分と違っている人のことを理解し仲間になる，という点だと考える。

レジリエンスとは，困難な状況や相手に出会っても，(1) 極端に腹を立てたり，落ち込んだり，心配したりしないようにする，(2) 激しく動揺したときでも行動を制御する（争ったり逃げたりしない），(3) 相応な時間内に落ち着く，(4) 気を取り直して活動に戻る，ということである。
- これで世界が終わるわけではない　最悪のことが起きたわけではないと考える。
- 自分は耐えられる　うれしくはないけれどもがまんできると考える。
- 自分を受け入れる　自分は見込みがないわけではないと考える。友だちがいるし，他のことは上手にできる。自分は自分だ。
- リスクを引き受ける　完璧でなくてもよいと考える。たとえ達成できなくても，何か新しいことに挑戦するのはすばらしい。
- 独立心を持つ　必ずしも周囲の人みんなの承認が必要ではないと考える。大事なのは，新しい活動に挑戦し，たとえクラスメートにばかにされても堂々と意見を言えることである。
- 自分にはできる　自分は失敗するより成功する可能性が高いと考える。
- 弱音を吐かない　必ずしも常に物事が楽しく刺激的でなくても構わないと考える。
- 他の人に寛大に接する　他の人をその行動や自分との違いに基づいて非難しないと考える。

　若者がレジリエンスを身につけるのに役立つ対処スキルとは——
- 何か楽しいことを見つける
- 誰か話し相手を見つける
- リラックスする
- 運動する
- 毅然とした態度を取る
- 問題を解決する
- ネガティブなセルフ・トークをポジティブなセルフ・トークに変える
- 物事を大げさに考えない

たちが自信，粘り強さ，秩序，協調性，レジリエンスに当てはまる言葉や行動を表現するのを見つけたら，その言葉や行動を具体的に指摘しながらフィードバックをしたりほめたりすることが重要である（「話をしてくれたときに自信が伝わってきましたよ」など）。そして，多様な方法で，いかにセルフ・トークが役立つかに子どもたちが気づくよう，教師は支援する。子どもの社会・感情的能力の発達の度合いにもっとも大きく影響するのは，プログラムで用いられる5種類の人形であることが明らかになっている。幼児は各人形独自のキャラクターをすばやく見分け，それぞれのセルフ・トークや行動パターンを自分のものにしていく（写真5-8）。

(b) YCDIプログラムアチーブカリキュラム（6〜18歳向け）

　2つめのYCDIカリキュラム，「プログラムアチーブ」（6〜18歳向け）（Bernard, 2007）は4,000以上の小学校，中等学校で用いられているカリキュラムシリーズである。プログラムアチーブは，それぞれ全3巻の小学校セットと中等学校セットからなっており，いずれも5領域を取り上げたレッスン，すなわち，「位置について，用意，ユー・キャン・ドゥー・イット！」（入門レッスン），「自信」，「粘り強さ」，「秩序」，「協調性とレジリエンス」が含まれている。6巻の区分は，第1巻：1〜2年生，第2巻：3〜4年生，第3巻：5〜6年生，第4巻：7〜8年生，第5巻：9〜10年生，第6巻：11〜12年生となっている（訳注，オーストラリアでは州により6年生または7年生までが小学校）。小学校セット，中等学校セットとも幅広いアクティビティ（クラス全体，小グループ，個人）が収録されており，次第に認知・言語的な複雑さが増す形で（小学校の下級，中級，上級，中等学校の下級，中級，上級）同様のテーマが提示される。レッスンには通常50分授業2コマ分を使うさまざまなアクティビティが組み込まれ，心的習慣について教えるための明確な指針が示されている。中には保護者の参加を求めるアクティビティもある。すべてのレッスンに，レッスン内容を教室での学習に組み込むためのアドバイスと，実践に移すためのアクティビティが含まれている。

　ここに掲載する図5-5カリキュラムアクティビティの例「セルフ・トークの力」（The Power of Self-Talk）は，プログラムアチーブに収録されている活動で，ユー・キャン・ドゥー・イット！メンタープログラム（Bernard, 2002）にも収録されている。YCDIのレッスン計画が非常に系統的に組み立てられたもの

図 5-5　プログラムアチーブの活動例（Bernerd, 2007）

であり，レッスンを効果的に行えるよう教師に十分な解説が提供されていることがわかる例である。

さらに，2 つの新しい YCDI カリキュラムが開発されている。「ユー・キャン・ドゥー・イット！サークルタイム　－生徒の成功と健全性に必要な社会的および感情的スキルを強化するアクティビティ」（Bernard & Burston, 2009）と「いじめ　－対処能力の育成」（Bernard & Ward, 2012）である。

（c）YCDI クラスおよび学校全体での実践

教師が YCDI カリキュラムプログラムに基づいたレッスンとアクティビティを指導するのに加え，年を追うにつれてさまざまな指導方法が見出され，生徒が 5 つの基礎と 12 の心的習慣について知識や使い方を習得する助けとなってきた（Bernard, 2006b 参照）。以下は実践方法の例である。

（i）実践方法 1.「5 つの基礎それぞれについて生徒と話し合う」

5 つの基礎それぞれについて，また誰にとっても成功と健全性のためにその各々がいかに重要かについて，話し合いを持つことが重要である。生徒を 5 つの基礎に関する話し合いに引き込み，生徒の見方や定義づけを尋ねて，必ず話し合いの最後には一つの定義が示されるようにする。

（ⅱ）実践方法 2.「それぞれの基礎を反映した行動を生徒が練習できるよう例を示す」

話し合いのあとで，5つの基礎を身につけるために生徒が練習できるよう，教師はそれぞれに対応した行動の例をポスターの形でリストアップする（スケジュール表どおり実行する，図書館で調べ物をする，つづりの練習をする，読書時間を取るなど）。生徒がこうした行動を練習するよう促す。

（ⅲ）実践方法 3a.「考え方やセルフ・トークが気持ちや行動に果たす役割を生徒に教える（表5-2）」

生徒に伝えるべき重要な考えの1つは，自分に起こることが自分の成功や幸福を決めるのではないという点である。このような考えは以前からあった。古代ローマ時代のストア派哲学者エピクテトスは2世紀にこう記している。「人々を不安にするものは，事柄ではなくて，事柄についての思惑である」。またシェークスピアは「物事に善も悪もない，考え方1つだ」と書いている。

（ⅳ）実践方法 3b.「5つの基礎それぞれを支えるポジティブな心的習慣について生徒と話し合う」

教師は，12のポジティブな心的習慣の意味とそれらがどう5つの基礎を支えているかを学ぶ話し合いとロールプレイをデザインする。そこで，ポジティブな行動を実践する際にいかにポジティブな心的習慣が役立つかを指導する。

（ⅴ）実践方法 4.「生徒の5つの基礎を反映した行動例を，その行動を具体的に指摘しほめる」

教えられた5つの基礎に即した行動を生徒が実践しているのに気づいたら，口に出すか身振りで，またはコメントを書いて生徒をほめる（「あなたから自信が伝わってきました」，「頑張ってあきらめませんでしたね，それこそが粘り強さです」，「秩序立ててできると気持ちがいいでしょう？」，「共同作業のときに周りととてもうまくやっていますね」，「難しい状況で落ち着いていましたね，それがレジリエンスです」など）。

（ⅵ）実践方法 5.「物事を大げさに考えないよう生徒に教える」

この点は，生徒のレジリエンスを育むのに役立つものとして一般的な指導方

表 5-2　「セルフ・トークの力」(カリキュラムアクティビティ：Bernard, 2007)

セルフ・トークの力

アクティビティの始めに，誰でも自分の成果，自分自身，他の人々についてどう考えるかを選ぶことができるという点を説明するとよい。考え方を指すのに YCDI で用いる用語は「セルフ・トーク」である。セルフ・トークと考え方はほぼ同じ意味である。

生徒に2種類のセルフ・トーク，「ネガティブなセルフ・トーク」と「ポジティブなセルフ・トーク」があることを説明する。

ポジティブなセルフ・トークの例には以下のようなものがある。
「自分にはできる」「たとえうまくできなくても，自分の価値は変わらない」「上手にできることはたくさんある」「自分の間違いを含めて自分自身を受け入れる」

ネガティブなセルフ・トークの例には以下のようなものがある。
「こんなことできっこない」「自分は負け犬だ」「絶対にうまくいかない」「誰にも好かれていない」「仲よしの友だちなんて決してできない」

また，セルフ・トークは自分の成功や幸福にとても大きな効果があるということに触れるとよい。ポジティブなセルフ・トークをするほど，レジリエンスや自信，粘り強さ，秩序，協調性が身につきやすい。

生徒に指示して，イラストの人物が荒れた海で泳ぎ続けられるかどうかを示すポジティブなセルフ・トークとネガティブなセルフ・トークの例を，吹き出しの中に書き入れさせる。困難な状況に直面した場合は，ネガティブなセルフ・トークではなくポジティブなセルフ・トークを試すよう説明する。

話し合いのための質問と回答例

1. ポジティブに考えれば必ず成功するのか？
    回答例：そうではありません。泳ぎができなければ，どれだけポジティブなセルフ・トークをしてもプールを泳いで渡ることはできません。けれども，ポジティブな考えは自分自身を信じることにつながり，成功への地ならしができます。

2. ネガティブに考えると必ず失敗するのか？
    回答例：そうではありません。「外れるだろう」と思いながらバスケットボールを投げてもゴールが決まることもあります。けれども，日々ネガティブな考えをして自分を信じないでいたら，自分で決めた目標に到達できないことが多いでしょう。

"実生活"への応用

1. 1週間の間，自分の周りで人が口にするネガティブなセルフ・トークの例を，注意して聞くよう生徒に指示する（「何一つ満足にできやしない！」「もうがまんできない！」「何もかもひどくなるばかりだ！」「人生は本当に不公平だ」「あの人はまったくの間抜けだ」など）。

2. 生徒が見聞きしたことについて，次の回に一緒に話し合う。それぞれのケースで，逆にどのようなポジティブなセルフ・トークが可能だろうか？

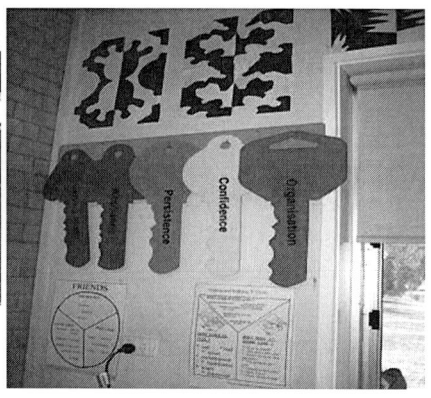

写真 5-9　学校内の YCDI 掲示物の例

法である。物事の「ひどさ」の程度がどれほど多様か生徒と話し合う。「ややひどい」ものもあれば，「ひどい」とか「とてもひどい」，「最悪」というものもある。自分に「ひどい」ことが起きたときに，自分の考え方を用いてその嫌な出来事を心の中で適切なカテゴリーの「ひどさ」に入れ，その出来事のひどさを大げさにとらえないようにすべきだということを教える。

（vii）実践方法 6.「YCDI を学習カリキュラムと一体化する」

　YCDI の基礎と心的習慣を，クラスのその他のアクティビティやメンターとの個人的な話し合いの中に多く組み込むほど，生徒はそれらをより早く吸収する。例えば言語科目でよく行われるアクティビティは，自分たちが読んでいる本や見た映画からある登場人物を選んで，YCDI の主要概念を用いながら性格分析をするというものである。

　また，以下にあげた活動は，YCDI が学校文化の本質的な一部となり，全児童・生徒に影響を与えられる臨界段階（critical mass）への到達を可能にするために推奨される。これらは，実践経験上明らかになった活動例である。

①賞の授与：生徒の行いを称える現行の賞（クラス単位，学校単位）を応用したもので，生徒が自信や粘り強さ，秩序，協調性，レジリエンスを示した場面を教職員が"つかまえて"賞を与え，ほめることができるようにする。

②全校集会：集会の時間を使って講演者を招き，5 つの基礎と 12 の心的習慣が生徒の生活にとって重要であることを話してもらう。

③遠　足：遠足の成功のためにYCDIの基礎それぞれがどう役立つか事前に生徒と見直すことによって，引率教員は生徒に遠足を楽しいものにする準備をさせる。
④生徒の"成功"談の披露：職員会議で定期的にそうした例を紹介する。
⑤学校および教室の掲示：YCDIの5つのスキルについて，図書館，受付，廊下，学校内外の壁，さらに敷地内の数箇所を選んで，掲示を行う（写真5-9）。
⑥評　価：生徒と職員がYCDIに真剣に取り組むよう，学校の成績表の中で社会的および感情的学習スキルの実践について正式な評価を記載する。

(d) YCDI保護者教育

　YCDI教師用保護者説明会ガイドは，説明会を開催して，5つの基礎などYCDIプログラムの原理を保護者に紹介するための手引きである。15～20分で系統的にプレゼンテーションを進める方法を提供する。保護者に対する3回の追加説明会用のプレゼンテーション資料もついている。保護者がYCDIプログラムを家庭でどうサポートするかを理解しておくのは，大切である。

　YCDIの保護者向け教育プログラムの開発は，2つの別個の流れの研究を端緒としている。1つめは，子どもの学習と適応にポジティブな影響を与える子育てスタイル（威厳のあるスタイルなど）と，子どもの適応問題や成績不振の原因となる子育てスタイル（自由放任型，権威主義的スタイルなど）を明らかにした広範な研究（例えば，Aunola & Nurmi, 2005; Dornbusch, Ritter, Leiderman, Roberts, & Fraleigh, 1987）である。2つめは，保護者が子どもの社会的および感情的発達を支援する方法を取り上げた，子育てに関する膨大な研究（Albright, Weissberg, & Dusenbury, 2011など），特に合理的態度と社会・感情的能力の習得を取り上げた研究（Bernard, 1997など）である。

　『親への投資　－子どもの学業成績と社会・感情的健全性を支援するために親が知るべきこととなすべきこと』（Bernard, 2003）は，前向きな子育て方法に関する最新の研究を保護者に提示するための10の学習モジュールから構成されている。これらのモジュールは，小学校と中等学校の保護者グループを対象としている。親への投資プログラムの内容は，以下の10のモジュールで構成されている。

モジュール1：　今，親であること　－知るべきこととなすべきこと
モジュール2：　"よい"親がよく犯しがちな間違いを避ける

モジュール3： 感情的なレジリエンスを保つ
モジュール4： 自分の子どもとポジティブな関係を築く
モジュール5： 成績と行動に関して，高いと同時に現実的な期待を子どもに伝える
モジュール6： 子どもの教育に関与する
　　　　　　　パートA　関心を示す
　　　　　　　パートB　宿題を管理する
　　　　　　　パートC　自分の子どもを教える
　　　　　　　パートD　成績不振の場合の対応策
モジュール7： 子どもに責任を与え意思決定に参加させる
モジュール8： 子どもの興味に即したアクティビティを与える
モジュール9： 子どもに動機づけを与える
モジュール10：子どもの社会・感情的能力を育む
　　　　　　　パートA　成績に対する子どものポジティブな考え方を育てる
　　　　　　　パートB　子どもの協調性発揮を助ける
　　　　　　　パートC　子どもの感情的レジリエンスを育む
　　　　　　　パートD　子どもに社会的責任の基本的価値観を教える

　また，各セッションには次の5点が含まれる。リーダー向けの予備知識，全セッションのアクティビティの詳細な説明，保護者の宿題アクティビティの詳細な説明，セッションのOHPシート，セッションの配布物。

　『成績と行動の問題を抱える若者の社会的および感情的能力を強化する　−教職員および保護者との取り組みの指針』（Bernard, 2006c）では，適応や成績の問題を抱える子ども，青少年の社会的および感情的能力を高めるための，保護者（と教職員）向けのアドバイスと方法が提示されている。

（e）YCDI指導員

　オーストラリア全国の学校でYCDIが広く普及した大きな理由は，YCDIの指導員（経験豊富な教員と校長）が要請に応じて学校を訪問し，全教職員を対象に専門的能力開発活動を行ったことである。この取り組みは，オーストラリア，ブリスベンにあるユー・キャン・ドゥー・イット！教育の全国本部（代表：ジェニー・ウィリアムズ Jenny Williams）が取り仕切っている。YCDI指導員は，最新の研究結果を含めYCDIの理論と実践について毎年研修を受けている。

長年にわたり約 12 名の YCDI 指導員がオーストラリア全国の 2,000 を超える学校を訪問し，導入および継続トレーニングを実施してきた。

　YCDI の全国本部が学校に提供している教職員向け専門的能力開発プログラムには 2 種類ある。1 つめは「ユー・キャン・ドゥー・イット！教育の理論と実践」(Theory and Practice of You Can Do It! Education) である。教員はこの半日ないし 1 日のプログラムで，①生徒の学業成績およびメンタルヘルスに果たす社会・感情的能力の役割，② YCDI で教える 5 つの基礎と 12 の心的習慣の特質，③さまざまな YCDI カリキュラム（YCDI 幼児プログラム，プログラムアチーブなど）の活用，④教室におけるその他の指導方法（行動を具体的に指摘するフィードバック，視覚的表示，一般学習科目との一体化，評価など），⑤学校全体の実践，について学ぶ。

　教職員が YCDI の指導を効果的に行うためには，自信や粘り強さ，秩序，協調性，レジリエンスなど YCDI で生徒に教える社会・感情的な強さを，教師自身がどれぐらい備えているかに気づくことが役立つ。『ストレスのない教え方』(Bernard, 1990) に基づき，学校で全職員に提供する 2 つめの専門能力開発プログラム，「レジリエンスのある教育者（Resilient Educator）」が開発された。この半日ワークショップを通して，教員は以下のような教育的理解と方法を学ぶ。①レジリエンスを備えている職員と備えていない職員の特徴，②学校において生徒，保護者，教員仲間，学校管理者との間に困難な状況（生徒の問題行動，生徒の試験結果の低迷，校長による"不公平な"取り扱い，保護者からの批判など）が起きた場合の典型的な情緒反応，③困難な状況への情緒面，行動面の対応を決定する要因として，自分自身の考え方がどのような役割を果たすか，④困難な状況の"ひどさ"を全体的な視野でとらえる（大げさに考えない）スキル，⑤困難な状況に際して，合理的に考える方法とレジリエンスを高める対処スキル，⑥困難な状況への対処に当たって，最大限の効果を上げる行動ストラテジー（自信，粘り強さ，秩序，協調性）の活用，⑦レジリエンスを高める 3 段階行動プランの開発。

（3）YCDI の研究

　YCDI 教育に関する研究は，Reading & Writing Quarterly 誌掲載の論文「学問的能力と同様に社会・感情的能力を指導する時代の到来」(Bernard, 2006a)

に詳しい。この論文は，プログラムアチーブとYCDIクラスおよび学校全体での実践のレッスンが，生徒のさまざまな成果に対して与えたポジティブな影響を明らかにした5つの研究をまとめたものである。ハドソン（Hudson, 1993）は，5つの基礎の指導を目的とする8週間のYCDIプログラムが，生徒の読解と数学の成績にポジティブな影響を与えたことを突き止めた。デイ（Day, 1998）は，クラスの評価と，成績不振と見なされた高校生の出席率に，YCDIが与えたポジティブな効果を確認した。ピナ（Pina, 1996）は，自信，粘り強さ，秩序を取り上げたプログラムアチーブのレッスンを，5年生と6年生に対し6週間にわたって週2回ずつ行ったプログラムが，宿題の質と努力に関する教員の評価と，科学と歴史の成績に，ポジティブな効果を上げたことをつかんだ。学校・家庭間の共同アプローチを活用して，キャンベル（Campbell, 1999）は，恵まれない地域の小学生に対する自信，粘り強さ，秩序，協調性という社会・感情的能力の指導が，標準学習到達度の点数にポジティブな影響を与えたことを明らかにした。ブラウン（Brown, 1999）は，放課後の宿題クラブで行っている中学生のメンタープログラムで，プログラムアチーブのアクティビティを活用したところ，成績が優秀な生徒（もともと平均点が高い生徒）にも成績不振の生徒にも，平均点がポジティブに変化することを突き止めた。

　バーナード博士の論文「ユー・キャン・ドゥー・イット！教育が，社会的，感情的，および行動，成績の面で困難を抱える小学生の感情的レジリエンスに与えた効果」（Bernard, 2008b）では，成績，行動，および社会的・感情的な面で困難を抱えると見なされた4〜6年生の生徒の感情的レジリエンスに，プログラムアチーブのアクティビティがもたらした影響の分析を行った。61人の生徒を，8週間にわたってYCDIの認知行動介入を受ける小グループと，認知行動療法以外の"折衷的"カウンセリングを受ける小グループに，無作為に振り分けた。その結果，オーストラリア教育研究審議会（Australian Council for Educational Research：ACER）の社会・感情的健全性調査（Social and Emotional Well-Being Surveys）（生徒の自己報告と教師の調査による）のうちレジリエンスを示す項目に関して，YCDIプログラムのポジティブな影響が示されたが，"折衷的"カウンセリングを受けた生徒には影響は見られなかった。

　2011年に，バーナード博士他（Bernard & Walton, 2011）はJournal of Student Well-being誌に，YCDIの指導に当たって全校的アプローチを用いた場合のポジティブな効果を発表した。この研究では，YCDIを全校的アプローチで導入

した小学校6校と，対照群として同じような小学校6校を比較した。両群の学校の小学5年生に対し，学年末に「学校に対する態度調査」(Attitudes to School Survey)（オーストラリア，ビクトリア州政府教育・幼児発達省）を実施し，さらに同じ生徒が6年生になった次の年の学年末に再度同じ調査を行った。その結果，YCDIを導入した学校では，時間の経過とともに生徒の健全性がさまざまな面（士気，ストレス低下，学校内の連帯感，生徒の動機づけ，学習に対する自信，生徒同士のつながり，教室内の振る舞い，安全など）で大きく改善したのに対し，対照群では改善は見られなかった。この研究では指導者養成モデルが各校において自然発生的な状況で用いられたが，そのポジティブな影響は低コストの予防的メンタルヘルスプログラムとしての将来性を約束するものである。

2012年に，バーナード博士他（Ashdown & Bernard, 2012）はEarly Childhood Education Journal誌に，「ユー・キャン・ドゥー・イット！幼児プログラム」が，幼児の社会・感情的能力，健全性，学業成績に与えた効果について論文を発表した。この研究では，YCDI幼児プログラムが，オーストラリア，メルボルンのカソリック系学校に通う幼稚部と小学1年の生徒99人に対し，社会・感情的能力，健全性，学業成績の面で与えた効果を調査した。幼稚部，小学1年それぞれ1クラスが無作為に選ばれて10週間にわたり担任教師がYCDIを実施した一方，残りの幼稚部，小学1年のクラスは対照群と位置づけられた。その結果，幼稚部，小学1年両方の生徒の社会・感情的能力および健全性のレベルと，小学1年の生徒の問題行動（外在化，内在化，多動の問題）の低減，さらに成績が低迷している小学1年の生徒の読み（文章の読解）の成績向上の面で，YCDI幼児カリキュラムが統計的に見て有意なポジティブな効果を上げたことがわかった。

また，論文「学習に役立つ態度と行動の指導が，読解力に与えるポジティブな影響」（Bernard & Anglim, 2013）では，YCDIのポジティブな影響を示す研究プロジェクトを取り上げている。このプロジェクトでは，新しいプログラム「学習に役立つ態度と行動」(Attitudes and Behaviors for Learning：AB4L)（マーガレット・ミルン Margaret Milneが開発）の読解力への影響が評価された。学習に役立つ行動とは，子どもが教室で学習課題に取り組む際に示す観察可能な行動パターンである。AB4Lは，生徒が学習の自己管理をするために必要な学習性向を改善することをめざしている。経済的余裕のない学校

2校の教師2人に対し，3か月間にわたって3回の半日研修が，経験豊富な小学校教師およびリテラシーコーディネーターによって行われた。この研修で取り上げた5つの指導方法とは次のような方法である。①生徒が前向きな気持ちでリテラシーのレッスンを始める手助けをする，②事前にリテラシーのレッスンの目標を話し合う，③学習に役立つ行動について話し合い特定する，④学習に関するポジティブなセルフ・トークとネガティブなセルフ・トークについて話し合う，⑤行動をはっきり指摘しながら学習に対するフィードバックを伝える。主な結果としては，AB4Lプログラムを受けた生徒は，学習に役立つ行動に統計的に有意な増加が見られたこと，読解力に関してクラスの下位50％に含まれていた生徒がAB4Lプログラムを受けた後，読解の課題で統計的に有意な改善を示したことがあげられる。全体的に，以上にまとめたとおり，この研究は学業成績とメンタルヘルスの向上にYCDIが力を発揮することを指し示している。興味深いのは，成績が下位50％グループに入っている生徒は，社会・感情的能力の面で著しく遅れていることが多いが，こうした資質を強化する教育的機会を与えられれば，成績が向上するという点である。

（4）現状課題と将来の展望

　児童・生徒に社会的，感情的，および学習のためのスキルを明確に教える学校予防プログラムが，適応やメンタルヘルスの問題を防ぐために，また健全性と学業成績の向上のために，非常に重要であることに疑問の余地はない。YCDI教育を通して得た経験は，この認識をさらに強めるものである。しかしながら，学校が社会的および感情的な教育を学校全体の習慣や文化と一体化しない限り，そうした予防努力はもっとも助けを必要とする若者にまでは届かないということを，バーナード博士は強調する。

　ただ1人の教師が，学校中の全生徒の社会・感情的健全性と学業成績に影響を与えることができるであろうか？　おそらく難しいだろう。けれども，教職員全員がこの共通の目的に向かって取り組むために団結すれば（すなわち"連帯"），学校文化に変化が起きるであろう。全職員が社会的および感情的な学習のこのプロセスに参加することによって，マイナスの非協力的な家庭環境や，学校での過去の嫌な経験，ネガティブなピアプレッシャーを，すべて最小限にすることが可能である。そして，すべての子どもの人としての潜在能力が最大

限に引き出されるのである。

4．ネットいじめ対策

（1）ネットいじめの現状とプログラム開発の経緯

　いじめ問題は，1980年代から重要な教育的問題として欧州を中心にさまざまな研究が行われてきた。オーストラリアでも優れた研究が多数あり，予防・介入のために国レベルでさまざまな対策が取られてきた。しかし2004年以降インターネット使用の普及に伴い，インターネット上でのいじめ事例が報告され始めた。

　2009年に発表されたオーストラリアでの大規模調査の結果（約7,500人の小学生・中学生が対象）によると，4年生の約5％，9年生の約8％がネットいじめの被害を受けていた（Dooley, Cross, Hearn, & Treyvaud, 2009）。さらに，男子（5.8％）よりも女子（7.7％）の方が多く被害にあっていたことも明らかになった。加害経験に関しては，1.2％の4年生，5.6％の中学生が加害行為を認めている。また，女子（3.3％）よりも男子（3.8％）の方がネットいじめをしていたことが明らかになった。全体的にネットいじめの加害報告は被害報告に比べて低いが，これは従来のいじめ研究とも同様であり，社会的望ましさによる回答への影響の可能性もある。一方，2009年以前に行われた中学生・高校生を対象にした別の調査（Fleming, Greentree, Cocotti-Muller, Elias, & Morrison, 2006; Lodge & Frydenberg, 2007）では，20～36％がネットいじめを経験しているという高い蔓延率が明らかになった。しかし，調査対象者の年齢や質問の際の期間設定等（例：ネットいじめにあったのは過去数か月か半年かなど）によって報告されている蔓延率が大きく異なるというのも現状である。

　これらの調査により，ネットいじめの問題がオーストラリアでも起きている事実を確認した政府や関係機関はネット上での子どもの安全を守るための教育的プログラムをいち早く開発し，オンライン上で公開してきた。ネットいじめには，従来のいじめ対策同様，早期に学校全体で予防的取り組みを実施する必要があると，政府関係機関であるオーストラリア・コミュニケーション・メディア庁（Australian Communications and Media Authority: ACMA）は，各

学校にインターネット上の安全についてのガイドブックや児童・生徒の年齢に応じた内容の DVD つき指導案を配布しており，オンライン上にも教材やプログラムを公開している。その中で代表的なのは「CyberQuoll」,「CyberNetrix」,「Bullying. No way!」の3つのプログラムである。以下，それらのプログラムを紹介する。

（2）目標と対象者

（a）小学生向けのプログラム CyberQuoll
　　　　（http://www.cybersmart.gov.au/cyberquoll）

　ACMA 発足以前の 2005 年に，オーストラリア政府のインターネット安全委員が「Cyber Safe Schools」というネットの安全利用に関する教育プログラムを発表した。しかし，現場ですぐに活用できるリソースが少なかったことから，使いやすいものに改良されたものが「CyberQuoll」と後述の「CyberNetrix」である。「CyberQuoll」は主に小学校高学年を対象にした安全なインターネット使用を教育するためのプログラムである。
　このプログラムは主に，インターネット上でのマナーやエチケット（ネチケット）など基本的な内容を学ぶ目的で，5つのエピソードがアニメ動画で用意されている。それぞれディスカッション用の質問にそってクラス全体で話し合ったり，共同でポスター作成をしたり，子どもたちが自ら問題解決のための提案などをすることができる。プログラム終了後に使用できるネチケットのクイズや修了証書もついており，学校で印刷して配布できるようになっているため学校現場で導入する際に教員の負担が少ない。また，授業以外にも自宅などで児童が学習できるように，ウェブサイトではゲームを通じて学びを深めることができる。例えば，チャットルームを使用する際に個人が特定されにくいようなユーザーネームのつけ方や，ネット上の知らない人との会話の進め方など，ゲーム感覚で疑似体験ができる。また，指導者がテクノロジーに苦手意識を持っていても，一つひとつのコンピュータ用語（例えば，ハンドルネームやフィルタリングなど）の説明もあり，準備する時間が十分に取れなくても授業などで活用できるのが特徴である。そして，プログラム改善のために授業での課題や改善点など現場の声を聞くためのアンケート用紙も含まれている。さらに保護者

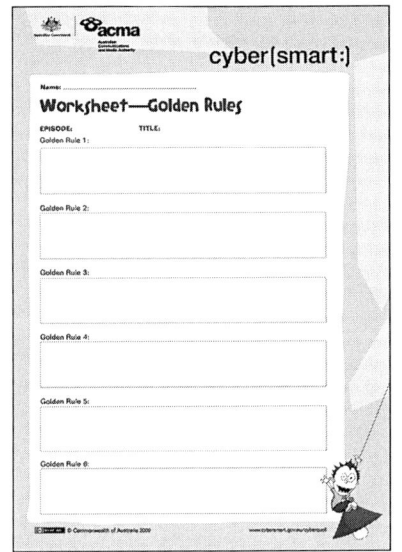

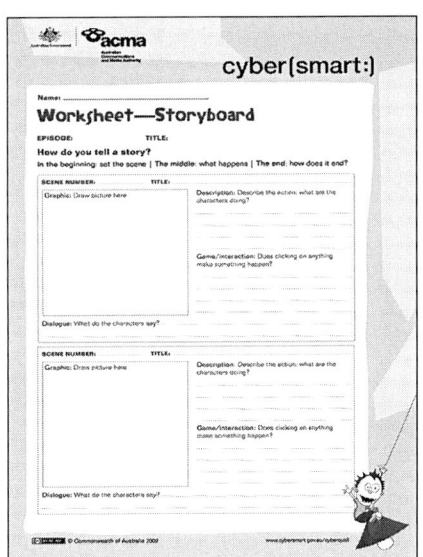

図 5-6　ダウンロード可能な授業用ワークシート

向けの情報ページもあり，家庭でのルール表などがダウンロード可能である（図5-6）。

（b）中学生向けのプログラム CyberNetrix
　　（http://www.cybersmart.gov.au/cybernetrix）

　「CyberNetrix」は主に中学生を対象にしたプログラムで，ネットいじめ・サイバーストーキング（ネット上のストーカー行為）などの4つのテーマを学ぶためにドラマ形式のケーススタディが用意されている。そこでは，ネット犯罪や悪用者の手口を学び，自衛の方法などをクラスで話し合いながら授業を進めることでインターネット利用におけるリスクを認識し，ネットリテラシーを向上させることを目的としている。これらのプログラムを実施するにあたり，現場で教員の負担を減らすように詳細な教員用マニュアルもついており，授業の目的や授業実施のガイドライン・指導案が示されている。また，ダウンロード可能な活動計画（アクティビティ）も用意されている。

（c）Bullying. No way!（http://www.bullyingnoway.com.au/）

　このプログラムは，2002年に子どもたちにいじめ問題に関する基礎知識を教えることを目的としてスタートした。子どもたちに「いじめとは何か？」，「自分たちの周りでどれくらい起こっているのか？」，「いじめの結果起こった問題例」などを簡単な言葉で紹介している。また，さまざまな人種的また性的マイノリティがいじめのターゲットになるケースが多いという事実から差別問題についても言及し，人は誰でも違うこと，他人が自分と違うことを尊重しないでからかうことがいじめだとわかりやすく説明している。子ども向けのページは13歳以下用と14歳以上用に分かれており，子どものレベルに合わせた内容で「いじめられた」，「いじめた」，「いじめを目撃した」それぞれの場合にどうするべきか詳しく記載されている。従来のいじめ対策にネットいじめの内容も盛り込まれており，ホームページ上で公開されている情報がスマートフォンのiPhoneアプリでも利用できる。このアプリでは「いじめられた」「意地悪をされた」状況をアニメ化しており，それを見た後にどう対処するべきかの提案がなされるようになっている。各学校に配布するDVD教材とは異なり，アプリは内容を頻繁に更新できること，子どもたちが慣れ親しんでいる携帯電話を利用できるのが大きな利点である（アプリ名：Take a stand together，図5-7）。

　また，ホームページには子ども向けの情報だけでなく保護者向け・教員向けのページも用意されている。保護者向けのページには子どもがいじめられている場合の兆候や対処法に関するアドバイスが，教員向けのページにはいじめに関する法律や学校校則の整備に関する情報が掲載されている。ダウンロード可能な構内掲示ポスターや配布用パンフレットも用意されており，現場で使いやすい工夫がされているのも特徴である（図5-8）。

（3）効果評価の結果

　ネットいじめ研究の歴史はまだ浅く，予防・介入プログラムも実施が始まったばかりである。したがって，ここで紹介したプログラムの現場での有効性はまだエビデンスベースで立証されていない。オーストラリア政府はプログラム開発には多額の予算を投じたが，現段階ではプログラム評価に予算をつけていない状況である。しかし，効果評価を行う場合の困難さが問題である。紹介し

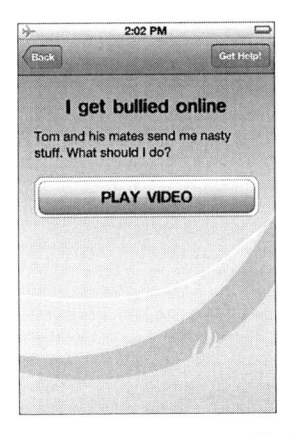

図5-7　オーストラリア政府が作成した，いじめについて学べるスマートフォン用アプリ

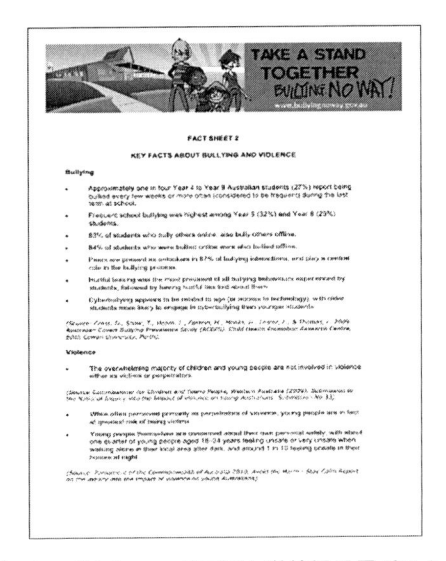

図5-8　ダウンロード可能な学校掲示用ポスター

たプログラムはネット上に構築されたプログラムであるため，学校の授業で取り扱うほか，家庭での学習にもゲーム感覚で利用できる。またネットいじめの問題や情報モラル教育は学校での取り組み以上に家庭での教育が大きな役割を果たす。したがって，プログラムの効果を評価する際に考慮すべき要因は多岐

にわたり，効果を実態に即して検証することは容易ではない。

（4）プログラムの課題

　インターネットの世界では，今後も新しいテクノロジーやネットサービスが次々に出てくることを考慮すれば，現在のプログラム内容はだんだんと古いものになる。したがって，改良・改善を続けていく必要があるが，大量にDVDを作成し配布するにはコストがかかるため，スマートフォンやタブレット端末用に開発されたアプリケーションの積極利用でコストの削減と迅速な対応ができるのではないだろうか。

　また，新しい問題に対応したものを準備し公表するまでの時間でまた別のものが出てくるといったことも十分考えられるため，ネットいじめの予防だけでなく，情報モラルやメディアリテラシーの向上を含めた広い範囲で教育することで予防効果をあげられるのではと考えられる。この点に関しては家庭が果たすべき役割は大きいが，保護者はどのような対策が取れるだろうか。フィルタリングソフト利用やインターネット利用時間制限などの家庭ルール作りや保護者教育が課題になっていくのではないかと考えられる。テクノロジー世代の子どもたちが，インターネット上でどのような活動をしているのかは保護者には見えにくいが，保護者側も子どもたちを信用したいという気持ちや，強い監視は10代の子どもたちには逆効果という意見もあり，オーストラリア国内での家庭のフィルター利用はアメリカやイギリスに比べ少ない（Dooley et al., 2009; Hasebrink, Livingstone, Haddon, & Ólafsson, 2009）。ただ，フィルタリングを利用したとしても万全ではない。オーストラリアで販売されている8つのフィルタリングソフトを試したところ，4つは80〜100％の有害情報をブロックできたものの20〜40％程度しかブロックできないものもあったことが明らかになった（Dooley et al., 2009）。また，オーストラリア政府が8,400万ドルかけて開発したポルノサイトへのフィルター機能をわずか30分でメルボルン在住の16歳の生徒が通り抜けたというニュースも大きな話題を呼んだ(Shariff, 2009)。ここまで極端な例はまれだとしても，フィルターまたはブロッキング機能の回避方法を子どもたちはすぐに見つけ出す。例えば，主にインターネットエクスプローラー（IE）をブラウザとして使用している家庭で，IEにフィルターまたはブロッキング機能を入れたとしてもIEからファイヤーフォック

ス（FireFox）やGoogleのクローム（Chrome）など別のインターネットブラウザを新たにダウンロードしそのブラウザからネット閲覧すれば制限がかかっていないことを子どもたちは知っている（Bauman, 2011）。このように対策はいたちごっこであるため，今後は保護者教育をプログラムにより多く組み込むことが課題となるだろう。従来のいじめ対策や予防プログラムでは効果をあげてきた実績を活かし，ネットいじめ予防プログラムの改良による実質的な効果を期待したい。

引用文献

Achenbach, T. M. & Rescorla, L. A. (2001). *Manual for the ASEBA School-Age Forms & Profiels.* Burlington, VT: University of Vermont, Research Center for Children, Youth, & Families.

Albright, M. I., Weissberg, R. P., & Dusenbury, L. A. (2011). *School-family partnership strategies to enhance children's social, emotional, and academic growth.* Newton, MA: National Center for Mental Health Promotion and Youth Violence Prevention, Education Development Center, Inc.

Ashdown, D. M, & Bernard, M. E. (2012). Can explicit instruction in social and emotional learning skills benefit the social-emotional development, well-being, and academic achievement of young children? *Early Childhood Education Journal, 39*, 397-405.

Aunola, K., & Nurmi, J. (2005). The role of parenting styles in children's problem behavior. *Child Development, 76*, 1144-1159.

Australian Government Department of Human Services and Health. (1994). *Better health outcomes for Australians: National goals, targets and strategies for better health outcomes into the next century.* Canberra: Commonwealth of Australia.

Barrett, P., Farrell, L. J., Ollendick, T. H., & Dadds, M. (2006). Long-term outcomes of an Australian universal prevention trial of anxiety and depression symptoms in children and youth: An evaluation of the FRIENDS program. *Journal of Clinical Child and Adolescent Psychology, 35*, 403-411.

Barrett, P., Lock, S., & Farrell, L. J. (2005). Developmental differences in universal preventive intervention for child anxiety. *Clinical Child Psychology and Psychiatry, 10*, 539-555.

Barrett, P., & Turner, C. (2001). Prevention of anxiety symptoms in primary school children: Preliminary results from a universal school-based trial. *British Journal of Clinical Psychology, 40*, 399-410.

Barrett, P. M., Moore, A. F., & Sonderegger, R. (2000). The FRIENDS program for young former-Yugoslavian refugees in Australia: A pilot study. *Behaviour Change, 17*, 124–133.

Barrett, P. M., Sonderegger, R., & Sonderegger, N. L. (2001). Evaluation of an anxiety-prevention and positive-coping program (FRIENDS) for children and adolescents of non-English-speaking background. *Behaviour Change, 18*, 78-91.

Barrett, P. M., Sonderegger, R., & Xenos, S. (2003). Using FRIENDS to combat anxiety and adjustment problems among young migrants to Australia: A national trial. *Clinical Child Psychology and Psychiatry, 8,* 241–260.

Bauman, S. (2011). *Cyberbullying: What counselors need to know.* Alexandria, VA : American Counseling Association.

Bernard, M. E. (1990). *Taking the stress out of teaching.* Melbourne, VIC. Australia: Collins-Dove.

Bernard, M. E. (1997). *You can do it! How to boost your child's achievement in school.* New York: Warner Books.

Bernard, M. E. (2002). *The You Can Do It! education mentoring program.* Oakleigh, VIC. Australia: Australian Scholarships Group.

Bernard, M. E. (2003). *Investing in parents: What parents need to know and do to support their children's achievement and social-emotional well-being.* Oakleigh, VIC. Australia: Australian Scholarships Group.

Bernard, M. E. (2004a). *The relationship of young children's social-emotional competence to their achievement and social-emotional well-being.* Paper presented at the meeting of the Annual Research Conference of the Australian Council for Educational Research, Adelaide, Australia.

Bernard, M. E. (2004b). Emotional resilience in children: Implications for Rational Emotive Education. *Romanian Journal of Cognitive and Behavioral Psychotherapies, 4,* 39-52.

Bernard, M. E. (2004c). *The You Can Do It! Early Childhood Education Program: Developing social-emotional-motivational competencies (4-6 Year Olds).* Oakleigh, VIC. Australia: Australian Scholarships Group.

Bernard, M. E. (2006a). *Providing All Children with the Foundations for Achievement, Well-Being and Positive Relationship, Third Editions.* Oakleigh, VIC. Australia: Australian Scholarships Group.

Bernard, M. E. (2006b). It's time we teach social-emotional competence as well as we teach academic competence. *Reading and Writing Quarterly, 22,* 103-119.

Bernard, M. E. (2006c). *Strengthening the social and emotional capabilities of young people with achievement and behavioural problems: A guide for working with teachers and parents.* Oakleigh, VIC. Australia: Australian Scholarships Group.

Bernard, M. E. (2007). *Program achieve. A social and emotional learning curriculum, 3rd Edition. (Primary Set, six vols., Secondary Set, six vols.: Ready Set, You Can Do It!, Confidence, Persistence, Organisation, Getting Along, Resilience).* Oakleigh,

VIC. Australia: Australian Scholarships Group.

Bernard, M. E. (2008a). The social and emotional well-being of Australian children and adolescents: The discovery of "levels." *Proceedings of the Australian Psychological Society Annual Conference, 43,* 41-45.

Bernard, M. E. (2008b). The effect of You Can Do It! Education on the emotional resilience of primary school students with social, emotional, behavioural and achievement challenges. *Proceedings of the Australian Psychological Society Annual Conference, 43,* 36-40.

Bernard, M. E. (2011). *The link between students' social and emotional characteristics and the development of literacy and numeracy skills.* Monograph. Melbourne, VIC. Australia: The Victorian Department of Education and Early childhood Education.

Bernard, M. E., & Anglim, J. (2013). *The positive impact of teaching students attitudes and behaviors for learning on reading achievement.* Manuscript submitted for publication.

Bernard, M. E., & Burston, C. (2009). *You can do it! circle time. Activities for strengthening the social and emotional skills needed for student success and wellbeing (Teacher Guide, Circle Time Cards).* Oakleigh, VIC. Australia: Australian Scholarships Group.

Bernard, M. E., & Cronan, F. (1999). The Child and Adolescent Scale of Irrationality: Validation data and mental health correlates. *Journal of Cognitive Psychotherapy: An International Quarterly, 13,* 121-132.

Bernard, M. E. & Hajzler, D. J. (1987). *You can do it! What every student (and parent) should know about achieving success at school and in life.* Melbourne, VIC. Australia: Collins Dove.

Bernard, M. E., & Joyce, M. R. (1984). *Rational-emotive therapy with children and adolescents: Theory, treatment strategies, preventative methods.* New York: John Wiley & Sons.

Bernard, M. E. & Keefauver, L. (1979). *Rational-emotive group counselling in a school setting.* Paper presented at the meeting of the American Educational Research Association's Annual Meeting, San Francisco.

Bernard, M. E., & Pires, D. (2006). Emotional resilience in children and adolescence: Implications for rational emotive behavior therapy. In A. Ellis & M. E. Bernard (Eds.), *Rational emotive behavioral approaches to the problems of childhood* (pp.156-175). New York: Springer.

Bernard, M. E., & Walton, K. E. (2011). The effect of You Can Do It! Education in six schools on student perceptions of wellbeing, teaching-learning and relationships. *Journal of Student Well-being, 5,* 22-37.

Bernard, M. E., & Ward, D. (2012). *Bullying: Building the capacity to cope.* Oakleigh, VIC. Australia: Australian Scholarships Group.

Bloom, B. (1977). *Human characteristics and school learning.* New York: McGraw-Hill.

Brown, L. J. (1999). *The effects of the "You Can Do It! Education" program on achieving and underachieving middle school students attending an after-school homework club.* Unpublished master's thesis, California State University, Long Beach, CA.

Campbell, J. (1999). *An evaluation of the effects of infusing You Can Do It! Education in the culture and instruction of the classroom on student characteristics and achievement.* Unpublished manuscript.

Carroll, J. B. (1966). A model for school learning. *Teachers College Record, 64,* 723-733.

Collaborative for Academic, Social, and Emotional Learning. (2003). *Safe and sound: An educational leaders' guide to evidence-based social and emotional learning (SEL) Programs.* Retrieved November 23, 2011. From www.casel.org.

Compton, S. N., Burns, B. J., Egger, H. I., & Robertson, E. (2002). Review of the evidence base for treatment of childhood psychopathology: Internalizing disorders. *Journal of Consulting and Clinical Psychology, 70,* 1240-1266.

Cooley-Quille, M., Boyd, R. C., & Grados, J. J. (2004). Feasibility of an anxiety prevention intervention for community violence exposed children. *Journal of Primary Prevention, 25,* 105–123.

Cooley-Strickland, M., Griffin, R. S., Darney, D., Otte, K., & Ko, J. (2011). Urban African American youth exposed to community violence: A school-based anxiety preventive intervention efficacy study. *Journal of Prevention and Intervention in the Community, 39,* 149-166

Coopersmith, S. (1967). *The antecedents of self-esteem.* Palo Alto, CA: Consulting Psychologists Press.

Dadds, M. R., Spence, S. H., Holland, D. E., Barrett, P. M., & Laurens, K. R. (1997). Prevention and early intervention for anxiety disorders: A controlled trial. *Journal of Consulting and Clinical Psychology, 65,* 627-635.

Dadds, M. R., Holland, D. E ., Laurens, K. R., Mullins, M., Barrett, P. M., & Spence, S. H. (1999). Early intervention and prevention of anxiety disorders in children: Results at 2-year follow-up. *Journal of Consulting and Clinical Psychology, 67,* 145-150.

Day, L. J., (1998). *A program evaluation: You Can Do It! Program Achieve intervention.* Unpublished master's thesis, California State University, Long Beach, CA.

DiPerna, J. C., & Elliott, S. N. (2002). Promoting academic enablers to improve student achievement: An introduction to the mini-series. *School Psychology*

Review, 31, 293-297.

Dooley, J. J., Cross, D., Hearn, L., & Treyvaud, R. (2009). Review of existing Australian and international cyber-safety research. Child Health Promotion Research Centre, Edith Cowan University, Perth.
http://www.dbcde.gov.au/__data/assets/pdf_file/0004/119416/ECU_Review_of_existing_Australian_and_international_cyber-safety_research.pdf

Dornbusch, S. M., Ritter, P. L., Leiderman, P. H., Roberts, D. F., & Fraleigh, M. J. (1987). The relation of parenting style to adolescent school performance. *Child Development, 58,* 649–665.

Durlak. J. A., Weissberg, R. P., Dymnicki, A. B., Taylor, R. D., & Schellinger, K. B. (2011). The impact of enhancing students' social and emotional learning: A meta-analysis of school-based universal interventions. *Child Development, 82,* 405-432.

Elias, M., Zins, J. E., Weissberg, R. P., Frey, K. S., Greenberg, M. T., Haynes, N. M., … Shriver, T. P. (1997). *Promoting social and emotional learning: Guidelines for educators.* Alexandria, VA: Association for Supervision and Curriculum Development

Ellis, A. (1962). *Reason and emotion in psychotherapy.* New York: Lyle Stuart.

Ellis, A., & Bernard, M. E. (Eds.) (1983). *Rational-emotive approaches to the problems of childhood.* New York: Plenum Press.

Ellis, A., & Bernard, M. E. (Eds.). (2006). *Rational Emotive Behavioral Approaches to Childhood Disorders.* New York: Springer.

Essau, C. A., Conradt, J., & Ederer, E. (2004). The association between family factors and depressive disorders in adolescents. *Journal of Youth and Adolescence, 33,* 365-372.

Fantuzzo, J., Shearer, R. B., McDermott, P. A., McWayne, C., Frye, D., & Perlman, S. (2007). Investigation of dimensions of social-emotional classroom behavior and school readiness for low-income urban preschool children. *School Psychology Review, 36,* 44-62.

Fleming, M., Greentree, S., Cocotti-Muller, D., Elias, K., & Morrison, S. (2006). Safety in Cyberspace: Adolescents' Safety and Exposure Online. *Youth and Society, 38,* 135-154.

Gallegos, J. (2010). *Preventing childhood anxiety and depression: Testing the effectiveness of a school-based program in Mexico.* Available from ProQuest Dissertation and Theses database. (UMI No. 3341564).

Gallegos, J., Rodríguez, A., Gómez, G., & Rabelo, M. (2012). The FRIENDS for Life program for Mexican girls living in an orphanage: A pilot study. *Behaviour Change, 29,* 1-14.

Gladstone, T., & Beardslee, W. R. (2009). The prevention of depression in children and adolescents: A review. *La Revue Canadienne de Psychiatrie, 54,* 212-221.

Goodman, R. (1997) The Strengths and Difficulties Questionnaire: A Research Note. *Journal of Child Psychology and Psychiatry*, *38*, 581-586.

Hajzler, D. J. & Bernard, M. E. (1991). A review of rational-emotive education outcome studies. *School Psychology Quarterly*, *6*, 27-49.

Hasebrink, U., Livingstone, S., Haddon, L., & Ólafsson, K. (2009). Comparing children's online opportunities and risks across Europe: Cross-national comparisons for EU Kids Online. London: EU Kids Online. http://eprints.lse.ac.uk/24368/1/D3.2_Report-Cross_national_comparisons-2nd-edition.pdf

Hudson, P. (1993). *The effects of the You Can Do It Too! Motivational and Personal Development Program on student achievement.* Paper presented at the meeting of the Australian Psychological Society, Adelaide, South Australia.

Knaus, W. J. (1974). *Rational emotive education.* New York: Albert Ellis Institute.

Kovacs, M. K. (1981). *Children's Depression Inventory*. Toronto: Multi-Health, Inc.

Landy, S. (2002). *Pathways to competence: Encouraging healthy social and emotional development in young children.* Baltimore, MD: Brookes.

Lock, S., & Barrett, P. (2003). A longitudinal study of developmental differences in universal preventive intervention for child anxiety. *Behaviour Change*, *20*, 183-199.

Lodge, J. & Frydenberg, E. (2007). Cyber-Bullying in Australian Schools: Profiles of Adolescent Coping and Insights for School Practitioners. Australian Educational and Developmental Psychologist, *24*, 45-58.

Lowry-Webster, H. M., Barrett, P., & Dadds, M. R. (2001). A universal prevention trial of anxiety and depressive symptomatology in childhood: Preliminary data from an Australian study. *Behaviour Change*, *18*, 36-50.

Lowry-Webster, H. M., Barrett, P., & Lock, S. (2003). A universal prevention trial of anxiety symptomology during childhood: Results at 1-year follow-up. *Behaviour Change*, *20*, 25-43.

McDermott, P. A., Green, L. F., Francis, J. M., & Stott, D. H. (1999). *Learning Behaviors Scale.* Philadelphia: Edumetric and Clinical Science.

Mostert, J. & Loxton, H. (2008). Exploring the Effectiveness of the FRIENDS Program in Reducing Anxiety Symptoms Among South African Children. *Behaviour Change*, *25*, 85-96.

National Research Council (2009). *A Guide to the Methodology of the National Research Council Assessment of Doctorate Programs* (prepublication release: July 2009) Washington: National Academies

Neil, A. J., & Christensen, H. (2009). Efficacy and effectiveness of school-based prevention and early intervention programs for anxiety. *Clinical Psychology Review*, *29*, 208-215.

O'Kearney, R. T., Anstey, K. J., & von Sanden, C. (2007). *Behavioural and cognitive behavioural therapy for obsessive compulsive disorder in children and adolescents (review)*. New York: The Cochrane Collaboration. John Wiley & Sons.

Paternite, C. E. & Johnston, T. C. (2005). Rationale and strategies for central involvement of educators in effective school-based mental health programs. *Journal of Youth and Adolescence, 34,* 41-49.

Pellegrini, D. S., & Urbain, E. S. (2006). An evaluation of interpersonal cognitive problem solving training with children. *The Journal of Child Psychology and Psychiatry. 26,* 27-41.

Piers, E. V. (1984). *Manual for the Piers-Harris Children's Self-Concept Scale*. Los Angeles: Western Psychological Services.

Pina, L. J. (1996). *The effects of a cognitive-behavioral program on student achievement*. Unpublished master's thesis, California State University, Long Beach, CA.

Reynolds, C. R., & Richmond, B. O. (1985). *Revised Children's Manifest Anxiety Scale. RCMAS Manual*. Los Angeles: Western Psychological Services.

Rosario, P., Costa, M., Núñez, J. C., González-Pienda, J., Solano, P., & Valle, A. (2009). Academic procrastination: Association with personal, school and family variables. *Spanish Journal of Psychology, 12,* 118-127.

Rotter, J. B. (1966). Generalized expectations for internal versus external control of reinforcement. *Psychological Monographs, 80,* (Whole No. 609).

Saarni, C. (1999). *The development of social competence*. New York: Guilford Press.

Sanders, M. R., Tully, L. A., Baade, P. D., Lynch, M. E., Heywood, A. H., & Pollard, G. E. (1999). A survey of parenting practices in Queensland: Implications for mental health promotion. *Health Promotion Journal of Australia, 9,* 105-114.

Satherley, P. & Lawes, E. (2008). *Adult Literacy & Life Survey*. Canberra: Research Division, Ministry of Education.

Sawyer, M. G., Arney, F., Baghurst, P. A., Clark, J. J., Graetz, B. W., Kosky, R. J., … Zubrick, S. R. (2000). *The mental health of young people in Australia: key findings from the child and adolescent component of the national survey of mental health and well-being*. Canberra: Commonwealth Department of Health and Aged Care.

Seligman, M. E. P. (1991). *Learned optimism*. New York: Knopf.

Shariff, S. (2009). *Confronting cyber-bullying: What schools need to know to control misconduct and avoid legal consequences*. New York: Cambridge University Press.

Shure, M. B. (2000). *Raising a thinking child workbook*. Champaign, IL: Research Press.

Silverman, W., & Albano, A. (1996). *The Anxiety Disorders Interview Schedule for Children-IV (Child and parent versions)* San Antonio, TX: Psychological

Corporation.
Snyder, C. R., Hoza, B., Pelham, W. E., Rapoff, M., Ware, L., Danovsky, M. ... Stahl, K. J. (1997). The development and validation of the Children's Hope Scale. *Journal of Pediatric Psychology, 22,* 399-421.
Solomon, L. I., & Rothblum, E. D. (1984). Academic procrastination: Frequency and cognitive behavioral correlates. *Journal of Counselling Psychology, 31,* 503-509.
Spence, S. H. (1997). Structure of anxiety symptoms in children: A confirmatory factor-analytic study. *Journal of Abnormal Psychology, 106,* 280-297.
Spivack, G., Platt, J., & Shure, M. (1976). *The problem-solving approach to adjustment.* San Francisco: Jossey Bass.
Stallard, P., Simpson, N., Anderson, S., & Goddard, M. (2008). The FRIENDS emotional health prevention programme: 12 month follow-up of a universal UK school based trial. *European Child and Adolescent Psychiatry, 17,* 283-289.
Stallard, P., Simpson, N., Anderson, S., Carter, T., Osborn, C., & Bush, S. (2005). An evaluation of the FRIENDS programme: a cognitive behaviour therapy intervention to promote emotional resilience. *Archives of Disease Childhood, 90,* 1016-1019.
Stallard, P., Simpson, N., Anderson, S., Hibbert, S., & Osborn, C. (2007). The FRIENDS Emotional Health Programme: Initial Findings from a School-Based Project. *Child and Adolescent Mental Health, 12,* 32-37.
Stopa, E. J., Barrett, P. M., & Golingi, F. (2010). The Prevention of Childhood Anxiety in Socioeconomically Disadvantaged Communities: A Universal School Based Trial. *Advances in School Mental Health Promotion, 3,* 5-24.
World Health Organization. (1978). *Primary health care: Report on the conference of primary health care.* Geneva: Author.
World Health Organization. (2004). *Prevention of mental disorders: Effective interventions and policy options.* Geneva: WHO 129.
World Health Organization. (2006). *Creating an environment for emotional and social well-being.* Geneva: Author.
Zimet, G. D., Dahlem, N. W., Zimet, S. G. & Farley, G. K. (1988). The Multidimensional Scale of Perceived Social Support. *Journal of Personality Assessment, 52,* 30-41.
Zimmerman, B. J. (1989). Models of self-regulated learning and academic achievement. In B. J. Zimmerman & D. H. Schunk (Eds.), *Self-regulated learning and academic achievement: Theory, research, and practice* (pp. 1-25). New York: Springer-Verlag.

第6章

中国の予防教育

概　要

　中国の学校心理健康教育は20世紀80年代から徐々に発展し始めている。海外の学校心理健康教育の発展過程と同様に，初期段階では中国の学校心理健康教育はカウンセリングから着手し，少数の学生が抱える心理問題を解決することに注目していた。小中学校の心理健康教育は，児童生徒の心理の解決および問題行動の矯正に留まっていた。心理健康教育に対する認識が深まるにつれて，多くの教育従事者はますます心理健康教育の対象を児童生徒全体とし，児童生一人ひとりの成長を促すべきであると考えるようになった。心理健康教育の目標も，児童生徒全体の心理素質を高め，心理健康を維持，促進するといった発展的なものになったのである。

1．中国の心理健康教育の全体的特徴

（1）予防教育としての心理健康教育

　中国の小中学校では，近年，公共安全教育，防災減災教育，体質健康教育といった予防教育により，児童生徒の全面発達を促すための有益な試みが行われており大きな成果が得られている。なかでも，心理健康教育は，近年始まったばかりだが，急速に発展している。

　まず，国の政策から見ると，1988年12月に可決された「中国共産党中央による小中学校徳育教育についてのお知らせ」という政令で，初めて小中学生の心理素質の育成が小中学校の徳育（訳者注：道徳教育）の一環として定められた。それから20年以上の歳月の中で，中国政府は20以上の政令を出し，心理健康

教育の発展を後押ししてきた。1993年中国共産党中央国務院（訳者注：内閣府）に出された「中国教育改革と発展綱要」の中で，児童生徒の心理的資質は全面的評価する際の重要な基準の1つであると書かれてある。1999年「教育部による中小学心理健康教育についての若干意見」の中では，「小中学校での心理健康教育」という言い方を初めて採用した。2002年教育部が「小中学校心理健康教育指導綱要」（以下は指導綱要）を作成し，小中学校心理健康教育は政令的な根拠がある時代に突入した。以上の指導と政令は小中学校の心理健康教育の推進に極めて大きな影響を及ぼしている。また，2008年四川大地震の後，中国国家教育部は災害後の心理援助（訳者注：心のケア）の成果と教訓をまとめた上で，災害後の被災地の状況を分析し，「指導綱要」に基づき，「地震被災地域の小中学校における心のケアと心理健康教育の指導綱要」を作成した。それは四川などの被災地の小中学校での心理健康教育についてのより方向性のある提言であった。政府によって作成されたこれらの政令は中国の小中学校の心理健康教育の発展を効果的に促進した。

　また，科学研究の成果から見ると，近年，小中学校心理健康についての研究成果が増加する傾向にあり（杨，2001; 付，2005），小中学生の心理健康についての研究が注目されるようになってきた。多くの心理学者が関連のテーマについて研究を行っている。中国のもっとも権威のある学術文献データベース「中国知網（CNKI）」を用いて，「小中学校心理健康教育」をキーワードにして検索を行ったところ，ヒットした文献数は，1989年以前は1本，1990年から1999年までの9年間は38本，2000年から2002年までは400本，2003年から2008年四川大地震の発生までは632本，2008年四川大地震の直後から2011年10月4日までは254本，収録されている。

　教育部（訳者注：文部科学省）は「2002指導綱要」を全国に発信し，各省市の担当部署および指定学校に実施するように要請した，それ以来，中国全土において大部分の省市に小中学校心理健康教育行政指導・協力調整グループ，専門家指導グループが発足し，小中学校の心理健康教育の推進に対して，指導，監督およびサポートする役割を担っている。四川省教育庁も2010年6月に，「四川省震災地域小中学校心理健康教育行政指導・協力調整グループと専門家指導グループ」を立ち上げた。行政指導・協力調整グループと専門家指導グループの人事の采配を行い，役割を明確にした。そのほかにも関連テーマの検討会と論文コンテストなどが盛んに行われた。

（2）政府主導による実施

　各事業の経費の捻出や，専門資格認定，教師の養成，または，事業効果評価システムは，すべて政府主導のもとで，各行政関連部署と各学校によって，関連政令・基準に従って行われている。民間の関連団体・勢力も関与しているが，資金の確保や有効な資源運営などが難航しているため，小中学校心理健康教育の推進において，補助的な役割しか果たせられていないのが現状である。

　経費について，各省市の教育管轄行政部門は国の政策に準じて，心理健康教育専用経費を設けている。主に，心理健康教育と心理的介入についての文献資料庫の建設，心理カウンセリング用の設備購入，教育科学研究の実施，教師の研修活動と職務訓練および心理健康教育活動の展開に必要な費用，ならびに評価奨励経費として使われている。例えば，2002年から2003年の間，広東省教育庁が教育事業経費の中に，小中学校心理健康教育専用経費がを設けられた。200万人民元を費やして，省と各市のレベルに小中学校心理健康教育指導センターを立ち上げた。2007年に，浙江省は心理健康教育専用経費を設けて，児童生徒一人につき10人民元という計算で，心理健康教育経費を指定し，その額は学校の年間予算に組み込まれている。同時に，心理健康教育の基本設備（机，椅子，パソコン，図書資料，心理テストソフトなど）の購入と更新のために使用された。2008年四川大地震の後，財政部（訳者注：財務省）は480万人民元の経費を提供し，教育部のアレンジを通して，専門家チームを作って，四川省の震災被災地の教師に心理健康回復の研修を実施した。

　心理カウンセラー資格認定において，中国では妥当性のある評価・認定システムが構築されている。2001年4月，中国労働と社会保障部（2008年以降は「人力資源と社会保障部」に名称を変更した。訳者注：厚生労働省）が，「心理カウンセラー国家職業基準（試行案）」を作成した，そして，心理カウンセラーという職業を「中国職業大典（訳者注：中国職業全書）」に収録した。2002年7月，労働部（訳者注：厚労省）は「国家職業資格心理カウンセラー全国統一研修認定プロジェクトを正式始動し，カウンセラー資格を3つのレベルに設定した。それぞれ，心理カウンセラー一級（国家職業資格一級），心理カウンセラー二級（国家職業資格二級），心理カウンセラー三級（国家職業資格三級）である。現在，毎年二級と三級の申請と認定試験を2回ずつ行っている。ただ，一級の心理カウンセラー認定はまだ始動していない。2005年，国家職業基準システ

心理学，10.82%

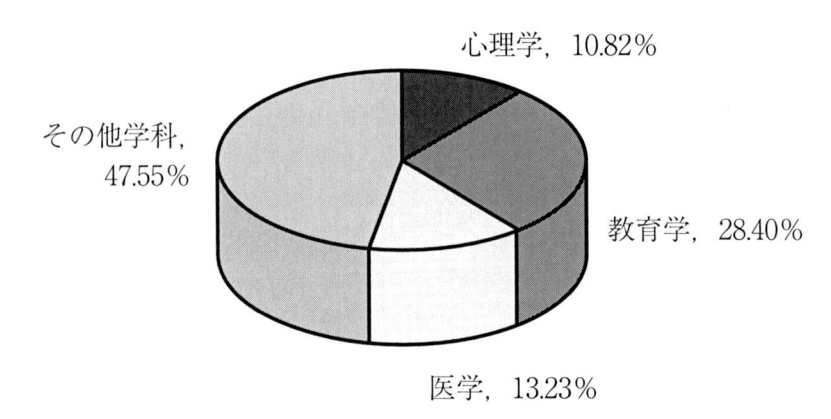

その他学科，47.55%

教育学，28.40%

医学，13.23%

図6-1　中国の心理健康教師の大学の出身学部

ムを完成させるための科学的・妥当性のある職業技能認定の根拠を保障する目的で，労働と社会保障部（訳者注：厚生労働省）は中国心理衛生協会の専門家に協力を要請し，「心理カウンセラー国家職業基準」を改訂した。

　次に，学校心理健康教育を担当する教師の大学の専攻学科について述べる。中国小中学校心理健康教育専従教師は主に各大学心理学専攻の卒業生（学部生と大学院生を含む）である。そして，他の業務を持ちながら掛け持ちで心理健康教育の業務を兼任するのは，主に各小中学校の「徳育」（訳者注：「道徳教育」）の教師，担任教師，教師の中の心理学に興味を持ったもの，医療従事者などである。姚・何（2011）の調査によると，各小中学校で心理健康教育の授業を担当する専従心理健康教育担当教師は32％にとどまっている。それに対して，担任教師は45.6％の割合を占めている。ほかの業務を持ちながら掛け持ちの心理健康教育を担当する教師の割合は19.7％，担任教師と合わせると，65.3％にも達している。現在，担任とほかの業務を掛け持ちして心理健康教育を担当する教師が大半を占めていることがわかる。心理健康教育担当教師の専門能力を強化するために，中国教育部は毎年の予算枠の中に専用経費を設けて，定期的に全国の小中学校の心理健康教育を担当する専従・兼任教師を対象に順次研修を行っている。その一例として，「国家研修計画　－小中学校心理健康教育中堅教師研修プログラム」があげられる。

　近年このような研修活動を盛んに行ってきて，全国の小中学校の心理健康教育担当教師の専門レベルがある程度高くなってきているが，全体的に見ると，

まだ十分とは言えない。専門的人材の人数は需要数を大きく下回っている。中国では，長い間「受験教育」を優先させる考えが根強くて，実際に，一部の小中学校において心理健康教育がまったく機能していない状況がある。このような要因もあって，全体的に見ると，中国の各小中学校の心理健康教育の担当教師の勢力はまだまだ弱小で，専門性も十分ではないと思われる。頼（2010）は，心理健康教育担当教師集団について，「数が足りない」，「専門性が弱い」などの問題を指摘している。同時に，頼（2010）によると，中国の小中学校の心理健康教育を担当する専従・兼任教師の大部分はほかの学科の出身であり，心理学専門知識と専門技能が不足している。また，現場の業務について助言や指導などのサポートを提供できるスーパーバイザーの数も足りないなどの問題が浮き彫りになっている。具体的な状況は図6-1の通りになっている。

（3）地域格差の存在

　経済発展の地域格差に影響され，中国の小中学校の心理健康教育の発展においても，大きな地域格差が存在する。主に，東部の経済発展地域においては，心理健康教育が急速に発展している，それに対して，西部地域では比較的に遅れている。都会の小中学校の心理健康教育普及率は高いが，農村部の普及率は低い，特に，山間部地域の小中学校の心理健康教育はまだ空白状態となっている。しかし，このような山村地域の子どもたちの多くは「留守児童」（訳者注：中国では，両親が都会に出稼ぎに行って，田舎に残されている子どものことを留守児童と呼び，その多くは祖父母や親せきに世話してもらっている）で，彼らの心理健康は決して楽観視できない状況にある。ある研究者の調査結果によると，「中国心理衛生雑誌」のすべての論文著者の職場先の所在地について集計したところ，北京，上海，広東，湖南，山東，山西などの省が比較的に多い，陝西省，チベット，海南，江西がほとんどゼロとなっている。少数民族の小中学校の心理健康教育の在り方についての研究はまだ全然見当たらない（楊，2001）。

　以上の問題もあり，「指導綱要」の中では，各地域の経済発展のレベルによって，異なった心理健康教育の目標が設定されている。すなわち，大都会と経済発展地域では，全面的に小中学校にて心理健康教育を普及すること，特に担当教師について「心理学の理論知識と心理カウンセリングの専門技能および健全

な人格と豊かな個性など，高い資質が求められる」と明文化されている。条件がある程度整った市町村では，小中学校の現実状況に基づいて，計画的・段階的に心理健康教育の普及に努めること，中堅となる教師を重点的に養成し，実践の経験を積み重ねながら地域の心理健康教育のレベルを向上させていくことが要請されている。まだ条件が整っていない農村部や山間部の地域では，現実状況に基づいて，地域の小中学校の心理健康教育の普及計画を作成し，心理健康教育のモデル校を作って，心理健康教育教師の研修と養成訓練を行い，段階的に心理健康教育を普及していくことが目標とされる。

2．中国学校心理健康教育の発展史

20世紀70年代末80年代初期，「心理補導（訳者注：心理学に基づいた生徒指導）」が初めて中国の小中学校に出現した時点から，中国心理健康教育の発展は，「自発的模索」，「経験の積み重ね」，「全面普及」の3つの段階を経て今日にいたった。

（1）自発的模索段階（20世紀70年代末から80年代初・中期）

1979年後半，河南省平頂山市心理学研究会の寇清雲らが平頂山市第3中学校と第13中学校で心理学研修会の開催を初めて試みた。80年代の初・中期，一部の研究機構と学者たちは，大学生と小中高の児童生徒を対象に心理健康状況の調査を行い，一連の結果を報告した。教育現場に携わる人々と教育関係の行政機関が初めて青少年の心理健康に目を向けた。80年代末，浙江省杭州や寧波などの市の小中学校で道徳教育に携わる一部の教師または担任たちは，現場で実施されていた伝統的な「思想政治教育」（訳者注：マルクス共産主義の哲学・道徳理念）に基づいた生徒指導の効果が低くて，ケースによって逆効果になることもあると反省し，児童生徒に対して心理学に基づいた生徒指導を試みた。それ以降、青少年を対象にした心理健康教育は，基本的な実践経験と理論基礎を蓄積していった。この段階の特徴として，教育を管轄する行政部門の指導がなく，教師は個人の情熱で実践に取り組んでいたが，研修と指導が不足で，科学的なエビデンスを欠いていた。

（2）経験を積み重ねる段階（20世紀80年代中・後期）

　一部の地域の学校教師たちが，思春期教育を切り口にして，一部の学生に見られた思春期適応の問題，挫折の克服，人間関係の対処，学習方法の問題などについて指導を模索した。その間，たくさんの学校で心理健康教育の試みが行われ，また，ホットラインも開設された。例えば，上海市の曲陽第4小学校，江蘇省の金陵中学校，杭州市の「西冷青春ホットライン」などが，地域では注目を浴びており，小中学校でさらなる大規模で高いレベルの心理健康教育の発展のための有益な経験が蓄積されていた。

（3）全面普及段階（20世紀90年代以来）

　青少年心理健康教育が10年以上の実践を経て，少しずつ国と教育行政部門の支持を得て，さらなる発展を遂げた。1994年に中国共産党中央と国務院によって作成された「学校徳育の強化と改善についての中国共産党中央の若干意見」の中で，「多種多様な形でいろいろな年齢段階の学生に対して心理健康教育指導を行うこと」が明記された。それ以降，中央の指導に応じて，北京，上海，湖南，湖北，江蘇，河北，遼寧，河南，天津，四川，重慶，広東，広西，内モンゴル，山西，浙江，福建，江西，安徽などの省，市，自治区の多くの学校で一連の学校心理健康教育的な試みが行われた。心理健康教育の授業を行ったり，掲示板，ラジオ，メールボックス，施設内で編集された雑誌を媒介に心理健康知識を広めたりするほか，心理カウンセリング・ルーム，リラックス・ルーム，カウンセリングホットラインを開設し，また通信カウンセリングの業務も始め，児童生徒たちの心理的な問題に立ち向かい，成長をサポートした。1999年，教育部が全国小中学校心理健康教育指導委員会を立ち上げ，各省市と大学に調査研究と実験を委託した。その後，「中国共産党中央国務院による教育改革と素質教育を全面推進するための決定事項」の中では，「新しい社会情勢の中での青少年の成長の特徴に応じて，学生への心理健康教育を強化すること」が強調された。

　同じ年の8月に，中国の教育部が初めて学校心理健康教育問題について，「小中学校の心理健康教育を強化することについての若干意見」という政令を出した。小中学校における心理健康教育について具体的な要求と基準を設け，全国

範囲での心理健康教育事業が始動した。2000年上海で全国小中学校心理健康教育実験地区課題検討会が開催された。2001年1月，中国共産党中央国務院（訳者注：内閣府）が再度「新しい社会情勢の中でさらに小中学校徳育を強化と改善することについての意見」という政令を出した。再度「小中学校で心理健康教育を強化すること」を強調した。2001年3月15日に開催された第9回人民代表会議第4回会議で審議可決された「中華人民共和国国民経済と社会発展の第10回5年計画綱要」の中でも，「特に青少年の思想政治，道徳品質，心理健康と法律教育について強化すること」が明記された。青少年の心理健康教育が初めて中国の国民経済と社会発展の5年計画の中に明文化された。2001年6月14日に出された「国務院による基礎教育改革と発展についての決定」の中で，「小中学校の心理健康教育を強化すること」が明確に指定された。2002年9月2日に，教育部が「小中学校心理健康教育指導綱要」を正式に発表し，小中学校の心理健康教育についての指針が具体的に提示された。

　その後，基礎教育カリキュラム改革が実施され，心理健康教育がいろいろな形で小中学校の授業に組み込まれるようになって，学校教育の一部になった。しかし，実際，小中学校の心理健康教育がどの程度に普及しているかについては，まだ明確な答えは出ていない。近年，一部の地域の調査データが報告されている。例えば2001年，上海市では36.3％の小中学校で心理健康教育選択履修授業と講義が開設されている。26％の小中学校が心理カウンセリング・ルームを設置した。天津，北京，南京，遼寧，吉林などの地域でも，心理健康教育が相当の規模に達している。2002年，教育部小中学校心理健康教育特定課題研究の東北地区課題担当グループが東北地区3省11市に，小中学校心理健康教育の事業状況について大規模調査を行ったところ，調査に参加した学校は全部で1,280校（都市部532校，市町レベル346校，農村部402校），心理健康教育が展開された学校の割合は，都市部が67.7％，農村部が32.3％，高校が33.2％，中学校が32.5％，小学校が24.3％であった。全部の学校の中で，心理健康教育担当部署を設立した学校は51.1％であった（赵・李，2004）。2005年福建省9地市の小中学校に対したサンプル調査を行った結果，専従教師がいる学校は51％，選択科目として心理健康教育授業を開設した学校は31.9％，必修科目として心理健康教育授業を開設した学校は17.4％，一部の学級で心理健康教育授業が開設された学校は43.7％，心理カウンセリング室が開設された学校は46.9％であった。しかし，22.1％の小中学校は心理健康教育の領域ではま

だ空白の状態である（叶・余・李・肖, 2005）。

　2008年12月〜2009年12月の間, 教育部基礎教育司が内モンゴル, 安徽, 浙江, 福建, 北京, 上海の50の区または県に,「小中学校心理健康教育事業の発展状況」についての調査を行った。その結果から半数の被調査の地区または市町村で心理健康教育行政指導グループが立ち上げられた。専従または兼任の心理健康教育担当教師の人数は増える傾向にある。80％の被調査の小中学校でいろいろな形で心理健康教育活動が展開された。60％の学校が心理健康教育をカリキュラムに編み込んでいる。70％の被調査地区または県で, 関連課題についての研究活動と心理健康教育授業についての研究活動が行われている（教育部基礎教育一司, 2010）。

（4）四川大地震の影響

　四川大地震が起きてから, 四川省小中学校健康教育は大幅に発展した。大地震発生後, 2008年6月8日からの2か月間の間に, 中国教育部が全国の心理専門家を集めて, 四川省被災地域の小中学校の教師を対象に, 計5回の「災害後の心のケア」をテーマにした研修を行った。その後も, 毎年の夏休みの間に, 順次に四川省の各地域の小中学校心理健康専従・兼任の教師を対象に専門的な研修を行っており, 教師たちの心理健康教育能力の上達をサポートしている。四川省の小中学校の心理健康教育の現場に携わる教師の全体のレベルは大幅に上がってきた。

　このような動きと並行して, 四川省教育庁も小中学における心理健康教育の発展に力を入れている（写真6-1）。「四川省教育庁による被災地小中学生への心理サポートと心理健康教育の実施に関する意見」（川教【2008】238号),「四川省教育庁による地震被災地小中学校教師の心理サポートと心理健康教育についてのお知らせ」（川教【2009】50号),「四川省教育庁による四川省地震被災地小中学校心理健康教育指導調整グループと専門家指導グループについてのお知らせ」（川教【2010】390号),「四川省地震被災地小中学校心理健康教育実施案」（川教【2010】181号) などの政令が出され, 四川省における心理健康教育の実施に関する指針が明確に示された。さらに, 四川省は, 教育部が出した「地震被災地小中学校心理サポートと心理健康教育実施についての要請」に応じて, 心理健康教育を学校のカリキュラムに組み込んだ。その後, 四川省の地方小中

写真 6-1　四川師範大学チームによる震災後の箱庭遊びによる心のケア授業（2008 年）

学校のカリキュラムを改訂する際，心理健康教育の内容は，「心霊呵護活動（訳者注：「心のケア」の文学的表現）」という形で，一つ独立した内容領域として，四川省義務教育地方教材テキスト「生活・生命と安全」の中に収録された。小中学生に心理健康に関する基本知識を普及し，小中学生が十分な心理健康知識と適応能力を身につけられるように努めてきた。3 年余りの心理健康教育の実施，四川省小中学校心理健康教育の普及率が大幅に上がった。調査によると，現在四川省の都市部の小中学校の半数近くは心理健康教育の授業が設けられている。小学校は 9 時限以上，中学校は 10 時限以上となっている。

3．現状と未来

（1）現　状

　20 世紀の 80 年代の初期から始まった小中学校での心理健康教育は，30 年間の模索と発展を経て，一定の成果が得られた。主に以下の 3 つがあげられる。1 つめ，国の政策がだんだん明確・具体的になってきて，各省市県の教育行政

担当部門が実施に力を入れている。特に2008年震災の後，心理健康教育は経済発展がある程度遅れている地域においても普及・発展し始めた。2つめ，高等教育機関（訳者注：大学等）と科学研究機関が現場のニーズに応えて，たくさん心理健康教育を担当する中堅教師を養成した。3つめ，過半数の学校は心理カウンセリング専従教師を採用し，心理カウンセリング室を設置した，心理健康記録ファイルを作成し，仕事は規範化の方向に進んでいる。

中国での心理健康教育事業は上述したような成果が得られているが，依然としてたくさんの課題に直面している。主には以下の3つだと思われる。第1は形式主義（訳者注：中身より形式を重視するというやり方）である。一部の学校校長や教師，保護者は心理健康教育の大切さに対する認識が不十分であり，受験教育優先の考えを強調している。このような偏った観念にとらわれていることで，これらの小中学校での心理健康教育は表面的な形にとどまっていて，具体的な中身が欠けている。外部に対する宣伝活動ばかりしているか，行政の監査に対応するための最低限の努力しかしていないため，心理健康教育の役割を十分果たしていない。

第2は，地域の格差が大きいことである。経済発展の格差が存在していることや，または社会全体の関心が低いため，国全体から見ると，心理健康教育の発展は極めて不均衡である。経済発展地域では心理健康教育がほぼ普及している。しかし，経済発展が遅れている地域は，担当できる教師もいないし，心理健康教育を展開する意識も乏しい。第3は，専門性が乏しくてスキルが低いことである。専門的な心理教師が足りなくて，理論学習が十分ではないし，業務はまだ規範化できていない。業務指導とスーパービジョンが十分得られていない。中国の現状に合った学校心理教育に関する理論がまだ確立されていなくて，ほとんどの学派は西洋から借用するもので，これらの学術知見を中国の教育現状に合った形に適用させるには，まだまだ消化と吸収という一連のプロセスが必要と考えられる。

（2）発展の方向性

現行の心理健康教育の諸課題に関して，中国教育部基礎教育司が全国小中学校の心理健康教育の発展状況について調査を行った後に，以下の方向性と業務指針を示した。

①小中学校の心理健康教育の格差を是正すること。現在中国の小中学校の心理健康教育の発展は極めて不均衡であるため，遅れている学校に政策的な配慮が必要で，沿岸部の経済発展地域と中西部地域の格差を縮小させること，また，都市部と農村部の格差をなくすこと，高校・中高一貫校と中学校・小学校の格差をなくすこと。このような努力を通して，均衡な発展をなし遂げるように努める。

②小中学校の心理健康教育の経費を増やす。小中学校の心理健康教育とその担当部署は補助部門であって，営業利益は得られない部門である。正常の運営を維持するために，ある程度の経費を投入する必要がある。経費の使い道は主に心理健康教育のための，ハードとソフト両面の設備投資と担当教員の養成費用である。

③小中学校の心理健康教育に携わる教師の専門的能力を高めること。これからは，心理健康教育を担当する教師に対して，専門的な訓練を受ける時間数や機会を与え，継続的な教育研修を常態化・制度化させる。そして，心理健康教育業務能力について，専門的な基準を設け，資格審査を行い，専門資格認定制度を実現することで，専門性と業務の質を保証する。短期的な研修以外のほか，大学などの高等教育機関で関連専攻コースを設立し，各小中学校のニーズに応えるような，心理健康教育を担当する人材を量産できる体制を構築する。いうまでもなく，大学，研究機関，医療機関などで心理健康専門サービスに従事している専門家は，スーパービジョンなどの形で，より積極的に関与し，学校心理健康教育に携わる者の専門性を高めていくことが期待される。

④心理健康教育のバリエーションを増やすこと。小中学校の心理健康教育の質を向上させるために，心理健康教育の授業以外に，他の教科教育の中で心理健康教育の知識を組み込んでいくことや，また，生徒指導，学外活動と校内環境づくりなどの活動を通して心理健康教育の大切さを浸透していくことで，学校教育のいろいろな側面で心のケアを取り入れる，宣伝と普及の活動を展開する。コミュニティの資源や，保護者との連携などを通して，学校，家庭，地域社会の三位一体の教育体制を築いていく（姚・何，2011）。

このような発展目標を確実に実行していくために，中国教育部は以下の４つの関連政令の修訂・作成に取り組んでいる。第１に，「小中学校の徳育（道徳

教育）の教育マニュアル」を修正し，心理健康教育の内容を重要な内容領域とする。第2に，「小中学校心理健康教育指導綱要」を修正する。この綱要は9年前に可決されたものであるが，新しい時代背景と新しい社会状況に従って，現在，心理健康教育はさらに多くの役割が要請される。すべての学生の心理健康に寄与するような教育が求められている。小中学校は生徒たちにとって心理的に安心できる環境でなければいけない。第3に，「ストレス状態の生徒への心理的サポートに関する指導綱要」を作成する。近年自然災害が頻発し，災害時に適切なケアを行うための業務規程と評価基準を作るべきだと思われる。第4に，「小中学校心理健康教育教師研修制度と規定」を作成する。

　2008年以来，各地の学校の中でさまざまな新しい形の防災教育が重視されている。内容は地震時の防災措置とセルフヘルプ，火災の予防と避難訓練，学校内での各種事故の予防，交通安全教育などである（写真6-2）。このような広範な予防的な教育内容が脚光を浴び，行政機関に重視され始め，学生，家庭，地域社会からも広く支持されている。安全教育と各種の防災教育を行うために，各地の行政部門の予算に専用資金が組まれている。現在中国では，防災教育の

写真6-2　広東省陽東県実験学校での地震に備えた防災訓練（2011年5月）

具体的な内容は以下になる。生命の大切さに関する教育，交通ルールについての教育，消火器の使い方の練習，想定された各種危険局面での避難訓練などである。このような具体的なやり方は多数の学校（特に都市部の学校）で，学校のカリキュラムの一環となっている。全体的に見ると，中国の防災教育はまだ模索段階である。経費の確保，研究の実施と教育内容の充実，担当教師のスキル訓練などの面では，まだまだ未熟で，試行錯誤しながら経験を積んでいく段階である。

4．中国学校心理健康教育の成果

（1）中国心理健康教育を実施する必要性

（a）小中学生の健常な発達の保証

　経済のグローバル化，情報化社会の進歩，工業化の発展モデルが中国の基礎教育に凄まじい影響を及ぼしている。例えば，インターネットなどの新しい形のマスメディアの普及は，小中学生の学習活動，娯楽と交友関係に新しい媒体を提供しているが，それと同時に子どもたちの発達にふさわしくない，有害な情報も一緒に生活に満ちるようなっており，これらの情報は小中学生の心身に悪影響を与えている。中国の都市化が進んでいる中，都会に出稼ぎにきた親について一緒に都会にきた子どもたちや，農村部に残った「留守児童」の教育をめぐる問題が日々浮き彫りになってきている。実際，これらの子どもたちは心理的な問題を抱えやすいとされる。一方，中国は「素質教育」を掲げてきたが，受験教育の考えは依然根強いものである（訳者注：素質教育とは，従来の「受験教育」への批判をうけ，中国政府が20世紀90年代から提唱してきた教育政策で，試験の点数より学生の素質の向上をスローガンとして強調される）。受験のために，丸暗記の勉強や大量の模擬テスト問題を解かせることは現場ではまだ多く見られる。一部の学校では，点数だけで学生を評価するカウントダウン，受験と関係ない活動を制限するなど，進学率を上げるために，不適切な取り組みを行っている。社会，学校，家庭からのプレッシャーは全部児童生徒に集中して，子どもたちの心身の健康に大きなストレスを与えている。2001年

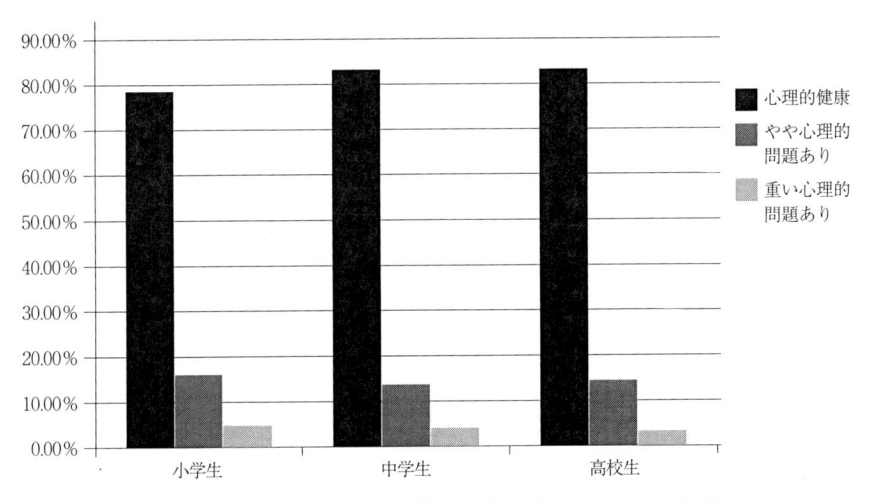

図6-2 小中高生の心理的問題の割合（沃，2004より改変）

北京師範大学発達心理研究所の沃建中博士がリードした「小中学生心理素質の構築と育成についての研究」グループは北京，河南，重慶，浙江，新疆の5地域で質問紙調査を行った（沃，2004）（図6-2参照）。

　2007年12月から2008年1月，中国科学院心理研究所（2008）は全国15省，直轄市の域の中の17つの市の12歳から18歳の青少年の心理健康状態について調査したところ，大多数の被調査者は健常であり，17.2％の被調査者は「かなりいい」，66.6％の被調査者は「いい」，13.8％の被調査者は「比較的に悪い」，2.3％の被調査者は「悪い」であった。また，中国青少年研究センター（2008）から発表された「未成年者権益状況調査報告」によると，現在中国の34.0％の学校は心理健康教育授業を必修科目として，14.3％の学校は選択科目として設けていると報告されている。また，32.6％の学校は心理健康教育のセミナーを開催し，15.3％の学校は心理健康と関連するカウンセリング講座を開催しており，7.5％の学校はカウンセリング・ルームを設立していた。3.8％の学校が心理健康と関連する措置をまったくしていなかった。このような改善があるにもかかわらず，未成年者の心のケアの体制は十分とは言えない。調査研究によると，現在小中学生の主な心理的な問題は，学業不安，衝動性，自己コントロールの弱さ，責任感の弱さ，意志薄弱，孤独感，反抗心，抑うつなどあり，一部の学生は自殺行為を図っている（张，2006）。例えば，2010年1月1日から11

月27日の間，全国小中学生の自殺既遂件数は73件にまでのぼっている（新浪教育网，2010）。このようなデータから，小中学生の心理健康教育を行うことは，基礎教育における喫緊な課題だといえる。

（b）社会と時代の発展に伴う要請

心理健康教育は徐々に受け入れられるようになりつつある。これは社会と時代の発展の結果であり，現代社会が教育に対する要請でもある。大量生産によって生活物質が豊かになってから，基本的な生存欲求が解決した後，心理的な問題が顕著に出ている。また，医学の進歩に伴って，衛生条件と生活レベルが改善され，かつて不治の病とされていた一部の病気は治療が望めるようになってきている。それと同時に，私たちの生活の質への心理的影響がだんだん重視されるようになってきた。さらに，現代社会では社会環境が急激に変化しつつあって，生活と仕事のペースが速いことで，われわれは今まで以上の心理ストレスにさらされている。さまざまな心理問題や精神障害の罹患率が上昇している。このように，社会が急激に発展するほど，現代化のレベルが高いほど，人々の心理健康における問題が顕著であり，これは世界中各国の共通の問題として注目されつつある。

心理健康は個人の幸福だけではなく，社会の発展にも欠かせないものである。特に現代社会では，社会に貢献できる人材として活躍していくには，まずは心理的に健康であること，そして社会の急速な発展に適応できることが要求される。したがって，このような社会と時代の要請に応じて，心理健康教育が学校教育領域の一分野として確立されることは必須である。

5．中国心理健康教育の目標と対象

（1）心理健康教育の目標

中国国家教育部が2002年9月2日に公開した「小中学校心理健康教育指導綱要」の中で，小中学校心理健康教育の最終目標は，児童生徒全員の心理素質を促進すること，潜在能力を最大限引き出すこと，楽観的・積極的な心を養うこと，健全な人格を形成すること，と掲げられている。心理健康教育の具体的

な目標は，学生の自己認知を促して，自己コントロールの力，挫折を乗り越える力，環境に適応する力を促進すること，健全な人格と良好な個性を培うこと，心の問題や精神障害を抱えている学生に対して，科学的なカウンセリングと指導を行い，できるだけ早く心理的な苦痛から脱出できるように，また，自己コントロールを促進し，自己教育能力を身につけるようにサポートすること，とされる。

（2）心理健康教育の対象

「小中学校心理健康教育指導綱要」では，心理健康教育の役割を以下の3つとしている。1つめは，児童生徒全員を対象に予防的発達的心理健康教育を行うこと，2つめは，心の問題と精神障害を抱えている学生に対して，支援的治療的カウンセリングと指導を行うこと，3つめは，教師と保護者を対象に心理健康教育を行って，児童生徒の心理発達をサポートすること。ここで，心理健康教育の対象は全校の小中学生と教師および保護者である。

6．中国における心理健康教育実施方法

心理健康教育が前述した教育役割を果たして，期待された教育目標を実現するために，いくつかの実施手段（モデル）を通して実施されている。小中学生の心の発達は極めて複雑な過程で，心理健康教育もいろいろな形で実施していく必要があると思われる，それだけではなく，いろいろな形の心理健康教育をまとめて，1つ機能的なシステムを構築していく必要がある。現状では，小中学校の心理健康教育は主に以下の3つの手段で実施されている：専門的アプローチ，浸透アプローチ，サポート的アプローチである（姚，2008）。

（1）心理健康教育の専門的アプローチ

小中学校の心理健康教育の専門的アプローチは2つの形があげられる。1つは学生全員に対する心理健康教育である。これは心理健康教育授業の実施が主の形である。心理健康教育授業は集団心理療法の理論と技術に基づいて，クラ

ス全体を1つの対象として実施される。心理健康教育授業は一般のホームルームや集団カウンセリングとは異なる。クラスという学生の集団を対象に，個人個人の体験を媒介に，感じたことや洞察を通して，自己認知を促し，潜在能力を最大限に発見し，セルフケアとストレスコーピングの力の獲得を目的とし，学生の主体性を促すことである。心理健康教育の授業の形は多種多様で，以下の例があげられる。ゲームの形で行うもの，ロールプレイ，行動訓練，交互作用分析（訳者注：交流分析），論理療法と音楽療法など。

　2つめは心理的な問題を抱えている学生に対する心理カウンセリングと指導である。このために，各小中学校にカウンセリングセンター，心理カウンセリング室，心理健康指導ステーション，通信カウンセリング，ホットラインなどを設立し，援助を求める学生に必要なサポートを提供している。心理健康教育のシステムの中では，心理カウンセリングは重要な一部であり，高い専門性を必要とする仕事でもあり，集団カウンセリングと個別カウンセリングに大別できる。個別カウンセリングは学校心理健康教育事業の重要な仕事の1つである。鑑別アセスメント，見立てと介入を通して，個別に学生の問題解決をサポートしていく。集団カウンセリングは，同じ問題を抱えている学生を集めて，心理健康教育の先生がファシリテーターになって，1つの課題を巡って，一定の活動形式と導入を通して，互いに啓発・鼓舞し，集団内で共通的な結論と目標を達成し，個人の不適切な観念，態度，情緒，行為を改善する活動である。

（2）心理健康教育の浸透アプローチ

　心理健康教育の目標を実現するために，小中学校の心理健康教育は専門的なアプローチ以外に，心理健康教育を学校教育の全側面に浸透・融合させることが重要なアプローチの1つである。そのため，まず，学科教育の中で，各教科授業の担当教師に自発的に意識的に心理学の原理と方法を駆使して，学生に各教科範囲の知識，スキルを教えること，また知能と想像力を伸ばすことと同時に，心理健康の維持と促進に注意を払い，健常な人格形成を促す必要がある。また，学級運営の中で，担任教師が心理健康知識を学生に伝えるほか，各種の心理学に基づいたワーク，訓練を通して，情緒，意志（訳者注：自我）の発達を促し，健常な性格と適応能力が定着できるように努め，計画的に学生の全体的な素質の向上と個性の形成を促進することが期待される。さらに，学外活動

で，充実した内容の集団活動，社会実践活動などを通して，学生たちの心理健康への認識を高め，チームワークを体験させ，意志の強さと社会への適応能力を鍛えさせる。同時に，学校のラジオ，校内便り，校内誌，掲示板，学生が作った手書き新聞などのツールを通して，心理健康教育の健康知識を宣伝・普及する。最後に，学校内の環境を整える際，学校の物理的空間環境と校内の文化的雰囲気づくりに心理健康の理念を取り入れて，見えない空気の中で学生の心理的健康を促進されるように工夫を凝らす。

（3）心理健康教育のサポート的アプローチ

　家庭内と社会全体の心理健康の発展は小中学校の心理健康教育に力強いサポートを提供する。家庭は人生の「最初の教育の場」。親は子どもの最初の先生でもあり，生涯の先生でもある。たくさんの研究から，良好な家庭教育が子どもの健康な心理発達，健全な人格形成と個性の分化と関連していることが示されてきた。したがって，小中学生に対する心理健康教育を行うために，保護者のしつけと安定した家庭内環境が不可欠である。同時に，学校で行う心理健康教育は全社会からの支持と協力が必須である。社会環境は，知らないうちに，一人ひとりの人間の心に大きな影響を及ぼしていると思われる。そのため，良好な社会環境，特に地域環境をつくることが大切だと思われる。現在中国の大都市では，地域社会の中で，学生の心理健康を促進するための取り組みを行っている　。例えば，ネットカフェへの管理強化，青少年の不良行為の矯正への取り組み，青少年センターの活動をオープンするなど，また，北京，成都，南京，上海，広州などの都会では地域のコミュニティで心理カウンセリング・サービス・センターが設立されている。これらの取り組みは学校心理健康教育に有力な支持と保護を提供している。

（4）中国の心理健康教育の効果評価

　小中学生心理健康教育に対して客観的，科学的に評価することは，科学的・規範的な心理健康教育が実施されることを保障する。心理健康教育効果評価は小中学校心理健康教育の成果を測る指標である。全国の小中学校心理健康教育効果評価は主に学生についての評価，仕事についての評価と科学研究について

の評価などがあげられる。学生についての評価は学生が心理健康知識の習得度とサービスに対する周知の程度，学生の学校心理健康サービスへの満足度などが含まれる。一部の機関と学校がアンケート調査を通して，学生の心理健康知識の習得度と学校心理カウンセリング活動への満足度を測定して，心理健康教育の効果の指標とされている。教育管轄行政部門と学校の教師たちは，学生の心理健康教育への意見と態度は大切な評価指標だと思われる。

　仕事についての評価は，自分たちの学校に合った心理健康教育と心理カウンセリングが展開されているかどうかを評価することである。この類の評価は所轄部署による心理健康教育とカウンセリング活動に対する表彰や，マスメディアに報道されること，また，他校の教師の見学時の評価などが含まれている。

　科学研究についての評価は，心理健康教育事業について総合的な研究が行われているかどうか，研究条件，研究経費が充実しているかどうか，研究成果が得られたかどうか，研究成果が実践に生かされているかどうか，について評価する。中国の大・中規模の学校では，毎年，心理健康教育をテーマにする研究を行うために，政府の担当部署から研究経費が申請されている。政府の教育管轄部門は積極的にサポートしている。

（5）中国心理健康教育の普及状況

　10年余りの発展を経て，中国の小中学校における心理健康教育の普及率が高くなっている。刘・张（2005）は2004年に東北3省11市の1,280校に調査を行ったところ，心理健康教育事業をスタートした学校は73.6％，3.2％の学校はこれから開始される予定であり，8.2％の学校はまだ計画に入れていない状況であった。スタートした学校では，都市部の学校は67.7％，農村部は32.3％；高校は33.2％，中学校は42.5％，小学校は24.3％であった。徐（2005）が2005年に東部，中部および西部の28の省の280県の小中学校を対象にサンプル調査を行ったところ，10.5％の学校はまだ心理健康教育の授業を行っていなかった。31.4％の学校は少ない時間数でありながら行っていた。10.6％の学校は標準時間数を設けているが，他の教科にとられることが多かった。47.3％の学校が十分な時間数をクリアしている。また，調査の結果から，心理カウンセリング室を設立していない学校は全体の47.3％を占めていた。2009年5～6月に，教育部基礎教育第一司が上海，浙江，福建，内モンゴル，安徽と重慶の

6省と市の小中学校の管理職と心理健康教師にアンケート調査を行った。その調査結果によると，全国心理健康教育事業が発展していて，心理健康教育指導機関と業務規範が完成されつつあって，教師の人数も多くなってきた。

　また，心理カウンセリング室も普及されている。近年，中国の学校における心理健康教育はますます注目されるようになっている。特に，2008年四川大地震の後に，学生の心理健康問題，トラウマ的な出来事を経験した後の回復，心理的な問題の予防などの問題について，行政部門，教師，保護者から高い関心が示された。日本，アメリカなどの心理援助チームの協力もあって，中国国内の専門家が学生の心理健康問題についての認識を深め，より広い視野で問題をとらえることができるようになった。臨床実践の中で貴重な経験を積み重ねている。これからさらなる発展が期待される。

引用文献

付选刚 (2005). 中小学心理健康教育的现状与对策 [J] 教育探索, 5, 84-85.
教育部基础教育一司 (2010). 中小学心理健康教育工作发展状况调查课题中期成果报告及论证会在京召开　中小学心理健康教育, 4, p.47.
赖长春 (2010). 四川省中小学心理健康教育师资队伍现状调查报告　教育科学论坛, 2010年第3期, p.69.
刘晓明・张明 (2005). 中小学心理健康教育工作状况的调查研究　内蒙古师范大学学报（哲学社会科学版), 34, 第1期, p.14.
沃建中 (2004). 学校心理辅导通论　吴增强主编, 上海科技教育出版社, p.5.
新浪教育网 (2010). http://edu.sina.com.cn/zxx/2010-11-28/1745276630.shtml
徐美贞 (2005). 中小学心理健康教育现状调查分析　教育发展研究, 3B, 78-83.
杨宏飞 (2001). 我国中小学心理健康研究的回顾 [J] 中国心理卫生杂志, 15, 289-290.
姚本先 (2008). 学校心理健康教育　安徽大学出版社
姚本先・何元庆 (2011). 中小学心理健康教育工作发展状况调查研究　中小学心理健康教育（上半月刊), 5-7.
叶一舵・余香莲・李想・肖盈 (2005). 福建省学校心理健康教育：现状・调查・分析 [J] 中小学心理健康教育, 8, 24-27.
张继明 (2006). 关于中小学心理健康教育师资建设的思考　基础教育参考, 30-33.
赵红・李桂萍 (2004). 我国学校心理健康教育研究，实践的发展趋势 [J] 通化师范学院学报, 3, 76-77.
中国科学院心理研究所 (2008). http://www.gov.cn/gzdt/2008-04/15/content_945123.htm
中国青少年研究中心 (2008). http://www.cycs.org/FMInfo.asp?FMID=2&ID=8760.

第Ⅲ部

日本の予防教育の現状

　予防教育は日本の学校においても，世界各国と同様，さまざまな形で導入・実施されている。第Ⅲ部では，日本の子どもたちと学校の実情をふまえて発展あるいは開発された予防教育について，その特徴や現状に検討を加える。

　まず，日本の学校での予防教育の実施実態と課題について，質問紙調査に基づいて検討する。続いて，日本の予防教育として一般的に実施されているプログラムと独自に開発されたプログラムを取り上げ，開発の経緯や理論的背景，方法や効果などを概説する。また，予防教育は健康と適応のどのような側面に焦点を当てるかという観点から，不適応的な側面に焦点化した予防教育と適応的な側面を伸ばすことに着目した予防教育に分けることができ，それぞれについて説明する。

　これらのプログラムが実施される一方で，日常の学校では教師の学級経営のもと，子どもたちはさまざまな学級活動を行っている。各活動が十分に機能したとき，それらはユニバーサル予防機能を持つといえる。このことから，学級活動の予防教育機能を実証的および理論的に明らかにする。最後に，日本の予防教育の大きな特徴として，大規模災害に遭った子どもたちの健康と適応を守る予防教育について，理論と実践に基づいて考察する。

第7章
日本の学校における予防教育の現状と課題

xxxxxxxxxxxxxxxxxxxxxxxxxxxxxxxxxxxxxxxxxxxxxxxxxxxxxxxxxxxxxxxxxxx

概　要

　今日，学校ではさまざまな予防教育が導入されている。しかしながら，本邦においてどのような予防教育がどの程度行われているのか，その実態は必ずしも明らかではない。本章では，教育センターと現場の教師を対象に質問紙調査を行い，それに基づいて日本における予防教育の現状と課題について検討した。予防教育が，子どもたちのニーズに関する教師の認識を必ずしも反映した形で実施されていない可能性が示され，より積極的な予防教育の実施を教師に躊躇させる要因が指摘された。

1．調査の趣旨と概要

　本邦において，子どもたちの学校不適応の増加に伴い，さまざまな予防教育が学校現場に導入されている。しかしながら，どのような予防教育がどの程度行われているのか，その実態は明らかとはいえない。学校では子どもたちにどのような問題を感じ，何を予防しようとして，どのような予防教育を実施しているのか。また，予防教育の必要性を感じながらも必ずしも実施されていないとしたら，それはなぜなのか。本章では，こうした予防教育の実施状況，実施する理由あるいはしない理由等について，質問紙調査を行い検討した。調査1として，予防教育実施の全国的な傾向を把握するため，全国の教育センターによる教員研修において予防教育が取り上げられている実態を検討した。調査2として，教育現場における予防教育の実施程度と予防教育に対する教師の認識等の調査を行った。それぞれの調査手続きの概要を以下に示し，第2節以降で結果と考察を述べる。

＜調査1＞

調査対象 全国教育研究所連盟に加入している都道府県立，政令指定都市立，市区立およびその他の教育センターまたは教育研究所（以下，教育センターと総称），計169か所であった。岩手，宮城，福島の教育センターは，同年3月に発生した東日本大震災の影響を考慮して調査対象から除外した。

手続き 郵送法による質問紙調査を実施した。

実施時期 平成23年5月末から6月末であった。

調査項目

①**予防教育に関する研修実施の有無** 前年度と今年度に，子どもの学校不適応を予防する教育に関する研修を実施したか，または実施する計画はあるかを尋ねた。

②**研修内容** 初任者研修，経験者研修，特定課題あるいは専門的知識・技術に関する研修ごとに18の予防教育を提示し，前年度と今年度の予定も含めた実施回数の回答を求めた。なお，道徳教育やキャリア教育などは本書の他章ではほとんど取り上げられていないものの学校不適応の予防と関連する教育であり，他の予防教育との対比のためにリストに提示した。

③**研修のねらい** 研修を計画したねらいについて，9種の不適応行動の予防および対応（計18種）の中から5つ以内で選択を求めた。

④**子どもたちにつけさせたい能力・特性** 研修計画を作成するにあたって考えた子どもたちにつけさせたい能力・特性について，20個の中から3つ選択を求めた。この20能力・特性は，安藤（2007）においていじめや対人暴力等の問題行動に関連しているとされた能力・特性，芳我・井原・忽那・松廣・渡邉（2006）において教師たちが子どもたちの問題点として回答した能力・特性，長根（1991）において子どもが心理的ストレスを感じることが多いとした学校生活の局面を参考に設定した。

⑤**自由記述** 子どもの人間関係の問題とはどのようなことかなどについて，自由記述を求めた。

回収率 74か所の教育センターから回答を得た。回収率は，43.8%であった。

＜調査2＞

調査対象 小・中学校の教師120人であった。調査者が講師を務めた研修会を受講した教師や，大学院に派遣されている教師が含まれる。所属学校の所在都

道府県の内訳は表7-1に示した。所属校種は小学校62人，中学校57人，不明1人であり，職種は教諭92人，養護教諭3人，管理職14人，その他（講師など）9人，不明2人であった。

手続き　現場の教師および大学院生には個別に配布，研修会受講者に対しては研修会会場にて質問紙を配布し，回答を依頼し回収した。

実施時期　平成23年10月であった。

調査項目

①子どもたちに不足している能力・特性　調査1の項目④と同様の20能力・特性について，子どもたちに不足していると思う程度を4件法で回答を求めた。

②予防教育への取り組み　プロチェスカ他（Prochaska, DiClemente, & Norcross, 1992）が提唱している，行動変容を1つのプロセスととらえ，その人の態度や行動変化への意志を基準にしてその変容過程をステージに分類し，それに基づいた介入法を行う変化ステージモデル（the stages of change model）を参考に，各予防教育ごとに，学級活動や授業の中で実施しているかどうかについて「0：していない。するつもりはない」「1：していない。迷っている。」「2：していないが，すぐに始めようと思っている」「3：すでにやっている。ただし始めてから6か月以下」「4：すでにやっている。6か月以上続けている」の5件法で回答を求めた。

表7-1　調査対象教師の所属校所在地

都道府県名	人数（人）
北海道	1
岩　手	1
茨　城	7
群　馬	4
新　潟	29
長　野	18
富　山	11
愛　知	1
岡　山	48
計	120

③予防教育の実施上の課題　岡﨑・安藤（2012）において教師が予防教育を実施する上であげた課題を参考に作成した予防教育の12課題に対して，自身に当てはまる程度について4件法で回答を求めた。
④実施の仕方　実施している予防教育1つについて，ア）何の時間に実施しているか（学級活動，道徳，総合的学習，教科，その他から複数選択），イ）どのような形で実施しているか（教育課程の中で計画的に実施，必要を感じたときに実施，学習指導や生活指導の中に組み込んで実施，学年単位で実施，学級単位で実施，その他から複数選択），ウ）その具体（自由記述），エ）実施上難しかった点（自由記述）の回答を求めた。

2．予防教育の実施傾向

　各予防教育に関する研修の実施回数が3回以上，1～2回，0回であったセンター数（％）を，初任者研修，経験者研修，特定課題研修別に表7-2に示した。回答は前年度および今年度の2年間についての回答であるので，3回以上との回答は年に複数回の実施，1～2回との回答は年に1回程度の実施であるとみなせる。

　全体的に見て，2年間に1～2回以上の研修を実施したセンターが3割以上あったのは，人権教育，道徳教育，キャリア教育，いのちの教育，生活習慣教育と，構成的グループ・エンカウンター，ソーシャル・スキル・トレーニング，対人関係づくり，およびストレス・マネジメント法であった。特に，3回以上実施のセンターが多かったのは，道徳教育，人権教育であった。一方9割以上のセンターで1回も実施されなかったのは，怒り・衝動のコントロール法，自己主張トレーニング，ライフスキル教育であった。同様の結果は米田（2008）においても報告されている。

　心理学を基礎とした予防教育に関して言えば，教育センターでの研修として，自己の受容や自身の心の苦しさ・喜びを受け止める感受性，集団づくりに関する内容は多く取り上げられ，一方，感情を理解し怒りを上手に表現したり，相手を理解し大切にしつつも素直にコミュニケーションしたりする適切な自己表現に関する研修は実施数が少ない。ただし本調査では，特定課題研修においては，ピア・サポート，問題解決法，自尊感情教育などは多く取り上げられてい

第7章 日本の学校における予防教育の現状と課題

表7-2 各予防教育研修の実施回数別センター数(上段:該当センター数 下段かっこ内:%)

	初任者研修			経験者研修			特定課題研修		
	0回	1〜2回	3回〜	0回	1〜2回	3回〜	0回	1〜2回	3回〜
構成的グループ・エンカウンター	41 (62.1)	18 (27.3)	7/66カ所中 (10.6)	42 (64.6)	17 (26.2)	6/65 (9.2)	37 (53.6)	21 (30.4)	11/69 (15.9)
ソーシャル・スキル・トレーニング	49 (75.4)	12 (18.5)	4/65 (6.2)	44 (68.8)	17 (26.6)	3/64 (4.7)	30 (44.8)	31 (46.3)	6/67 (9.0)
ピア・サポート	53 (82.8)	10 (15.6)	1/64 (1.6)	53 (85.5)	8 (12.9)	1/62 (1.6)	44 (65.7)	20 (29.9)	3/67 (4.5)
その他対人関係づくり	25 (39.1)	32 (50.0)	7/64 (10.9)	24 (36.9)	32 (49.2)	9/65 (13.8)	20 (28.6)	38 (54.3)	12/70 (17.1)
いのちの教育	44 (66.7)	18 (27.3)	4/66 (6.1)	45 (68.2)	19 (28.8)	2/66 (3.0)	41 (62.1)	19 (28.8)	6/66 (9.1)
人権教育	16 (23.2)	40 (58.0)	13/69 (18.8)	22 (34.4)	32 (50.0)	10/64 (15.6)	20 (28.6)	27 (38.6)	23/70 (32.9)
道徳教育	20 (31.3)	29 (45.3)	15/64 (23.4)	27 (41.5)	22 (33.8)	16/65 (24.6)	12 (17.1)	23 (32.9)	35/70 (50.0)
キャリア教育	38 (58.5)	23 (35.4)	4/65 (6.2)	40 (61.5)	22 (33.8)	3/65 (4.6)	31 (44.9)	26 (37.7)	12/69 (17.4)
薬物乱用教育	50 (78.1)	14 (21.9)	0/64 (0)	53 (80.3)	13 (19.7)	0/66 (0)	52 (76.5)	15 (22.1)	1/68 (1.5)
性教育	53 (81.5)	11 (16.9)	1/65 (1.5)	57 (87.7)	8 (12.3)	0/65 (0)	49 (72.1)	17 (25.0)	2/68 (2.9)
生活習慣教育	37 (56.1)	27 (40.9)	2/66 (3.0)	50 (75.8)	15 (22.7)	1/66 (1.5)	27 (38.6)	32 (45.7)	11/70 (15.7)
ストレス・マネジメント法	44 (67.7)	18 (27.7)	3/65 (4.6)	44 (67.7)	16 (24.6)	5/65 (7.7)	39 (58.2)	16 (23.9)	12/67 (17.9)
怒り・衝動のコントロール法	59 (93.7)	4 (6.3)	0/63 (0)	55 (87.3)	8 (12.7)	0/63 (0)	49 (73.1)	15 (22.4)	3/67 (4.5)
社会性育成	44 (71.0)	13 (21.0)	5/62 (8.1)	51 (81.0)	9 (14.3)	3/63 (4.8)	48 (71.6)	13 (19.4)	6/67 (9.0)
自己主張トレーニング	59 (92.2)	4 (6.3)	1/64 (1.6)	59 (93.7)	4 (6.3)	0/63 (0)	56 (83.6)	8 (11.9)	3/67 (4.5)
問題解決法	47 (73.4)	12 (18.8)	5/64 (7.8)	47 (73.4)	12 (18.8)	5/64 (7.8)	38 (55.1)	23 (33.3)	8/69 (11.6)
ライフスキル教育	57 (90.5)	5 (7.9)	1/63 (1.6)	60 (95.2)	3 (4.8)	0/63 (0)	58 (85.3)	10 (14.7)	0/68 (0)
自尊感情教育	46 (70.8)	12 (18.5)	7/65 (10.8)	46 (71.9)	16 (25.0)	2/64 (3.1)	35 (52.2)	23 (34.3)	9/67 (13.4)

注) 網掛けは,各予防教育研修を1〜2回以上実施したセンターが3割以上であることを示す。

268　第Ⅲ部　日本の予防教育の現状

ることも示された。

　表7-3 は，学校現場における各予防教育を実施している教師数を示す。ここでも，構成的グループ・エンカウンターなどと，人権教育，生活習慣教育，いのちの教育の実施が多いことが示された。一方，ストレス・マネジメント法，ライフスキル教育，怒り・衝動のコントロール法などの実施は少なかった[1]。

　これらのいずれも実施していない教師（調査2の項目②ですべての予防教育に対して「していない」と回答）は，有効回答者114人中5人であり，そのうち3人は勤務が5年以内の講師であった。調査対象であった小・中学校教師の96％が，何らかの予防教育を実施している。

　総じて，構成的グループ・エンカウンターなどのような人間関係に直接アプローチする形で行われる予防教育は多く導入・実施されているのに対して，ネガティブな感情を積極的に取り扱ったり，率直に素直な自己表現をしたりする力を個人において育むアプローチは，心理学の専門的な学校不適応の予防教育方法であるにもかかわらず研修でも現場でも取り上げられておらず，学校教育

表7-3　各予防教育の実施状況（教師対象）

	していない			すでにやっている	
	するつもりはない	迷っている	すぐに始めたい	6か月以下	6か月以上
構成的グループ・エンカウンター	12 (10.0)	29 (24.2)	11 (9.2)	26 (21.7)	32 (26.7)
ソーシャル・スキル・トレーニング	17 (14.2)	32 (26.7)	15 (12.5)	20 (16.7)	27 (22.5)
ピア・サポート	32 (26.7)	49 (40.8)	15 (12.5)	3 (2.5)	9 (7.5)
いのちの教育	6 (5.0)	18 (15.0)	21 (17.5)	20 (16.7)	45 (37.5)
人権教育	3 (2.5)	12 (10.0)	10 (5.0)	25 (20.8)	63 (52.5)
キャリア教育	12 (10.0)	25 (20.8)	18 (15.0)	20 (16.7)	35 (29.2)
薬物乱用教育	20 (16.7)	16 (13.3)	15 (12.5)	22 (18.3)	38 (31.7)
性教育	15 (12.5)	19 (15.8)	21 (17.5)	15 (12.5)	43 (35.8)
生活習慣教育	4 (3.3)	14 (11.7)	12 (10.0)	20 (16.7)	63 (52.5)
ストレス・マネジメント法	29 (24.2)	44 (36.7)	23 (19.2)	7 (5.8)	7 (5.8)
怒り・衝動のコントロール法	27 (22.5)	36 (30.0)	22 (18.3)	8 (6.7)	17 (14.2)
自己主張トレーニング	24 (20.0)	31 (25.8)	30 (25.0)	9 (7.5)	18 (15.0)
問題解決法	18 (15.0)	29 (24.2)	28 (23.3)	15 (12.5)	20 (16.7)
ライフスキル教育	36 (30.0)	39 (32.5)	24 (20.0)	3 (2.5)	7 (5.8)
自尊感情教育	16 (13.3)	32 (26.7)	30 (25.0)	13 (10.8)	20 (16.7)
サクセスフル・セルフ	42 (35.0)	25 (20.8)	30 (25.0)	4 (3.3)	8 (6.7)

回答者数（％）

での浸透が少ないようである。初任者も含めて実施しやすく役立つ実感を持ちやすい予防教育が学校では多く取り入れられ，教育相談など専門的な技量や知識を求める教師が，後者のような予防教育に関心を持つ傾向があると思われる。

また，道徳教育，キャリア教育の実施の多さは，いじめや不登校の増加，ニートや高校の中退率の増加などの実情や，学習指導要領において「生きる力」が強調されたことの影響を受けていると考えられる。人権教育に関しては，いじめの問題や法務省の人権週間，生活習慣教育に関しては，近年の「食育」の推進や栄養教諭制度の創設もかかわりがあると思われる。予防教育の導入傾向は，文部科学省や中央教育審議会などが子どもの成長発達や不適応をいかに考え，どのような方針を打ち出すかに大きく影響されている。

3．予防・対処すべき「不適応」とは何か

センター研修の実施のねらいに関する回答から，学校において，子どもたちのどのような行動を予防あるいは対処したいと考えられているのかを見る。それはすなわち，学校が考える学校不適応とは何かという問題である。

表7-4は，研修のねらいとして回答された回数（かっこ内は有効回答であった71教育センターを分母としたパーセンテージ）を予防と対応別に示してい

表7-4 研修のねらいとして選択された回数

	予防	対応
薬物乱用	8 (11.3)	3 (4.2)
不登校	55 (77.5)	58 (81.7)
暴力行為	13 (18.3)	8 (11.3)
性関連	1 (1.4)	1 (1.4)
攻撃的言動	12 (16.9)	9 (12.7)
うつ・自殺	13 (18.3)	8 (11.3)
いじめ	49 (69.0)	40 (56.3)
非行・犯罪	11 (15.5)	6 (8.5)
肥満・痩身	1 (1.4)	3 (4.2)
計	163	136

注1）71教育センターが5個以内複数回答をした結果である。
注2）かっこ内は，71か所の教育センターを分母とした％。

まず，予防・対応いずれにしても，不登校といじめが，次いで暴力行為，攻撃的言動，うつ・自殺が，研修のねらいとして多く回答されている。特に不登校といじめの被選択回数が多く，この2つが学校においてもっとも重要な不適応行動と考えられていることがわかる。

一方，性関連行動，肥満・痩身の問題は，予防・対応いずれにおいてもねらいとしての回答が少なかった。現在の日本の学校において，これらの問題は，学校が予防教育を実施すべき「課題」としてはいまだ十分認識されていない可能性が示唆される。

予防と対応のいずれがより意識されているかについては，各行動の予防がねらいとして回答された回数は延べで163回，対応がねらいであるとの回答は136回であり，全体として対応よりも予防が研修企画として重要視されていることがわかる。行動別に見ても，いじめ，うつ・自殺，非行・犯罪など，対応よりも予防がねらいとされている行動が多い。事後対応で問題を解決するだけでなく，予防するための教育活動がよく意識されていることが示された。また不登校については，予防だけでなく対応方法の研修に対する意識も高かった。

4．子どもにつけさせたい能力・特性

教育センターが研修を企画するにあたって考慮した，子どもたちにつけさせたい能力・特性についての回答結果が表7-5である。72か所のうちの5割以上の教育センターにおいてコミュニケーション能力，自己肯定感が回答され，また，それに続いて他者理解や社会性も多くのセンターで回答された。

教師対象調査においても（表7-6），子どもたちに不足していると「とても思う」と回答した教師が多かったのが，コミュニケーション能力，集中力，適切な自己主張，問題解決力，他者理解であった。

学校や教師から，子どもたちは，他者と適切なコミュニケーションをとり適切な関係を持つ能力が不足していると認識されているようである。教育センター調査での子どもの人間関係の問題に関する自由記述において，コミュニケーション能力が不足しており，そのため，人間関係のトラブルが生じたときも適切に解決することができないという指摘が複数得られた。対人的なかかわ

第7章 日本の学校における予防教育の現状と課題　271

表 7-5 身につけさせたい能力・特性として選択された回数（教育センター対象）

コミュニケーション能力	52	落ち着き	4
自己肯定感	40	攻撃性コントロール	4
他者理解	24	自己主張	4
社会性	22	他者尊重	3
問題解決力	15	悪い誘いを断る自信	2
道徳性	12	集中力	1
規範意識	10	団結力	1
自己理解	10	勤勉さ	1
共感性	9	積極性	0
ストレス対処	5	譲り合い	0

注）72 教育センターが 3 個以内複数回答をした結果である。

表 7-6 各能力・特性が不足していると思う人数（%）（教師対象）

不足していると	全く思わない	あまり	どちらとも言えない	少し	とても思う
集中力	2（1.7）	22（18.3）	21（17.5）	52（43.3）	23（19.2）
共感性	5（4.2）	32（26.7）	27（22.5）	45（37.5）	11（9.2）
落ち着き	1（0.8）	20（16.7）	22（18.3）	59（49.2）	18（15.0）
道徳性	1（0.8）	22（18.3）	39（32.5）	48（40.0）	10（8.3）
攻撃・衝動コントロール	3（2.5）	25（20.8）	27（22.5）	48（40.0）	17（14.2）
積極性	4（3.3）	24（20.0）	35（29.2）	45（37.5）	12（10.0）
自己理解	0（0）	12（10.0）	38（31.7）	58（48.3）	12（10.0）
他者理解	1（0.8）	12（10.0）	21（17.5）	65（54.2）	21（17.5）
団結力	7（5.8）	39（32.5）	29（24.2）	39（32.5）	6（5.0）
勤勉さ	1（0.8）	33（27.5）	34（28.3）	43（35.8）	9（7.5）
適切な自己主張	1（0.8）	20（16.7）	25（20.8）	51（42.5）	23（19.2）
譲り合い	3（2.5）	38（31.7）	31（25.8）	37（30.8）	11（9.2）
悪い誘いを断る自信	2（1.7）	22（18.3）	43（35.8）	43（35.8）	10（8.3）
コミュニケーション能力	0（0）	15（12.5）	20（16.7）	52（43.3）	33（27.5）
問題解決力	1（0.8）	13（10.8）	26（21.7）	58（48.3）	22（18.3）
ストレス対処	1（0.8）	12（10.0）	35（29.2）	53（44.2）	19（15.8）
社会性	0（0）	17（14.2）	33（27.5）	55（45.8）	15（12.5）
自己肯定感	0（0）	18（15.0）	34（28.3）	52（43.3）	16（13.3）
他者尊重	1（0.8）	20（16.7）	33（27.5）	53（44.2）	13（10.8）
規範意識	3（2.5）	26（21.7）	30（25.0）	41（34.2）	20（16.7）

272　第Ⅲ部　日本の予防教育の現状

表7-7　子どもたちに不足していると思う能力・特性と予防教育実施の相関

	予防教育														
子どもたちに不足している能力・特性	構成的グループ・エンカウンター	ソーシャル・スキル・トレーニング	ピア・サポート	いのちの教育	人権教育	キャリア教育	薬物乱用教育	性教育	生活習慣教育	ストレス・マネジメント法	怒り・衝動のコントロール法	自己主張トレーニング	対人関係の問題解決法	ライフスキル教育	自尊感情などを高める教育
集中力	△														
共感性	△		△		△										
落ち着き					△										
道徳性	△		△		△										
攻撃衝動性コントロール					△										
積極性															
自己理解															
他者理解	△														
団結力	△		△		△										△
勤勉さ		△													
適切な自己主張															
譲り合い	△						△		△			△			△
悪い誘いを断る															△
コミュニケーション力				○											
問題解決力					△										
ストレス対処										○	○				
社会性														○	
自己肯定感															
他者尊重	△				△										
規範意識	△														

表の見方）○～が不足していると思うほど，～教育をしている。△～が不足していると思うほど，～教育をしていない・迷っている。
例1：「勤勉さ」が不足していると思うが，「ソーシャル・スキル・トレーニング」をしていない・しようか迷っている。
例2：「ストレス対処」が不足していると思うほど，「ストレス・マネジメント法」をしている。

り方の経験と，ひいては訓練が足りないとの認識である。友人と会話をしたり，友人に自分の気持ちを話したりするコミュニケーション・スキルの低さは，学校へ行きながらも学校へ行きたくないと感じている児童生徒の特徴のひとつである（五十嵐, 2011）。

そこで，教師対象調査における，教師が各能力・特性について子どもたちに不足していると思う程度と予防教育への取り組みの程度との相関係数を算出した。表7-7において，○印は各能力が不足していると思うことと各予防教育の実施に有意な正の相関があったことを示し，△印は両者の間に負の相関があったことを示す。この表から，ストレス対処能力の不足を感じる教師ほどストレス・マネジメント法や怒り・衝動のコントロール法の導入に，また，社会性の不足を感じる教師ほどライフスキル教育の導入に積極的であることが示された。

しかしながらそれ以外の構成的グループ・エンカウンターやピア・サポート，キャリア教育，自尊感情教育などについては，子どもたちに共感性，道徳性，団結力，他者尊重といった諸能力・特性の不足を感じている教師はそれらの実施に消極的であり，または，不足を感じない教師はそれらの予防教育実施に積極的であることが示された。つまり子どもたちに問題が感じられない学級ではこれらの予防教育が実施され，諸能力・特性の育成に奏功した可能性がある一方，子どもたちの不足を感じながら予防教育を実施せずにいる教師の存在も示唆されたといえる[2]。

5．予防教育の実施形態と実施上の課題

現場において，教師は各予防教育をどのような形で実施しているのであろうか。また，実施に対して何が障壁となっているのであろうか。

教師対象調査の結果，主な実施時間は学級活動（67人，55.8％），道徳（49人，40.8％），総合的学習（18人，15.0％），教科（7人，5.8％）の順で多く，主に学級活動と道徳の時間に行われていることが示された。

また教育課程の中で計画的に行っているとの回答は23人（19.2％）で，年間計画や指導案に沿って行うという記述もあった。必要を感じたときに行うとの回答は約半数（57人，47.5％）であり，学年単位（22人，18.3％）というよ

りも学級単位で（39人, 32.5%）実施されていることが多かった。具体的には，学級開きや席変え，班変え，行事の際に，また，学級の状態を見て，道徳の時間や朝の会，帰りの会を使い，構成的グループ・エンカウンターを行う，日直に気になる新聞記事についてのスピーチをさせる，子どもたち同士で「よいところ探し」をして発表させるなどの記述が多かった。

　しかしながら，各予防教育を実施するにあたって，いくつかの点で教師は難しさを感じていた（表7-8）。いずれの予防教育にしても共通して，継続の必要性，活動の時間を十分にとれないこと，活動の趣旨を子どもたちに理解させることの難しさ，活動に入ろうとしない子・入れない子への対応の難しさを感じ，教育内容の定着や般化も含めた実践の成果をとらえにくいと感じている。子どもたちの実態に合わせた具体的方法論，実施計画，評価の必要性が指摘できよう。つまりこうした問題点はいまだに改善されにくいまま，個々の教師の努力にゆだねられている。

　表7-9は，予防教育の実施上の課題として各事項を感じている程度と予防教育の取り組みの程度との相関分析の結果を示している。得られた有意な相関係数はすべて負の値であり，●印で示した。すなわち●印は，実施上の各課題にあてはまると感じ，予防教育をしていないあるいは迷っていること，または，各課題にあてはまると感じておらず予防教育をしていることを示す。結果として，大別すると①教師の効力感すなわち予防教育をする自信やその有効性を他の教職員に説明する自信がないこと，②職場環境の問題すなわち同僚や学校管理者の無理解，③予防教育に関する知識・情報の不足すなわち予防教育についての研修を受けたことがなく実施の仕方がわからないこと，の3要因が予防教育実施にあたっての障壁になっていることが示唆された。予防教育別に見ると，特にキャリア教育，薬物乱用教育，性教育などは，教師の効力感の低さと知識・情報の不足が障壁となっていた。一方，ストレス・マネジメント法や怒り・衝動のコントロール法は，同僚や管理者の予防教育への無理解を感じている教師ほど，取り組みに消極的であることが示された。概して，ストレスや怒りなどのコントロール法，問題解決や自己主張のトレーニング，自尊感情教育などに関しては，学校管理者などの理解不足や研修会の不足，すなわち学校現場での浸透度不足が実施を阻んでいるように思われる。また，自己主張トレーニングや問題解決法，自尊感情教育の実施は，教師自身が予防教育の必要性をどの程度感じているかに関連していることも示唆された。

表 7-8 実施にあたって難しかった点

予防教育名	難しかった点
構成的グループ・エンカウンター	・振り返りが充実しない。生かせない。 ・学習のまとめを生徒と共有するのが難しい。 ・シェアリングが難しい。 ・恥ずかしがって動かない子，できない子，ふざけてしまう子，輪に入ろうとしない子への対応。 ・学習障害を持つ子には集団での構成的グループ・エンカウンターがなじまないことがある。 ・学級の実態により，どのような活動ができるかをみとるのが難しい。 ・単なる遊びになること，効果が不明確なこと。　・指導スキル不足。 ・般化させること。子どもが感じたこと考えたことを日常の場で継続的に実践できるようにすること。 ・計画的に実施しないと身につかない。そのための事前準備や計画をしっかり行わないといけない。 ・その学級の子どもたちがどのような予防教育を受けてきたのか，前年度の活動を受けて，日頃の指導，そのときの授業を行っていくことが大切だ。 ・他の先生方に提案してもなかなか受け入れられない。 ・教育課程がきっちりしているので，中規模以上の学校では，新しい取り組みを一教師が推進していくのは難しい。 ・担任によってクラスによって効果がさまざま。学校に一人，予防教育の専門の先生がいるといい。
ソーシャル・スキル・トレーニング	・ねらいを明確にすること。　・アイスブレーキングの有効活用。 ・最後の振り返りが難しい。　・説明するのに時間がかかりすぎた。 ・時間の中で，導入，展開，そして「終末」をどうするかが難しかった。 ・のってこない生徒がいて，やりにくいと感じる場合がある。 ・子どもにそのスキルが身についているか分からない。または，効果が短期間で終わってしまう。 ・"やりっぱなし"になっている。　・般化 ・学年で取り組むのに研修をする時間がなかった。　・実施時間の確保が困難。 ・担任（指導者）による意識の差が大きい。
ピア・サポート	・教師同士の打ち合わせる時間のなさ。目的，方法の確認ができなかったこと。 ・名前の挙がらない子をどうするかということ。
怒り・衝動のコントロール法	・クラスの子ども一人一人の感じ方が違い，全員に有効であるといえない。
自己主張トレーニング	・型にはめると，自分で考えなくなってしまう心配がある。 ・生徒全員に趣旨を理解させて実行に移すことは難しく，生徒の状況に左右される。
ライフスキル教育	・発達障害，知的障害のある生徒には理解が難しく効果が薄い。 ・各家庭の問題があり，改善が難しいと感じることが多い。 ・自分に自信がないため表現するのが難しい子がいる。
自尊感情を高める教育	・（学年の）発達によって，方法を工夫する必要がある。 ・この学び方のよさを子どもが自覚していないと効果が弱い。 ・授業時数の確保との両立。
サクセスフル・セルフ	・1単位時間におさまらない。　・児童に合った言葉に直す。　・時間の確保

276　第Ⅲ部　日本の予防教育の現状

表7-9　予防教育における課題と実施の相関

		予防教育													
		構成的グループ・エンカウンター	ソーシャル・スキル・トレーニング	ピア・サポート	いのちの教育	人権教育	キャリア教育	薬物乱用教育	性教育	生活習慣教育	ストレス・マネジメント法	怒り・衝動のコントロール法	自己主張トレーニング	対人関係の問題解決法	ライフスキル教育	自尊感情などを高める教育
予防教育の課題	有効なプログラムが見当たらない															
	実施する自信がない						●	●	●				●	●		●
	他の教職員に説明する自信がない			●			●	●	●				●	●		●
	実施の必要性を感じない												●	●		●
	実施しても効果がない												●			
	ある程度「問題」はあっても仕方ない															
	興味関心のある同僚が少ない										●		●	●		●
	学校管理者が興味関心がない										●	●	●			
	別の優先課題がある			●							●					
	実施する時間がない													●		
	研修を受けたことがない							●			●	●	●	●	●	●
	やり方がわからない						●	●	●	●	●	●	●	●	●	●

表の見方）●各課題にあてはまるほど，実施していない・迷っている。または，各課題にあてはまらないほど，実施している。
例1：「他の教職員に説明する自信がない」「別の優先課題がある」ほど，「ピア・サポート」を実施していない。
例2：「学校管理者が興味関心がある」「研修を受けたことがある」「やり方がわかる」ほど，「怒り・衝動のコントロール法」を実施している。

6．日本の予防教育の現状と課題

(1) 子どもたちのニーズと予防教育実施の現状

　今日の日本の学校では，いじめや不登校，次いで攻撃的言動や暴力行為などの問題が予防・対処すべき課題であり，重要な不適応問題だと考えられている（表7-4）。また，子どもたちにコミュニケーション力が不足していると認識されており（表7-5,7-6），教育センターでの研修企画時にはそれも考慮されていることから，この能力の不足を改善することが不適応行動の予防あるいは改善につながりうると考えられていると推察される。また，こうした現状の認識について，教育センターと現場との乖離はあまりない。

　これらの不適応行動は日本だけの傾向ではなく，西欧でも深刻な問題としてとらえられている。11歳・13歳・15歳の約22万人40か国の青少年にいじめの実態調査を行ったところ，男子では8.6％〜45.2％，女子では4.8％〜35.8％がいじめにかかわっており，国ごとにばらつきはあるが，いずれの国においても予防・対処すべき深刻な問題であった（Craig et al., 2009）。また，いじめの問題は，友人関係を含む心理社会的適応力不足とも関係する問題であることが実証的研究から明らかになっている（Nansel et al., 2001）。不登校についても，米国の教育省・教育科学研究所・国立教育統計センターの2005年の調査によれば，過去1か月に3日以上学校を欠席した4年生・8年生は，それぞれ19％，20％であり，1994年以降大きな変動はなく，早急な手立てを必要とする深刻な問題と考えられている（Kearney, 2008）。

　一方，実際に学校に導入・実施されている予防教育は（表7-2,7-3），道徳，キャリア教育など学習指導要領との関連や授業として実施されているもの以外では，構成的グループ・エンカウンター，ソーシャル・スキル・トレーニングといった一般に知名度の高い予防教育法が多かった。これに対して，コミュニケーション力を構成する，適切な人間関係の構築に必要な能力の育成に焦点化した怒り・衝動のコントロール法，自己主張トレーニング，問題解決法などの実施度は低かった。表7-7においても，コミュニケーション力の不足の認識とこれらの予防教育への取り組みとの間に有意な相関関係は見いだされなかった。また，共感性などの不足の認識と構成的グループ・エンカウンターやピア・サポー

トなどの取り組みは負の関連があり，これらの能力・特性を不足と思いつつ予防教育実施に消極的な教師もいる可能性が示唆された。

　これらの結果は，子どもたちにコミュニケーション力が不足していると認識されているにもかかわらず，その認識はいずれの予防教育の実施とも関連しておらず，また，共感性などの不足の認識も予防教育の実施を促していないことを示している。すなわち，実施する予防教育の選択が，子どもの能力・特性に関する不足の認識に必ずしも基づいて行われていないことが示唆される。不足している能力・特性が認識され，その能力・特性を育成する予防教育が実施され，いじめや不登校などが予防されるといった，積極的な予防教育モデルが成立していないことが考えられる。

（2）予防教育の課題

　よりインテンシブに学校不適応を予防するためには，子どもたちの問題や課題に直接的に対応しうる，より具体的な目標を掲げた予防教育プログラムの実施が望ましいと考えられる。その点，ストレスや怒りのマネジメント教育に関しては，ストレス対処の不足を感じる教師が積極的に取り組んでいた（表7-7）。しかし一方で，それらの予防教育を実施するためには，教師の知識・情報，効力感，同僚や学校管理者の理解の3要因が重要であることも示されている（表7-9）。したがって，子どもたちの現状のニーズに合わせた適切な予防教育を導入するためには，実施者である教師の予防教育に関する知識・情報の向上と効力感の向上，職場の理解，そのための研修の機会が必要といえるであろう。道徳や人権教育などの実施率の高さを考えると，予防教育を教科として教育課程に位置づけることの有効性も示唆される。

　また，予防教育に対する理解は，同僚や学校管理者による理解が高まることのみで改善されるものではない。一般に予防教育が学校全体で組織的に取り組まれるという場合でも，それは校内の教職員間での相互支援に依っていることが多い。しかしながら，実施にあたっての教師同士のチームワークや管理者によるサポート，さらには専門家との連携や地域・学区内の連携，保護者との連携をすることによって，必要な予防教育を適切に実施し，効果を上げ，評価することが可能になると考えられる。さらには，学校におけるヘルスプロモーションのガイドライン（St Leger, Young, Blanchard, & Perry, 2010）には，喫煙・

アルコール・身体活動・健康に良い食事・性行動・安全・メンタルヘルスなどは，それぞれが他の要因と関連しており，学校の広範囲な生活において，すべての問題に包括的にアプローチすることが重要であるとも記されている。

　本研究において，9割を超える教師が何らかの予防教育を行っていることが示された。これは，日本の教師の熱意と力量の高さを示すものである。それにもかかわらず，先の3要因が各種さまざまある予防教育の実施を躊躇させているのであれば，いずれの予防教育についても，教師，学校管理者，保護者などに対してより多くの知識と情報の提供がなされ浸透度が高められることが必要であろう。そうすることで，一人ひとりの教師の努力だけでなく学校および地域全体が多様な立場から多様な場面で包括的に，各学級や子どもたちの状態に適した予防教育に取り組むことが可能になると考えられる。

注

1) 道徳教育は「道徳」の授業として実施されているため，教師対象調査では取り上げなかった。
2) 調査を実施した研修会がサクセスフル・セルフの研修会であったため，サクセスフル・セルフとの関連に関する結果は削除した。

引用文献

安藤美華代 (2007). 中学生における問題行動の要因と心理教育的介入　風間書房

Craig, W., Harel-Fisch, Y., Fogel-Grinvald, H., Dostaler, S., Hetland, J., Simons-Morton, B., ⋯ HBSC Bullying Writing Group. (2009). A cross-national profile of bullying and victimization among adolescents in 40 countries. *International Journal of Public Health*, *54*, S216-S224.

芳我明彦・井原　渉・忽那仁美・松廣　歩・渡邉　俊 (2006). 学校現場で活用できる心理的アプローチの研究　愛媛県総合教育センター平成17年度研究紀要，70-80.

五十嵐哲也 (2011). 中学進学に伴う不登校傾向の変化と学校生活スキルとの関連　教育心理学研究，*59*, 64-76.

Kearney, C. A. (2008). School absenteeism and school refusal behavior in youth: A contemporary review. *Clinical Psychology Review*, *28*, 451-471.

長根光男 (1991). 学校生活における児童の心理的ストレスの分析　－小学校4, 5, 6年生を対象にして－　教育心理学研究，*39*, 182-185.

Nansel, T. R., Overpeck, M., Pilla, R. S., Ruan, W. J., Simons-Morton, B., & Scheidt, P. (2001). Bullying behaviors among US youth: prevalence and association with psychosocial adjustment. *Journal of the American Medical Association, 285,* 2094-2100.

岡﨑由美子・安藤美華代 (2012). 心理教育的アプローチに対する教育現場の実態とニーズ　岡山大学教師教育開発センター紀要, *2,* 33-42.

Prochaska, J. O., DiClemente, C. C., & Norcross, J. C. (1992). In search of how people change: Applications to addictive behaviors. *American Psychologist, 47,* 1102-1114.

St Leger, L., Young, I., Blanchard, C., & Perry, M. (2010). *Promoting Health in Schools: from Evidence to Action.* International Union for Health Promotion and Education.（日本語訳　http://www.iuhpe.org/uploaded/Activities/Scientific_Affairs/CDC/School%20Health/PHiS%20-%20from%20evidence%20to%20action_JAPAN_WEB.PDF）

米田　薫 (2008). 教育センターにおける教育相談研修に関する研究　教育カウンセリング研究, *2,* 26-33.

第8章

独立した教育名をもつ日本の予防教育

〜〜〜〜〜〜〜〜〜〜〜〜〜〜〜〜〜〜〜〜〜〜〜〜〜〜〜〜〜〜〜〜〜〜〜〜〜〜〜

概　要

　第8章では，日本の学校現場で行われている健康や適応を守るユニバーサル予防教育を取り上げる。取り上げた教育は，独立した教育（プログラム）名を持つものに限定している。なかでも，取り組みが継続して行われており，日本の学校教育や学校文化になじむように工夫がなされている，ソーシャル・スキル・トレーニング，構成的グループ・エンカウンター，ピア・サポート，トップ・セルフ，サクセスフル・セルフといった予防教育を紹介する。目標，対象者，方法，効果に関する評価結果，普及状況，そして今後の課題などについて概説し，日本で発展し，根づきつつある予防教育の特徴を述べる。

1．ソーシャル・スキル・トレーニング

（1）予防教育としての定着

　ここでは日本の動向について焦点を当てたい。ソーシャル・スキル・トレーニングは，社会的技能訓練などの名称で病院や厚生施設などで実施されていたが，次第に教育現場で用いられるようになった（渡辺，1996）。すなわち，対人関係にかかわる問題に対する治療としてではなく，問題行動を予防し，健全な社会性を育成するためにユニバーサルに用いられるようになってきている。

　2010年のCiNii-NII論文ナビゲータ（http://ci.nii.ac.jp/）での検索によれば（8個のキーワード），表8-1のように，643件の論文が抽出されている。そのうち，紀要論文を含む学術雑誌に絞った結果，191件がヒットした（星，2011）。心理学研究の広範な研究領域を考えれば，この数字はかなり多いと考えられる。

さらに，星（2011）は，対象年齢別に集計しているが，表 8-2 のように，小学生対象が半数以上を占め，次に，中学生が 20％以上を占めており，おおよそ小学校・中学校の義務教育で実施されている様子がうかがえる。ただし，2000年以降は，高校生を対象とする研究が増加し始めている（浅野，2007；小林他，2003；渡辺・原田，2007；吉川，2004）。

これは，思春期に必要なソーシャルスキルの獲得と，義務教育過程で学んだものをさらに成熟したレベルに引き上げることが意図されているからであろう。このほか，保育園，幼稚園が 10.26％，大学生が 9.40％とやや少ないが，全発達過程を対象にソーシャル・スキル・トレーニングが実施されている現状

表 8-1 検索されたソーシャル・スキル・トレーニングに関する論文数

検索語	（件）	割合（％）
社会的技能訓練	0	0.00
社会的スキル訓練	123	19.13
社会的スキル・トレーニング	33	5.13
社会的スキル教育	26	4.04
ソーシャル・スキル・トレーニング	119	18.51
ソーシャルスキル教育	50	7.78
social skills training	292	45.41
social skills education	0	0.00
合計	643	100.00

表 8-2 ソーシャル・スキル・トレーニングの授業者と学校種

授業者	学齢期					合計（件）	割合（％）
	保育園・幼稚園	小学生	中学生	高校生	大学生・院生		
研究者	0	12	8	1	6	27	29.35
担任教員	1	19	11	1	0	32	34.78
教員	2	3	4	1	0	10	10.87
専門家	6	1	1	0	0	8	8.70
大学生・院生	1	1	2	0	1	5	5.43
不明	0	6	1	1	2	10	10.87
合計	10	42	27	4	9	184	100.00

であり，発達に応じたソーシャル・スキル・トレーニングのカリキュラムの整備が今後必要であろう。特に，幼児期にすでにソーシャル・スキルの獲得の個人差が顕著になり，後の発達時期に影響を及ぼすことが指摘されており，早期に実施されることが望ましい。さらには，特別支援教育が重視されるようになり，軽度発達障害の子どもたち対象のソーシャル・スキル・トレーニングが活発に取り組まれてきており，今後さらに指導方法など発展していくと考えられる。

　次に，授業者については，もっとも多いのが担任教員の34.78%で，続いて研究者の29.35%であった（星，2011）。このことから，日本では，スクールカウンセラーやスクールサイコロジストなどの心理職ではなく，教員によって主に活用されていることが顕著である。アメリカでは概してスクールカウンセラー，スクールサイコロジストが，治療的にも予防的にも学校の状況を判断して導入していることからすると，教員による実施は，日本の特徴と考えられる。ただし，こうしたユニバーサルな予防教育は，大学での教員養成ではかならずしも必須ではなく，教育委員会などが夏期に開催する短期研修や教育関係の学会などでしか学ぶ機会がない。今後，教員養成課程においてこうした予防教育としてのソーシャル・スキル・トレーニングの理論の理解や実習が取り入れられる必要があると考える。

（2）ソーシャル・スキルについての理解

　こうしたソーシャル・スキル・トレーニングが，広く日本の教育現場で活用されるようになったのは，ソーシャル・スキルという概念が広く理解されたからだと考えられる。15年ほど前に筆者（渡辺）は，「ソーシャル・スキル・トレーニング」というタイトルで講師をした経験もあるが，カタカナばかりのこのプログラムは，なかなか学校管理職には理解してもらえなかった。また，「トレーニング」という語感に抵抗のある教員もあり，現在は，ソーシャルスキル教育という名称で実施されているところもある。

　もともと予防教育としてのソーシャル・スキルの考え方は，子どもたちの発達の観察によるところが大きい。幼児期後半において，すでに，友だちと楽しく遊んでいる子どもたちが存在する一方で，引っ込み思案や攻撃性が高いため友だちと遊べない子がいる。仲間はずれにされたり，たびたびトラブルを起こしたりとうまく友だち関係を結べないでいる。そのため，「恥ずかしがりやな

んだから」,「乱暴な性格ね」と周囲から叱られることになり,ますます友だちと遊ぶことに尻込みし,二次的な問題として,情緒的に不安定になる場合が少なくない。

　したがって,現在では,対人関係の問題を持つ子どもに対しては,次のような理解が求められている。すなわち,問題の原因を即「性格のせいにしない」ということである。代わりに,①主観的な印象のみで話さず客観的に見る（例：日ごろから乱暴というのは主観的な受け取りで,具体的にはどのような行動かわからない）,②抽象的な教え方をせずに具体的に（「やさしくしなさい」という言葉かけは抽象度が高く何をすればよいのか教えていない）,③未熟なところを練習すればうまくなるという発想に切り替える（意欲と希望を持たせる）,ことが指摘されている（渡辺,2011）。

（3）ソーシャル・スキルのアセスメント

　先の考え方をふまえると,ソーシャル・スキル・トレーニングを実施するためには,個々の子どもについて,どのようなソーシャル・スキルが未熟であるかを特定する必要がある。こうして特定化されたソーシャル・スキルの中で,トレーニングの目標となるスキルを「ターゲットスキル」と呼んでいる。さまざまな発達,臨床,教育などの領域の研究者は,子どもたちのふだんの行動を観察し,ビデオに記録し,仲間関係を調査し,何が仲間関係を規定する原因なのかを明らかにしようとしてきた（Gresham, 1985; McFall, 1982）。現在では,おおよそグレシャム（Gresham, 1985）をもとに,仲間受容（peer acceptance）や行動,社会的妥当性（social validity）の3方向からアセスメントが実施されている。すなわち,仲間受容に関しては,ソシオメトリックテストによって測られている（Oden & Asher, 1977）,仲間から好かれている子どもはソーシャルスキルが高いということになる。また,行動については,観察法によって測定されている（Bornstein, Bellack, & Hersen, 1977）。さらには,周囲から社会的に評価されているかどうかを明らかにするために,教師などによる質問紙調査が実施されている。各アセスメントについては,短所もあることから,単独のアセスメントではなく複数組み合わせて用いることが望ましい（Gresham & Eliott, 1987）。日本でよく用いられている質問紙には,小学生用社会的スキル尺度（嶋田・戸ヶ崎・岡安・坂野,1996）,教師による社会的ス

キル評定尺度（渡辺・岡安・佐藤, 1998），中学生用社会的スキル尺度（戸ヶ崎・岡安・坂野, 1997）などがある。近年，オンラインによるツールも用いられている。問題解決場面を解決することを通して即座に得点化されるので便利である（http://www.selmediainc.com/adayatthezooebooks）。

（4）ソーシャル・スキル・トレーニングの技法

　こうした定義やアセスメントについての研究と並行して，1960年代後半から仲間関係において孤立した子どもたちが仲間から受容されるためにはどうすればよいかという関心が高まり，さまざまな介入方法が試されてきている。かつては，強化やモデリング法を利用した介入研究が主であった（O'Connor, 1972）。「ソーシャル・スキル」という言葉が論文題目として使われ始めた論文の1つがオーデンらの研究（Oden & Asher, 1977）であるが，孤立している子どもにはソーシャル・スキルが不足しており，仲間からの受容を得るためにソーシャル・スキルを学習させようという目標のもとにコーチング法（coaching）が用いられていた。コーチング法は，それまで単独に用いられ，効果が報告されていた技法である「シェイピング」，「モデリング」，「言語的教示」を総合的にプログラム化した方法であり，漠然と望ましいと考えられる行動を強化したり，観察学習させるだけではなく，ターゲットとなるソーシャル・スキルを定めてしっかりと教える方法であった。子どもたちにソーシャル・スキルの概念を教示し，行動に移させ，仲間との総合作用をモニターし，自分の行動変化に気づかせるなどメタ「認知」面を強調し，仲間に受け入れられるために必要な知識や方略を教え，知識を行動にどのように活用すればよいか，受け入れられる文脈の選択，相手との相互作用で行動を調節するなどの習得が意図された。こうした認知的側面と同時にモデリング，リハーサル，ロールプレイなどの行動化の技法が重視されたプログラムは今日まで受け継がれている。ディロージャーらの研究（DeRosier & Marcus, 2005）では，学校を対象にコーチング方法の流れの上にさらに今まで効果を上げてきたさまざまなプログラムの考え方や技法が取り入れられ，大規模なソーシャル・スキル・トレーニングであるソーシャル・スキル・グループ介入法（S.S.GRIN, 第3章4節参照）が実施されている。
　こうした流れを受けて，法政大学ではライフスキル教育研究所を活動の起点

にして,一貫したソーシャル・スキル・トレーニングを展開してきている(http://www.hosei-shinri.jp/psychology/lsei.html)。具体的な活動は,法政大学心理学会年報にもまとめられているが,成果を報告している論文として,主なものに渡辺・原田（2007）,渡辺・星（2009）,原田・渡辺（2009）がある。ここでは,次に具体例をあげるが,言語的教示,モデリング,リハーサル,ロールプレイング,フィードバック,ホームワークなどの技法が一般に活用されている。

（5）具体的な指導案

高校生対象には,概して,自己紹介,相手の考えや気持ちをしっかりと聴く,自分の考えや気持ちを伝える,自分の感情をコントロールする,自分を大切に

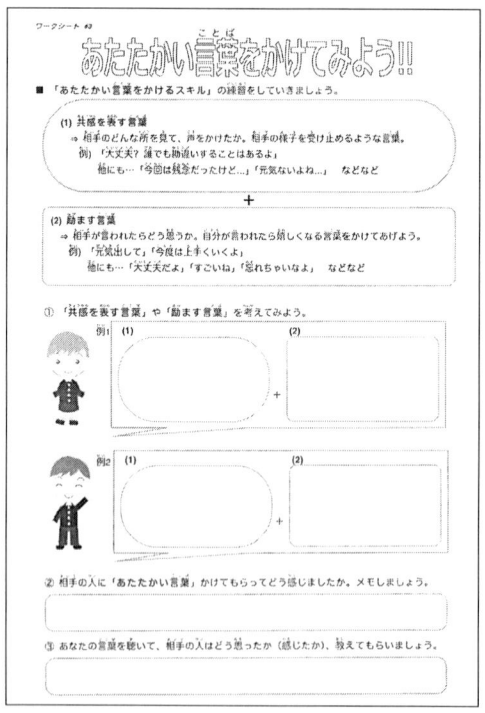

図8-1 「あたたかい言葉をかけるスキル」のワークで用いられたワークシート

する，計画を立てて行動する，などをターゲットスキルとしている。指導案は，導入，展開，まとめの3つに分け，導入ではホームワークをポイントシールによってほめることから入り，前回のターゲットスキルを復習しつつ，その回のターゲットスキルの説明を具体的に詳しくする。生徒全体が，そのターゲットスキルを学びたいと思うように導く。展開は，言語的教示，モデリングやロールプレイの技法を取り入れて実施し，適切にフィードバックする。その際用いられるワークシートは，図8-1に示した。最後に，生活に応用できるよう般化や維持を意図してホームワークが出される（渡辺・小林，2009）。

（6）ソーシャル・スキル・トレーニングの評価

学齢期ごとに統制群を用いた研究と用いていない研究が図8-2に示されている（星，2011）。近年，エビデンスベースの予防教育を実施することが求められている。理想的には，統制群を設けて比較することや，効果サイズなど統計的に有意な成果を明らかにすることが求められている。図8-2からは，いまだ教育現場においては統制群としてのクラスを設けることは難しい状況がうかがえるが（金山・佐藤・前田，2004），努力されていることがわかる。

また，般化や維持については，長期的に検討した研究は数少ない。ソーシャル・スキル・トレーニングの全セッションの後に，フォローアップとしてソー

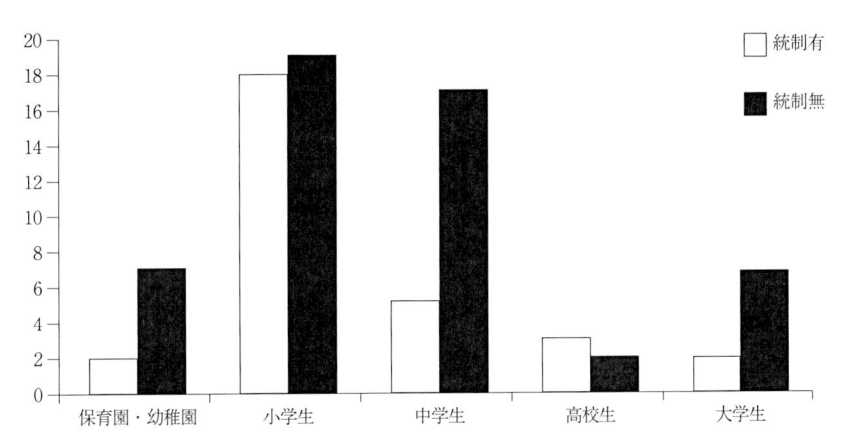

図8-2 学齢期ごとの研究における統制群有無
（保－保育園，幼－幼稚園，中－中学校，高－高校，大－大学）

シャル・スキルの成果を検討しているものが大半であり，セッション後に積極的にソーシャル・スキルを般化，維持するための方策を導入した上でその効果を検討している研究はほとんどない。したがって，今後は，こうした面での介入が必要に思われる。さらに，近年，感情に焦点を当てたターゲットスキルが取り入れられるようになり，社会性と感情の学習（SEL）という名称で括られるようになった。こうした社会性の育成が学力の増進にもつながるというエビデンスも明らかにされているが，日本ではこの点の研究はまだ少ない。

　いずれにせよ，子どもたちの健全な社会性や感情の発達に貢献できる予防教育としてのソーシャル・スキル・トレーニングが展開されていくことが期待される。

2．構成的グループ・エンカウンター

（1）構成的グループ・エンカウンターの目的と方法

　構成的グループ・エンカウンター（structured group encounter）はグループ体験であり，ふれあいと自己発見を通して，参加者の行動変容を目標としている。それは，究極的には，人間的成長を目的としている。つまり，人間関係の開発を意図した予防的・開発的カウンセリングのグループ・アプローチである（片野，2003）。カウンセリングアプローチであるので，リーダーはカウンセリングの理論的背景を知り，カウンセリングの技術を習得している必要があるだろう。國分（1981）による構成的グループ・エンカウンターの基は，エスリン研究所（Esalen Institute, California）で開発・実践されていたさまざまな情意教育の方法であるが，國分らが独自に開発したものも含まれている。構成的グループ・エンカウンターそのものの理論は，まだ確立しているとはいえないが（國分・片野，2001），その背景には，カウンセリングのさまざまな理論（ゲシュタルト理論，精神分析理論，論理療法，行動療法，来談者中心療法，交流分析，特性・因子理論，内観法）がある（國分，1980）。構成的グループ・エンカウンターを実施するためのエクササイズ集は数多く出版されており，教育現場に即して校種別分野別に編集されている本もある。それらは使い勝手もよく簡単に取り入れることができる。しかし，実践者自身が構成的グループ・

エンカウンターの体験もなく，マニュアル化されたエクササイズ集を見て，実施するということは危険なことでもある。なぜなら，エクササイズは楽しく実施することができたとしても，構成的グループ・エンカウンターの本来の目的であるふれあいと自己発見には到底たどりつくことはできないからである。

　構成的グループ・エンカウンターでは，①リーダーによるインストラクション，②参加者によるエクササイズ，③参加者によるシェアリング，④リーダーによる介入が行われる（國分・片野，2001）。①インストラクションとは，エクササイズのねらいを説明することである。実際にデモンストレーションをして参加者に示すこともある。②エクササイズは，心理教育的（psycho-educational）な「体験」学習の課題のことである。エクササイズを通して自己開示することによって，自分や他者の本音に気づき，触れ合うことが可能となる。エクササイズのねらいとして國分・片野（2001）は，自己理解，自己受容，自己表現・自己主張，感受性，信頼体験，役割遂行の6種類をあげている。③シェアリングは，エクササイズに取り組んでみて，「感じたこと，気づいたこと」を共有するということである。そのねらいは，同じエクササイズに取り組んだとしても参加者の体験は，それぞれ異なるため，参加者相互の固有の内的体験に開かれることによってお互いに学ぶことが可能となるということである。また，参加者は，感じたこと気づいたことを自由に話し合うことで，自分自身の感じたこと気づいたことを整理することができる。これは自己理解，感受性，信頼体験が促進されることにつながる。さらに，参加者の感情体験の心理的過程をシェアリングで引き出すことができるのである。それによって体験に開かれている状態になることが可能となる。④介入は，参加者が他の参加者のプライドを傷つけるような発言をしたときや，グループ場面を仕切るような，あるいは強要するような発言をしたときに行われる。リーダーによる介入の目的は，参加者の心的外傷を防ぐため，参加者に新しい行動の仕方を教えるため，エクササイズのねらいを達成するため，参加者の中で起こっている心理的抵抗に気づくように促すため（片野，2003）である。

　構成的グループ・エンカウンターには，さまざまなエクササイズが開発されており，多数あるエクササイズの分類を國分・片野（2001）が行っている。分類をすることでエクササイズのねらいが明確となり，また，効率的かつ効果的なエクササイズの選定が可能になる。彼らの分類の基準は，ねらい，発達段階，行動変容，身体接触の4つの基準である。ねらいは，自己理解，自己受容，自

己表現・主張，感受性，信頼体験，役割遂行の6つであり，発達段階は，小学生低学年，中学年，高学年，中学生などで，行動変容は，感情，思考，行動という3つの側面から成っており，身体接触は，その度合いによって分類される。例えば，自己受容をねらいとした中学生用の特に感情に焦点を当てたものとしては，「私は私が好きです。なぜならば…」や「ライフライン」がある。これらのエクササイズはどちらも身体接触はないが，「ブラインド・ウォーク」などは，信頼体験をねらいとした行動に焦点を当てたエクササイズで，身体接触があるものである。

(2) 構成的グループ・エンカウンターに関する研究

　構成的グループ・エンカウンターに関する研究も数多くなされてきた。大きく分けると，構成的グループ・エンカウンターの効果に関する研究，グループの体験に関する研究（個人の体験やグループのプロセス），エクササイズに関する研究，リーダーに関する研究などがある（片野, 2007; 野島, 2000）。効果に関する研究には，心理テスト（YG，UPIなど）を用いたものや，進路意識，自己肯定感，自己概念，人間関係能力，自尊心，基本的信頼感などの向上や，不安の軽減などをみたものが行われてきた（裴岩, 1990; 國分他, 1979, 1987; 真仁田・村久保, 1989; 武蔵・河村, 2009; 高田・坂田, 1997; 山本, 1990）。グループの体験に関する研究では，知り合いの広がり，人間関係体験，体験的事実，抵抗などについてのアンケート調査などのプロセス研究が行われてきた（片野, 1994, 2007; 片野・吉田, 1989; 水野, 2009; 野島, 1985）。エクササイズに関する研究では，どのようなエクササイズが「おもしろくて，ためになる」かということを明確にしていく研究がなされた（阿部, 2009; 明里, 2009; 國分・西・村瀬・菅沼・國分, 1987; 土屋・細川, 2009; 吉田, 2010）。リーダーに関する研究では，リーダーによるメンバーの抵抗処理の仕方，デモンストレーションや自己開示の仕方，介入の有効性などの研究がある（片野, 1998; 橋本・片野, 2005）。

(3) 構成的グループ・エンカウンターに対する批判

　このように数多くの構成的グループ・エンカウンターの有効性を示した研究はあるものの，構成的グループ・エンカウンターに対する批判も存在する。塩

田他（1987）は，現代の子どもたちは，「毎日毎日が＜より早く＞＜より正確に＞＜より効率よく＞という三原則に追いかけられることから，多かれ少なかれ強迫神経症的なパーソナリティになっている」にもかかわらず，構成的グループ・エンカウンターにおいても「＜出会いの場＞であると言っておきながら，この三原則が追及されて」いると指摘している。構造的になりすぎることによって，本来の構成的グループ・エンカウンターの目的から外れてしまう危険性があるのである。また，國分・菅沼（1979）は，構成的グループ・エンカウンターのリーダーには，「active な役割にのみ偏向せず，passive あるいは neutral な役割も演じなければならない」と述べ，相反する2つの方向性の兼ね合いの大切さを指摘しているが，これは，構成的でありながら，非構成的なグループの要素も取り入れるということで，大変困難である（野島，2000）。また，矢幡（1990）は，構成的グループ・エンカウンターを行うリーダーの指示によって，エクササイズが一斉進行になることからくる危険性を指摘している。つまり，全員一律のスピードで進められることによって，「参加者によっては，疲労したり，前のエクササイズで後味の悪い思いをしてそこから回復する間もなく次のエクササイズに参加させられ，消耗することもある」。リーダーが注意深く参加者一人ひとりの様子を把握しながら進まなければならない。さらに，野島（1992）は，構成的グループ・エンカウンターのプロセスという視点の弱さを指摘している。エクササイズを実施するときにそのプログラムの内容のみが目立ってしまい，そこで生じているプロセスにあまり注目されないことがある。現実には，プログラム実行の中で，グループ全体のプロセス，個人のプロセスが同時に起こっているのである（山本，1984）。

　構成的グループ・エンカウンターは，さまざまな領域で実践が行われ，特に学校教育での実践がもっとも活発であり，ここでは学校教育での実践を中心にまとめた。学校現場でのさまざまな問題へのアプローチとして，構成的グループ・エンカウンターは有効であることも実証的研究によって示されてきた。今後も学校現場で積極的に導入されていくと思われるが，野島（2000）も指摘しているようにエンカウンター・グループのことをよく知らないまま安易に導入することがないよう留意していく必要がある。

3．ピア・サポート

　ここでは，ピア・サポートについて，他の予防教育との重複と独自性，ピア・サポート実践の多様性を，個々の実践を紹介しつつ論じる。その上で，ピア・サポート実践によるネット問題への対応の可能性を展望として述べる。

（1）他の予防教育との重複と独自性

　ピア・サポートのトレーニングの様子だけを見ると，既述のソーシャル・スキル・トレーニングや構成的グループ・エンカウンターと，ほとんど区別がつかない。第2章で述べたように，日本のピア・サポート実践の多くは，ソーシャル・スキル教育などの認知行動主義的な心理教育プログラムによる教育を基礎としているためである。ピア・サポートは，その上に，子どもたちによる主体的な貢献の活動の場が準備され，おとなに支援されているところに特徴がある。

　しかし，実際のところ，ソーシャル・スキル・トレーニングなどには，子どもたちの主体的な貢献の活動の場が準備されていないかというと，そうでもない。学校生活全体が互いに助け合う場として考えられていれば，貢献の活動の場が特別に準備されたり，その活動がおとなに支援されたりすることが活動の必要条件になっていないだけである。

　もちろん，同じくピア・サポートと呼ばれていても，保健室で悩みのある生徒がピア・サポーターに相談する内容に，養護教諭も事務仕事をしながら耳をそばだてていたり，相談へのピア・サポーターによるQ&Aが定期的に掲示されたりするような実践は，ピア・サポート以外の実践との区別は可能である。とはいえ，いずれも，日常生活の中によりよいかかわり合いを育んでいこうとする点で共通し，そのための場の設定の仕方に違いがあるだけともいえる。さらに言えば，ピア・サポートの活動は，その公式の活動に留まるだけではなく，より日常の中に支え合いが浸透していくことが期待されている。あえてピア・サポート実践の独自性を強調するのであれば，おとなによるトレーニングと，子どもだけの日常の支え合いの間に，子どもの支え合いをおとなが見守る過程を意識的に入れているところといえよう。

　ピア・サポート実践の評価については，戸田・宮前（2009）が日本国内のピア・

表8-3 異なるタイプのピア・サポートの訓練が効果的な年齢グループ
(Cowie & Wallace, 2000, p.11 より抜粋)

	7-9歳	9-11歳	11-18歳以上
仲間づくり	○	○	○
争い解決	—	○	○
ピア・チューター	—	○	○
カウンセリング的手法	—	—	○

サポート実践評価研究を概観し，背景の評価モデルを「時点比較モデル」，「回顧比較モデル」，「グループ比較モデル」に分類し，各モデルにおける特長や課題を詳しく述べている。しかし，フォーマルな貢献の場の提供がインフォーマルな貢献を促進するのか，逆に阻害するのか，それともほとんど影響はないのかは十分に明らかになっているとはいえず，さらなる検討が必要である。

(2) ピア・サポート実践の多様性

　用語的な正確さを第一にするのであれば，多様な実践のあり方をピア・サポートという名称でくくるのは望ましくない。しかし，次々と新しい用語で実践が紹介される実践現場にとっては，むしろ似たような実践が同じ呼称のもとのバラエティとして示される方が，混乱が少ないのかもしれない。第2章で述べたように，筆者は「子どもたちが世代内の自己解決能力を育むことを，おとなが支援する」実践を「ピア実践」と総称しているが，現状での「ピア・サポート」という用語は，この「ピア実践」という包括的な意味で使われている場合が多い。カウイとウォレス（Cowie & Wallace, 2000）も多様な実践に言及しており，また，各実践のトレーニングが効果的と思われる年齢幅を表8-3のように示唆している。

　ここでは，ピア実践について，狭義のピア・サポート（仲間による心の支え），ピア・メディエーション（仲間による仲裁），ピア・チューター（仲間による学びの支え）の3つについて日本国内の実践を紹介する。

（a）ピア・サポート

　狭義のピア・サポート実践の中でも，実践のあり方は多様である。中尾・戸田・宮前（2008）は，学校におけるピア・サポートを体系的に理解するための試みとして，約40の実践について調査を行い，実施規模，実践の特徴，トレーニングと支援活動の有無という次元によって実践を分類した。その結果，「全校規模で，特定の子どもたちへのトレーニングと支援活動を行った」実践例と，「学年や学級の子どもたち全員へのトレーニングと支援活動を行った」実践例が多かった。日本国内の実践の主流は，前者から後者に移ってきている。

　後者については，日本ピア・サポート学会会員などによる著作も多いので，ここでは割愛する。前者の典型例は，子どもが子どもの相談にのるもので，英国での実践では「ピア・カウンセリング」と呼ばれていた。しかし，重篤な問題を扱うわけではなく，また，おとなのカウンセラーのようなことはできないので，ピア・サポートと言い換えたという経緯がある。このサポートは，実際に会ってのサポートだけではなく，河田（2002）の金沢での実践や，鳥取大学附属小中学校での実践（戸田，2005）では，「紙上相談」も行われている。

　ピア・サポーターは，傾聴や問題解決のスキルを学び，それが仲間のために役立つだけではなく，ピア・サポーター自身も成長していることがうかがえる（池本，2001；西海，2004）。また，必要な場合にカウンセラーに相談する際のためらいが減ることや，日常場面でのサポーティブな関係が広がることが期待されている。しかし，ピア・サポート実践の導入によって，ピア・サポーターの成長と相談の促進のみが意図されているわけではない。相談活動を行うピア・サポートのトレーニングの中に，守秘や相談の限界に関する学びが位置づけられる。それは，子どもにとっては重過ぎる内容の相談をピア・サポーターが抱え込まず，おとなの支援にゆだねるというかたちで，子どもの活動とおとな（特にカウンセラーなど）の活動を区別するためである。友人から悩みを打ち明けられたときにどのような対応をするのかを中学生に尋ねた登野原（2005）の研究では，特に相談のトレーニングを受けていない中学生であっても，いかに適切に相手の気持ちを推測したり，配慮ある対応をしたりしているのかがわかる。しかしその一方で，中学生が危うい対応をする可能性もあることが示されている。相談の内容や状況にもよるが，安易な励ましやアドバイス，守れない約束の弊害を，子どもたちに教える意味は小さくないだろう。

ピア・サポートのトレーニングは，単に，子どもたちの間のサポートの促進をめざしているのではない。子どもが行うサポートの限界を提示することでカウンセリングとの区別をし，善意の相談活動による逆効果を低減させるという機能も持っている。

(b) ピア・メディエーション

メディエーションとは仲裁であり，それをおとながするのではなく，仲間がすることがめざされている。同じ実践を指して，コンフリクト・リソリューションという用語が用いられる場合もある。また，その訳も，葛藤解決，争い解決などがあり定まっていない。共通点としては，「AL'S（アルス）の法則」などという手順が提示される。すなわち，けんかなどの当事者が，仲間が仲裁に入ることに合意し（agree），互いの言い分を邪魔しないで傾聴し（listen），解決志向の話し合いをめざすことを約束する（solution）という手順である。実践者は，子どもたちが自分たちでその手順を進めることができるように支援する。仲裁というと難しいように聞こえるが，実際には幼児でも小学校低学年でも先生の普段の仲裁の姿をモデルにして，ちょっとませた子が泣いた子たちの仲直りを促す姿をよく見かけるので，とりたてて難しいわけではないと思われる。しかし，ここでもやはり実施単位の違いがある。海外の実践では，特定のチームを仲裁者としてトレーニングする実践が主流であるが，日本の実践では，クラス単位や学校単位で行われることもある（池島・竹内，2011）。そこで興味深いのは，その実践の結果，クラス内でいざこざが起こらなくなったことで，子どもたちは，自分たちのクラスで力量を発揮する機会がなくなり，下級生などのいざこざの仲介に向かったという記述である。

(c) ピア・チューター

高知県の中村中学校・中村高等学校では，10年以上，ピア・チューター実践が継続している。この実践は，ボランティアの高校生が，中学1年生全員と2・3年生の希望者に学習支援をするもので，その中で，部活動の相談や恋愛に関する話をすることもある。高校生複数名が中学生複数名に（計4〜6人）行うもので，性別の組み合わせはさまざまである。事前に噂話への非同調と守秘が約束される。中高一貫校ゆえに，先生方の連携もできており，校務分掌の研修部に位置づき，先生方の共同によるバックアップがある。これは，研究者がか

かわって構築した実践ではなく，実践者が構築し，異動があっても引き継がれている実践である。

具体的な活動としては，生徒が活動の計画を立て，実施後は活動記録を先生に提出し，アドバイスや励ましを得られる。活動は半期ごとに終了してピア・チューターが再募集されるが，活動中の高校生はバッジをつけ，3回以上実施の場合に認定証をもらえる。多い高校生は半期に15回も実施する上，自作の教材を準備する生徒もいる。ピア・チューターに話を聞くと，「中学生がかわいい」，「自分が中学生のときにチューターだった先輩にあこがれて」などと語る。

大々的に目立つわけではないが，続いていること自体が，この実践のコストとリスクの低さとなんらかの有用性を証明しているように思われる。

（3）ピア・サポート実践のネット問題への対応

ピア・サポートは，会っての相談や紙上相談に加え，最近では，インターネット上での実践も研究されている。

現代の子どもたちは，対面状況（実際に会っている状況）だけではなく，ネットを用いてのコミュニケーションも多く行っている。将来も，対面状況でもネットでもコミュニケーションする社会に生きていくわけであるから，学校でのピア・サポートをネット上ですることが必要な場合もあろう。ネット上でのサポートは，紙上相談と同様，匿名で相談できたり，編集段階や送信前に先生と子どもが一緒に返答を検討できたり，読み手もそれを何度も読み返せたりするというメリットもある。先生と子どもたちが一緒に返答を検討する過程が，そのまま返答の仕方のトレーニングにもなり，最小限のトレーニングで支援活動ができるというメリットもある。ところが，載せる情報の詳細さと匿名性維持とのかねあいや，誰かを非難しないで活動を行うことが意外に難しく，ネットで行う場合にはセキュリティ管理などの課題もあり，実践は簡単ではない。

鳥取大学附属小中学校でのピア・サポート実践は，あえて対面状況やネットでの相談を取り入れず，紙上相談ピア・サポートにとどめている。しかし，やがては，学校でのネット上の安全なピア・サポートも可能になるかもしれない。紙上相談ピア・サポートは，対面状況でのサポートと，それと相補的なネット上のサポートの中間的な実践である。そして，紙上相談ピア・サポートは，ネッ

ト上のサポートへの子どもの参加を準備する実践という位置づけも持っている。

しかしながら，対面状況と紙面・ネットの状況では大きな違いがある。声のトーン，表情，からだ全体の動きなどの情報が，紙面やネットでは伝わりにくい。そこを補うためにも，感情を伝え合うツール（顔文字など）の使い方や（荒川・鈴木，2004；荒川・竹原・鈴木，2006），こまやかに感情を伝える言葉遣いのスキルを子どもたちと共有する実践や研究が必要であろう。

4．トップ・セルフ

（1）トップ・セルフの誕生

（a）誕生の経緯

著者らは，過去15年ほどにわたり，子どもの健康や適応問題へのユニバーサル学校予防教育を開発し，実践してきた。その間，次第に次のような考えが高まってきた。「このような予防教育を，広範囲の学校ですべての子どもに，一年中何年にもわたって継続して実施できないものか」。本当に子どもたちを健康や適応問題から守るのであるなら，何年にもわたり継続して，効果のある予防教育を実施することが必要だという結論に達していた。

しかし，これは難問となる。日本，いや世界の誰もがいまだ達成し得ない難問である。まずは組織，人，経費が必要になる。そこで，著者の所属する鳴門教育大学に，まず予防教育科学センターが設立された。次には，文部科学省の概算要求事業に採択され，「学校において子どもの適応と健康を守る予防教育開発・実践的応用研究事業」が開始した。同時に，多くの専属スタッフがセンターに就いた。この事業が始まったのは2010年4月のことである。

（b）トップ・セルフの特徴

この事業のもとに開発された教育が，「いのちと友情」の学校予防教育（TOP SELF: Trial Of Prevention School Education for Life and Friendship）である。通常トップ・セルフと呼ばれるが，「最高の自分」という意味もこの名称には

込められている。

　トップ・セルフの理論的背景を背負う学問は，予防教育科学と呼ばれる。科学である以上，科学的な根拠（エビデンス）が随所に付与されて教育が構築される。一般に，このエビデンスは科学的な効果評価に付与されるが，トップ・セルフではそれだけではなく，階層的に構築される目標の設定と教育方法にもエビデンスをつけることをめざしている。この階層的な目標構成であるが，大目標から操作目標へと階層的に目標が具体化され，最下層の操作目標の下に教育方法が展開されることになる。この階層性により，教育方法がいずれの目標とも乖離しないことをめざしている。

　また，トップ・セルフの教育方法はユニークである。すべての子どもを引きつけることをめざすが，何年にもわたる授業になるのであるから，教育効果を上げることに加えて，子どもたちにとってよほど楽しい教育方法になる必要がある。また，広域の学校で実施されることをめざすトップ・セルフは学校教員が実施者の中心になるが，そのためには広まりやすさを保障する授業の明確な型を持つ。この点については，後に詳述したい。

(c) トップ・セルフ内の教育の種類

　トップ・セルフの規模は大きい。トップ・セルフは，ベース総合教育（comprehensive base education）とオプショナル教育（partial optional education）からなる。ベース総合教育は，健康や予防問題を総合的に予防する教育で，上に紹介した難問の直接的な解答になる教育である。オプショナル教育は，いじめや暴力，生活習慣病やうつ病など特定の健康・適応問題に焦点を当てた予防教育で，実施期間も半期や1学期など短期になる。オプショナル教育では，10を越えるプログラムが用意されている。本節では，以下，トップ・セルフの特徴をよく表し，上記の難問の解決をめざすベース総合教育にしぼって紹介をしたい。

(2) トップ・セルフ　ベース総合教育

　ベース総合教育の大目標は，自律性（autonomy）と対人関係性（interpersonal relatedness）になる。この自律性は，自己信頼心，他者信頼心，そして内発的動機づけを統合した性格で，対人関係性は，対人交渉を円滑にし，互いに思い

やり，助け合う心的特性（認知，感情，行動など）を総称した性格である。この２つの大目標の達成が健康や適応を予防的に守ることにはエビデンスが十分にある。この大目標のあいまい度が高いので，この大目標を構成する目標として，自己信頼心（自信）の育成，感情の理解と対処の育成，向社会性の育成，そしてソーシャル・スキルの育成の４つの構成（上位）目標が設定されている。この構成目標を達成するための４つの教育が柱となり，目下のところ，小学校３年生から中学校１年生まで，各学年４つの教育が８時間ずつ，合計160時間（５学年×４構成目標×８時間）の授業が用意されている。なお，これらトップ・セルフの目標構成，目標に付与されるエビデンスが教育の理論的背景とともに，書籍として鳴門教育大学予防教育科学センター（2013）に詳しく紹介されている。本節は，その書籍をもとにトップ・セルフを概説しているので，本節で省略されるエビデンスとしての研究知見などはその書籍を参照されたい。

　ベース総合教育は，学校の事情を考慮し，いずれかの構成目標の教育を１つ，いずれかの学年で最短４時間から実施できるようにはしているが，時数を多く行うほど効果が上がることは言うまでもない。また，もし160時間実施するとなると，まとまった授業枠が必要になるが，このトップ・セルフは，教育目標の整合性からして総合的な学習の時間に実施することができる。もちろん，具体的目標によっては，特別活動，道徳，国語など多様な時間枠の使用が可能になる。将来的には，予防教育の授業が学習指導要領に組み込まれ，道徳の授業のように週に１時間ほど実施できることをめざしている。このあたりの論拠も上の書籍を参照されたい。

（３）トップ・セルフの教育方法

　トップ・セルフの授業には型があることは先述した。この型があることこそが，トップ・セルフが広まっていくための重要な特徴になる。表8-4には，この授業進行の型が示されている。その進行を追ってみると，最初に授業での注意点やめざすことを伝えた後は，アニメーション物語（導入アニメ・ストーリー）が始まる（写真 8-1a）。音楽と映像，そして仮想世界のストーリーが子どもを引きつけ，授業への自然な導入となる。その後，小グループで構成された教室では，活動助走から活動クライマックスへと，さまざまな単位で子ども同士の活動が展開される（写真 8-1b）。ここで，子どもの授業への関与度が最高潮に

表8-4 トップ・セルフの授業進行の型

① 授業時の注意（グループ活動の方法含む）
② 授業の目的
③ 導入アニメ・ストーリー
④ 活動助走
⑤ 活動クライマックス
⑥ シェアリング
⑦ インセンティブ質問（小6，中1のみ）
⑧ 終結アニメ・ストーリー
⑨ 授業プロセスの確認
⑩ 授業で学んだことの意義

写真8-1 トップ・セルフの授業進行（a, b, cについては本文参照）

達する。あまり目にしない斬新な教材，効果的なBGM，そしてアイデア満載の活動デザイン。ここがこの教育の真骨頂で，教育目標の達成にはもっとも重要な時間になる。1人の子どもも注意をそらさず，われ先に活動へ没頭させる

ことがトップ・セルフがめざすところとなる。授業も終わりに近づくと，授業の感想を共有し（シェアリング），インセンティブ質問と呼ばれる答えのない質問へ誘い（小6，中1のみ），最後のアニメ物語（終結アニメ・ストーリー）を経て，「授業進行ディスプレイ」にシールを貼る。そして，授業で学んだことの意義を強調し，終わりの挨拶。授業進行ディスプレイ（写真 8-1c）は，授業の流れに子どもたちの意識をそわせ，これまでの授業，その日の授業，これからの授業へと注意，記憶，興味を継続させる。

授業は，ポジティブ（正の）感情を中心に，強い感情喚起がデザインされ，そこに高次心的特性となる，認知や思考，行動までもが埋め込まれる。このあたりはトップ・セルフの成り立ちの理論的基盤となり，脳科学や心理学の最新の知見に基づいている。この理論的背景も，上に紹介した予防教育科学センター（2013）を参照されたい。

（4） トップ・セルフの評価方法と結果

（a） トップ・セルフにおける 2 つの評価

トップ・セルフでは，エビデンスに基づくことをめざすので，その教育効果の科学的な評価は重要になる。加えて，トップ・セルフは長期にわたり継続して実施するので，児童・生徒に通知表を渡すように，何らかの評価を返す必要がある。

トップ・セルフのこの評価の 2 側面は，山崎・佐々木・内田・勝間・松本（2011）に詳しいが，いずれの側面の評価も難しい。科学的な効果評価は，無作為化比較試験（randomized controlled trial）のもと，教育の実施以外では等質性が保たれ，関連する集団（母集団）を代表する教育群と統制群の設定から始まる。この等質性と代表性を達成することが困難を極め，両群とも地域などを考慮した多数の学校から構成されることになる。もちろん，効果を評価する測定法も精度が高いものが必要になる。このことを達成するためには，相当な人的，経費的コストがかかり，トップ・セルフではそのことを段階的に達成しようとしていて，現段階では測定法の精度を上げることに努めている。

今 1 つの側面は，子どもたちに戻す評価である。一般に学校で子どもたちに渡される通知表とは異なり，トップ・セルフの評価は，子どもたちを伸ばす教

（b）評価の実際

図8-3には，これまでに行われた評価を学年ごとに示している。目下のところ，4つの各構成目標の直下にある中位目標の達成度合いを質問紙によって測定している。表8-5は4つの構成目標が持つ中位目標を示している。図8-3は，教育前後の自分自身についての評価であるが，統計的に有意な教育効果が現れたのが全棒グラフ中77％で，悪化した例は皆無であった。この結果は，トップ・セルフベース総合教育の効果の高さを物語っていて，またこの教育が大変安全な教育であることも示唆している。他にも評価結果はいくつかあり，例えば，各児童・生徒による所属クラス全体への評価も同様に高い教育効果を得ている。

図8-4は，「『あなた』という未来のために －輝ける心の軌跡－」と呼ばれる，いわばこの教育の通知表である。カラフルな図をもって，中位目標の向上

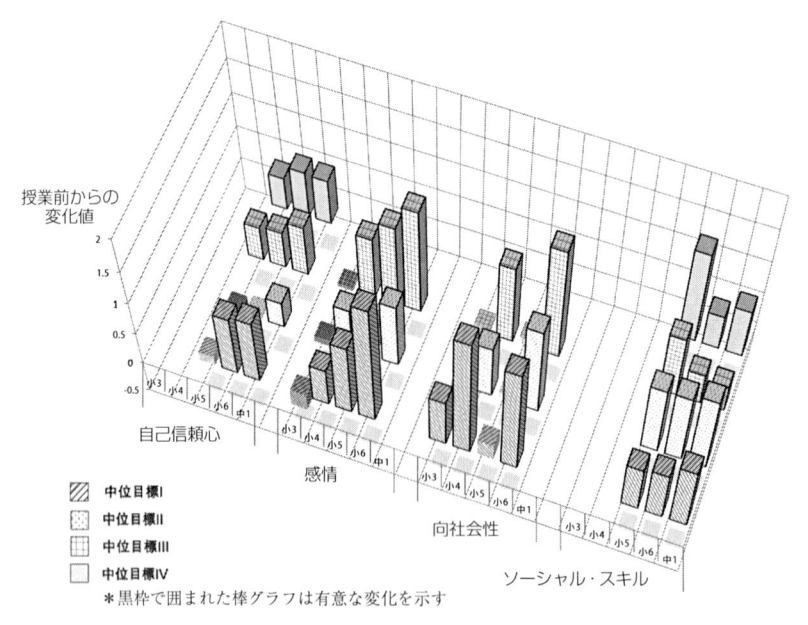

図8-3 授業評価結果（授業前後の変化値）

表8-5 トップ・セルフの構成上位目標と中位目標

構成上位目標 自己信頼心（自信）の育成
　中位目標　Ⅰ．自己と他者の価値を認めることができる。
　　　　　　Ⅱ．自己の心理的欲求を認識することができる。
　　　　　　Ⅲ．自己の心理的欲求に従って行動することができる。
　　　　　　Ⅳ．心理的欲求に基づく自己の行動を前向きに評価することができる。

構成上位目標 感情の理解と対処の育成
　中位目標　Ⅰ．感情の特定ができる。
　　　　　　Ⅱ．感情の理解ができる。
　　　　　　Ⅲ．感情への対処（対応）ができる。

構成上位目標 向社会性の育成
　中位目標　Ⅰ．向社会的行動を行う上で必要な認知や判断を行うことができる。
　　　　　　Ⅱ．他者の感情や外的状況を認識し、向社会的行動につながるような感情が喚起される。
　　　　　　Ⅲ．向社会的行動ができる。

構成上位目標 ソーシャル・スキルの育成
　中位目標　Ⅰ．好ましい対人関係について理解を育む。
　　　　　　Ⅱ．相手を理解し尊重する対人関係を築くスキルを育む。
　　　　　　Ⅲ．集団活動に参加するスキルを育む。
　　　　　　Ⅳ．自分・相手・周囲を考慮した問題解決スキルを育む。

図8-4　返却する評価冊子の一部（実際はフルカラー）

度が一目瞭然のかたちで提示される。これは，子どもたちが，自分たちがこの教育によってどれほど向上したかを直接評価したデータを加えて作成されている（図の左側）。図の右側は，それぞれの子どもが評価した，クラスとグループの仲間についての向上度をイラストで表現している。

（5）トップ・セルフの普及方法

　トップ・セルフは，広域の多くの学校で継続して実施することをめざして開発された。基本的には，教育の中身を充実させ，口コミで広がっていくことをねらっている。もちろん，広がりをはやめるため，教育委員会の援助をいただいたり，多くの研究者や教員からも援助をいただいている。

　現在のところ，この教育はセンターのメンバーが中心になって実施しているが，学校教員が実施する次の段階は目前に迫っている。このため，研修会を実施したり，この教育の普及の中心になる教員組織を設立したり，そのための準備を着々と進めている。

　この教育が普及していく中で，その効果が顕著に現れ，また子どもたちが喜々として授業に参加する姿が見られるようになればと期待している。そのプロセスのもと，次期の学習指導要領にこの教育が取り入れられ，すべての子どもたちがこの教育を受ける状況になることをめざしている。

5．サクセスフル・セルフ

　サクセスフルセルフ®は，臨床心理学，発達心理学，ヘルスプロモーションを学問的背景として，自己洞察，困難への対処解決，ソーシャルスキルといった方法を用いて，感情面，認知面，行動面に働きかけることで，いじめや攻撃行動，飲酒や喫煙などの行動上の問題，うつなどの心理的問題を包括的に予防し，心の健康や社会的適応を育む心理教育で，安藤美華代（2007）によって開発されたものである。

（1）プログラム開発の経緯

　青少年における心理・行動上の問題や人間関係をめぐる問題は，いじめ・不登校のきっかけになることもあり深刻である。特に，児童期にいじめを受けることは，それ以降成人期にわたって，うつ，不安，自殺念慮，低いセルフエスティーム，行動上の問題，学業不振，不登校といったさまざまな健康上の問題を引き起こす（例えば，Reijintjes, Kamphuis, Prinzie, & Telch, 2010）。

　このような傾向は，心理臨床の場における個別の面接の中でも語られることが少なくない。そこで，心理支援のあり方として，悩みを抱える個々の人たちへの心理支援に留まらず，その人たちが生活する場を構成している人たちの心の健康を育む支援も必要で，ひいては，すべての人にとって生きていくのに大切な基礎的力の育成につながるのではないかと考えた。

（2）理論的背景

　本プログラムの開発にあたっては，大きく5つのステップを踏んでいる。①1990年以降に発表され，主にいじめ，対人暴力，器物破壊といった攻撃行動の予防として有効性が報告されている介入研究を概観し，そこで用いられた理論，実施方法および内容を参考にしている。②理論に基づく心理教育の有効性が言われていることから，認知思考・環境要因・行動の三者の相互作用を通して問題行動を理解するとともに自己効力感を社会適応の重要な要因とする「社会的認知理論（social cognitive theory）」（Bandura, 1986），飲酒・喫煙・逸脱行動を青少年の重大な問題行動として包括的にとらえるとともに個人要因および認識される環境要因は直接的に問題行動に影響を与えるとする「問題行動理論（problem-behavior theory）」（Jessor & Jessor, 1977）を応用している。

　③日本の青少年のさまざまな問題行動に関連する共通した心理社会的要因を検討した量的研究，④学校でのフィールドワークによる心理・行動上の問題が生じる文脈の質的研究の結果を開発の基盤としている（安藤, 2007；Ando, Asakura, & Simons-Morton, 2005）。これらの研究から，量的研究では，問題行動を行う友だちの影響，問題行動の誘いを断る自己効力感，衝動性・攻撃性に対する自己コントロール，学校生活態度，道徳観，心理社会的ストレス状態にかかわる身体症状が，いじめ・対人暴力・器物破壊といった攻撃行動，飲

酒・喫煙，夜遊び，授業中の私語，授業中の携帯電話使用など行動上の問題に共通して関連していることが明らかになった。これらの関連は，フィールドワーク研究によっても確認された。さらに，自分を大切にし，ほどよく自己主張し，共感し，譲り合う友だち関係を維持していくことが，学校社会へ適応していく1つの鍵であること，自分の気持ちの状態に気づくことや立て直しの方法を学習することが，問題行動の減少につながることが明らかになった（安藤，2007）。

⑤その上で，青少年の問題行動を包括的に予防することを試みた米国のプログラム"ゴーイング・プレイシーズ（Going Places）"（Simons-Morton, Haynie, Saylor, Crump, & Chen, 2005）を開発の最初の足がかりにしている。

（3）目標と対象者

本プログラムでは，児童生徒が自己理解および他者理解を深め，自己コントロール，学校生活に対する適応力，ほどよい人間関係，自己効力感が向上し，うつなどの心理的問題やいじめなどの行動上の問題を予防し，社会の中で自分らしく生きていくことを目標としている。

本プログラムの対象者は，すべての小中学生である。

（4）方　法

本プログラムでは，自分を知る方法，問題への対処解決法，ストレス対処法，コミュニケーションの方法，他者に対する適切な自己主張・共感・譲り合いの方法，葛藤の解決法に関する心理教育を行っていく。

各レッスンは，個別でじっくり考える時間を設けるとともに，グループ編成に配慮しながら小グループでの話し合いやロールプレイを行う時間も設け，最後に全体で共有するという流れで進めていく。"サクセスフル・セルフ"プログラムのモデルを図8-5に示す。

年間レッスン数は，週1回を目安に，1レッスン1時限（45〜50分）〜2時限で行う。以下の進め方がある。
・年間13レッスンを行う。各レッスンのテーマ，目標，内容を表8-6に示す。
・中核となる4レッスン（①「自分らしく生きよう－"サクセスフル・セルフ"（成

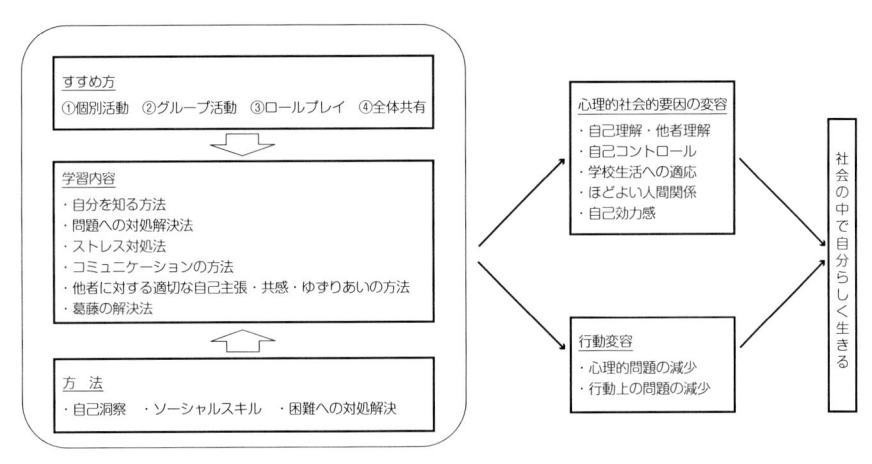

図 8-5 "サクセスフル・セルフ"プログラムのモデル図

功していく自分への道)─」,②「問題への対処と解決1─気持ちを考えよう─」,③「問題への対処と解決2─問題を解決しよう─」,④「ストレスと自己コントロール」)を行う。
・小中学校が連携して小学4年生～中学3年生の6年間継続して,毎年4レッスンを行う(安藤,2012)。

　実施形態は,個別での実施も可能であるが,多くの人が参加可能で対話や交流が体験可能なグループ(集団)での実施を勧めている。特に,学年全体で取り組み,学級単位で実施することを推奨している。

　実施者は,子どもたちにとって取り組みやすいことを主眼に,学級担任,養護教諭,スクールカウンセラーなど,児童生徒とかかわりのあるスタッフによる実施を勧めている。集団全体に配慮し,スタッフ同士のチームワークを育むために,学年会などで定期的に話し合い,チームティーチングで取り組むことが望ましい。

(5) 効果評価の結果

(a) 介入前後における児童生徒・実施者の変化

　これまでに友だち関係,学校生活,行動や態度に関する自己記入式の調査を

表8-6 児童生徒のいじめ・うつを予防する心理教育"サクセスフル・セルフ"のテーマ・目標・内容

Lesson	テーマ	目標	内容
1	友だち関係構築1：仲間について知ろう	ほどよい友だち関係を築くために，自己と他者には類似点と相違点が存在することを理解する。	友だち関係を築くために，相手の「その人らしさ」を理解したり，自分のことを他者に話すこと（自己開示）の大切さを学ぶ。
2	自分らしく生きよう："サクセスフル・セルフ"（成功していく自分への道）	なりたい自分に近づくように，自己を見つめ，自分のよい面と修正したほうが望ましい面を明らかにする。	"サクセスフル・セルフ"（成功していく自分，なりたい自分）のイメージを膨らませ，社会の中で自分らしく生きていくための目標を立てる。
3	自分を好きになろう	適切な自己理解や自己受容を向上させ，自分を大切にし，過剰な劣等感を予防する。	ほどよい自己の肯定的な側面に気づき，多面的に自己を表現する。
4	友だち関係構築2：友だち関係について考えよう	ほどよく友だちとかかわることや友だち関係を築くことの大切さを認識する。	友だちとの関係における自分を見つめる。今後のほどよい友だち関係のあり方について考える。
5	困難な状況での対人関係：セルフチェックしてみよう	友だち関係にまつわる困難な状況における，対処の在り方を理解する。	もめごとに対処し解決するための重要なスキル（適切な自己主張・共感・譲り合い）について自己評価する。
6	人間関係を磨こう1：対話をしてみよう	対話を通して，自分自身の人間関係の在り方を理解する。	対話を通して，適切なコミュニケーション法の大切さを学ぶ。
7	人間関係を磨こう2：適切に自己主張しよう	適切な自己主張を行うために，同じ言葉でも，声のトーンや大きさ，表情によって，相手への伝わり方が違うことを理解する。	相手を納得させるために，キレないで十分に自分の言いたいことを主張し，ほどよいコミュニケーションをとるスキルを身につける。
8	人間関係を磨こう3：「私は」で始めるコミュニケーション	対人関係での負担感を緩和するために，「私は」で始める表現で，自分の気持ちを他者に伝えることの大切さを理解する。	「私は」で始める表現で，相手に不快な気持ちを与えず，自分の気持ちも抑え過ぎずに，自分の気持ちを相手に伝えられるようになる。
9	問題への対処と解決1：気持ちを考えよう	ほどよい友だち関係を築くには，自分・周囲の人の気持ちを考え・大切にすることが重要であることを理解する。	もめごとや困難な状況における，相手の気持ち，周囲の人の気持ち，自分の気持ちを考える。
10	問題への対処と解決2：問題を解決しよう	友だち関係のもめごとに対処し解決できるようになる。	問題解決スキルを習得する。
11	問題への対処と解決3：ロールプレイ	対処・解決力を高め，現実場面で使えるようになる。	もめごとに対処し解決するための重要なスキルを理解し，自分や周囲の人の気持ちを考え，友だち関係のもめごとに対処し解決できるようにする。
12	意思決定：何が起こるか考えてから行動しよう	葛藤状況において適切な行動がとれるために，バランスシートを用いた意思決定方法を理解する。	自分に起こっている葛藤状況に対して行動を起こすために，バランスシートを用いた意思決定を行う。
13	ストレスと自己コントロール	自己コントロールの方法を学ぶ。	ストレスの原因，ストレスが起こったときの心や体の反応を振り返り，ストレス対処法を考える。

実施し，評価分析を行い得た小学生722名，中学生894名について，介入前後の変化を検討したところ，以下のような結果が示された（安藤，2012）。

> - 学校適応・自己コントロール・問題行動の誘いを断る自己効力感・社会性・対人関係の自己効力感，情緒の安定が，統計的に有意に向上した。
> - 攻撃行動（いじめ・対人暴力・器物破壊）・いじめ被害・抑うつ気分が，統計的に有意に減少した。
> - 心が穏やかになり，自己理解，自分の気持ちを相手に伝えることや他者の気持ちを理解する大切さを体験し，今後の生活に活かす機会となった。
> - 自分のことを見つめるのはしんどい作業であるが，自分のいい点や課題を確認でき，自分のことや友だち関係について，さまざまなことに気づいた。

また，実施者へのインタビューの質的分析から，実施することは，児童生徒にとどまらず，実施者自身への肯定的意義が示唆されている（安藤，2012）。

（b）"サクセスフル・セルフ"のレッスン選択と実施前後の学級の変化

これまでに評価分析を行い得た児童生徒の学級（小学4年12学級，5年12学級，6年12学級，中学18学級）を対象に，児童生徒の心理社会的および行動上の変化と選択したレッスンとの関連を検討した（安藤，2012）。

その結果，4, 5年生では，特に自己理解，問題への対処解決に関するレッスン，6年生では，自己理解に関するレッスンが，心理社会的および行動上の肯定的変化と統計的に有意に関連していた。中学生では，自己理解とコミュニケーションに関するレッスンが，心理社会的および行動上の肯定的変化と統計的に有意に関連していた。いずれの時期においても，自己理解に関するレッスンを実施し，さらに，小学生では問題への対処解決に関するレッスン，中学生ではコミュニケーションに関するレッスンを行うことが望ましいと考えられた。

（6）普及状況

"サクセスフル・セルフ"プログラムは，心理社会的発達段階に沿って，小学生版（安藤，2008, 2012），中学生版（安藤，2007, 2012），小中連携版（安藤，

2012),特別支援学校在籍者版（安藤,2012）がある。

　"サクセスフル・セルフ"を実践しているあるいは実践を計画している教師50名のアンケート調査から，集中力，道徳性，攻撃性・衝動性のコントロール，勤勉さ，ストレス対処，社会性，自己肯定感，他者尊重，規範意識が，児童生徒に不足していると感じており，生徒指導上の諸問題を予防・対処したいという教師の熱意や課題意識が，本取り組みにつながっていた。

（7）課　題

　先に示した調査から，実施できる授業時間や活動時間を確保するのが難しかったり，研修を受ける機会が少なくやり方がわからなかったりすることが，"サクセスフル・セルフ"に取り組む障壁になっている可能性が示唆されている。

　本プログラムは，多くの場合は道徳，学級活動，あるいは総合的学習の時間を活用して行われている。学校教育への位置づけについて，さらなる検討が必要である。また，研修会のあり方に関する工夫をしていく必要がある。

　実施している教師やスタッフからは，その他さまざまな課題があげられている。しかし，それらの課題については，学年を中心とする教師間での検討会，開発者へのコンサルテーション，学校・教育委員会・大学の連携により，随時対処・解決を図っている。まず，"サクセスフル・セルフ"に「慣れ親しむ」ことが大切で，「関心を持った」ことが心の健康を育む第一歩になっている。さまざまな状況によって困難もあるものの，チームで取り組み続けることが大切である。

引用文献

阿部千春（2009）．友だち関係をつくる　-いじめ予防のためにまとまりのあるクラスをつくるエクササイズ-　構成的グループ・エンカウンターの活用，児童心理，*63* *(15)*, 72-77.
安藤美華代（2007）．中学生における問題行動の要因と心理教育的介入　風間書房
安藤美華代（2008）．小学生の問題行動・いじめを予防する！心の健康教室"サクセスフル・セルフ"実施プラン　明治図書
安藤美華代（2012）．児童生徒のいじめ・うつを予防する心理教育"サクセスフル・セルフ"　岡山大学出版会
Ando, M., Asakura, T., & Simons-Morton, B. (2005). Psychosocial influences on physical, verbal, and indirect bullying among Japanese early adolescents.

Journal of Early Adolescence, 25, 268-297.

浅野良雄 (2007). 傾聴訓練が高校生の孤独感と学校生活満足度に及ぼす効果 ヘルスサイエンス研究, *11,* 3-11.

荒川 歩・鈴木直人 (2004). 謝罪文に付与された顔文字が受け手の感情に与える効果 対人社会心理学研究, *4,* 135-140.

荒川 歩・竹原卓真・鈴木直人 (2006). 顔文字付きメールが受信者の感情緩和に及ぼす影響 感情心理学研究, *13,* 22-29.

明里康弘 (2009). 友達を知り, 仲良くしたいときに再度, 仲間づくりに挑戦したいときに構成的グループ・エンカウンター 児童心理, *63(6),* 108-113.

Bandura, A. (1986). *Social foundations of thought and action: A social cognitive theory.* Upper Saddle River, NJ: Prentice-Hall.

Bornstein, M. R., Bellack, A. S., & Hersen, M. (1977). Social-skills training for unassertive children: A multiple-baseline analysis. *Journal of Applied Behavior Analysis, 10,* 183-195.

Cowie, H., & Wallace, P. (2000). *Peer support in action.* London: Sage.

DeRosier, M. E., & Marcus, S. R. (2005). Building relationships and combating bullying: Effectiveness of S.S.GRIN at one-year follow-up. *Journal of Clinical Child and Adolescent of Psychology, 34,* 140-150.

Gresham, F. M. (1985). Behavior disorder assessment, Conceptual, definitional, and practical considerations. *School Psychology Review, 14,* 495-509.

Gresham, F. M. & Elliott, S. N. (1987). The relationship between adaptive behavior and social skills. *Journal of Special Education, 21,* 167-182.

原田恵理子・渡辺弥生 (2009). 攻撃行動が高い男子高校生に対する支援 −ソーシャルスキルトレーニングとコンサルテーションを中心に カウンセリング研究, *42,* 301-311.

橋本 登・片野智治 (2005). SGEリーダーのリーダーシップに関する検討1：デモンストレーション法 日本カウンセリング学会第38回大会発表論文集, 147-148.

襞岩秀章 (1990). プログラム・オーガナイゼーションの重要性 −構成的エンカウンター・グループの事例を通しての考察 集団精神療法, *6,* 151-155.

星 雄一郎 (2011). 日本の学校教育におけるソーシャルスキル教育：般化と維持に焦点を当てた介入効果の現状と課題 法政大学大学院紀要, *66,* 31-43.

池島徳大 (監修) 池島徳大・竹内和雄 (2011). ピア・サポートによるトラブル・けんか解決法！ −指導用ビデオと指導案ですぐできるピア・メディエーションとクラスづくり ほんの森出版

池本しおり (2001). ピア・サポートを高等学校に取り入れるための実践的研究 岡山県教育センター研究紀要, *228,* 1-33.

Jessor, R., & Jessor, S. L. (1977). *Problem behavior and psychosocial development: A longitudinal study of youth.* New York, NY: Academic Press.

金山元春・佐藤正二・前田健一（2004）．学級単位の集団社会的スキル訓練：現状と課題　カウンセリング研究, 37, 270-279.
片野智治（1994）．構成的エンカウンター・グループ参加者の体験的事実の検討，カウンセリング研究, 27, 27-36.
片野智治（1998）．構成的グループエンカウンターにおける抵抗の検討：抵抗とリーダーの介入行動との関係　日本カウンセリング学会第31回大会発表論文集, 200-201.
片野智治（2003）．構成的グループ・エンカウンター　駿河台出版社
片野智治（2007）．構成的グループ・エンカウンター研究　図書文化
片野智治・吉田隆江（1989）．大学生の構成的エンカウンター・グループにおける人間関係プロセスに関する一研究　カウンセリング研究, 21, 150-160.
河田史宝（2002）．保健委員会の生徒によるピア・カウンセリング　中野武房・日野宜千・森川澄男（編著）学校でのピア・サポートのすべて　ほんの森出版 pp. 66-79.
小林　真・稲垣応顕・丹保弘則・土合智子・山岡和夫・多賀香世子・菅原千香子・川上純子・池上道子・島美恵子（2003）．高校生に対するソーシャルスキルトレーニングの効果　富山大学教育実践総合センター紀要, 4, 15-23.
國分康孝（1980）．カウンセリングの理論　誠信書房
國分康孝（1981）．エンカウンター　誠信書房
國分康孝・片野智治（2001）．構成的グループ・エンカウンターの原理と進め方　誠信書房
國分康孝・西　昭夫・村瀬　旻・菅沼憲治・國分久子（1987）．大学生の人間関係開発のプログラムに関する男女の比較研究, 相談研究, 19, 71-83.
國分康孝・菅沼憲治（1979）．大学生の人間関係開発のプログラムとその効果に関するパイロット・スタディ　相談学研究, 12, 74-84.
真仁田昭・村久保雅孝（1989）．小学校高学年における構成的エンカウンター・グループへの取り組み　－開発的教育相談に関する連携と実践　教育相談研究, 27, 29-37.
McFall, R. (1982). A review and reformulation of the concept of social skills. *Behavioral Assessment*, 4, 1-33.
水野邦夫（2009）．構成的グループエンカウンターにおけるグループの深まりの違い　日本教育心理学第51回総会発表論文集, 59.
武蔵由佳・河村茂雄（2009）．アイデンティティ形成を促進するための心理教育的援助―構成的グループ・エンカウンターの実践から　カウンセリング研究, 42, 11-21.
中尾亜紀・戸田有一・宮前義和（2008）．日本の学校におけるピア・サポートの体系的な理解の試み　香川大学教育実践総合研究, 16, 169-179.
鳴門教育大学予防教育科学センター（編）（2013）．予防教育科学に基づく「新しい学校予防教育」（第2版）　鳴門教育大学
西海　巡（2004）．紙上相談ピア・サポートにおける小・中学校を見通したサポーター育成　鳥取大学教育地域科学部教育実践総合センター研究年報, 13, 51-61.

野島一彦（1985）．構成的エンカウンター・グループにおける High Learner と Low Learner の事例研究　人間性心理学研究, 3, 58-70.

野島一彦（1992）．文献研究の立場からみた構成的グループ・エンカウンター　國分康孝（編）　構成的グループ・エンカウンター　誠信書房　pp. 23-34.

野島一彦（2000）．日本におけるエンカウンター・グループの実践と研究の展開：1970-1999．九州大学心理学研究, 1, 11-19.

O'Conner, R. D. (1972). The relative efficacy of modeling, shaping, and combined procedures. *Journal of Abnormal Psychology*, 79, 327-334.

Oden, S. & Asher, S. R. (1977). Coaching children in social skills for friendship making. *Child Development*, 48, 495-506.

Reijintjes, A., Kamphuis, J. H., Prinzie, P., & Telch, J. (2010). Peer victimization and internalizing problems in children: A meta-analysis of longitudinal studies. *Child Abuse & Neglect*, 34, 244-252.

嶋田洋徳・戸ヶ崎泰子・岡安孝弘・坂野雄二（1996）．児童の社会的スキル獲得による心理的ストレス軽減効果　行動療法研究, 22, 9-19.

塩田良宏・中山勝子・笠井則男・柴田ゆかり・石川和弘（1987）．学校教育相談活動と宿泊研修における構成的エンカウンター・グループ（仲間づくり）　第26回香川県高等学校教育研究集会発表資料

Simons-Morton, B., Haynie, D., Saylor, K., Crump, A. D., & Chen, R. (2005). Impact Analysis and Mediation of Outcomes: The Going Places Program. *Health Education & Behavior*, 32, 227-241.

高田ゆり子・坂田由美子（1997）．保健婦学生の自己概念に構成的グループ・エンカウンターが及ぼす効果の研究　カウンセリング研究, 30, 1-10.

戸田有一（2005）．ピア・サポート実践とコミュニティ・モデルによる評価　土屋基規・P.K. スミス・添田久美子・折出健二（編著）　いじめととりくんだ国々　－日本と世界の学校におけるいじめへの対応と施策　ミネルヴァ書房　pp. 84-103.

戸田有一・宮前義和（2009）．日本におけるピア・サポート実践の評価モデルの分類　ピア・サポート研究, 6, 1-9.

登野原慶（2005）．中学生が有している「友人から悩みを打ち明けられた時の対応」に関する素朴理論　兵庫教育大学大学院修士論文

戸ヶ崎泰子・岡安孝弘・坂野雄二（1997）．中学生の社会的スキルと学校ストレスとの関係　健康心理学研究, 10, 23-32.

土屋裕睦・細川佳博（2009）．大学新入運動部員に対する構成的グループ・エンカウンターの適用　－ソーシャルサポート獲得に向けた教育プログラムの開発とバーンアウト抑制効果の検討　カウンセリング研究, 42, 165-175.

渡辺朋子・岡安孝弘・佐藤正二（1998）．教師評定用社会的スキル尺度の標準化の試み　日本行動療法学会第24回大会発表論文集, 100-101.

渡辺弥生（1996）．ソーシャル・スキル・トレーニング　日本文化科学社

渡辺弥生（2011）．子どもの「10歳の壁」とは何か？ －乗りこえるための発達心理学　光文社新書
渡辺弥生・原田恵理子（2007）．高校生における小集団でのソーシャルスキルトレーニングがソーシャルスキルおよび自尊心に及ぼす影響　法政大学文学部紀要, 55, 59-72.
渡辺弥生・星雄一郎（2009）．中学生対象のソーシャルスキルトレーニングにおけるセルフマネジメント方略の般化促進効果　法政大学文学部紀要, 59, 35-49.
渡辺弥生・小林朋子（2009）．10代を育てるソーシャルスキル教育　北樹出版
矢幡　洋（1990）．構成的エンカウンター・グループの実際問題　人間関係研究会「ENCOUNTER　出会いの広場」, 11, 7-14.
山本銀次（1984）．持ち味活用のステップ構成　東海大学学生生活研究所紀要, 14, 7-20.
山本銀次（1990）．作業課題の集団活性化および成員のセルフ・エスティームに与える効果　カウンセリング研究, 23, 39-48.
山崎勝之・佐々木　恵・内田香奈子・勝間理沙・松本有貴（2011）．予防教育　科学に基づく「子どもの健康と適応」のためのユニバーサル予防教育における評価のあり方　鳴門教育大学学校教育研究紀要, 25, 29-38.
吉田隆江（2010）．人間関係の基盤をつくるプログラム構成的グループ・エンカウンター －感情と向かい合うことを学ぶ－, 児童心理, 64(15), 60-64.
吉川佳余（2004）．高校生に対する社会的問題解決スキルトレーニングの効果：ストレスコーピングの観点から　明治学院大学大学院文学研究科心理学専攻紀要, 9, 31-48.

第9章

問題の予防に焦点を当てた予防教育

xxxxxxxxxxxxxxxxxxxxxxxxxxxxxxxxxxxxxxxxxxxxxxxxxxxxxxxxxxxxxxxxxxxx

概　要

　本章では，発達臨床心理学の視点から見た児童期・青年期の健康・適応上の問題に焦点を当てた学校予防教育について概観する。また，ユニバーサル学校予防教育の視点から，小中学生へ直接介入している内容を含む取り組みに着目した。そして，焦点を当てた各問題を予防する取り組みの特徴を見いだし，今後の展望を描きたい。

　概観するために選択した学校予防教育の基準は，①学術雑誌に掲載された実践研究，②題名・抄録に「予防」を含む，③対象者に日本の小学生または中学生を含む，④不登校，いじめ，暴力行為，違法薬物，飲酒，喫煙，うつ，自殺，食行動の問題，性関連の問題のいずれかの予防に焦点を当てた取り組み，⑤基本的には学校の中ですべての子どもたちを対象に行った取り組み，⑥結果として肯定的な変化が報告されたものとした。

　電子ジャーナルデータベースCiNii，医中誌を使用し，1990年から2011年までの文献検索を行った。抽出された文献のうち，本研究の目的に合わないものは除外した。

　その結果，上記の選定基準を満たす実践研究よりも，児童生徒の諸問題と心理社会的要因の関連を検討した実証的研究の結果から学校における予防教育の重要性を提言している研究の方が，はるかに多く見られた。検索対象とした22年間の推移として，1990年代に選定基準を満たす報告は非常に少なく，多くは2005年度以降に発表されていた。これまで培ってきた実証研究の成果を，学校予防教育として実践へ応用する時期が到来しているといえよう。

1. さまざまな問題を包括的に予防する教育

　今回取り上げた児童生徒の諸問題のうち，いじめ，暴力行為，飲酒，うつといったさまざまな問題予防について肯定的な変化が報告されていたのは，"サクセスフル・セルフ"プログラムによる取り組み（安藤，2007ab，2008ab，2010，2012）であった（第8章第5節を参照）。このプログラムでは，青少年の諸問題行動に共通した心理社会的要因を見いだしこれらの要因に焦点を当てたアプローチを行っていることが，包括的予防につながったと考えられる。プログラムを実施する前と後では，児童・生徒とも，いじめ・対人暴力・器物破壊といった攻撃行動・いじめ被害・抑うつ気分の減少，情緒の安定が見られた。また，学校適応・自己コントロール・問題行動の誘いを断る自己効力感・社会性・対人関係の自己効力感の向上が見られた（安藤，2012）。中学3年生では，飲酒・夜遊びの減少も見られた（安藤，2007b）。

2. 特定の問題の予防に焦点を当てた学校予防教育

　特定の健康・適応上の問題の予防に焦点を当てた学校予防教育には，問題ごとに目標，授業方法や内容に特徴が見られた（表9-1〜9-3）。問題別に，内容を概観する。

（1）不登校

　不登校予防の取り組みとして，へき地・複式小学校での実践が見られた。この取り組みでは，自己表現の不得手，社会経験の不足，子ども同士の意見の練り合いの少なさを克服することを目標として3年間の継続した介入が，3・4年生から行われた。理科，社会科，算数といった教科の中で，メール，手紙，ビデオレターを利用した広範囲な間接交流，合同遠足や交流授業といった同中学校区内の小中学校との直接交流，PTAや教育委員会との協力に基づく交流活動が行われた。3年間の交流活動後，子どもたちの友人数は増加し，中学進学の不安は緩和し，中学で不登校になった子は見られなくなった（永井，

表 9-1 特定の問題の予防に焦点を当てた予防教育の主な特徴：
対象・実施形態・セッション数・すすめ方

焦点を当てた問題	筆者ら（年）	小1	小2	小3	小4	小5	小6	中1	中2	中3	学校内	保護者を含む	他機関連携	1回授業	複数回授業	随時活動	講義	個別活動	集団交流活動	ロールプレイ	全体で共有	1対1
不登校	永井（2004）			●	●	→	→				●		●		●		○	○	●		●	
	三浦（2006）					●▲	●▲	●▲			●	●	▲	●	●▲		●▲	●▲				▲
いじめ	安藤（2007b）							●			●				●			○	●	●	●	
	安藤（2008b）					●	●				●				●			○	●	●	●	
	安藤（2008a）				●						●				●			○	●	●	●	
	安藤（2010）								●		●				●			○	●	●	●	
	岡本（2007）								●		●			●				○	●	●	●	
	塚本（2008）							●			●				●			○	●	●	●	
暴力	CAP（2000）	●	●	●	●	●	●				●				●			●	●	●	●	
	山本ら（2006）					●	●				●				●			●	●	●	●	
	安藤（2007b）							●			●				●			○	●	●	●	
	安藤（2008b）					●	●				●				●			○	●	●	●	
	安藤（2008a）				●						●				●			○	●	●	●	
	安藤（2010）								●		●				●			○	●	●	●	
	重吉ら（2010）							●			●				●			○	●	●	●	
違法薬物	石川ら（2011）							●			●			●				○	●		●	
喫煙	西岡ら（2005）				●	●		→			●	●		●				○	●		●	
飲酒	安藤（2007b）							●			●				●			○	●	●	●	
うつ	倉掛ら（2006）					●					●				●			●	●		●	
	石川ら（2007）							●			●				●			●	●		●	
	石川ら（2009）								●		●				●			●	●		●	
	佐藤ら（2009）					●	●				●				●			●	●		●	
	石川ら（2010）		●	→							●				●			●	●		●	
	安藤（2007b）					●	●				●				●			○	●	●	●	
	安藤（2008）			●							●				●			○	●	●	●	
	安藤（2010）								●		●				●			○	●	●	●	
自殺	得丸ら（2003）							●			●				●			○	●		●	
肥満	宮崎（2004）	●	●	●	●	●	●				●	●			●			●	●		●	
	高木ら（2004）					●	●				●				●			○	●		●	
	春木（2005）				●	●	●				●				●			○	●		●	
	勢井ら（2009）	●	●	●	●	●	●				●				●			●	●		●	▲
摂食障害	高宮ら（2007）							●	●		●			▲	●				●		●	▲
性関連問題	池垣（2001）	●	●	●	●	●	●				●				●			○	●		●	
	木原（2008）						●	●	●	●	●				●			○	●		●	▲

●印は主な内容。○は受動的活動。不明・非記載の場合は無印。▲は，全体（●）より予防ニーズが高い児童生徒を対象とした場合。→はフォローアップ。

表 9-2　特定の問題の予防に焦点を当てた予防教育の主な特徴：
目　標

焦点を当てた問題	筆者ら（年）	感情コントロール・自己理解	他者理解	共感性	人権意識	悪い誘いを断る	上手な自己主張	援助を求める	問題対処解決力	意思決定	ストレスマネジメント	いじめ傍観認知変容	いじめ絶対拒否態度	支援行動の促進	問題予防スキル獲得	円滑な人間関係	学校適応	認知の再構成	問題予防知識の獲得
不登校																			
	永井（2004）								●	●					●	●			
	三浦（2006）	●▲													●		●▲		
いじめ																			
	安藤（2007b）	●	●	●	●		●		●		●				●	●			
	安藤（2008b）	●	●	●	●		●		●		●				●	●			
	安藤（2008a）	●	●	●	●		●		●		●				●	●			
	安藤（2010）	●	●	●	●		●		●		●				●	●			
	岡本（2007）		●	●	●									●					
	塚本（2008）		●	●								●	●						
暴力																			
	CAP（2000）				●										●				
	山本ら（2006）	●																	
	安藤（2007b）	●	●	●	●		●		●		●				●	●			
	安藤（2008b）	●	●	●	●		●	●	●		●				●	●			
	安藤（2008a）	●	●	●	●		●	●	●		●				●	●			
	安藤（2010）	●	●	●	●		●		●		●				●	●			
	重吉ら（2010）		●					●							●				
違法薬物																			
	石川ら（2011）					●									●				●
喫煙																			
	西岡ら（2005）	●		●		●			●	●	●				●		●		
飲酒																			
	安藤（2007b）	●	●	●	●		●		●		●				●	●			
うつ																			
	倉掛ら（2006）						●	●							●			●	
	石川ら（2007）		●				●	●							●			●	
	石川ら（2009）	●													●			●	
	佐藤ら（2009）						●	●							●				
	石川ら（2010）						●								●			●	
	安藤（2007b）	●	●	●			●		●		●				●				
	安藤（2008）	●	●	●			●		●		●				●				
	安藤（2010）	●	●	●			●		●		●				●				
自殺																			
	得丸ら（2003）		●											●					●
肥満																			
	宮崎（2004）	●													●				●
	高木（2004）														●				●
	春木（2005）	●							●	●					●				●
	勢井ら（2009）	●													●				●
摂食障害																			
	高宮ら（2007）																		●
性関連問題																			
	池垣（2001）	●		●															●
	木原（2008）														●	●			●

●印は主な内容。不明・非記載の場合は無印。▲は，全体（●）より予防ニーズが高い児童生徒を対象とした場合。

表 9-3　特定の問題の予防に焦点を当てた予防教育の主な特徴：
児童生徒の変化

焦点を当てた問題 / 筆者ら（年）	*問題の減少	*問題の予防意識向上	*問題の予防意志向上	*問題の対処知識増加	*問題の認知向上	健康行動増加	身体的健康面訴え減少	不安減少	うつ減少	無気力減少	情緒安定	自己コントロール	学校嫌い感低下	自己理解	他者理解	人権意識向上	誘いを断る自己効力感	葛藤解決	主張性向上	規律性向上	友人関係向上	教師と関係向上	学校適応感	社会性
不登校																								
永井（2004）	●						●														●			
三浦（2006）								▲	▲	▲			▲								▲	▲		
いじめ																								
安藤（2007b）	●					●								●	●						●			
安藤（2008b）	●								●			●		●	●						●			
安藤（2008a）	●						●		●		●	●	●	●	●						●			
安藤（2010）	●								●	●		●		●			●				●		●	●
岡本（2007）				●										●	●									
塚本（2008）		●																						
暴力																								
CAP（2000）	●			●		●										●								
山本ら（2006）	●					●																		
安藤（2007b）	●					●								●	●						●			
安藤（2008b）	●								●			●		●	●						●			●
安藤（2008a）	●						●		●		●	●		●	●						●			
安藤（2010）	●								●	●		●		●			●				●		●	●
重吉ら（2010）	●																	●					●	
違法薬物																								
石川ら（2011）				●																				
喫煙																								
西岡ら（2005）		●	●	●																				
飲酒																								
安藤（2007b）	●																				●			
うつ																								
倉掛ら（2006）	●					●			●		●							●						
石川ら（2007）	●								●		●										●	●		
石川ら（2009）	●								●		●													
佐藤ら（2009）	●				●												●		●	●				
石川ら（2010）	●																		●	●	●			
安藤（2007b）	●																							
安藤（2008）	●						●		●			●												
安藤（2010）	●																							
自殺																								
得丸ら（2003）				●	●																			
肥満																								
宮崎（2004）	●			●	●	●						●												
高木ら（2004）			●	●																				
春木（2005）		●	●																					
勢井ら（2009）	●																							
摂食障害																								
高宮ら（2007）	●																							
性関連問題																								
池垣（2001）				●										●	●		●							
木原（2008）	●																							

●印は主な内容．不明・非記載の場合は無印．▲は，全体（●）より予防ニーズが高い児童生徒を対象とした場合．
*印の問題は焦点を当てた問題を示す．

2004)。

　別の取り組みでは，まず中学校の全生徒を対象に，心理的ストレスと不登校感情に関する自己記入式の調査が実施され，各生徒が自己の心身のストレス状態や学校に関する感情に目を向ける活動が行われた。そこで出てきた結果を基に，不登校感情が高い生徒を対象に，教師はスクールカウンセラーと連携し，個別に解決へ向けた取り組みが行われた。トラブルや問題に直接介入したり，場合によっては学級の生徒や保護者に直接働きかけたり，PTAの懇談会を活用した。このような取り組みにより，不登校感情を抱えていた生徒の学校嫌い感は低下し，抑うつ・不安・無気力感が減少し，教師との関係が向上し，友人からのサポートが増加した（三浦，2006）。

　今回取り上げた取り組みでは，子どもたちの学校生活における心理面や対人関係面の課題をふまえた上で，他者との交流を通じた自己表現や対処解決に向けた活動を，さまざまな人と連携しながら進めていた。

（2）いじめ

　いじめ予防については，中学生を対象とした予防教育として，日ごろから実践しているロールレタリングを利用したり（岡本，2007），道徳の時間を活用したりして（塚本，2008），1回で実施しているアプローチが見られた。前者では，人権意識やいじめは絶対許さない態度の育成を目標に，いじめ被害者の立場に立って，いじめをしている人や傍観しているみんなへロールレタリングが行われた。介入後の感想から，「いじめを受けたつらさがわかった」と共感したり，「いじめをしてはいけない決意が固まった」と意志が示されたりした。また，「一人ひとりの人権を尊重し，もっとお互いを理解していく必要がある」と人権意識の向上も示唆された（岡本，2007）。

　後者では，いじめを受ける人，いじめを行う人，いじめを見ている人それぞれの立場に立っていじめについて考えることを通して，共感性を高め，仲裁行動を促進することを目標としていた。いじめ場面を例示し，いじめにかかわるそれぞれの立場に立って，いじめに対する思考や感情について，各自で，さらにグループで考える活動が行われた。授業後の振り返り分析から，被害者の立場に立って「悲しい」，「つらい」という気持ちになったり，「学校へ行くことの怖さや不安」に共感したりすることによって，「いじめはいけない」と感じ

る過程が示された（塚本，2008）。

　いずれのいじめ予防の取り組みにおいても，いじめが生じた際の主人公，相手，周囲の友人の気持ちを考えるという学習内容を通して，共感性を育むことで，いじめ予防をめざしていた。その結果，シングルセッションによる授業では，「いじめはよくない」，「いじめはしてはいけない」といった規範意識や意志の向上につながることが示唆された。一方で，複数回の授業から成る"サクセスフル・セルフ"（安藤，2012）では，いじめ問題に対してどのように対処し解決したらよいのかといった問題解決に向けた学習内容を取り入れていた。いじめ予防教育としては，自己理解・他者理解による共感性の育成，問題解決に関する教育内容が有効な可能性が示唆された。

（3）暴力行為

　暴力行為の予防では，小学5, 6年，中学生を対象として，攻撃性の行動化予防をねらいとして，コラージュ制作による攻撃性表出を1回のセッションで行った取り組みが見られた。コラージュ制作前から後には，いずれの学年群においても，身体的健康面の訴え数，表出性攻撃の減少が示された（山本他，2006）。

　また，中学生を対象とした怒りのコントロールプログラムとして，怒りを自分の力でうまくコントロールし，自分の気持ちを上手に主張することができるようになることを目標に，怒りのコントロールに関する授業が1回50〜60分で3回, 7日間で行うホームワークが2回行われた。学習内容は，怒りについて・主張的な伝え方の講義，モデリングやロールプレイによるイライラ場面における怒りのコントロール法の獲得，それらに関するホームワークによって構成されていた。プログラム実施前から後において，男女とも教師との関係や主張性が向上し，女子では怒りの表出が減少，男子ではノンアサーティブが減少した（重吉・大塚，2010）。

　さらに大規模プロジェクトとして，小中学生を対象に，子どもへの暴力防止プログラム（Child Assault Prevention：CAP）が行われている。人権意識を高め，暴力から自分を守るための知識やスキルを身につけることを目標とし，小学生に対しては1回60分の講義と30分のトーク活動，中学生には1回100分の講義と30分のトーク活動が，参加型の学習方法によって行われる。活動前

から後で，安心して生きる権利があると思う割合が増加し，暴力を回避できた体験談が語られた（CAPセンター・JAPAN, 2000）。

　暴力行為予防の取り組みについては、適応的な自己表現を育むことをねらいとして、自分自身の攻撃性の表出に焦点を当てそれをコントロールしようとする教育、適切に自己主張し他者の暴力から自分を守るための教育をする場合が見られた。暴力予防教育には，自己表現，自己コントロール，自己主張に関する教育内容が有効な可能性が示唆された。

（4）違法薬物・喫煙・飲酒

　違法薬物防止については，中学生を対象に，年1回，薬物依存にまつわる情報提供，薬物乱用者への対応，薬物使用に誘われたときや使用してしまったときの対応に関する取り組みが行われていた。この取り組みの前から後において，相談機関に関する知識が増加した（石川他, 2011）。

　喫煙防止については，小学高学年から中学生を対象に，ライフスキル教育を基盤としたさまざまな取り組みが，西岡・川畑らのグループによって行われている（川畑・西岡, 1993；西岡, 2005；西岡他, 1996）。一例として，小学5・6年生でそれぞれ3時間，中学2年生でブースターセッション（補充のためのプログラム）が行われていた。学習内容として，喫煙の害や友人・親の喫煙・マスメディアの影響といった喫煙を促す社会的要因に関する情報提供，自己主張コミュニケーションスキルの習得による喫煙の勧めを断るスキルの練習が行われていた。プログラム前から後において，喫煙の有害性や有害物質名の知識の向上，成人時の非喫煙意志や重要性意識の2年間継続効果が示された（西岡, 2005）。さらに，友人から喫煙の誘いを断る自己効力感の向上，喫煙経験率の減少をめざして，参加型グループ学習の多用，たばこ広告の分析スキルの習得，授業後の課題学習，保護者の授業参加など地域や家庭を巻き込んだ活動，自習形式ブースタープログラムなど多面的な取り組みが行われている。

　違法薬物・喫煙・飲酒のいずれの取り組みにおいても，他者から誘われたときの対処を重視していた。また，違法薬物や喫煙などの心身への害に関する情報提供は，児童生徒の知識の向上に寄与していた。違法薬物・喫煙・飲酒の予防には，友人や周囲の誘いを断る自信を持ち，適切に自己主張し断るスキルを身につける教育内容が有効な可能性が示唆された。

（5）うつ・自殺など精神的問題

　うつ予防は，今回取り上げた特定の問題に焦点を当てた予防教育の中で，もっとも多くの実践研究が報告されていた。

　小学5年生を対象に，認知面・感情面・行動面に働きかける教育モデルを基盤に，それぞれ認知行動療法，ネガティブ感情への対処スキルとリラクセーション，行動改善教育が13回で行われていた。学習内容として，自己認知傾向理解・認知改善スキル学習・認知と感情の関係学習によるポジティブな認知傾向の獲得，情動コーピング・リマインダー法学習・相談スキル学習による他人に自分の悩みを話すスキルの獲得，お願い・断りのアサーティブ行動の獲得で構成されていた。その結果，仲間評定では，うつ状態，怒り感情抑制，抑うつ感情抑制，アサーティブ行動で有意な向上が示された（倉掛・山崎，2006）。

　また，認知行動療法を基盤とした小中学生向けの取り組みが，石川・戸ヶ崎・佐藤らのグループによって行われている（石川・戸ヶ崎・佐藤・佐藤，2007，2009；石川他，2010；佐藤他，2009）。小学3年生を対象にした取り組みでは，コーチング法に基づいたソーシャル・スキル・トレーニングが5回，さらに4年生に進級後1時間のブースターセッションが行われていた。友人関係の維持や主張性スキルを育むことを目標に，3年生では，上手な聴き方，あたたかい言葉かけ，上手な頼み方，上手な断り方，先生あのねをテーマに，授業が行われていた。その結果，介入前から介入後，進級後で，ソーシャル・スキルの総得点，なかでも，仲間強化，規律性，主張性で有意な向上，抑うつ症状の減少が見られた（石川他，2010）。小学5・6年生を対象にした取り組みでは，認知行動療法に基づいた心理教育，ソーシャル・スキル・トレーニング，認知の再構成法が9回で行われていた。ソーシャル・スキルや認知の再構成法を身につけることを目標に，気持ちとは何か・気持ちのラベリング，あたたかい言葉かけ，上手な頼み方，上手な断り方，気持ちには大きさがある，いやな気持ちになる考えをつかまえる，いやな気持ちになる考えをやっつける，これまで学んだスキルと認知を使って問題解決方法を考える，まとめをテーマに，授業が行われた。その結果，介入前から後で，抑うつ症状の減少が見られた（佐藤他，2009）。

　また，中学1年生を対象にした取り組みとして，環境調整，ソーシャル・スキル・トレーニング，問題解決スキルトレーニング，認知的再体制化が8回で行われていた。好きな活動・そうでない活動と気分，周囲のサポートに気づく

ことでの環境調整，上手な断り方，上手な他の見方，気持ちのコントロールによるソーシャル・スキル・トレーニング，対処法のロールプレイを用いた問題解決スキルトレーニング，思考と感情の区別，助けにならない考えの変更を行う認知的再体制化をテーマに，授業が行われた。その結果，先生ストレッサーが減少した学級も見られた（石川他，2007）。中学2年生を対象に，認知的技法，ソーシャル・スキル・トレーニング，ソーシャル・サポートが8回で行われていた。感情と思考について・別の考え方をしてみようといった認知と感情についての教育，普段の活動と気持ちを調べてみよう・助けになる人は誰ですかといった環境調整から見たソーシャル・サポート，気持ちを大切にして伝える主張性スキル・上手に頼む援助を求めるスキル・気持ちのコントロール・いろいろな解決方法を考える葛藤解決スキルといったソーシャルスキル教育を行った。その結果，介入群の介入前から後で，教師との関係スキル，教師からのサポート，友人関係ストレッサーに有意な改善が見られた。バールソン（Birleson, 1981）の児童用抑うつ性尺度（Depression Self-Rating Scale for Children: DSRSC）における抑うつ症状で有意な減少が見られた（石川他，2009）。

　うつ予防の教育は，いずれも複数回で構成され，適切な自己主張，共感，譲り合い，気持ちのコントロール，葛藤や問題の解決と多面的な内容が含まれていた。そして，対自分だけでなく対他者との関係性をふまえた自己理解を勧め，他者とのほどよい関係を含めた自己のあり方を身につけることがうつ予防につながる可能性が示唆された。

　自殺予防については，2006年6月に成立した自殺対策基本法などの趣旨をふまえ，学校現場における自殺予防方策について専門家や学校関係者による調査研究が実施されている（児童生徒の自殺予防に関する調査研究協力者会議，2009）。自殺予防のための体制づくりなどを含めたマニュアルが示され，問題への対応が検討されている。ユニバーサル学校予防教育としての取り組みは，今後発展していくものと考えられる。

　今回の基準では，小学6年生を対象に，特別活動の時間2時間を活用して行われた取り組みが見られた。青少年の自殺事例を提示し，きみにできること（自殺について知ろう・自殺のサイン・ストレスに負けそうになったとき・わたしにできること・強い味方）をテーマに，対話・課題解決学習を行った。その結果，観察と児童の感想から，自殺についての誤解や認識不足への気づきが語られた。自殺する人の気持ちに気づいたときの対処を学習したことが示唆された

（得丸他，2003）。

（6）食行動の問題

　食行動問題の予防については，肥満予防と摂食障害予防をねらいとしている取り組みが見られた。

　肥満予防では，小学生とその保護者を対象に，自分の体は自分で守る意識を高め，進んで健康保持増進する実践力を育てることを目標に，年間通して，保健教育として行った。全児童に対して，毎月発育測定の実施，体力づくり時間の設定，全校遊び時間の設定，学校医による指導講話，学校栄養職員による食に関する指導，夏季休業中の運動不足解消目的のスポーツチャレンジ教室の地域での開催が行われた。加えて，家庭と連携した肥満予防解消の取り組みが行われた。さらに，肥満傾向のある児童に対しては，学期に1回程度，肥満予防や解消に向けた保護者への働きかけを行った。その結果，学校で毎日の運動が定着した。自分の発育の様子に関心を持ち，清涼飲料水を買い置きしない，嫌いなものが食べられるようになった子どもが，増加傾向にあった。また，「休日はなるべく子どもと歩く」「食事内容はなるべくエネルギーを抑えるように量の加減に気をつける」など保護者の意識や行動に変化が見られた。3年目に入り，肥満児童の割合に減少傾向が見られた（宮﨑，2004）。

　小学4・5・6年生，保護者，教師を対象に，朝食の欠損や健康的でないおやつ行動を改善し，将来の生活習慣病を引き起こす食生活上のリスクファクターを軽減することをねらいとし，意志決定・目標設定・コミュニケーション・ストレスマネジメントといった4つのライフスキルを高め，健康的な食行動にかかわるモチベーションや自己効力感を向上させ，自己有能感を形成していくことを目標に，ノウ・ユア・ボディ（Know Your Body）プログラムを参考にした食生活教育プログラムの実践が見られた。学習内容として，食生活と健康との関係・栄養素と食べ物・食べ物の選択や購入に影響する要因についての実際的な知識・態度の習得，実際の食行動に直結する食品の広告分析や食品表示の分析などが行われた。さらに，保護者や教師の行動や態度変容をねらいとして，課外活動や指導者へのワークショップが開催された。その結果，低脂肪のおやつ選択，おやつを食べる心理社会的要因の認識，朝食の重要性の認識が増加した（春木，2005）。

また，中学生を対象に，肥満予防・体脂肪率減少を目的に，積極的な食領域における生活習慣病予防の食教育が行われていた。この取り組みでは，学校保健会，健康教育推進委員，保護者・生徒の保健委員会，生徒会本部役員を中心とした拡大保健委員会を年5回開催し学校と地域が連携して健康教育を繰り広げた。また，学校給食を単独校方式にし，積極的な食に関する指導を実践した。食生活を見直す生活習慣をテーマに生徒が保健研究発表会で活動報告を行った。その結果，取り組みを実施した中学校では，食品成分に対する知識や自己評価が高く，食教育の知識の定着が示された（高木・西薗，2004）。

さらに，ある地域全体の小中学校を対象に，多機関で協力し，小児期より生涯を通じた健康づくりを推進・生活習慣予防をねらいとして，小児肥満の健康管理システム・学校糖尿病検尿システムの開始，地域全体で取り組むための集団アプローチの手引きが作成された。そして，体格の全数調査と医療機関受診を勧める個別アプローチ，年1回総合的学習の時間を活用し，栄養・食事・性教育といった健康に関する内容の授業が行われた。また，学校栄養職員による学級での食事に関する指導，肥満児童生徒への養護教諭の個別指導が行われた学校も見られた。さらに，約4割の機関において，調理実習・講演・血液検査・体脂肪測定・運動実技のいずれかあるいは複数が行われた。その結果，この地域全体では，取り組み開始1年後をピークに，肥満傾向児・高度肥満児が減少した（勢井他，2009）。

摂食障害の予防をねらいとして，ある地区のすべての中学校の生徒を対象に，養護教諭が中心になって行った活動が見られた。取り組みの内容としては，まず，生徒の栄養・やせの状態，自己の身体的イメージと食事制限に関する調査を実施し，摂食障害の状況把握が行われた。さらに，やせの危険性や栄養の重要性について文化祭でワークショップ，健康・食生活・ダイエットに関する授業が行われた。さらに，先に行った調査に基づいて，極端な痩身の生徒へ健康ガイダンスや摂食障害傾向の生徒へ個別のケアが行われた。一般教師を対象とした摂食障害に関する研究，地域内の養護教諭間でカンファレンスが行われた。その結果，取り組みを行った地区の中学生では，るいそう割合が減少した（高宮他，2007）。

肥満予防でも摂食障害予防でも，その取り組みは，学校教育だけでなく地域の機関と連携して行われていた。実施者も，学校現場においても学級担任だけでなく，養護教諭，学校栄養教諭，学校医など多職種であった。対象者も，児

童生徒が中心ではあるものの，保護者へのアプローチも行われていた。教育内容についても，身体測定や身体イメージなどの自己評価，身体運動活動，食に関する教育，健康に関する知識の習得など，多面的に行われていた。食行動の問題予防には，身体面から心理行動面へ働きかける教育内容を，多職種と連携して，子どもだけでなく家族も含め，また深刻度に応じて行うことが有効な可能性が示唆された。

（7）性関連問題

　性行動の問題に関する予防教育は，高校生や大学生を対象に行われているものが多く，小中学生を対象としたものは少なかった。

　性教育を，人間尊重・男女平等の精神に基づき，人格の発達をめざす教育と意味づけて，自己受容および他者受容の資質向上を目標に，全学年の小学生を対象に，各学年で年間平均2回，4か月にわたって行われていた。1年では体をきれいに・誘いにのらない，2年ではみんな仲良く・おへその秘密，3年では血液の働き・男の子女の子，4年では体を守る働き・育つからだ，5年では体の成長・男女協力（エイズ教育）・生命誕生，6年では病気の予防（エイズ教育を含む）・ともに生きるをテーマに，ロールプレイ，読み聞かせなどによって，授業が行われた。その結果，高学年では，自己受容・他者受容の度合いに変容が示唆された（稲垣，2001）。

　また，ソーシャルマーケティング概念に基づいた，若者の真の幸福を願うプロジェクト（Well-being of Youth in Social Happiness：WYSH）が，小中学生も含めて青少年に行われている。このプロジェクトでは，性感染症・人工妊娠中絶・HIV感染といった性行動に関する問題を予防するために，人生の夢や希望，人としての生き方への価値の育成を中核的なねらいとして，誰にでもリスクがあること，時間をかけてていねいな人間関係を築くことが大切であることの理解を深めることを目標に行われている。学校と地域とで社会分業を行い，WYSH運営機関が携帯電話からアクセス可能な性問題に関するwebサイトを開設したりしている。学校では，全員に共通の情報を提供し，ニーズが高い生徒へは保健室での情報提供・相談を行っている。例えば，中学校の授業では，リスクや人間関係の重要さを伝えるための講義やビデオ上映を行ったり，理想の恋人や人生の夢についてグループワークを行ったりしている。その結果，知

識・態度・行動変容が得られている（木原，2008）。

　小中学生を対象とした性行動の問題の予防教育は，性行動の源となる人としての生き方について個人としてまた他者とのかかわり方から教育することが，この時期に必要で実施可能なことだと考えられた。

3．まとめ

　本章では，健康・適応上の問題として，小学生・中学生の時期から予防的アプローチを行うことが重要と考えられる不登校，いじめ，暴力行為，違法薬物，喫煙，飲酒，うつ，自殺，食行動の問題，性関連の問題について（Bieble, DiLalla, Davis, Lynch, & Shinn, 2011），小中学生を対象とした日本の学校における予防的取り組みの現状について概観した。

　その結果，焦点を当てた問題の予防に対する主な目標・教育内容のテーマは，不登校では「自己表現，対処解決」，いじめでは「共感性，問題解決」，暴力行為では「自己表現，自己コントロール，自己主張」，違法薬物・喫煙・飲酒では「友人や周囲の悪い誘いを断る自己効力感」，うつでは「自己理解，他者とのほどよい関係構築・維持」，食の問題では「身体面へのアプローチ」，性関連問題では「人としての生き方」であると考えられた。

　また肯定的な変容が，感情面や認知面に留まらず，行動面にも波及していた取り組みでは，学級担任教師による児童生徒への教育活動に加えて，養護教諭，栄養教諭，スクールカウンセラー，学校医などによる児童生徒への働きかけがあった。また，学校内での取り組みに留まらず，家庭，地域の公民館，大学などと連携して行われていた。

　今回取り上げた取り組みの多くでは，対象者・実践者の取り組みやすさの検証，効果測定のあり方など，実践と検証，改訂が繰り返されていた。その成果の1つとして，2010年前後より，学年を超えた継続した取り組みやフォローアップセッションの導入などが行われている。

　学校教育の中で，児童生徒や教師に受け入れられるような取り組みになるための実用化に向けた実践的研究が，今後の発展に向けた課題であると考えられた。第7章で述べたような，教育課程での位置づけ，これまで取り組まれている予防教育の内容の統合なども検討していく必要があると考えられた。

青少年が，問題行動を予防し，健康的で適応的な生活を送るには，長期の継続的支援や教育が必要である。そのためには，個人，学校，家庭，地域など多領域にわたる多面的・包括的アプローチへ発展させていくことが望ましい。したがって，教師，スクールカウンセラー，臨床心理士，医師などが連携し，個別の支援，学級・学年全体への予防教育，ひいては家庭やコミュニティを巻き込んだ心の健康活動を展開していくことが必要であると考える。

引用文献

安藤美華代（2007a）．中学生における問題行動の要因と心理教育的介入　風間書房

安藤美華代（2007b）．青少年の問題行動に対する予防的アプローチ　武蔵大学人文学会雑誌, *38*, 105-123.

安藤美華代（2008a）．小学生の情緒的および行動上の問題を予防するための心理教育的アプローチ　岡山大学教育実践総合センター紀要, *8*, 89-98.

安藤美華代（2008b）．小学生の問題行動・いじめを予防する！心の健康教室"サクセスフル・セルフ"実施プラン　明治図書

安藤美華代（2010）．中学生の情緒的および行動上の問題を予防する心理教育的プログラム－"サクセスフル・セルフ2"のアウトカム評価研究－　岡山大学教育学研究科研究集録, *144*, 27-38.

安藤美華代（2012）．児童生徒のいじめ・うつを予防する心理教育"サクセスフル・セルフ"　岡山大学出版会

Bieble, S. J. W., DiLalla, L. F., Davis, E. K., Lynch, K. A., & Shinn, S. O. (2011). Longitudinal associations among peer victimization and physical and mental health problems. Journal of Pediatric Psychology, *36*, 868-877.

Birleson, P. (1981). The validity of depressive disorder in childhood and the development of self-rating scale: A research report. *Journal of Child Psychology and Psychiatry, 22*, 73-88.

CAPセンター・JAPAN. (2000). 日本のCAP　CAPセンター・JAPAN

児童生徒の自殺予防に関する調査研究協力者会議（2009）．「教師が知っておきたい子どもの自殺予防」のマニュアル及びリーフレットの作成について　文部科学省　http://www.mext.go.jp/b_menu/shingi/chousa/shotou/046/gaiyou/1259186.htm

春木　敏（2005）．行動科学に基づく食生活教育　学校保健研究, *47*, 406-414.

稲垣応顕（2001）．小学生の性教育の効果に関する一研究　富山大学教育実践総合センター紀要, *2*, 59-66.

石川信一・岩永三智子・山下文大・佐藤　寛・佐藤正二・佐藤容子（2010）．社会的スキル訓練による児童の抑うつ症状への長期的効果　教育心理学研究, *58*, 372-384.

石川慎一・西田由美・冨岡公子・久保亜紀・志村勇司・辻本哲士（2011）．滋賀県のある中学校における予防医学モデルによる薬物乱用防止教室の前後評価　精神医

学, 53, 285-292.
石川信一・戸ヶ崎泰子・佐藤正二・佐藤容子 (2009). 中学生に対する学校ベースの抑うつ予防プログラムの開発とその効果の予備的検討　行動医学研究, 15, 69-79.
石川信一・戸ヶ崎泰子・佐藤正二・佐藤容子 (2007). 中学生に対する抑うつ予防プログラム試行　宮崎大学教育文化学部附属教育実践センター研究紀要, 15, 1-19.
川畑徹朗・西岡伸紀 (1993). 小学校高学年禁煙防止プログラムの開発　癌の臨床, 39, 451-462.
木原雅子 (2008). 中学・高校生の性行動の現状と予防対策　−その実態・社会要因とWYSH教育の視点−　小児科診療, 8, 1369-1374.
倉掛正弘・山崎勝之 (2006). 小学校クラス集団を対象とするうつ病予防教育プログラムにおける教育効果の検討　教育心理学研究, 54, 384-394.
三浦正江 (2006). 中学校におけるストレスチェックリストの活用と効果の検討−不登校の予防といった視点から−　教育心理学研究, 54, 124-134.
宮﨑美和子 (2004). 子どもたちの望ましい生活習慣を目指して　−肥満の予防と解消に向けた取組−　教育実践研究, 14, 93-98.
永井　茂 (2004). 中学校進学後の不登校を予防する試み　−複式小学校における交流教育を通じて−　教育実践研究, 14, 105-110.
西岡伸紀 (2005). 青少年の喫煙行動および喫煙防止教育　学校保健研究, 47, 382-388.
西岡伸紀・川畑徹朗・皆川興栄・中村正和・大島　明・望月吉勝 (1996). 小学校高学年を対象とした喫煙防止教育の短期的効果：準実験デザインによる2年間の介入研究　日本公衆衛生雑誌, 43, 434-445.
岡本泰弘 (2007). ロールレタリングによるいじめの予防　月刊学校教育相談, 3, 36-41.
佐藤　寛・今城知子・戸ヶ崎泰子・石川信一・佐藤容子・佐藤正二 (2009). 児童の抑うつ症状に対する学級規模の認知行動療法プログラムの有効性　教育心理学研究, 57, 111-123.
勢井雅子・中津忠則・横田一郎・津田芳見・石本寛子・棟方百熊・中堀　豊 (2009). 徳島県における多機関連携による小児の生活習慣予防活動　日本公衆衛生雑誌, 56, 163-171.
重吉直美・大塚泰正 (2010). 中学生に対する怒りのコントロールプログラム実施効果の検討　広島大学心理学研究, 10, 273-287.
高木道代・西薗大実 (2004). 中学校における生活習慣病予防のための食教育の実効性に関する一考察　群馬大学教育学部紀要，芸術・技術・体育・生活科学編, 39, 207-222.
高宮静男・針谷秀和・加地啓子・大波由美恵・佐藤倫明・田中真理江…植本雅治 (2007). 小児摂食障害予防における養護教諭による学校内での啓発活動　心身医学, 47, 213-218.
得丸定子・菊池一秀・西　穣司・百目鬼香保里・林　泰成・加藤祐子・岩田文昭 (2003). 学校教育における「自殺予防教育」の取り組みについて　平成15年度日本教育大

学協会研究助成成果報告，415-427.
塚本琢也（2008）．中学校1クラスへのいじめ予防の実践とその効果の検討　弘前大学大学院教育学研究科心理臨床相談室紀要, 5, 17-30.
山本映子・野村幸子・中村百合子・北川　明・竹下比登美・北川早苗・近喰ふじ子（2006）．思春期における児童生徒の問題行動の予防に関する探索的研究　－コラージュ法を用いた攻撃性の発見－　人間と科学　県立広島大学保健福祉学部雑誌, 6, 45-56.

第10章
よい側面を伸ばすことに焦点を当てた予防教育

〰〰〰〰〰〰〰〰〰〰〰〰〰〰〰〰〰〰〰〰〰〰〰〰〰〰〰〰〰〰〰〰〰〰

概　要

　ポジティブ心理学の影響もあって，近年の学校教育では，子どもたちのよい側面に焦点を当てて伸ばしていこうとする傾向が高まっている。そして，予防教育でも同様の傾向が強く認められる。
　この章では，日本に限定して，そうしたポジティブ心理学の影響を概観したのち，よい側面を伸ばすことに焦点を当てた日本の予防教育として，社会・感情学習，セルフ・エスティーム，道徳性，向社会性の諸教育を紹介する。これらは，日本でも十分な実施実績がある教育として選ばれた。

1．日本におけるポジティブ心理学の影響

（1）ポジティブ心理学の日本への導入

　第1章において，アメリカからポジティブ心理学が興り，一つの運動とも呼べる勢いを持つにいたったことを紹介した。ポジティブ心理学が興ってまだ15年も経っていないが，その創設の中心人物であったセリグマン（Seligman, M. E. P.）の運営の才と情熱により，世界中に広まっていった。国際ポジティブ心理学会も2007年に設立され，そこからの助言もあり，日本ポジティブ心理学協会も2011年の初めに設立された。
　筆者も2003年〜2004年にかけてアメリカに滞在したが，ポジティブ（正）感情の研究をし始めたこともあって，ワシントンで開催された，第3回の国際ポジティブ心理学サミットに出席したことがある（写真10-1）。サミットでは，日本からやってきた研究者は私の他はわずか1名であったと記憶している。ポ

写真10-1　第3回国際ポジティブ心理学サミットの光景(ワシントンDC, 2004年10月)

ジティブ心理学の伸び盛りの時期で，これからどんな研究が展開されるのだろうかという期待感で満ちていた。もっとも，当時から，ポジティブ心理学と接点を持ち，研究を進めておられたアメリカ在住の日本人研究者は何人かおられた。なかでも，ミネソタ大学のディーナー（Diener, E.）博士のお弟子さんである大石繁博士（現ヴァージニア大学）や北山忍博士（現ミシガン大学）の活躍はめざましかった。

　私自身は，ポジティブ感情の研究をし始めたといっても，ポジティブ心理学の中で研究をしているという意識はなく，ポジティブ感情にかかわる研究をしていた多くの研究者の意識はそのようなものであったと想像する。日本に戻ると，やはりこのポジティブ心理学を日本でも広げようという研究者が少なからずいて，日本のポジティブ心理学は裾野を広げようとしていた。アメリカではやるものをいち早く取り入れて広めるのは日本人のお手のものだと苦笑したが，ポジティブ心理学自体の意義からすればそれは歓迎される状況であったといえる。

（2）日本においてポジティブ心理学の研究を推進する必要性

　こうして，日本にもポジティブ心理学が入ってきた。その大半は，海外，特

にアメリカのポジティブ心理学の紹介であり，多くの翻訳本も出され，また，ポジティブ心理学の研究領域を紹介する書籍も何冊か出されることになった。なかでも，大石（2009）の和書のように，海外で活躍する研究者がポジティブ心理学の一環として幸福についての科学的知見を紹介した試みは興味深い。

　この動きに刺激され，日本でも研究が目立ち始め，ポジティブ（正）感情，（主観的）ウェル・ビーイング，生活満足感，（主観的）幸福感，楽観性（主義），笑い，ポジティブ・イルージョン，フロー体験など，多様な研究がなされるようになった。対象も，児童から老人まで広範囲にわたっている。日本での論文をデータベース CiNii で論文タイトルにその言葉が含められている論文を探すと（2011年 12 月 30 日時点），ポジティブ（正）感情 31 編，ウェル・ビーイング 124 編，生活満足感 61 編，幸福感 464 編，楽観性（主義）130 編，笑い 3,748 編，ポジティブ・イリュージョン 20 編，フロー体験 29 編となっている。ポジティブ心理学の勃興以前から盛んに行われていた笑いや幸福感の研究を除けばまだまだ研究数が少ないことが推測される。

　日本における研究がまだ少ないことからもわかるように，現在のポジティブ心理学は欧米，特にアメリカでの研究が中心になっていることがわかる。しかし，この領域では，量的にも質的にも日本とアメリカなど海外とでは異なった研究結果をもたらす可能性がある。例えば量的には，諸々の感情の経験の国際比較を行った研究（Scollon, Diener, Oishi, & Biswas-Diener, 2004）では，経験サンプリング法（experience sampling）で 1 週間，1 日 5 回感情の経験度を測定した。その結果，幸せな（happy）感情の経験は，ヨーロッパ系アメリカ人，アジア系アメリカ人，インド人，ヒスパニックと比較して，日本人は最低であり，ヒスパニックとヨーロッパ系アメリカ人は高かった。

　また質的な違いでは，例えば，正負感情の相関が興味深い。アメリカでは，両感情の相関は負か（例えば，Watson, Clark, & Tellegen, 1988），無相関（例えば，Pettit, Kine, Gencoz, Gencoz, & Joiner, 2001）であるが，日本では，成人でも（Yamasaki, Nagai, & Uchida, 2007），児童でも（Yamasaki, Katsuma, & Sakai, 2006）正の相関を示している。正負の感情が正の相関を示すことは奇妙に思えるが，アメリカでもペルノヴィック他（Perunovic, Heller, & Rafaeli, 2007）が，東アジア系のカナダ人はアジア以外の言語を話しているときは正負感情は負の関係にあるが，アジア系の言語を話しているときは正の関係になる傾向を示すという興味深い知見を発表している。これらの知見は，アメリカで

の研究知見がそのまま日本には導入できないことを示していて，日本で独自に研究を進める必要がある。

（3）日本におけるポジティブ心理学領域でのまとまった研究例

　上述のように，日本におけるポジティブ心理学の研究はまだまだ手薄であるが，ある程度まとまった知見を海外に向けて発信している研究もある。

　例えば山崎らは，ポジティブ感情と認知的再解釈コーピングの一部である正の意味を見いだすコーピング（"Finding Positive Meaning" Coping：FPM Coping）が健康に及ぼす影響を調べ6編の英語論文の公表を経て，和書であるがその知見を1冊の書籍にまとめている（山崎，2009）。そこでは，予測的研究と介入的研究を駆使して，因果関係の推定精度を上げながら，ポジティブ感情とFPMコーピングの関係，そして両者が健康に及ぼす影響を調べている。その結果，図10-1に示すような因果モデルを構築した。このモデルは，ポジティブ感情は直接的に健康を高め，FPMコーピングはポジティブ感情を高めることによって健康を高め，また長期適用によりこのコーピングは直接的に健康をも高めることを示唆している。

　この知見には，アメリカのフレドリクソンらの研究（Fredrickson & Joiner,

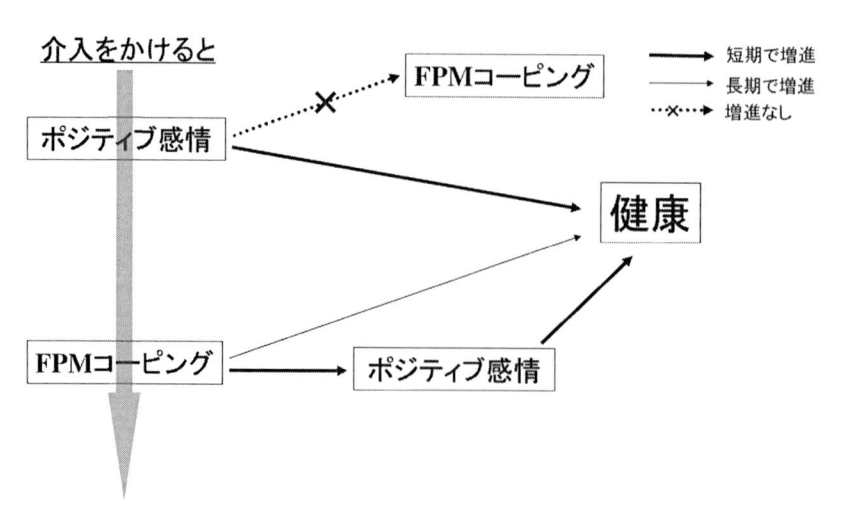

図10-1　ポジティブ感情，FPMコーピング，健康間の因果モデル（山崎，2004より改変）

2002）とは異なり，ポジティブ感情と FPM コーピングが相互因果関係にないことを示しながら，ポジティブ感情と FPM コーピング，そして健康との関係を日本から独自に発信している。

　アメリカの心理学的知見が他の国では通用しないことは本節から十分に理解でき，日本人ばかりではなく，アメリカ人もこのことには留意する必要がある。

2．日本における社会性と情動の学習（社会・感情学習）

（1）日本への社会性と情動の学習の紹介

　わが国に社会性と情動の学習（Social and Emotional Learning: SEL，他章では，一部を除いて社会・感情学習と記載）が書籍として紹介されたのは，「社会性と感情の教育－教育者のためのガイドライン 39 －」（イライアス他，1999）が最初である。SEL とは，社会性と情動の能力を身につけるのに必要なスキル，態度，価値観を獲得する過程とされていて，特定の学習プログラムを意味するのではなく，数多くの心理教育プログラム，すなわち，心理学の知見をもとにした教育プログラムの総称である。なお，小泉（2005）によるわが国での SEL の説明では，「自己の捉え方と他者との関わり方を基礎とした，社会性（対人関係）に関するスキル，態度，価値観を身につける学習」とされている。

　イライアス他（1999）は，SEL の個々の学習プログラムを具体的に説明するのではなく，これらを学校に導入し定着させる際のポイントをまとめている。背景となる教育制度が日本とアメリカでは異なるため，そのまま適用できない部分もあるが，しかし導入と定着の過程については多くの示唆を得ることができる。例えば，試行版の実施，教育課程への位置づけ，評価の観点，推進役となる教員，家庭や地域社会との連携など重要な事項が網羅されている。多くの種類の心理教育プログラムが実践されるようになった日本でも，今後，留意すべき内容ばかりである。

（2）SEL-8S 学習プログラムの特徴

　SEL の総括的な観点をもとに，日本の教育事情に合うように開発された心

理教育プログラムの1つが「学校における8つの社会的能力育成のための社会性と情動の学習」(Social and Emotional Learning of 8 Abilities at the School: SEL-8S)（小泉，2011）である。この学習プログラムで育成を図っている8つの社会的能力とは，表10-1に示すような5つの基礎的社会的能力と3つの応用的社会的能力である。前者は汎用的で日常のさまざまな生活場面で必要な能力であり，後者は基礎的社会的能力をもとにさらにそれぞれ固有の要素を含んだ，より複合的な能力となっている。

　SEL-8S学習プログラムの特徴の1つは，個々の問題行動や教育課題に関して，すでに学校内で実施されていたり，今後の導入が予想されたりするような予防・開発的な教育プログラムや取り組みを効果的に位置づけられるような枠組みを提供できる点である。

　図10-2 (a) に示すように，個々の教育プログラムや取り組みは，それぞれの必要性や背景の違いから導入の経緯や時期が異なっている。そのため，全体の統一感がないだけでなく，新たな教育プログラムを導入できる余地も少ない。実際，日本の現状では，何かの教育プログラムを新たに導入しようとすると，学習時間についてはほとんど余裕がない状態である。そこで，一定の枠組みに従って，これらの教育プログラムや取り組みを整理することによって，全体の整合性が高まり，より高い教育効果を期待することができる（図10-2(b)）。また，調整によって新しい取り組みを位置づけることも可能である。SEL-8S学習プログラムはその枠組みとしての機能を提供できるという特徴がある。これは，先に示した5つの基礎的社会的能力が各種の予防・開発的教育プログラムに共通する汎用的能力となっており，また3つの応用的社会的能力に各問題行動等に固有の能力が含まれているためである。

　日本の学校の教育課程においては，SEL-8S学習プログラムの実践を図10-3に示すように領域A～Cの3つに区分することができる。領域Aとは，SEL-8S学習プログラムの8つの能力のいずれかまたはいくつかの育成が，そのままその時間の学習のねらいとなっている実践である。現在，わが国で実施されている心理教育プログラムの大部分が，これに該当すると考えられる。教育課程上の区分では，特別活動や総合的な学習の時間への割り振りが多いと考えられる。しかし，SEL-8S学習プログラムは各教科等を含めてより幅広い範囲が該当する。例えば「生活上の問題防止のスキル」にある，未成年の喫煙防止や薬物乱用防止であれば，保健にかかわる学習内容と重なっている。

第10章　よい側面を伸ばすことに焦点を当てた予防教育　339

表 10-1　SEL-8S 学習プログラムで育成を図る社会的能力

	能　力	説　明
基礎的社会的能力	自己への気づき	自分の感情に気づき，また自己の能力について現実的で根拠のある評価をする力
	他者への気づき	他者の感情を理解し，他者の立場に立つことができるとともに，多様な人がいることを認め，良好な関係を持つことができる力
	自己のコントロール	物事を適切に処理できるように情動をコントロールし，挫折や失敗を乗り越え，また妥協による一時的な満足にとどまることなく，目標を達成できるように一生懸命取り組む力
	対人関係	周囲の人との関係において情動を効果的に処理し，協力的で，必要ならば援助を得られるような健全で価値のある関係を築き，維持する力。ただし，悪い誘いは断り，意見が衝突しても解決策を探ることができるようにする力
	責任ある意思決定	関連するすべての要因と，いろいろな選択肢を選んだ場合に予想される結果を十分に考慮し，意思決定を行う。その際に，他者を尊重し，自己の決定については責任を持つ力
応用的社会的能力	生活上の問題防止のスキル	アルコール・タバコ・薬物乱用防止，病気とけがの予防，性教育の成果を含めた健全な家庭生活，身体活動プログラムを取り入れた運動の習慣化，暴力やけんかの回避，精神衛生の促進などに必要なスキル
	人生の重要事態に対処する能力	中学校・高校進学への対処，緊張緩和や葛藤解消の方法，支援の求め方（サポート源の知識，アクセス方法），家族内の大きな問題（例：両親の離婚や別居）や死別への対処などに関するスキル
	積極的，貢献的な奉仕活動	ボランティア精神の保持と育成，ボランティア活動（学級内，異学年間，地域社会での活動）への意欲と実践

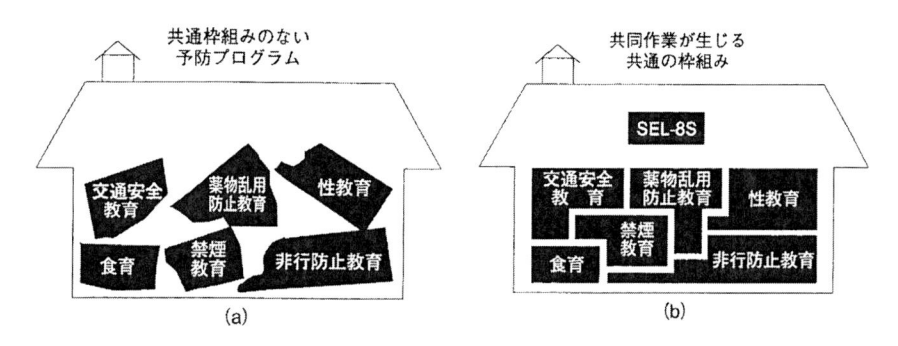

図 10-2　SEL-8S 学習プログラムとさまざまな予防・開発的取り組みとの関係（小泉，2011）

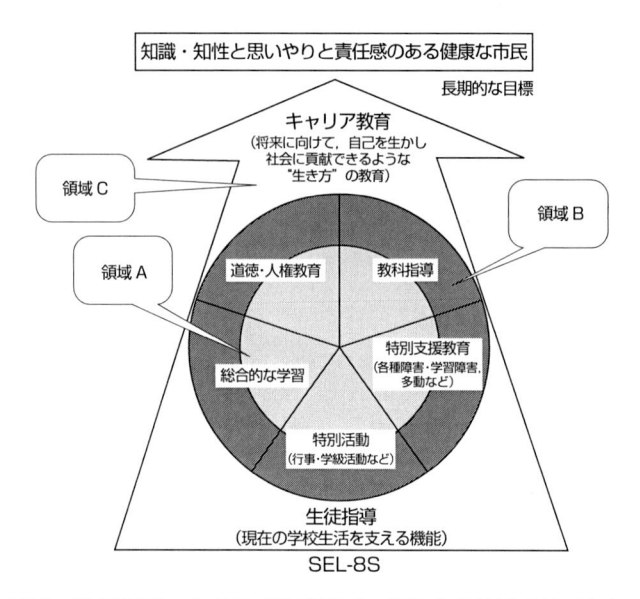

図10-3 教育課程へのSEL-8S学習プログラムの位置づけ（小泉，2011）

　次に領域Bは，学習の途中の過程やその背景においてSEL-8S学習プログラムの社会的能力の獲得や伸張が図られているものである。例えば，授業中の意見の交流や話し合い活動などでのコミュニケーションは「対人関係」能力にかかわっている。授業中のこれらの活動を活性化させるために，あらかじめ話したり聞いたりするときの態度の学習をSEL-8S学習プログラムで実施しておくと，意図的・計画的な取り組みとして効果的である。学習指導案では，「指導上の留意点」等の欄でSEL-8S学習プログラムの学習を活用する旨の記述になるであろう。

　領域Cは，朝の会や帰りの会，休憩時間や放課後の時間などのように，一般には教育課程外とされる活動の時間である。学習指導案はないが，SEL-8S学習プログラムでの学習を実践に移し，またその定着を図る好機である。なお，生徒指導とキャリア教育は，領域A～Cのすべてにかかわっている。前者は児童生徒の現在の生活を中心としているのに対し，後者は将来に向けた教育活動であり，全体をSEL-8S学習プログラムに枠づけることができる。

（3）小中学校での SEL-8S 学習プログラムの導入と実践

　SEL-8S 学習プログラムの実際の学習指導案と学習教材等は，小学校用が小泉・山田（2011a）に，そして中学校用が小泉・山田（2011b）にまとめられている。これらの教材やその授業構成を用いた教育実践としては，以下のようなものがある。

　香川・小泉（2006）は小学校3・4年を対象に学年単位で実施し，社会性に関する児童の自己評定が向上することを報告している。さらに小学校の全学年で実践した研究（香川・小泉，2007）では，教師による評定で効果が確認されている。また，SEL-8S 学習プログラムを特別活動や道徳の時間の学習と関連づけたり（田中・小泉，2007），また総合的な学習の時間におけるボランティア学習等と組み合わせた大単元的構成を工夫したりする実践例（堤・小泉，2008，2012）が報告されている。これらは，子どもの社会的能力の育成とともに，特別活動や総合的な学習の時間の学習成果も高めることを示している。

　学習活動のみならず，規範意識，すなわち社会や集団での行動や判断の基準に基づいて行動しようとする態度や感覚の育成をねらいとして，そこに SEL-8S 学習プログラムを組み込んだ実践も行われている（中山・小泉，2010）。生徒指導においては，ともすると口頭での注意や賞賛・叱責が中心になりがちであるが，計画的・意図的な教育活動として，今後の取り組みの進展が期待される領域である。

　中学生対象の実践では，宮原・小泉（2009）が学校行事と関連づけた実践によって，社会性の自己評定や教師評定で効果を検討した。その結果，特に役割遂行に関する事前の教師評定が低かった生徒において社会性の得点の上昇が見られたことから，学習成果の個人差にも注目する必要性があると考えられる。その他，通信制課程の高校生を対象にした SEL-8S 学習プログラムのカリキュラム案が提案されている（小泉，2008）。これに基づいて作成された自学用テキストおよび行動リハーサルを，民間の有料教育施設であるサポート校で試行した結果，限定的ではあるが社会的能力が向上することを庄他（2008）が報告している。

(4) 今後の展開に向けて

　学校での取り組みについては，効果的な導入・実践の手順や手法をさらに検討する必要がある。具体的には，教育課程への位置づけや学級経営との関連づけをさらに効果的に実施する工夫や，また家庭との連携の強化（例えば，橋本・小泉，2011）を図ることがあげられる。幼稚園・保育所から大学までの全期間での実施に向けての連携も重要である。そして，こうした実践を推進するコーディネーター役の教員の養成が必要不可欠である。

　学校外では，現在，児童自立支援施設での非行少年の再犯防止教育としての試行が始まっている（松本・大上・友清・小泉・山田，2011）。学習プログラムをさらに改善して，より効果的な取り組みとする必要がある。

　最後に，情動面に注目すると情動知能（emotional intelligence）との関係を明らかにする必要があるだろう。本節ではemotionを情動と訳してきたが，これは"人を行動につき動かす力を持つもの"というニュアンスを伝えるためである。この情動は，単に暴発を防いで制御するのみならず，社会的に価値ある方向へ人を駆り立てる役目も担っていると考えるなら，これにSELがどのような貢献ができるかを明らかにするとき，教育的な意義はさらに高まるであろう。

3．よい側面別の教育

(1) セルフ・エスティームの教育

(a) 子どもたちを取り巻く社会状況とセルフ・エスティームに関する調査

　近年，学力低下や基本的生活習慣の乱れ，非行，喫煙，薬物乱用などの現象から子どもたちのセルフ・エスティームを高めることが教育界の大きな課題になっている。それは，いじめ，不登校，生徒指導はもちろんのこと，性教育，道徳教育，国際理解教育，キャリア教育，命の教育，健康教育や特別支援教育においてもセルフ・エスティームを低下させない支援の仕方が昨今重視されている。

古荘（2009）は，希望を持ち生きる力を保つためにセルフ・エスティームを注視し，それを持てぬまま成人や青年期を迎えることの危惧から，日本の子どもたちのセルフ・エスティーム調査のための「子ども用 QOL（quality of life）尺度」の開発を行った。小学 1～6 年生（4,973 名）と中学 1～3 年生（2,969 名）までの大規模調査（首都圏，九州沖縄の都市部および町村部，東北の町村部）の結果，セルフ・エスティームは小学 1 年生から徐々に下がり始め小学 4 年生あたりから顕著に低下し，その得点は以後上昇しないというデータを示した。つまり，幼児期において万能感を持っていた日本の子どものセルフ・エスティームは，小学校期から中学校期へと下降し，下げ止まりが見られないという結果になった。これまで一般的に思春期はセルフ・エスティームが低下し，青年期には回復すると言われてきたが，そのまま回復しない状況がうかがえるという。

　また佐藤（2009）の小学 4～6 年生（278 名）を対象にしたセルフ・エスティーム調査研究においては，4 年生のセルフ・エスティームが 5 年生より有意に高く，女子では 4～6 年生への進級ごとに順次平均値が低くなる傾向にあった。この学年比較から思春期に立つ自己の揺らぎが見て取れるという。蘭（1992）による 20 年程前に実施した小学 2～6 年生（1,696 名）へのセルフ・エスティームの調査結果も同様の傾向を示し，3～6 年生にかけて次第に得点が低下する傾向にあった。この結果から推察すれば，今の子どもたちのセルフ・エスティームは当時と何ら変化していない現状が理解できる。加えて園田（2007）は，セルフ・エスティームに関する 6 か国の国際比較データから他国に比べ，日本の子ども（小中高校生）のセルフ・エスティームが低い傾向にあることを総括している。

（b）予防に視点をおいたセルフ・エスティームを高める学校教育の現状

　このように子どもたちの状況をふまえ，1990 年代後半ころから徐々にではあるが，日本においてもセルフ・エスティーム育成に関する実践研究の成果（例えば，川井・吉田・宮元・山中，2006; 大関，1996）や書籍の出版とともに人間関係づくりに基盤を置く予防教育が学校で試行されるようになってきた。教育関係者がセルフ・エスティームという言葉に耳慣れしたのは数年前のことだと考える。

　そこで，第 8 章においても紹介されている予防教育を含めながら，現在，セルフ・エスティーム育成のための主に学級集団を対象にした，子どもに直接的

に働きかける効果的なプログラムのいくつかを紹介する。

　四辻・水野（2010）は，小学6年生48名を対象に，まずは他者理解，自己理解を中心に信頼体験を背景にした構成的グループ・エンカウンターを8時間実施した。それに加えて学級ソーシャル・スキルの「学校生活スキル」と「集団活動スキル」のトレーニングを8回連続的に行った。その結果，セルフ・エスティーム得点は介入前に比べ実践後の平均値が有意に高くなるという変化が認められた。これは構成的グループ・エンカウンターの実施により，学級内のリレーションが高まり，学級の雰囲気がよりよいものへと変化したことが基盤となり，学級ソーシャル・スキルを習得した効果がセルフ・エスティームに影響することを示唆した。

　また，渡辺・原田（2007）は，公立高校3年生29名を対象に実践群と統制群を設けた小集団のソーシャル・スキル・トレーニングを行った。実践群にはターゲットスキル（自己紹介，挨拶，聴く，上手な断り方等）を選定し8回の訓練を実施した。その結果，自己評定によるソーシャル・スキル得点は，実践中に効果が認められ，実践後にもそれが維持されていた。このことは，ターゲットスキルおよびプログラム内容が生徒へのセルフ・エスティームを高めることに適していたことを示し，実践群は統制群に比べセルフ・エスティームの低下を抑えていた。つまり，本トレーニングは生徒支援の1つの方法であり，それはソーシャル・スキルを促進するだけでなくセルフ・エスティームの向上にも一定の効果を持つ可能性を示唆している。

　これら以外にも，小学校の図画工作科における作品表現や鑑賞を関連させた実践からセルフ・エスティームの形成（竹内，2007）に寄与した働きかけや，創作活動に取り組む児童を教師がほめたり励ましたりする言葉かけからセルフ・エスティームへの高まりとなった実践（荒木・美藤，2000）も見られる。

　また，仲間との温かい言葉がけを通した学級活動の工夫（猪田，2011）によるセルフ・エスティームを育む実践も報告されている。加えて大宮・落合（1998）による高等学校における健康教育としての「いのちの教育」に関する授業とセルフ・エスティームの関係を検討した実践や小・中学校における道徳教育として実施したセルフ・エスティームを高めるための取り組みなども見られた。

　ところで，番（2009）による中学生へのロールレタリング（役割交換書簡）の実施は，セルフ・エスティームの高揚や社会的スキルの向上が認められずストレス反応が軽減しなかったことが報告されている。この実践において教育効

果が見られなかった理由の１つに，段階を踏んで書くことの指導を行った後ロールレタリングに取り組ませることが必要であるとの課題を示している。また，田邉・石川・鳥居・古田（2010）の小学生への保健学習（単元「心の健康」4時間）と学級活動（2時間）で行った「自分探し」の取り組みは，セルフ・エスティーム，ストレスマネジメント，自己効力感への影響は認められなかった。課題として，短期間の授業では定着した人格特性であるセルフ・エスティームの変容は難しいとまとめられている。

このようにセルフ・エスティームを育成するための介入に関して言えることは，教育効果の認められた実践を導入する場合にも，対象となる集団のニーズに合うかどうかを査定したり個人差を考慮したりすることがより重要になると考えられる。以上を鑑みると，日本の予防教育としてのセルフ・エスティームにターゲットを当てた実践は，さらなる発展の余地を残している実態が把握された。

（c）学校教育においてセルフ・エスティームを育てるための視点

一般的に小学校では，低学年は何をするにも幼児期の自己中心性が目立ち，手のかかる時期ととらえられることから，ある程度教職経験を積んだ中堅教師が担任する場合が多い。中学年は児童が学校生活にも慣れ，学級経営がしやすい時期と考えられることから新卒教員が担任することも珍しくない。高学年は，自我の目覚めとともに低〜中学年から未解決のまま持ち越されてきた友人関係のこじれが，些細なトラブルから再燃しやすく，それらが原因で不登校や深刻ないじめ問題になりやすいこともあり担任の持ち手がないという現状も見受けられる。

古荘（2009）は，先述したセルフ・エスティーム調査の結果から，その低下が顕著になる中学年がもっとも重要であるといい，それまでにセルフ・エスティームを伸ばし，前思春期から思春期にかけてはセルフ・エスティームを低下させず，思春期以降はセルフ・エスティームを回復させる視点を提言している。

要するに，学校教育現場におけるセルフ・エスティームを高めるための方略は，小学校中学年をターニングポイントととらえ，熟達したベテラン教師による児童の発達段階に即した介入を図ることにより，高学年で起こりがちな問題を予防するとともにセルフ・エスティームの低下に歯止めをかけられるのでは

写真 10-2 小学 4 年生キャリア教育での一場面

ないだろうか。川井 (2000) は，10 歳前後の時期は自己概念が確立し，自己イメージが定着するころであるといい，この自己概念は他者からの帰還によって形成され，人とのかかわりによって自分を肯定的に認めるような感覚が備わってくる。そして，それは自分だけでなく相手に対してもその価値を尊重するようになるという。

それゆえ小学校低学年，中学年，高学年というように発達特性をふまえながら将来を見通す「セルフ・エスティーム育成プログラム」を教員相互が共通理解し，全学年で共通目標を掲げながら実施する『学校づくり』によって（古角，2012），セルフ・エスティームの低下を招かない児童の育成が可能になると考える（写真 10-2）。

さて，佐藤 (2009) によればセルフ・エスティームには，「とてもよい（very good）」とした優越性や完全性と，「これでよい（good enough）」とする自分なりの満足感があるといい，人は現実的には 2 つの側面でとらえられているとした。日本の学校現場では，実際問題として運動会の徒競走に見られるように競争による勝ち負けや学業成績の優劣および他者との比較が日常的にあり，それが十数年も続く。そのような学校ストレス状況下において，その両者をバランスよく育てることこそが学校教育に求められている大きな課題ではないだろうか。

(2) 道徳性と向社会的行動を育てる教育

(a) 道徳性を育成する教育

　日本の公教育における道徳教育については学習指導要領の改訂に伴いいくつかの変化がある。しかし，道徳の時間の設置に関する経緯は行政にかかわることであるため，ここではあくまでも道徳性および向社会性に焦点を当てた予防教育について焦点を絞ることとする。

　道徳性の発達理論だけではなく，教育および育成に力点を入れた研究者としては，コールバーグ (Kohlberg, L.) の名前をまずあげることができるであろう。コールバーグは，認知発達理論で著名なピアジェ (Piaget, J.) の研究に影響を受け，青年期を対象に道徳的判断の発達段階を明らかにした。表10-2のような6つの道徳性の発達段階が提唱された。

　道徳的葛藤（モラルジレンマ）を含む課題を与え，どのような判断がもっとも道徳的であるかを面接法によって調査したが，正しいか正しくないかという判断それ自体よりも，むしろなぜ正しいと考えたのかという道徳的推論，理由が，発達を規定するものとして重要視された。すなわち，道徳的な認知葛藤の経験，他人の立場に身を置く役割取得の機会，公正な道徳環境づくり，を道徳教育の育成に必要な重要なポイントとした。また，実際の道徳教育への応用も試みられ，道徳的葛藤を討論させることによって，道徳性の育成を図る道徳教

表10-2　コールバーグによる道徳性の発達段階（荒木，1988より改変）

Ⅰ．前慣習的水準
　　段階1：罰と従順志向（他律的な道徳）
　　段階2：道具的相対主義（素朴な自己本位）志向

Ⅱ．慣習的水準
　　段階3：他者への同調，あるいは「よい子」志向
　　段階4：法と秩序志向

Ⅲ．慣習以降の自律的，原則的水準
　　段階5：社会的契約，法律尊重，および個人の権利志向
　　段階6：普遍的な倫理的原則（良心または原理への）志向

レベル0	自己中心的役割取得（3〜5歳）
	自己と他者の視点を区別することが難しい。同時に，他者の身体的特徴を心理面と区別することが難しい。

レベル1	主観的役割取得（6〜7歳）
	自分の視点と他者の視点を区別して理解するが，同時に関連づけることが難しい。また，他者の意図と行動を区別して考えられるようになり，行動が故意であったかどうかを考慮するようになる。ただし，「笑っていれば嬉しい」といった表面的な行動から感情を予測しがちである。

レベル2	二人称相対的役割取得（8〜11歳）
	他者の視点から自分の思考や行動について内省できる。また，他者もそうすることができることを理解する。外から見える自分と自分だけが知る現実の自分という2つが存在することを理解するようになる。したがって，人と人とがかかわるときに他者の内省を正しく理解することの限界を認識できるようになる。

レベル3	三人称相対的役割取得（12〜14歳）
	自分と他者の視点以外，第三者の視点をとることができるようになる。したがって，自分と他者の視点や相互作用を第三者の立場から互いに調整し，考慮できるようになる。

レベル4	一般化された他者としての役割取得（15〜18歳）
	多様な視点が存在する状況で自分自身の視点を理解する。人の心の無意識の世界を理解し，主観的な視点をとらえるようになり，「いわなくても明らかな」といった深いところで共有される意味を認識する。

（注）役割取得能力は，社会的視点調整能力とほぼ同じ意味としてここでは用いられている。後者の方が包括的な意味合いが強い。

図10-4　役割取得能力の発達段階（渡辺，2002より引用）

育を展開した。

　日本では，荒木（1988）が中心になって，モラルジレンマ授業が展開されている。この予防教育では，例えば，規則を守ると友だちを助けられないし，友だちを助けると規則を破ることになるといったジレンマを体験することが重要であると考え，生徒たちの葛藤を引き出せるかどうかが要になる。相手を論破するのではなく，視点を変える経験として，討論が用いられている。授業の終末は，オープンエンドとし，教員が価値を説諭するという方法をとらず，生徒の中のこうした経験自体が道徳性の向上を促すと考えられている。

　その他，コールバーグの理論の影響を受けて，セルマン（Selman, 2003）は，Voices of Love and Freedom（VLF）プログラムを提唱した。これは，コールバーグなどが理論の中で提唱していた役割取得の機会に，さらに焦点を当てて彼が独自に提唱した役割取得理論に基づいたプログラムであり，道徳性の発達を，いかに相手の立場に立てるかという思いやりを基本においた内容であった。役割取得能力の発達段階は図10-4に示した。こうした発達段階の向上は，そ

のまま行動変容に影響を与えると考えた。

　したがって，一人称レベルから，二人称のレベル，さらに三人称のレベルに到達する力を獲得することができるよう，VLFのカリキュラムが構成された。物語を与え，登場人物のさまざまな視点から問題解決を経験させる内容が提唱されている（現在は，Voices Literature & Writing に名前を変更している）。このセルマンのVLFは，日本では渡辺を中心に実施されている（渡辺，2002，2011）。

　ここでは，子どもの役割取得の発達段階に応じた材料を準備することが重要であり，主に，発達に応じた対人葛藤を含む絵本が用いられている。日本では4つのステップをもとに，教師が自分の視点から個人的体験を子どもたちに伝えるところから始まり，次に絵本を読んで，絵本の中の登場人物に視点を置いて考えさせる。ペアワークを効果的に用いて，認知発達理論で重視されている仲間との相互作用を通じての発達段階の向上を期待している。ロールプレイなどを用いた上で，書くというジャンルにおいても役割取得の練習をさせていることが特徴的である。手紙を書くことは相手の立場に身を置く練習となるほか，物語をつくることは，複数の視点を理解するよい練習となる。

（b）向社会性の発達に焦点を当てた教育

　先のコールバーグやセルマンらは，道徳性を育てる教育として独自のプログラムを展開していたが，目標としていた行動は向社会的行動（prosocial behavior）であった。1970年代は，反社会的行動として攻撃行動などの研究が盛んであったが，キティジェノバーズ事件が当時きっかけとなり，人を助ける行動はどのようにすれば育成されるのかが注目されるようになり，向社会的行動が心理学領域では盛んに研究されてきた。

　向社会的行動とは，援助行動，分配行動，寄付行動，救済行動などすべてを含めたものを指す。マッセンとアイゼンバーグ（Mussen & Eisenberg, 1977）は，「向社会的行動」を「他人あるいは他の集団の人々を助けようとしたり，こうした人々のためになることをしようとする自発的な行為」と定義している。また，アイゼンバーグの向社会性の発達理論は，道徳授業を考える際に参考とされている。心理学研究においては，向社会的行動の育成には，対人関係における支持的な環境，よいモデルの存在，正の強化，仲間との相互作用，討論，などが有効であると示されてきた。これらは，ソーシャル・スキル・トレーニン

グと重なる内容である。

　すなわち，道徳性を育てることと社会性を育てることが，各概念の定義は異なるにしても，望ましい行動を導くにあたっては類似したものとなるのは興味深い。そのほか，ギリガン（Gilligan, C.）による配慮（ケア）の考え方，チュリエル（Turiel, E）による領域理論が道徳教育に影響を及ぼしているが（日本道徳性心理学研究会，1992），これは他著に詳細を譲ることとする。

引用文献

荒木紀幸（1988）．道徳教育はこうすればおもしろい：コールバーグ理論とその実践　北大路書房

荒木紀幸・美藤正人（2000）．小学生の自尊感情育成に関する研究　－図工科学習におけるエスノグラフィックな分析を通して見えてきたもの－　兵庫教育大学教科教育学会紀要, *13*, 6-15.

蘭　千尋（1992）．セルフエスティームの形成と学校の影響　遠藤辰雄・井上祥治・蘭　千尋　セルフエスティームの心理学　ナカニシヤ出版, pp.178-199

番由美子（2009）．中学生におけるストレスマネジメントの研究　－ロールレタリングを活用した自尊感情の高揚と社会的スキルの向上を目指して－　青森県総合学校教育センター研究紀要, *3*.

Fredrickson, B. L., & Joiner, T. (2002). Positive emotions trigger upward spirals toward emotional well-being. *Psychological Science*, *13*, 172-175.

古荘純一（2009）．日本の子どもの自尊感情はなぜ低いのか　光文社新書

橋本智恵・小泉令三（2011）．家庭との連携を重視した社会性と情動の学習（SEL）の試行的実践　教育実践研究（福岡教育大学教育学部附属教育実践総合センター）, *19*, 287-294

イライアス, M. J.・ジンズ, J. E.・ワイスバーグ, R. P.・フレイ, K.・グリーンバーグ, M. T.・ハイネス, N. M.・ケスラー, R.・シュワーブストーン, M. E.・シュライバー, T. P.　小泉令三（編訳）（1999）．社会性と感情の教育　－教育者のためのガイドライン39－　北大路書房 (Elias, M. J., Zins, J. E., Weissberg, R. P., Frey, K., Greenberg, M. T., Haynes, N. M., Kessler, R., Schwab-Stone, M. E., & Shriver, T. P.　1997　*Promoting social and emotional Learning: Guidelines for educators*. Alexandria, VA: Assocation for Supervision and Curriculum Development.)

猪田直美（2011）．自尊感情を育む学級活動の工夫　－あたたかい言葉がけによる相互評価の継続を通して－　上越教育大学学校教育実践研究センター, *21*, 245-250.

香川雅博・小泉令三（2006）．小学校中学年における社会性と情動の学習（SEL）プログラムの試行　福岡教育大学紀要, *55*, 147-156.

香川雅博・小泉令三（2007）．小学生における社会性と情動の学習（SEL）プログラムの効果　福岡教育大学紀要, *56*, 63-71.

川井栄治 (2000). みんな大好き 國分康孝 エンカウンターで総合が変わる 小学校編 図書文化 pp. 100-107

川井栄治・吉田寿夫・宮元博章・山中一英 (2006). セルフエスティームの低下を防ぐための授業の効果に関する研究 教育心理学研究, 54, 112-123.

小泉令三 (2005). 社会性と情動の学習 (SEL) の導入と展開に向けて 福岡教育大学紀要, 54, 113-121.

小泉令三 (2008). 「社会性と情動の学習」にもとづく通信制課程高校生のための教育プログラム試案構成 キャリア教育研究, 27, 1-8.

小泉令三 (2011). 子どもの人間関係能力を育てるSEL-8S 1 −社会性と情動の学習 (SEL-8S) の導入と実践− ミネルヴァ書房

小泉令三・山田洋平 (2011a). 子どもの人間関係能力を育てるSEL-8S 2 −社会性と情動の学習 (SEL-8S) の進め方− 小学校編 ミネルヴァ書房

小泉令三・山田洋平 (2011b). 子どもの人間関係能力を育てるSEL-8S 2 −社会性と情動の学習 (SEL-8S) の進め方− 中学校編 ミネルヴァ書房

古角好美 (2012). 小学校期のキャリア教育が自尊感情におよぼす影響 大阪女子短期大学紀要, 36, 1-15.

松本亜紀・大上 渉・友清直子・小泉令三・山田洋平 (2011). 児童自立支援施設における再犯防止学習プログラムの開発と実践 −SEL-8D学習プログラムの実践効果− 日本心理学会第75回大会発表論文集, 352.

宮原紀子・小泉令三 (2009). 中学校の学校行事と関連づけた社会性と対人関係能力の向上 −社会性と情動の学習 (SEL) プログラムの活用による試行的実践− 教育実践研究 (福岡教育大学教育学部附属教育実践総合センター), 17, 143-150.

Mussen, P. H. & Eisenberg, N. (1977). *Roots of caring, sharing, and Helping: The development of prosocial behavior in children.* San Francisco: Freeman.

中山和彦・小泉令三 (2010). 児童の規範意識を高め, 規範的な行動を促す単元構成の工夫 −心理教育プログラムSELを活用した総合単元プランを通して− 教育実践研究 (福岡教育大学教育学部附属教育実践総合センター), 18, 143-150.

日本道徳性心理学研究会 (1992). 道徳性心理学 −道徳教育のための心理学 北大路書房

大石 繁 (2009). 幸せを科学する 新曜社

大宮美智枝・落合 優 (1998). 高等学校における「いのちの教育」の研究・第一報 横浜国立大学教育人間科学部紀要I 教育科学, 5, 117-136.

大関健道 (1996). 構成的グループエンカウンターが中学生の自尊感情, 学級適応, 社会的スキル, 学級雰囲気に及ぼす効果 日本教育心理学会総会発表論文, 38, 520.

Perunovic, W. Q. E., Heller, D., & Rafaeli, E. (2007). Within-person changes in the structure of emotion: The role of cultural identification and language. *Psychological Science, 18*, 607-613.

Pettit, J. W., Kline, J. P., Gencoz, T., Gencoz, F., & Joiner, T. E. (2001). Are happy people healthier? The specific role of positive affect in predicting self-reported health symptoms. *Journal of Research in Personality*, *35*, 521-536.

佐藤淑子 (2009). 日本の子どもと自尊心 中公新書

Scollon, C. N., Diener, E., Oishi, S., & Biswas-Diener, R. (2004). Emotions across cultures and methods. *Journal of Cross-cultural Psychology*, *35*, 304-326.

Selman, R. L. (2003). *The promotion of social awareness*. New York: Russell Sage Foundation.

庄　燕菲・小泉令三・大坪靖直・江頭美紀・田中敦子・井原　晃 (2008). 通信制高校生対象の社会的スキル教育の効果 －社会性と情動の学習（SEL）にもとづく自学用テキストと行動リハーサルを用いて－ 教育実践研究（福岡教育大学教育学部附属教育実践総合センター），*16*, 131-136.

園田雅代 (2007). 今の子どもたちは自分に誇りをもっているか 国際比較調査から見る日本の子どもの自尊感情 児童心理，*61*, 2-11.

竹内晋平 (2007). 図画工作科を通した自尊感情の形成 －表現と鑑賞を関連させた実践から－ 美術教育学；美術科教育学会誌，*28*, 221-233.

田邉惠子・石川靖子・鳥居実奈・古田真司 (2010). セルフエスティーム形成のための保健学習が児童に与える効果の検証 愛知教育大学研究報告，*59*, 65-73.

田中展史・小泉令三 (2007). 社会性と情動の学習（SEL）プログラムの強化・般化に関する試行的実践 －教科等との関連づけ，目標の個別化，保護者との連携を通して－ 福岡教育大学心理教育相談研究，*11*, 73-81.

堤さゆり・小泉令三 (2008). 効果的なボランティア学習のための単元構成の工夫事例 －心理教育プログラムSELの活用を通して－ 教育実践研究（福岡教育大学教育学部附属教育実践総合センター），*16*, 137-144.

堤さゆり・小泉令三 (2012). ボランティア学習と心理教育プログラム（SEL-8S）の組合せによる児童の自己有用感と社会性の向上 日本学校心理士会年報，*4*, 63-72.

渡辺弥生 (2002). VLFによる思いやり育成プログラム 図書文化社

渡辺弥生 (2011). 絵本で育てる思いやり －発達理論に基づいた教育実践－ 教育研究所

渡辺弥生・原田恵理子 (2007). 高校生におけるソーシャルスキルトレーニングがソーシャルスキルおよび自尊心に及ぼす影響 法政大学文学部紀要，*55*, 59-72.

Watson, D., Clark, L. A., & Tellegen, A. (1988). Development and validation of brief measures of positive and negative affect: The PANAS scales. *Journal of Personality and Social Psychology*, *54*, 1063-1070.

山崎勝之 (2009). 正感情と"Finding Positive Meaning"コーピングが健康に及ぼす影響 ふくろう出版

Yamasaki, K., Katsuma, L., & Sakai, A. (2006). Development of a Japanese version of the Positive and Negative Affect Schedule for Children. *Psychological Reports*, *99*, 535-546.

Yamasaki, K., Nagai, A., & Uchida, K. (2007). A longitudinal study of the relationship between affect and both health and lifestyle. *Psychologia, 50,* 177-191.

四辻伸吾・水野治久 (2010). 小学校高学年児童における SGE と SST の経験がスクールモラール及び自尊感情へ及ぼす効果　日本学校心理士会年報, *3,* 77-86.

第 11 章

予防教育としての学級経営

❀❀❀

概　要

　教師が日常的に行う学級経営行動は，本来的にユニバーサル予防機能を持つ。さまざまな学習活動や学級活動，人間関係づくりを仕組む学級経営を通して，教師は子どもたちに不適応を予防しうる能力やスキルを開発するアプローチと相互作用環境を育成するアプローチをしている。本章では，教師の指導のもとで行われる子どもたちの学級活動について，その予防教育としての機能に考察を加える。また，教師の指導行動・指導態度が持つ予防教育機能についても考察する。

1．学級経営の予防教育機能

(1) ユニバーサル予防としての学級経営

　健康と適応にかかわるさまざまな問題の予防に関心を持つ領域では，対象者に対する援助的活動について，3段階モデルが提示されている。学校心理学では，援助対象とそのニーズによって，1次，2次，3次的援助サービスが想定される。石隈（1999）によると，1次的援助サービスは，すべての子どもを対象として，彼らが発達上・教育上の課題を遂行する上での援助ニーズに対応することである。促進（promotion）的援助と予防（prevention）的援助が含まれ，前者は子どもが学校生活を通して発達上の課題や教育上の課題に取り組む上で必要な，子ども自身の資源（対人関係スキルや学習スキルなど）の開発を援助すること，後者は多くの子どもが出会う課題遂行上の困難を予想し，課題への準備を前もって援助することである。

教師は，学習指導要領で求められる教育目標に沿って計画的指導を行い，個々の子どもの育成，学級という集団の育成を行う。その中で，子どもたちの相互作用を通して個々人の能力や特性の伸長と，規範を共有し相互支援を行う親密かつ自律した適応的人間関係の形成がめざされる。そこでは，特別な支援が必要な子どももそうでない子どももすべてを対象にして教育活動が行われる。教師は，登校しぶりの子どもや特別支援を要する子どもなどに対処しつつ，その子も含めた全員に対して，さまざまな活動や人間関係を仕組み，社会適応に必要で有効な資源を子どもたちに促進・開発する。そうやって学級をつくり運営していくのが，学級づくりであり学級経営である。それはまさに上述の1次的援助機能と重なるものであり，本書で主張するユニバーサル予防と重なるものである。特に名前のある能力育成プログラムやスキル育成プログラムを実施せずとも，教師が毎日行っている指導行動やそのもとで行われる子どもの学級活動は，本来的に予防機能を持っている。

（2）学級経営における予防教育の対象内容

　ブロンフェンブレンナー（Bronfenbrenner, 1979）やバーカー（Barker, 1968）などによる生態学的視座からは，人の行動は環境との相互作用によって成立すると考えられる。またシステム論（Bertalanffy, 1968）の立場では，個人同士の間で自ずと成立した相互作用の仕方は個々人をそのように動かすシステムとなり，それによって個人の行動は規定されているとされる。

　つまり，子どもは自身を取り巻く環境およびシステムによって，不適応行動を「させられている」。したがって，学校不適応を予防するには，そうした環境要因に対するアプローチこそが行われる必要がある。ここでいう環境とは，学級内の人的環境であり，教師，級友，そこでの相互作用のあり方とそのシステム，それによってつくり出される学級風土や学級雰囲気を指す。その意味で，不適応行動をさせない環境をつくる教育，適応的に行動できる環境をつくる教育が予防教育になる。

　一方で，子ども本人に学校適応を阻害する困難に打ち勝つ強さや解決するスキルが備わっていることもまた，不適応を予防する1つの要因である。その場合，適応的な相互作用環境は，そこでの対人関係経験や達成経験を豊かにし，そのことが子どもが既存の環境の中で獲得させられている不適切な行動を変容

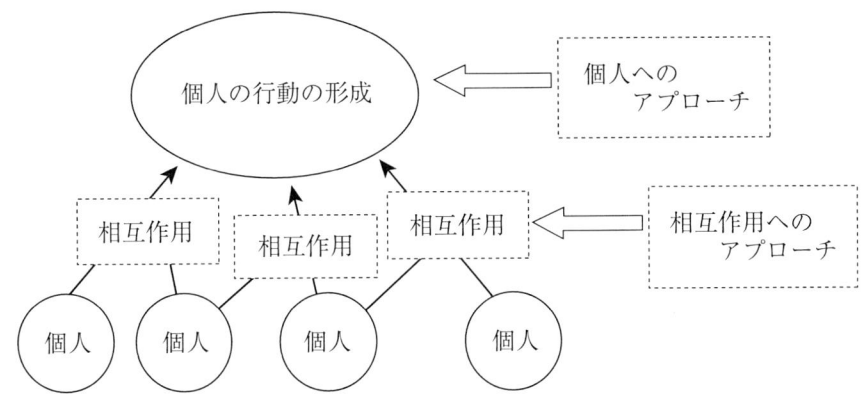

図 11-1　学級における予防教育のアプローチ

させ，適切な能力やスキルの育成を促す。つまり学校不適応を予防する教育としては，①子ども個人の能力・スキルを再開発するアプローチと，②子どもたちの相互作用環境を育成するアプローチとの双方が行われる必要がある（図11-1）。

（3）予防教育の形態

　学級には，学習活動を行う過程と，子どもたちが学級という集団に組織化され集団として動いていく集団化過程がある（菊池・藤田, 1991）。
　教師の学級経営の観点からいえば，教師は教科指導と生活指導という教師の職務として，学級の集団化過程の中で授業を行い，人間関係を育て，個々の子どもへの指導を行っている。学級の集団化過程は，授業以外の場所でも，例えば班ごとの清掃や文化祭の準備など，さまざまな学級活動において生起する。つまり，教師は日常の学級経営において，授業中の学習活動，班活動や係活動，文化祭や修学旅行の機会を活用して子どもたちの人間関係を育て，社会性や対人スキルや自尊感情を育てるのである。
　したがって，予防教育としての個人へのアプローチと相互作用へのアプローチは，日常の学習活動の形で（例えば調べ学習やグループ学習），学級活動の形で（例えば班活動や係活動），さらには特定の能力・スキルの育成に焦点化した指導の形（例えば発言するときのルールの設定）で行われているといえ

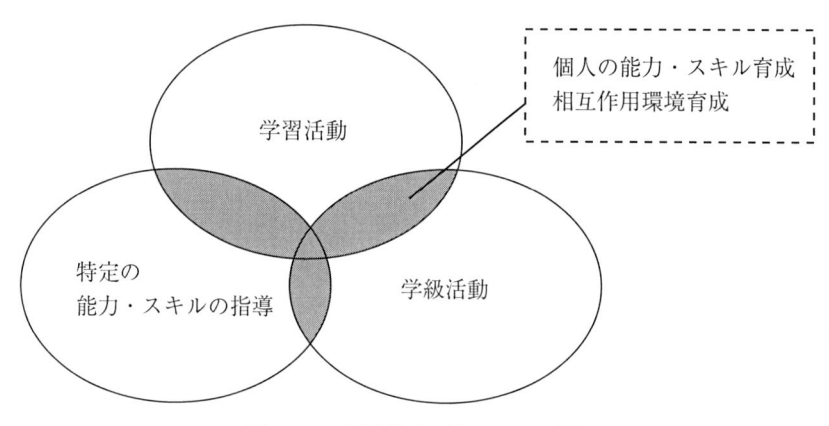

図11-2 予防教育が行われる形態

（破線枠内：個人の能力・スキル育成／相互作用環境育成）
（円のラベル：学習活動、特定の能力・スキルの指導、学級活動）

る。一つひとつの活動が個と相互作用環境のいずれにも効果を持ちうるものであり，したがってこれらの指導形態は，図11-2のように複合的に機能するものと考えることができる。

（4）学級が集団であることの有効性

　河村（2010）は，日本の学校教育制度の検討すべき根本問題は，①固定されたメンバーで生活面やさまざまな活動に学級で取り組む学級集団制度，②学習指導とガイダンス（生徒指導）を教師が統合して実施していくという指導体制であるとしている（p.3）。これらの制度的問題ゆえに学級ではさまざまな問題が起き，子どもの不適応の可能性も生じる。

　しかし，このような特徴を持つ学級だからこそ，学級集団を活用して，教師が学習活動や日常活動の中で子どもに予防教育を行うことも可能になる。学級集団には，次のような特質がある。①社会関係資本としての教師・級友が質的量的に豊富である。②それゆえに，彼らからもたらされる認知，評価，受容，行われる交流も質的量的に豊富となりえる。③一方で，メンバーの固定性，1つの学級という括りとしての閉鎖性，年齢等の同質性，それゆえに生じる規範の遵守と逸脱への圧力，評価懸念などが，子どもに特定の方向での行動を起こさせる。それは時には感化あるいは薫化と言われる肯定的な方向への動きをつくり出すこともある。④これらの過程において，個人の欲求が充足されたり疎

外されたりする経験をすることになる。

　すなわち，固定されたメンバーの濃密なやり取りの中で子どもたちはお互いに影響し合い，その相互影響や集団力動によって行動変容が促され，自己形成が進む。また，教師は学習指導と生徒指導を連動させ，学習指導の時間の中で生徒指導機能を持つ活動をさせることも可能である。

２．学級活動を活用した教師の学級づくりと子どもの能力・スキル・関係性の育成

　本節では，学級活動を活用した教師の学級づくりと子どもの能力・スキルや関係性の育成を，予防教育の観点から考察する。

　学級活動は，学習指導要領においては特別活動の一領域とされ，学級を単位として組織づくりや仕事の分担などをし，学級や学校生活の諸問題を解決することなどを通して，子どもたちの間に望ましい人間関係や生活態度を育てることが目標として意図されている。授業などとは別に学級全体が参加する活動で，子ども同士の相互作用が必ず必要になる状況であり，その人間関係の中で，相互作用と個人の能力・スキルが育てられる。

（１）学級活動の予防教育効果

　学級活動の予防教育効果に関して，実証的に検討した心理学研究は多くはない。しかし，班活動，係活動や学校行事を題材として，それらが不適応を予防しうると考えられている能力・スキルを高めたり，学級内の関係性を変化させたりすることについて，いくつかの報告がある。これらを通して，学級活動の予防教育としての効果について，示唆を得ることができる。

（ａ）班活動の効果

　宮野・明石（1992）は，班ごとの壁新聞作りが学級凝集性に及ぼす影響を小学校５年生を対象に検討している。壁新聞の記事には，班員のよい点に関する記事を取り上げることが指導された。その結果，ソシオメトリックテストにおいて，遊び仲間として班内および学級内での相互選択が増え，孤立児童におい

ても相互選択が増えたことが示された。また，壁新聞作りについて，「協力できた」と回答した児童が当初60.0%であったのが仕上げ段階において83.3%に，「友だちのよいところをみつけた」児童が57.4%から94.4%に増加したことや，自己理解の肯定的方向への変化も認められた。

一方，鳥海・石井（2007）は，教師の学級内コミュニケーションへの介入が学級集団形成に及ぼす影響をコンピュータ・シミュレーションによって検討している。その結果，いろいろな人とコミュニケーションをとらせようとする介入は，孤立生徒を減少させ，相互に友だちだと考える生徒を増加させる効果があるが，介入過多になると一部の生徒に人気が集中し，結果として周辺生徒が増加する可能性が示された。これに対して，班内でのコミュニケーションをより深く行わせる班活動の導入は，介入率の大きさによらず，孤立生徒・周辺生徒を減少させる効果が期待できることが明らかにされた。

班長を経験することもまた，子どもに変化をもたらす。蘭（1981）は，学級でのソシオメトリック地位の中・低位であった児童を班長役割に抜擢し役割行動の指導を教師が行った結果，その後のソシオメトリックテストで，上位の児童が当該児童を選択し，また当該児童も上位児童を選択し，すなわち当該児童の交友関係が変化したことを明らかにした。その前後において当該児童の特性に関する自己評定に有意な変化は見られなかったものの，交友関係が変化したことから，班長役割を十分に遂行することで当該児童の行動やスキルに何らかの変化があったことが推測できる。また根本（1981）は，班長経験によって発言力がついた，積極的になった，責任感ができたなどの自己変容の自覚が多かったこと，班長経験者は未経験者と比べ，授業や学級会などで意見を言う程度，学級でみんなが助け合っていると思う程度が有意に高かったことを報告している。

（b）係活動の効果

係活動は，担任教師の裁量によってその運営や活用の程度はさまざまで（黒田，2011），必ずしも有意義に機能しないことも多い。しかし，中学生の係活動（学校行事などの係）や生徒会活動の参加度は自主性，特にその下位因子である自発性との間に正の相関があるとされている（沖・井上・藤本・林，2007）。

実践報告においても，黒田（2011）は，係のリーダー会議や，リーダーのリーダーたる学級代表による管理・運営の導入などの組織化を図り，活動にPDCA

サイクルを活用した評価を取り入れるといった取り組みの結果，自主的で自発的な活動が増加し，「友だちと協力して活動した」「自分の意見を出すことができた」「活動を楽しんで行った」ことに対して6割以上の児童がそう思うと答えたことを明らかにした。斎藤（2010）もまた，係活動の全校的な活性化に取り組んだ結果として，「委員会として学級や学年に貢献できたと思うことがあるか」という問に対して「ある」と答えた生徒の数が当初1〜2割であったのが半年後に5〜6割になるなど，係活動への意識の変容を報告している。

（c）学校行事の効果

学校行事は，全校または学年を単位とした特別活動の一内容であり，他の学級や学年の児童生徒との交流が期待される活動である。しかしながら，文化祭，体育祭などは，学級単位での活動が成立することで全体としての行事が成立する。その場合，学級のパフォーマンスが他学級と比較される，準備期間に制限がある，学級成員全員が協力しなければ目標達成は難しいといった，競争と協同の混在した事態が成立することになり，それゆえに独特の教育効果が見込まれるものである。

蘭（1999）は，いじめのあった学級において，運動会，空き缶集めなどの一連の行事を経ながら，児童間の関係性と個々人のモラールが改善していく事例を紹介している。学級のキーパーソンである児童への役割加工をきっかけとしてその当該児童の行動・態度が変容し，そのことで周囲の児童の当該児に対する認知，行動，ひいてはそれ以外の他者への態度が変わり，学級全体のあり方が変わった過程が示されている。

樽木・石隈（2006）は，文化祭での学級劇のための小集団活動を取り上げている。学級劇のための衣装係という分業的協力の必要な小集団活動において，小集団としての発展や分業的協力を高く自覚できた生徒は，活動の前後において，行事における自主性，協力度，運営面での積極的かかわり，他者との相互理解や学級に対する肯定的理解を高め，学級内にトラブルが多いといった否定的認知を低めた。小集団での活動は，日常の仲良し集団とは異なるため意見の食い違いやトラブルが起こりやすい。しかし，それを越えることで小集団活動の発展が促され，それによって生徒の行動変容，対人関係の変容が促される（樽木・蘭・石隈，2008）。

こうした行事は生徒の人格形成や友人関係に影響するものとして，生徒自身

によっても評価されている。岡崎他（1995）などの一連の報告によると，生徒たちは文化祭，校外学習，音楽祭が自分たちの責任感を高めるのに効果があり，また，これらの行事ではいろいろな人とつき合えるのがよい，連帯感が生まれる，信頼できる人は誰だかよくわかると回答している。ただし，行事に対するかかわり方には個人差があり，それによって上記の回答は異なる。また音楽祭では，役割によって，例えば指揮者やパートリーダーなどではリーダーシップへの影響が高く認識された。

　競争的行事は，クラスの共同性を高める教育効果が高い活動と考えられている。山田（2000）による生徒・教師の言動の質的分析からは，活動に対する教師の意義づけによって競争の否定的側面が緩和され，競争的行事によって，活動への取り組み方についての基本的態度育成，生徒のアイデンティティの再編の契機，学校の制度的集団枠組みの自明視化が図られているという。

　以上のように，班活動は特に学級内の対人関係に対して肯定的影響があり，協同的で楽しい関係の形成を促すものであることが示された。そうした関係性は孤立などを回避させるもので，不適応を回避しうる人的環境形成に寄与するものと考えられる。係活動や学校行事では，子どもは各自の役割遂行を通して，自主性，責任感，自己理解が促され，級友との関係や級友に対する理解の深まりが促される。

（2）予防教育としての意味

　班活動や行事など学級活動は，他者と協力しながらの個人の適切な遂行を求めるものである。社会（すなわち学級）から要請される行動様式，態度，価値観の獲得を促すものであり，そうした行動を適切に遂行できることは，社会での適応を可能にする。学級活動における各自の役割遂行は，そのために必要な知識や社会的スキルだけでなく達成感を促すものでもある。また，協力的に活動を行うことで，学級内の人間関係の変容も促される。それまで交流のなかった級友との相互作用が増え，葛藤や対立を解決する必要が生じ，それによって，自己理解や他者理解，自主性が進むことが先述の研究報告において示されている。学級への肯定的意識の増加も報告されており，学級に対する適応感を高める機能を持つことが示されたといえる。

　すなわち学級活動によって，子どもたちは①社会を意識し，他者存在を意識

する，②社会に対して自分も責任があることを自覚する，③達成感を経験することによって自己効力感と動機づけを高める，④受容されている安心感によって，能動的に，自己基準によって動く，⑤その過程でよりよいスキル，知識，特性を身につける。

　学級活動が一人ひとりの子どもの社会的能力や社会的スキルを育てるのはもちろん，学級活動を通して学級が個々人の単なる集合でなく共同体になること，また，学級が自律して活動する集団になることに，不適応に対する予防的機能があるといえよう。

（3）理論的解釈

　学級活動が，なぜ予防的機能を持つ個人の能力・スキルや集団の関係性を形成しうるのか。学級活動が不適応を回避・予防する教育として，どのように機能するのか。この点について，いくつかの観点から解釈することができる(表11-1)。

（a）協同的相互依存性

　班活動や行事での学級の取り組みは，協同（cooperation）事態といえる。それは，班，係，学級などそれぞれの活動単位において，その集団の全員の目標が同時に達成できるときのみ，個人の目標が達成できるような状況である（Deutsch, 1949）。成員に共通の目標があり，その目標達成に向けて全員が協力する必要が生じる。運動会での組み体操，大縄飛び，文化祭の分業的協力などでは，誰か1人の協力が欠けても目標は達成できないし，一人ひとりの目標が達成されることで初めて集団の目標が達成される。そうした協同事態としての特質が，子どもたちに成員同士の相互依存性を実感させ，相互の存在の価値を認識させ，相互尊重を促すことになる。協同の有効性に関する知見は，協同学習に関する研究において多くの蓄積がある。協同的相互依存関係のもとでは，集団内で自他の意見交換がよくなされ，友好的で援助的であり，作業の協力・分担がよく行われ，成員間の意見・価値観の一致や類似性を感じ，成員同士協力して問題解決がなされやすいことが明らかにされている（Deutsch, 2001；Johnson & Johnson, 1989）。

　一方，競争（competition）事態は競争相手との敵対関係を助長するが，内

表 11-1　学級活動の予防教育機能

学級活動	育成される能力・特性		学級活動の機能
班活動 　宮野・明石（1992） 　鳥海・石井（2007） 　蘭（1981） 　根本（1981）など	能力・スキルの変容 　自己理解 　積極性・責任感 対人関係の変容 　相互選択増加 　孤立・周辺生徒の減少 　相互理解 　交友関係の変化	個人レベル ①社会・他者存在への意識 ②社会に対する責任感	協同的相互依存の促進 ↓ ・コミュニティ感覚の形成 ・社会的アイデンティティの形成
係活動 　沖他（2007） 　黒田（2011） 　斎藤（2010）など	自主性・自発性 協力性 活動への意識の変容	③自己効力感・動機づけ ④自己基準による行動 ⑤スキル・知識・特性	役割遂行に伴う価値の内在化・能力・態度の形成 ↓ ・自律的自己形成の促進
学校行事 　蘭（1999） 　樽木・石隈（2006） 　樽木他（2008） 　岡崎他（1995） 　山田（2000）など	小集団の発展 能力・スキルの変容 　自主性・協力性・ 　　積極性・責任感 　リーダーシップ 　集団活動への態度 　アイデンティティの 　　再編 対人関係の変容 　相互理解 　学級への肯定的理解 　連帯感	学級レベル 学級集団の自律	↓↑ 関係性システムの変容

集団の凝集性を高める機能を持つ（Sherif & Sherif, 1953）。特に，集団成員に他集団へ移動する機会がない場合，他集団と比べて自集団が劣位にあると，内集団での共同行為が多くアイデンティティが相対的に肯定的になるため（垂澤・広瀬，2006），成員が固定している学級ごとの体育祭，文化祭などでの他学級との競争は，学級意識を高め，学級内の人間関係の凝集性や連帯感を高める。ただし，負けが込むなどの場合は内部での葛藤の可能性も高まる。

　協同の中で自分や他者の役割について認識することは，学級全体へ視野を広げさせる。学級が共同体（community）であることを理解し，その一員として自分や他者を認識するのである。それゆえに，責任感や自主性が高められる。学級に対するコミュニティ感覚（sence of community）の高さは級友への積極的なサポートの提供と関連があり（越，2012），学校コミュニティ感覚が高い生徒は学校に対する態度がよく，生徒としての役割の認識が明確化されている

(Royal & Rossi, 1996)。

(b) アイデンティティの形成

　協同は，相互理解を深め相互の好意度を高める。山内（1982）は，晴眼の大学生と盲学校の生徒が，お互いの貢献がないと完成できない協同課題を遂行した後，両者とも相手に対するイメージを改善させたことを明らかにした。

　このような相互理解は，脱カテゴリー化（decategorization）すなわち各個人のカテゴリー成員性をはずした個人としての理解によって可能になる（Brewer & Miller, 1984）。学級活動での相互依存する経験が，子どもたちのお互いの個性や特徴に気づかせ理解と好意を促す。それはまた，わたしという存在への自己理解と個人的アイデンティティの獲得でもある。

　それと同時に，協同はより広い「わたしたち」という新しいカテゴリーへの再カテゴリー化による相互理解をも促す（Gaertner & Dovidio, 2000）。協同の経験が相互の類似性・共通性を認識させ，班や学級といったカテゴリーに基づいた社会的アイデンティティ（social identity）の成立を促すのである。

　所属カテゴリーに基づいた社会的アイデンティティを獲得すること（「わたしは1年1組の人間だ」）は，その集団での適応を高める。例えば，学級において低い評価を受けている中学生は学級アイデンティティが低く，部活動にアイデンティティを移すというアイデンティティ・シフトを生じる（越，2007；Mussweiler, Gabriel, & Bodenhausen, 2000）。こうしたアイデンティティ・シフトは，人が社会的アイデンティティの獲得を求めていること，その社会集団にアイデンティティを持てなければ適応感を持てず，その集団から脱出しようとすることを示唆する。自身の所属する班や学級にアイデンティティを持ち，自分はそこの成員であると実感することが，子どもの学級適応感，学校適応感に寄与する。

(c) 役割期待と役割遂行

　学級活動において，子どもたちは，自身に割り当てられ期待されている役割を遂行する必要がある。役割に関して，期待はしばしば規範と同一の意味を持ち，子どもは他者から期待され要請されている行動を吟味，取得し，遂行して評価を受ける（新，1975；神原，1985）。学級は自己の行動を評価する準拠点の1つとして機能する。学級に魅力を感じ，学級に対して社会的アイデンティ

ティを持つほど，子どもは学級成員性を獲得・維持して級友から成員として受容されようとして，役割行動を全うする必要がある。この過程において，子どもは役割に関連した価値を内在化し，さまざまな能力，特性，知識，スキル，行動様式，態度を獲得するのである。

その場合，役割遂行は単に求められた行動を遂行することではなく，自己内の自分づくりのサイクルを活性化させることといえる。役割を成就するために必要なことは何かを考え，それに照らして自分に何ができて何ができないかを考え，実際にやってみて成功・失敗の体験をし，達成に向けての試行錯誤を繰り返し，それによって，やがて十分な役割達成がなされる。蘭（1999）はこの過程を自己参照-自己創出の過程と述べている。先述の先行研究においても，学級内の低地位の子どもの班長役割遂行を通して友人関係が変化したことが示されていた（蘭，1981）。これはまさに，当該児童が役割の十分な達成のために必要な知識やスキルを求めて役割経験者である上位者と交流を持った結果と考えられ，自己創出の過程といえる。つまり学級活動は，単に社会的に適切な能力・スキルの獲得を促すだけでなく，子どもの内部に自律的な自己形成のプロセスを育てうるのであり，まさにその点で優れた教育機能を持つといえる。

それゆえに，教師はしばしば，子どもの変容を企図して役割加工を行う。学級内地位の低い子どもに班長役割を与えたり，学級のいじめの中心人物を運動会のリーダーに抜擢したりするのである。

（d）役割加工をきっかけとした関係性システムの変容

役割加工は，当該の子どもの変容を促すだけではない。当該の子どもの変容とは，当該児童本人の他者に対する態度，行動の変化であり，すなわち集団における本人の役割・地位の変容である。そのことが周囲の当該児童への認知の変化を促す。それは周囲から当該児童に対する態度と行動の変容でもあり，それを受け取った当該児童は，新たな役割に向けての自己創出過程を強化され，一層の変容を遂げる。

こうして役割の遂行（すなわち協同活動）が当該本人の行動の変容を促したことをきっかけに，周囲の子どもたちの認知・行動の変容と，両者間の関係性のシステムが変容することになる。

一般にシステム論においては，人はそのシステムでのルールに則って行動しているとみなされる（高橋，1999）。いじめっ子というラベルを貼られた子

どもはいじめっ子として扱われ，期待されている行動のルールに則っていじめっ子として行動する。問題の原因は安易に個人の内部にあると考えられるべきでなく，個人間のコミュニケーションによって生じるものである（White & Epston, 1990；吉川，1999）。それゆえ，そのラベルが剥がされれば，当人の行動を規定するルールは違うものに変容し，新しいルールを使って動くことが可能になるのである。それによって，当人と周囲の他者との相互作用のルールも異なるものになっていく。

　集団内の関係性の変化は集団構造の変容をもたらす。例えばいじめっ子として君臨していた子とそれに怯えていた子たち，という関係が変容したとき，いじめっ子の基準（いじめっ子が怒るかどうか）でなく一人ひとりが自身の基準に準拠して動く自由度が高まり，それぞれの子どもの多様性が認められる学級になる。ひとたび構造が変化した学級では，自己組織的に，さらに凝集・拡散や成員の増加や分裂が引き起こされ，新しい関係性がつくり出され交流が広がる。黒川（2006）は，学級内の下位集団同士が閉じておらず，いろいろな級友と交流が持てることの指標としての集団透過性を測定し，集団透過性の高い子どもの学級適応がよいことを報告している。

　このようにして学級活動は，①子ども個人に不適応予防に有効な能力・スキルを育て，②不適応を防ぐ関係性システムを育てる。学級活動は，各自の創意工夫を発揮しやすい活動課題である。自分たちで考え，困難にぶつかり，葛藤を解決する必要が生じやすい。それゆえに，個人の変容，関係性システムの変容はより起こりやすい。

3．教師の日常的指導行動の予防教育機能

　教師は，日常の教科指導や生活指導を通して，子どもたちに学校適応を促し不適応を予防しうる能力・スキルや関係性を育成しようとしている。それは意図された教育効果を持つ場合だけでなく，無意図的な影響を持つ場合もある。

（1）教師の子ども認知

　教師が子どもをどのように認知するかが子どもの不適応を予防しうること

は，教師期待効果研究以来，よく指摘されていることである。特に認知内容のみならず認知次元の影響性は，それが認知対象の子どもの特性によらない教師自身の認知の「癖」であるため重要である。

近藤（1994）によれば，教師の子ども認知次元が多様でなく固定的であることで，常に高く評価される子どもと低い評価しか受けられない子どもが固定化する。また子どもたちの学級内の人間関係も教師の評価に影響を受け，教師評価の低い子どもたちが学級内の中心からはずれた地位になりやすい。しかも，子どもは教師の認知次元すなわち自分たちへの要請内容を把握しており，それに自分が適合しているかどうかの認知が適応と関連する（飯田，2002）。教師の認知次元が多様で柔軟であることが，子どもの学級や教師に対する不適応を予防しうる。

こうした教師の子ども認知様式は，子ども同士の認知様式に影響を与える。認知次元の多様性が高く，子どものさまざまな能力特性を高く評価する教師の学級では，子どもたちのお互いを認知する次元も多様であり，さらにそのことが子どもたちの受容的な関係を促し，学級適応に影響することが明らかにされている（笠松・越，2007）。教師の言動と態度は，正しい言動と態度に関するメッセージになるのである。教師の子ども認知様式次第で，子どもたちにおいて，特定の能力だけでお互いを評価せずお互いを認め合う認知様式が獲得され，違いを受け入れる関係が育てられる。

（2）教師からのフィードバック

他者，とりわけ重要な他者である教師や級友からの肯定的評価は，子どもの自尊感情を高め，また，評価相手への好意度を高め，良好な人間関係をつくりやすい。阿久根（1979）は，担任教師が子どもの価値ある面を積極的に見いだし意味づけをするポジティブ・フォーカスが小学4年生のスクールモラールを高めたことを見いだした。級友からの肯定的フィードバックが自尊感情や学級適応感を高めることも，実証的に示されている（松下・石津・下田，2011）。

古くは James（1890）が成功／願望と定義した自尊感情は，近年では，他者との関係性すなわち他者の反応に基づいた社会的基盤の上に成立するものとしてとらえられている。存在脅威管理理論（terror management theory; Greenberg, Solomon, & Pyszczynski, 1997）やソシオメーター理論（sociometer theory;

Leary & Baumeister, 2000) などによれば，自尊感情とは，自分が社会あるいは周囲の関係において規準を満たし価値を実現している存在と認められていると思うことである（遠藤，2000）。したがって，「認められる」ことが自尊感情につながるのは，その所属集団や関係性が自己定義にとって重要な場合である。先述のアイデンティティ・シフトの現象が示すように，自分が高く評価され高い自尊感情を持つことのできる集団が，自分にとって意味のある内集団になり自分を定義する社会的カテゴリーとして選ばれる。このことは，自分の所属カテゴリーだと思える集団や他者との関係において認められることこそ，高い自尊感情につながることを意味する。

苅谷（2001）によると，「自分には人より優れたところがある」という自己有能感の高さに親の学歴による階層グループ差はない。しかし，重回帰分析の結果は，下位グループの生徒の自己有能感は，「将来のことを考えるのをやめ，あくせく勉強しても将来の生活に大差はないと思う現在志向の価値観」によって，すなわち学校から「降りる」ことによって高められていることを示した。「学校から降りた」ところの周囲の価値観や規準の中で自分を認められることで，高い自尊感情・自己有能感を保っていると考えられる。

パフォーマンスはただほめられればいいのではなく，どのような関係の他者からほめられるのか，どのような関係性が形成されているのかが，子どもの自尊感情を高める効果に影響するということであろう。無論，何をほめられるのかも重要であることは，パフォーマンスとフィードバックの随伴性の観点や，自己評価との整合性との観点からも指摘されるところである。

（3） 教師の指導態度

学級の子どもたちの関係性や適応感に影響する教師の指導態度は，これまでにも目標達成機能・集団維持機能の2次元や要求・受容の2次元（三隅・吉崎・篠原，1977；嶋野・笠松・勝倉，1995）などの観点によって類型化されている。最近では，指導行動として「児童を認める」，「児童に助けを求める」，「児童を突き放す」といったカテゴリー（弓削・松田，2004），あるいは，「受容・親近」「自信・客観」などの影響力次元（三島・宇野，2004）も抽出されている。

特に「児童に助けを求める」，「突き放す」指導行動は，従来の指導観から見て異質ともいえる。しかしこれらは子どもに解決して欲しい課題を教師と子ど

もが共有するための行動であり，これが「児童を認める」指導行動とともにあることで，子どもの自律的な行動や発言を促すとされている（弓削・松田，2004）。

近年では，教師のカウンセリングマインドの必要性や教師－生徒関係の変化により，教師がアサーティブな指導態度であることの有効性も指摘されている。教師が自分自身のことや趣味などの個人的情報を開示することは，教師への信頼感の形成を媒介して児童の自己開示やスクールモラールを高める（坂本・内藤，2001）。また趣味や特技についての開示だけでなく，教師が児童の気持ちや考えに配慮し，教師自身も自分の意見や感情を率直に言い，かつ，児童のルール違反に対してきちんと注意するといったアサーティブな指導態度であることが，児童の教師への信頼感を高め，それが児童のアサーティブな自己表現を促すことも明らかにされている（中村，2006）。今日の子どもたちにとって，教師の受容的態度，なかんずく，自分が教師から個人的関係として配慮されており受容されていると感じることが重要であり，それによって子どもは安心して他の子どもとのアサーティブな相互尊重関係を持つことができるものと思われる。

（4）学級の発達に伴って変化する教師の予防教育機能

学級開きから学級じまいまでの期間を通して，学級は発達する。したがって，その発達段階にふさわしい教師の指導行動と学級活動が不適応予防には必要になる。例えば前出の三島・宇野（2004）によると，教師の公平さや客観的で自信のある指導態度は1学期の学級雰囲気に何ら肯定的効果を持たない。一方，教師の受容・親近的側面は，1学期当初から学級雰囲気を肯定的にする効果を持つ。学級開きの時期には，教師に受容・親近性が必要なのである。

発達の各段階には特有の困難と不適応の可能性がある。蘭・武市・小出（1996）のモデルを例にとれば，学級開き当初の探り合いの段階では子どもたちの関係や生活の基本ルールが未確立である。そのため教師が主導してルールや組織をつくることによって，子どもたちは安定した対人関係をつくることができる。やがて対立・葛藤の克服と集団の基礎づくりの段階，学級のアイデンティティ確立の段階に進むに伴い，学級規範や集団の主導権を巡って下位集団間の対立・葛藤が起き，学級目標の達成と規範の確立がめざされる。この時期，教師は学

級の権限を子どもたちに徐々に委譲し，子どもたちは自分たちで話し合って対立・葛藤を解決し学級を形づくっていく。その過程で子どもたちに民主的な学級集団経験とその運営のための技能・態度が形成され，自律性が獲得されていく。学級じまいに向けた相互啓発の段階のころには学級は自律的に動き，教師は子どもたち一人ひとりの自己実現と学級経験との統合を図る必要がある。

つまり学級の発達段階上の時期によって，個人も学級も，達成すべき課題と獲得すべき能力・スキル，適切な関係性がある。時機を得た教師の指導行動が子どもたちに課題を達成させ，不適応を予防することになる。無論，すべての学級がスムーズな発達過程を経るわけではない。しかし，そのような場合に学級が陥る「溝（キャズム）」（蘭・高橋，2009）を乗り越えようとするときにこそ，個人も学級も発達課題を達成することが可能になる。

学級開きから学級じまいまでの期間を通して，「よい学級」をつくることは教師の教育行為の目的ではない。「よい学級」であることが子どもをよりよく育てるから，それはめざされる。つまり，学級集団は個々の子どもの発達を促す手段であり，学級の人間関係と集団力動の中で，子どもたちはお互いにさまざまな能力やスキルを育て合う。今日，教師の社会的影響力は弱まっているように思われる。しかし，子どもたちは友人に対しては配慮を怠らず，友人からの評価を気にかける。子どもたちの人間関係の力動を理解して子どもたちを動かし教育効果を上げるのが，今日の教師の1つの力量といえるであろう。学級経営の教育機能を最大限発揮することが，子どもの学校不適応を予防する教育となる。

引用文献

阿久根求 (1979). Positive Focus の効果　大分大学教育学部紀要, *5*, 107-119.
蘭　千壽 (1981). 学級集団におけるソシオメトリック選択，行動特性，集団凝集性の変容に及ぼす役割行動の効果　教育心理学研究, *29*, 51-55.
蘭　千壽 (1999). 変わる自己変わらない自己　金子書房
蘭　千壽・高橋知己 (2009). 「自己組織化する学級づくり」をめざすハプンスタンス型指導の提案　千葉大学教育学部研究紀要, *57*, 181-185.
蘭　千壽・武市　進・小出俊雄 (1996). 教師の学級づくり　蘭千壽・古城和敬（編）教師と教育集団の心理　誠信書房　pp.77-128.
新　睦人 (1975). 役割理論　富永健一・塩原勉（編）社会学原論　有斐閣　pp.146-179.
Barker, R. G. (1968). *Ecological psychology: Concepts and methods for studying the environment of human behavior.* Stanford, CL: Stanford University Press.

Bertalanffy, L. V. (1968). *General systems theory: Foundations, development, applications.* New York: George Braziller.（ベルタランフィ, L. V. 長野敬・太田邦昌（訳）(1973). 一般システム理論 −その基礎・発展・応用− みすず書房）

Brewer. M. B., & Miller. N. N. (1984). Beyond the contact hypothesis: Theoretical perspectives on desegregation. In N. Miller, & M. B. Brewer (Eds.), *Groups in contact: The psychology of desegregation* (pp.281-302). Orlando, FL: Academic Press.

Bronfenbrenner, U. (1979). *The ecology of human development: Experiments by nature and design.* Cambridge, MA: Harverd University Press.（ブロンフェンブレンナー, U. 磯貝芳郎・福富 護（訳）(1996). 人間発達の生態学 川島書店）

Deutsch, M. (1949). A theory of co-operation and competition. *Human Relations, 2,* 129-152.

Deutsch, M. (2001). Cooperation and conflict resolution: Implications for consulting psychology. *Consulting Psychology Journal: Practice and Research, 53,* 76-81.

遠藤由美 (2000). 「自尊感情」を関係性からとらえ直す 実験社会心理学研究, *39,* 150-167.

Gaertner. S. L., & Dovidio, J. F. (2000). *Reducing intergroup bias: The common ingroup identity model.* New York: Psychology Press.

Greenberg, J., Solomon, S., & Pyszczynski, T. (1997). Terror management theory of self-esteem and cultural worldviews: Empirical assessments and conceptual refinement. In M. P. Zanna (Ed.), *Advances in experimental social psychology,* Vol. 29 (pp.61-139). San Diego, CA: Academic Press.

飯田 都 (2002). 教師の要請が児童の学級適応感に与える影響 −児童個々の認知様式に着目して− 教育心理学研究, *50,* 367-376.

石隈利紀 (1999). 学校心理学 教師・スクールカウンセラー・保護者のチームによる心理教育的援助サービス 誠信書房

James, W. (1890). *The principles of psychology.* New York: Henry Holt and Company.

Johnson, D. W., & Johnson, R. T. (1989). *Cooperation and Competition: Theory and research.* Edina, MN: Interaction Book Company.

神原文子 (1985). 役割サイクル修正モデル ソシオロジ, *25,* 55-77.

苅谷剛彦 (2001). 階層化日本と教育危機 −不平等再生産から意欲格差社会へ− 有信堂高文社

笠松幹生・越 良子 (2007). 教師の児童認知の多様性が児童の級友認知と級友関係に及ぼす影響 学校心理学研究, *7,* 21-33.

河村茂雄 (2010). 日本の学級集団と学級経営 −集団の教育力を生かす学校システムの原理と展望− 図書文化社

菊池栄治・藤田英典 (1991). 教授・学習活動における集団的文脈 滝沢武久・東洋（編著）応用心理学講座9 教授・学習の行動科学 福村出版 pp. 97-114.

近藤邦夫 (1994). 教師と子どもの関係づくり 東京大学出版会
越 良子 (2007). 中学生の所属集団に基づくアイデンティティに及ぼす集団内評価の影響 上越教育大学研究紀要, 26, 357-365.
越 良子 (2012). 学級コミュニティ感覚と学級内相互作用の関連 －ソーシャル・サポートを指標として－ 上越教育大学研究紀要, 31, 75-82.
黒田隆夫 (2011).「縦」,「横」,「斜め」のつながりを意識した係活動の試み －学級代表を中核とし, 係同士がつながる組織づくりを目指して－ 教育実践研究, 21, 239-244.
黒川雅幸 (2006). 仲間集団外成員とのかかわりが級友適応へ及ぼす影響 カウンセリング研究, 39, 192-201.
Leary, M. R., & Baumeister, R. F. (2000). The nature and function of self-esteem: Sociometer theory. In M. P. Zanna (Ed.), *Advances in experimental social psychology. Vol.32* (pp.1-62). San Diego, CA: Academic Press.
松下良策・石津憲一郎・下田芳幸 (2011). 学級適応感を支える要因の検討 －自尊感情, 非排他性, 肯定的フィードバックの観点から－ 富山大学人間発達科学研究実践総合センター紀要 教育実践研究, 5, 61-68.
三島美砂・宇野宏幸 (2004). 学級雰囲気に及ぼす教師の影響力 教育心理学研究, 52, 414-425.
三隅二不二・吉崎静夫・篠原しのぶ (1977). 教師のリーダーシップ行動測定尺度の作成とその妥当性の研究 教育心理学研究, 25, 157-166.
宮野光夫・明石要一 (1992). 学級における仲間集団の凝集性に関するアクションリサーチ －壁新聞づくりの実践を通して－ 千葉大学教育学部研究紀要, 40, 123-138.
Mussweiler, T., Gabriel, S., & Bodenhausen, G. V. (2000). Shifting social identities as a strategy for deflecting threatening social comparisons. *Journal of Personality and Social Psychology, 79*, 398-409.
中村 修 (2006). 児童の認知する教師のアサーティブな指導態度が学級適応に及ぼす影響 上越教育大学修士論文（未公刊）
根本橘夫 (1981).「学級集団づくり」の心理学的研究 －「全生研」の実践の実証的検討－ 心理科学, 4, 8-18.
岡崎勝博・辻 弘・曽根睦子・遠藤正之・小澤治夫・寺田恵一...加藤勇之助 (1995). 学校行事が生徒の人格形成に及ぼす影響について (1) 文化祭 筑波大学附属駒場中・高等学校研究報告, 35, 190-228.
沖 裕貴・井上史子・藤本光司・林 徳治 (2007). 中学生の自主性尺度得点と学業成績ならびに個人の諸条件との関連 教育情報研究, 22, 15-24.
Royal, M. A., & Rossi, R. J. (1996). Individual-level correlates of sense of community : Findings from workplace and school. *Journal of community Psychology, 24*, 395-416.

斎藤忠之 (2010). 学級全体を自主的・自律的集団に高めていく学級活動の工夫 －学級内の係活動へのPDCAサイクルの活用を通して－　教育実践研究, *20*, 205-210.

坂本美紀・内藤満江 (2001). 小学生が持つ担任教師への信頼感に関する要因　愛知教育大学研究報告, *50*, 143-151.

Sherif, M., & Sherif, C. W. (1953). *Groups in harmony and tension: An integration of studies of intergroup relations.* Oxford, England: Harper & Brothers.

嶋野重行・笠松幹生・勝倉孝治 (1995). 児童の認知する教師の指導態度，学校ストレスと学校不適応感に関する研究　日本教育心理学会第37回総会発表論文集，859.

高橋規子 (1999). システム理論の概要　吉川悟（編）システム論からみた学校臨床　金剛出版　pp.9-27.

垂澤由美子・広瀬幸雄 (2006). 集団成員の流動性が劣位集団における内集団共同行為と成員のアイデンティティに及ほす影響　社会心理研究, *22*, 12-18.

樽木靖夫・蘭　千壽・石隈利紀 (2008). 文化祭での学級劇の活動における中学生の困難な場面でも頑張る姿勢への教師の援助介入　日本教育工学会論文誌, *32 (Suppl.)*, 177-180.

樽木靖夫・石隈利紀 (2006). 文化祭での学級劇における中学生の小集団の体験の効果 －小集団の発展，分業的協力，担任教師の援助介入に焦点をあてて－　教育心理学研究, *51*, 101-111.

鳥海不二夫・石井健一郎 (2007). 学級集団形成における教師による介入の効果　電子情報通信学会論文誌, *J90-D (9)*, 2456-2464.

White, M., & Epston, D. (1990). *Narrative means to therapeutic ends.* New York: WW Norton.（ホワイト, M.・エプストン, D.　小森康永（訳）(1992). 物語としての家族　金剛出版）

山田真紀 (2000). 競争的行事における活動の編成形態とその機能　日本特別活動学会紀要, *8*, 46-58.

山内隆久 (1982). 協同事態における対人的態度の研究 －晴眼者と盲人の協同事態による検討－　心理学研究, *53*, 240-244.

吉川　悟 (1999). 「集団の問題」の捉え方とコンサルテーションのあり方　吉川悟（編）システム論からみた学校臨床　金剛出版　pp.80-101.

弓削洋子・松田弘美 (2004). 児童の自律性を促進する教師の行動（2）：指導行動と児童の自発的発言との関連　鳴門教育大学学校教育実践センター紀要, *19*, 19-24.

第12章

大規模災害後の予防教育

※※※

概　要

　2011年3月11日14時46分に発生した東北地方太平洋沖地震は約30分後東日本沿岸約500 kmにわたり巨大津波をもたらした。福島県，宮城県，岩手県はとりわけ甚大な被害を受けた。災害後にはすべての人に心身反応が生じる。それらは誰にでも起こる自然な反応であり，適切なセルフケアによりそれらの心身反応を収めていくことができる。災害後のユニバーサル予防の目的は，すべての人へ適切なセルフケアの知識とストレスマネジメント法を伝えることで，それらの反応の収束を促進させ，ストレス障害に移行することを予防することである。また，ストレス障害に移行したときに適切な医療支援を受ける知識を与えることも目的である。この章では，発災から約1年間，岩手県教育委員会が取り組んできた「こころのサポート授業」を中心に予防教育の内容と今後の課題について述べる。

1．大規模災害後の予防教育の特徴

（1）被災県岩手の予防教育の特徴

　岩手県は、明治三陸大津波（1896），昭和三陸大津波（1933），チリ地震津波（1960）と津波による甚大な被害を被ってきた。リアス式海岸による地形のため大船渡市・綾里地区は津波の最高潮位を記録してきた。過去の災害の悲劇が津波防災の文化を生み，大船渡市立綾里小学校では津波の劇を児童が演じることで，また大船渡市立大船渡小学校ではチリ地震津波後の児童の作文「黒い海」を毎年学ぶことで，津波の脅威と地震後の避難行動の重要性を伝えてきた。こ

のような防災教育の取り組みにより，2011年3月11日に発生した東日本大震災では大船渡市の児童生徒の死者は家族が連れ帰った児童1名であった。また釜石市では，津波防災教育により，中学生の避難行動を見て地域住民が避難を始めた。また，中学生が小学生の手を引いて避難することで津波から命を守ったことが報告された（片田・NHK取材班・釜石市教育委員会, 2012）。

　一方で，避難場所に指定された建物に津波が押し寄せ，また，巨大な津波堤防が破壊されて犠牲者が出るなど，防災体制の見直しを迫られる結果となった。岩手県の児童生徒の死者行方不明は98名であり，体調不良で学校を休んでいた者や指定された避難所に避難した者や地震後高台の学校に避難していた児童生徒を家族が迎えに来て津波にあい犠牲となった者で，学校での死者行方不明はいなかった。学校にいた児童生徒は，教職員の避難行動により，命が守られたのである。このように，予防教育として，平時に行う防災教育が重要であることが再認識された。

　一方，大災害後の防災教育は心のケア教育や心の健康教育の視点を取り入れる必要がある。大災害後に，いつも地震や津波のことを心配していては，勉強や遊びに集中できない。そのため命を守る避難訓練が安心と落ち着きをもたらす。しかし，突然のサイレンの音は，大災害時の光景を思い出させフラッシュバックを引き起こす。そのため避難訓練は心の健康教育の視点を取り入れて行われなければならない。すなわち，大災害後の予防教育は，防災教育と心の健康教育の両輪で行わなければならない（冨永, 2012）。

（2）現状と将来

　災害から11か月後，岩手県沿岸部のいくつかの学校を訪問した。また，沿岸部で活動する巡回型スクールカウンセラーからの聞き取りから，個々のサポート事例はあるものの多くの児童生徒は落ち着いて学校生活を送っていた。津波が来なかった校舎で児童生徒は真剣に学び，伸びやかに歌を歌っていた。一方，校舎から見渡す街の光景は，破壊された大きな建築物が残され，また瓦礫が撤去された広大な更地であった。これからの経済復興・地域復興の進捗によっては，家族の不仲・経済困窮などによる2次的ストレスが発生し，個別にケアを必要とする児童生徒が増えていく可能性がある。阪神淡路大震災後に兵庫県教育委員会は毎年個別にケアを要する児童生徒数を報告していったが，5

年間個別にケアを要する児童生徒数はほぼ変わらなかった。その理由は，地震時の恐怖を主訴とする児童生徒は減っていったが，家庭経済や家族の不仲などにより個別のケアを要する児童生徒数が毎年増加していったからであった（兵庫県教育委員会, 2005）。そのため経済復興・地域復興が児童生徒の心の健康を大きく左右することが予測される。

2．こころのサポート授業の取り組み

（1）こころのサポート授業の開発・担当者・開発の経緯等

　心の健康教育として，日常のストレスやトラウマ・ストレスに対処するため「こころのサポート授業案」が作成された。授業案は日本心理臨床学会・支援活動委員会で検討承認され学会特設ホームページで発信した。岩手県教育委員会は4月には臨床心理士6名より構成する「こころのサポートチーム（チームリーダー：臨床心理士・三浦光子）」を結成し，その授業案をさらに検討し，岩手県総合教育センターのホームページ「いわて子どものこころのサポートプログラム」に順次掲載した。学校再開前の4月中旬には，チームメンバーが講師となり岩手県各地でこころのサポート教員研修会を行った。さらに文部科学省派遣事業による県外学校支援カウンセラー（臨床心理士）が2011年5月9日から6週間にわたり，岩手県沿岸部の小学校・中学校・高校に58チーム派遣された。チームは主に都道府県臨床心理士会単位で構成された。この派遣事業により，スクールカウンセラーと担任が共同でこころのサポート授業を実施していった。この派遣事業は，宮城県，福島県でも行われた。

（2）理論的背景

　大災害後の心の健康教育においては，地震・津波による命を脅かされるトラウマ・ストレス，大切な人の死や行方不明といった喪失ストレス，避難所や仮設住宅での生活を余儀なくされるという日常生活ストレス，そして福島原発事故による放射線の脅威といった4つのストレスにどう対処するかといった視点が不可欠である。トラウマ・ストレスについては，阪神淡路大震災が発生した

1995年当時,「早期に怖い感情をはき出すことがその後のストレス障害を予防する」といった仮説に基づく心理的ディブリーフィング (Mitchell, 1983) が推奨されたが, 2001年同時多発テロを契機に, 国際的な災害・紛争後の精神保健のガイドライン (IASC, 2007) に, それは「やってはいけない」と明示された。一方で, 被災体験を表現せず自責感を抱え続けることはストレス障害のリスク因子であることが知られており (Ehlers, Mayou, & Bryant, 2003), 被災体験の表現をどのように安全に行うかが大災害後の心の健康教育の重要な視点である。自然災害の遺族は自責感を抱える傾向にあり, それはPTSD (Post-Traumatic Stress Disorder；心的外傷後ストレス障害) やうつなどのストレス障害の有病率を高める。岩手県の津波防災の伝承である「津波てんでんこ (地震が来たらてんでばらばらに高台に逃げよという意味)」は, 家族を助けられなかった自責感を払しょくする言葉として広められた。しかしながら, 国際的ガイドラインには, 防災教育や被災体験の表現についての記載がなく, 日本心理臨床学会・支援活動委員会はホームページにて,「災害後必要体験段階モデル」(表12-1) を公開し, 急性期のみならず中長期の視野での支援モデルを発表した。

災害後必要体験段階モデルは, インド洋大津波の被災地インドネシア・アチェでの教師やカウンセラーへの研修経験 (冨永・高橋, 2005) や四川大地震後の中国心理専門家への研修経験 (冨永・小林・吉・高橋・有園, 2010) を経て構成された。安心, 絆, 表現, チャレンジ, 喪の作業の5つの体験が時系列的かつ螺旋的に体験される必要があることを提案した。すなわち, 安心感のな

表12-1 災害後必要体験段階モデル

段階1	安全・安心 ① からだの安全 ② つながりの安全
段階2	ストレスマネジメント
	① からだの反応への対処 ② こころの反応への対処
	③ 再開した学校でのストレス対処 ④ 命を守る防災訓練
段階3	心理教育
段階4	生活体験の表現
段階5	被災に伴う体験の表現
段階6	避けていることへのチャレンジ
段階7	喪の作業－追悼の体験

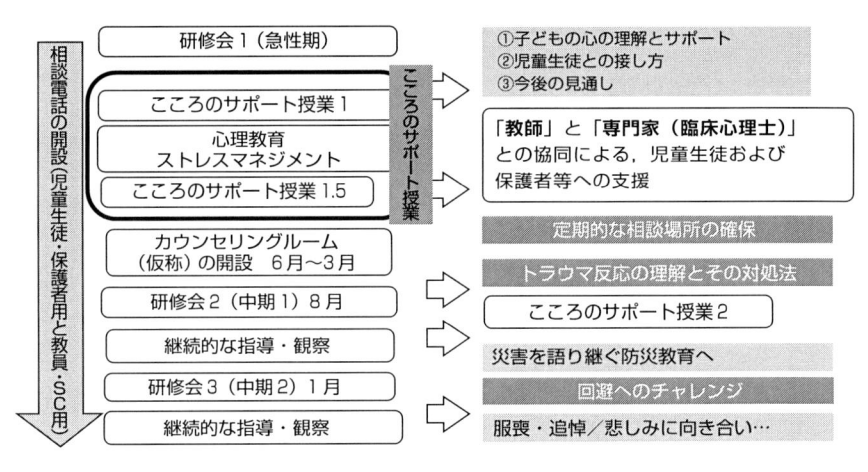

```
┌─相─┐ ┌──────────────┐    ┌──────────────────┐
│談談│ │ 研修会1（急性期） │    │①子どもの心の理解とサポート│
│電話│ └──────────────┘ こ  │②児童生徒との接し方    │
│の開│ ┌──────────────┐ こ  │③今後の見通し        │
│設設│ │ こころのサポート授業1 │ ろ  └──────────────────┘
│（児│ ├──────────────┤ の  ┌──────────────────┐
│童生│ │ 心理教育        │ サ  │「教師」と「専門家（臨床心理士）」│
│徒・│ │ ストレスマネジメント  │ ポ  │との協同による，児童生徒および │
│保護│ ├──────────────┤ ー  │保護者等への支援        │
│者用│ │ こころのサポート授業1.5│ ト  └──────────────────┘
│と教│ └──────────────┘ 授  ▓定期的な相談場所の確保▓
│員・│ ┌──────────────┐ 業  ▓トラウマ反応の理解とその対処法▓
│SC │ │ カウンセリングルーム  │    ┌──────────────────┐
│用） │ │（仮称）の開設 6月〜3月│    │ こころのサポート授業2    │
│   │ ├──────────────┤    └──────────────────┘
│   │ │ 研修会2（中期1）8月  │ ⇒  災害を語り継ぐ防災教育へ
│ ↓ │ ├──────────────┤    ▓回避へのチャレンジ▓
│   │ │ 継続的な指導・観察   │    ┌──────────────────┐
│   │ ├──────────────┤    │ 服喪・追悼／悲しみに向き合い…│
│   │ │ 研修会3（中期2）1月  │ ⇒  └──────────────────┘
│   │ ├──────────────┤
│   │ │ 継続的な指導・観察   │
└────┘ └──────────────┘
```

図12-1　いわて子どものこころサポート年間のみとおし
（岩手県教育委員会作成：一部文言追加）

いところで被災体験の表現や回避へのチャレンジを強いることは二次被害を与える。そのため大災害後の急性期は安心と絆の体験が必要であり，中長期になり，被災体験の表現と回避へのチャレンジと追悼が必要な体験であると考えた。このモデルは，心理教育・ストレスマネジメント・トラウマ反応のコントロール・トラウマ体験の表現を主なコンポーネントとするトラウマ焦点認知行動療法（Trauma Focused Cognitive Behavior Therapy: Cohen, Mannarino, & Deblinger, 2006）も参考にして構成された。

　岩手県教育委員会は，このモデルを参考にしながら，2011年4月初め「いわてこころのサポート年間みとおし」を作成発表した（図12-1）。

（3）目標と対象者

　衝撃的な出来事に遭遇すると誰もが心身反応を引き起こす。しかし，多くの人は適切なセルフケアにより，それらの心身反応を収めていくことができる。一方，心身反応が持続し，不登校や成績の極端な低下やちょっとしたことをきっかけに衝動行動を示すなどストレス障害化することがある（図12-2）。こころのサポート授業の目標は，児童生徒自身が適切なセルフケアの方法を知り実践することで，ストレス障害化を防ぐことである。

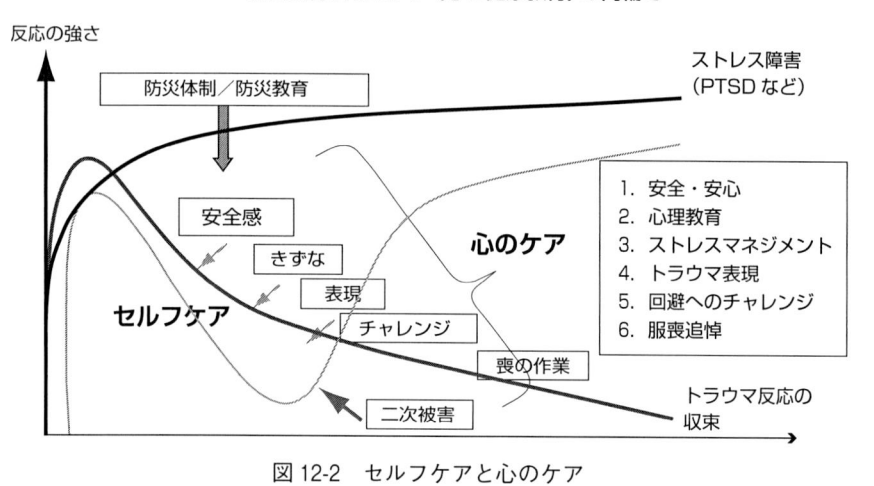

防災教育と心のケア（心の健康教育）の両輪で

図12-2　セルフケアと心のケア

　岩手県内陸部においても震度6の強い揺れを経験していたことと，被災して内陸部に転居した児童生徒が多くいたことから，岩手県小学校・中学校・高等学校・特別支援学校の児童生徒約14万人が「こころのサポート授業」の対象となった。

（4）方　法

　①こころのサポート授業1：こころのサポート授業1は，5項目の健康アンケート，イライラしたとき眠れないときの対処法，リラクセーション実技，絆のワークというストレスマネジメントより構成された（冨永，2009；山中・冨永，2000）。健康アンケートの5項目は，「1 なかなか，眠ることができない，2 むしゃくしゃしたり，いらいらしたり，かっとしたりする，3 夜中に目がさめて眠れない，4 頭やお腹が痛かったり，からだの調子が悪い，5 ごはんがおいしくないし，食べたくない」とした。実施時期は，大災害から2〜3か月，学校が再開されて2週間ほどであった。この健康アンケートの項目に「怖い夢をみる，思い出したくないのに思い出す」といったトラウマ反応を尋ねる項目は入れなかった。「なかなか眠ることができない」は過覚醒反応であり，「夜中に目がさめて眠れない」は再体験反応であるため，侵襲性が低くかつ個別相談では

睡眠を手掛かりにトラウマ反応についても尋ねることができる項目として設定した。この時期は生活の回復が第一であり，また，再体験や回避マヒといった心理現象を知的に理解する段階にはないと考えた。そのため，イライラしたとき，眠れないときの工夫や対処についてグループで話し合い，背伸びや肩上げなどのリラクセーション法をみんなで行った。また，思いやりの気持ちを両手に込めて相手の肩に手を置き，絆を感じ合う「絆のワーク」も行った。

　②こころのサポート授業2：こころのサポート授業2は，トラウマ反応を含む自らの心身反応をチェックし，望ましい対処を実践するための「心とからだの健康観察」アンケート（小学生には19項目版，中高校生には31項目版）を中心に，心理教育のリーフレット（ユニセフによる印刷）とリラクセーションなどを組み合わせて実施した。「心とからだの健康観察」アンケートは，過覚醒・再体験・回避マヒ・マイナス思考・生活障害・ポジティブ認知の6つの下位尺度より構成した。児童生徒が自身の反応を理解しやすいように，カテゴリーごとに項目を並べた。「心とからだの健康観察」アンケートは，その後の個別相談に活用された。実施時期は発災から約半年後の9月から10月に各学校の状況に応じて実施された。

　③こころのサポート授業3：こころのサポート授業3は，震災体験の表現活動である。しかし，震災体験のみに焦点化するのではなく，あの日からがんばってきたこと，支援による感謝の気持ちなども含め，「この1年を振り返って」というテーマで，多くの学校は取り組んだ。事前に，1年を振り返る意義を校長・担任が伝え，悲しみ・苦しみを心に閉じ込め続けることは心の健康によいことではない，向き合うことはつらいが，さまざまな思いを表現し分かち合うことが大切だとメッセージが送られた。作文活動の前日には，つらかったこと・かなしかったことだけでなく，うれしかったことも含めた構成メモを書く時間をとるなど，表現活動が丁寧に行われていった。実施時期は2月に行われた。この活動は国語と学活で行われた。また，7月末に，「1学期を振り返って」というテーマでの作文活動により，あの日の体験を書いた児童生徒が多かったことから，日常の中で，無理なく，被災体験を話題にできるようになったと振り返る教師もいた。

（5）効果評価の結果

①こころのサポート授業1：被災状況の差異により、さまざまな経緯をたどったが、沿岸部の学校では約8割の学校が「こころのサポート授業1」を実施した。実施した学校での評価は、児童生徒も教師も「やってよかった」との報告が多かった。しかし、ストレスマネジメントを柱に構成されている「こころのサポート授業1」の学習指導要領の位置づけが、小学校高学年の体育の「ストレスへの対応」と中学校・保健体育の「ストレスへの対処」にしかなく、時間数が限られているため、リラクセーション体験を含む授業はほとんど実践されておらず、「新しい授業」の実施には当初学校や教師に抵抗感が見られた。しかし、派遣学校支援カウンセラーがリラクセーション技法を担当し担任と共同で授業を実施することで、この授業は広がっていった。ある学校ではその後家庭科で微細な手の動きを求められる前後や運動の前後にリラックス法を取り入れていったことが報告されている。また、派遣スクールカウンセラー事業に対して沿岸部の学校の97％が「よかった」と評価した。派遣学校支援カウンセラーへのインターネット・アンケート調査でも、学校の受け入れ度は、困惑から歓迎へと週を追うごとに変化していった。多くの派遣チームは、6週間活動するメンバーの特技などを掲載したリーフレットを作成し、また週末には引き継ぎの会議を開くことで、担当校の負担を極力なくす努力をした。また、5項目の健康アンケートは、学校支援カウンセラーが教師にコンサルテーションをする際の貴重な情報源となった。また、発災から2か月から3か月の時期に、睡眠・イライラ・食欲不振・体調についてのアンケートを実施し、トラウマ反応の項目を入れなかったことは、教師にも大変好評であった。

②こころのサポート授業2：夏季休暇中にこころのサポートチームによる研修会が各地で開催され、こころのサポート授業2の目的と実施方法の研修が行われた。9月から10月の間に、各学校がこころのサポート授業2を実施した。沿岸部の学校への調査により、継続してかかわる臨床心理士の要望が強かったことから、沿岸部のスクールカウンセラー（臨床心理士資格を持ったものは数人）に加えて、巡回型スクールカウンセラーを全国から募集し、陸前高田、大船渡、釜石・大槌、山田・宮古に9月から1名ずつ配置し、12月から県北に1名が追加配置された。巡回型スクールカウンセラーとスクールカウンセラーの助言を受けながら、こころのサポート授業2が実施された。

なお心とからだの健康観察アンケートは岩手県教育委員会にてデータ管理されており，12月にサポートを要する児童生徒数が沿岸部と内陸部に分けて公表されたが，被災状況との関連など詳細な分析結果は今後の課題である。
　③こころのサポート授業3：こころのサポート授業3は，すべての沿岸部の学校で行われてはいないが，巡回型スクールカウンセラーの助言の下，実施した学校の教師は「やってよかった」と感想を述べている。児童生徒の作文や絵は，これから公表されていくであろうが，どのような過程で，教師とのどのような関係性の中で表現されていったかという視点が心のケアや心の健康教育のあり方にとって重要である。

（6）普及，適用状況と今後の課題

　ストレスマネジメントを内容としたこころのサポート授業は，わが国では保健体育に位置づけられているが，小学校中学年・低学年では学習指導要領に位置づけられておらず，また中学校では体育教師しか授業ができない。教師はリラクセーションなどの心理学的技法に習熟していない。しかし，担任と派遣学校支援カウンセラーと共同で授業が実施でき，児童生徒の授業の感想がよかったこともあり，沿岸部のかなりの学校でこころのサポート授業1が実施された。
　災害後は"地震・津波"といった言葉を聞くことも話すことも苦痛になる。これは，そのようなトリガーに触れるとつらかったことを思い出し苦しくなるといった再体験反応を引き起こすからである。また，子どもは津波ごっこや地震ごっこで，この再体験反応を表出する。再体験反応が回復の一歩であることを知り，回避するよりも心身反応をコントロールする方法を身につけ，つらかったことに距離を置いて向き合う方が自己回復するという知識を伝えることが必要である。そして，急性期には，過覚醒反応により感情をコントロールしづらくなるため，災害体験の表現を強いることは，強い再体験反応を引き起こす。そのため急性期にはリラクセーションを身につけ感情をコントロールできる自信を培う。一方で，自責感を抱きながら災害体験を心に閉じ込め続けることはストレス障害のリスク因子なので，中長期には災害体験の表現活動が重要になる。この災害後必要な段階モデルに基づいた，ないしはそのモデルと一致した活動が岩手県沿岸部での被災地で取り組まれてきた。
　しかし，今後の課題もある。こころのサポート授業2で行った「心とからだ

の健康観察」アンケートがデータ処理に期間を要し，学校にすぐに還元されず個別相談で活用されにくかった点である。また，子どもを支える保護者への心理教育やストレスマネジメントの伝達が1年目は十分にできなかった。地域復興の遅れや長引く仮設住宅での生活による保護者や子どもの日常ストレスにどのように対処していくかが今後の課題である。希望を抱き成長する存在としての子どもを育み支援するために長期の支援が必要である。文部科学省は，中国のように「心の健康教育」を科目として立ち上げるか,少なくとも「心の健康」に関する系統だったプログラムを提案する必要がある。すぐにできる教育政策として，総合的な学習の時間の例示として，「健康教育・心のケア，防災教育」を掲げることができる。各学校は年間プログラムを立て，子どもの心の健康教育の充実を図ることができる。子どもの心の健康を守るため文部科学省の迅速な対応が望まれる。

引用文献

Cohen, J. A., Mannarino, A. P., & Deblinger, E. (2006). *Treating Trauma and Traumatic Grief in Children and Adolescents. Treatment Manual.* New York: Guilford Press.

Ehlers, A., Mayou, R. A., & Bryant, B. (2003). Cognitive predictors of posttraumatic stress disorder in children: results of a prospective longitudinal study. *Behaviour Research and Therapy, 41*, 1-10.

兵庫県教育委員会 (2005). 震災を越えて－教育の創造的復興10年と明日への歩み 兵庫県教育委員会

IASC (2007). *IASC guidelines on mental health and psychosocial support in emergency settings.* Geneva: Inter-Agency Standing Committee.

片田敏孝・NHK取材班・釜石市教育委員会 (2012). みんなを守るいのちの授業 －おおつなみと釜石の子どもたち NHK出版

Mitchell, J. T. (1983). When disaster strikes…The critical incident stress debriefing. *Journal of Emergency Medical Services, 13*, 49-52.

冨永良喜 (2009). ストレスマネジメント技法 －心の傷に寄りそって－ 杉村省吾・冨永良喜・高橋 哲・本多 修（編）トラウマとPTSDの心理援助 金剛出版 pp.63-70

冨永良喜 (2012). 大災害と子どもの心 －どう向き合い支えるか 岩波書店

冨永良喜・高橋 哲 (2005). 子どものトラウマとストレスマネジメント トラウマティック・ストレス, *3*, 37-43.

冨永良喜・小林朋子・吉 沅洪・高橋 哲・有園博子 (2010). 大規模災害直後における海外からの心理的支援のあり方の検討 心理臨床学研究, *28*, 129-139

山中　寛・冨永良喜 (2000). イメージと動作によるストレスマネジメント教育　基礎編・展開編　北大路書房

第Ⅳ部

世界の予防教育と日本の予防教育
―比較と今後の展望―

　最後の第Ⅳ部においては，世界と日本の予防教育を比較しながら今後の展望を行う。最近日本において，予防教育の著名な研究者を多数招いて国際会議が立て続けに2回実施された。また，日本の心理学会でも今後の予防教育のあり方について討議が盛んに行われている。

　これら国際会議や学会での討議内容を紹介し，その内容をふまえて，日本と世界の予防教育の課題と今後の発展について最後にまとめてみたい。子どもの健康と適応をユニバーサル予防でもって守る教育はまだまだ手薄である。現状の課題を克服し，今後の発展を図ることが本書のねらいであったが，そのねらいが本部において完結する。

第 13 章

世界と日本の予防教育の共通性と異質性

xxxxxxxxxxxxxxxxxxxxxxxxxxxxxxxxxxxxxxxxxxxxxxxxxxxxxxxxxxxxxxxxxxxxxxxxxxxxxx

概　要

　現在，日本を含めて世界で行われている，子どもの健康や適応問題への予防教育には，どのような課題があり，またその課題の達成にはどのような方途があるのだろうか？　この疑問に答えるために，過去2年の間に国際会議が2回日本において開催された。

　この章では，その国際会議での討議の概要を紹介し，あわせて，本書でこれまでに紹介された国々での予防教育の特徴をとらえながら世界の動向にふれてみたい。そして最後に，国際比較より浮かび上がった，世界と日本の予防教育の共通点と相違点について考察したい。

１．国際専門家会議（2010.9）での討議

　本節では，2010年9月25日（土）に開催された，第1回国際専門家会議（鳴門教育大学予防教育科学センター主催）での主要討議内容について記述する。本会議ではまず最初に，遊永恒氏（四川師範大学，中国），クリストファー・オジャラ氏（Kristofer Ojala，パスウェイズ健康研究センター，オーストラリア），メリッサ・ディロージャー氏（Melissa DeRosier，3-C社会性発達研究所，アメリカ），ポール・ネイラー氏（Paul Naylor，アストン大学，イギリス），山崎勝之氏（鳴門教育大学，日本）の5名のスピーカーによる話題提供がなされた。その後，葛西真記子（鳴門教育大学）・松本有貴（鳴門教育大学）両氏による座長のもと，5つのアジェンダが設定され，それぞれについて意見交換がなされた（写真13-1）。

写真13-1　第1回国際専門家会議の様子（大阪，2010年9月）

（1）アジェンダ1：すべての子どもにおいて，健康や適応に対するユニバーサル予防プログラムを恒常的に行う必要はあるか？

オジャラ　私はすべての児童において，特に低年齢のころからのユニバーサル予防を普及させる必要性について先ほど述べました。

ディロージャー　ユニバーサル介入においては，大きなリスクがある児童の方がよい方向への変化の幅が大きいので，より大きな利益を得ます。しかし，特定の困難を抱えた子どもたちは，ユニバーサル・プログラムによって十分には対応できません。理想としては，ユニバーサル・プログラムがポジティブな学校風土づくりを助け，さらにスキル・トレーニングの必要な子どもたちに，二次的ないしは指示的なプログラムを行うのがよいのではないでしょうか。

葛西　望ましい学校の風土づくりをめざして，児童全員を対象にしたユニバーサル・レベルを確立する。しかし，そのような望ましい環境の中でさえも，援助を必要とする子どもたちはいるということですね。

山崎　この議題については，多くの文化的な相違点がありそうです。日本においては，一部の子どもたちを選択するということはできません。したがって，学校においてユニバーサル予防を行うことが重要なのです。しかし，そのような予防的プログラムを恒常的に行うことは非常に難しい。これを成功させるた

めのプロセスについてぜひ教えていただけませんか？

オジャラ　それは難しいですね。というのも，フレンズ（FRIENDS）は不安の治療を目的とした指示的プログラム（indicated program）として始まり，その後何年もかけてユニバーサル予防に変わっていったのです。

山崎　もしフレンズが恒常的に行われるとしたら，実践者は学校教員が望ましいのでしょうか？

オジャラ　国によってさまざまです。英国ではプログラムの実施者はスクール・ナースです。オーストラリアでは学校教員がプログラムを実践しますが，メンタルヘルス領域の専門家も行います。学校でのユニバーサル予防は学校教員によって行います。

山崎　日本では学校教員になろうとする学生は，学校で子どもたちに教えるあらゆる教育について大学で学ばねばなりません。したがって，もしフレンズを恒常的に行うとしたら，将来の学校教員はこの種のプログラムの授業を受けなければならないでしょう。

オジャラ　その通りです。オーストラリアの教育では，メンタルヘルスに関して大きな内容は盛り込まれていません。学校教員に対する研修が必要になります。

山崎　予防的なプログラムを行うことは必要だと私は考えていますが，どのように行うかは，文化，国，学校場面によって異なってきます。日本における健康教育や道徳教育では，「道徳」や「保健」の授業があります。日本では，そのような科目はソーシャル・スキルや感情スキルを教えるには広すぎると私は感じています。第1の質問への私の答えは，明らかに「必要」ですが，どのように実施するかを考える必要があるのです。学校において恒常的にプログラムを行うポイントは3点あると思います。子どもたちが参加したいと思うモチベーションを高めること，学校教員が学校で容易に扱うことができると感じられること，そしてプログラムの効果があることです。

ネイラー　今2つの問題があると思います。1つはプログラムの実施，もう1つはプログラムの恒常性です。「恒常的に」というとき，これはどのように考えたらよいのでしょう。2つめの問題は，すべての子どもたちにこのようなプログラムを実施するということは，中央行政の関与が必要だということになります。

山崎　まったくその通りだと思います。恒常的にプログラムを実施していくに

は，政府に働きかけねばなりません。われわれは予防教育を恒常的に行っていくために戦っています。これから10年でわれわれのプログラムは学校で授業となり，日本政府にとっても，必要であり，効果があり，魅力あるものになるでしょう。

参加者A ユニバーサル予防プログラムの必要性については私も同意見です。ただ，もしこれが学校カリキュラムの一部になれば，子どもたちは試験を受けなければならなくなるという，游先生の先ほどのご指摘について考えていました。もし試験が必要になると子どもたちのストレスを増やします。その意味では，すべての学校で恒常的にプログラムを行うことに同意してよいものかわからなくなってきました。

ネイラー テストや試験についての興味深い点は，もしある教科で試験がなかったら，学校教員や子どもたちはまじめに取り組まないのだろうかということです。このようなカリキュラムは，もし試験がなかったとしても，とても真剣に扱われるのではないでしょうか。

（2）アジェンダ2：この種のプログラムの評価はどのようなものであるべきか？　科学的評価は可能か？　科学的評価よりも重要な評価は存在するのか？

山崎 科学的評価は非常に特殊なものです。子どもたち，例えば小学生の予防的プログラムを開発するとき，われわれは科学的評価を行わねばなりません。介入群と等質の統制群の設定など，多くのことが求められます。しかし，統制群と介入群を等質にするのは不可能ですし，科学的評価には多くの財源と時間がかかります。みなさんにこの議題を提示しているのはこのような理由からです。

ネイラー それは科学的評価の厳密な定義だと思いますが，学校教員，子どもたち，保護者などの視点には，実験群を統制するというようなものは含まれておらず，私たちはさまざまな人たちの視点を考慮しなければなりません。

ディロージャー 科学的評価は困難ではありますが不可能ではありません。学校ベースの介入を行う際には統計学的問題が生じます。ユニバーサル・プログラムで無作為化を行うときには，学校ごとに無作為化しなければならない。つまり，多くの学校を設定しなければならないので費用がかかり，実施も難しく

なるということです。なんらかの変数でマッチングを行うなどの方法もあると思います。

山崎　われわれは科学的評価の重要性を考えなければなりません。しかし，日常の学校生活においては，学校教員はそのことに注意を向けていません。私は学校教員に，客観的な立場で子どもたちを評価して欲しいと思っています。学校においてはさまざまなタイプの評価が必要です。これが，この議題を取りあげた私の論点です。

参加者B　私は大学で日本語を教えています。おそらく2つのステップがあると思うのです。もし自分のクラスのみで実践を行うなら，統計や評価のプロセスは必要ないでしょう。しかし，他の教員にそのプログラムについて伝えようと思うなら，評価のプロセスは必要です。ですから，自分自身が実践する場合と，外へ向かって宣伝する場合とで違いがあるのではないでしょうか。

山崎　理想的には，評価には多くのステップがありますから，状況によって区別しなければなりません。科学的なもの以外にも重要な評価が数多くあります。現在の教育の評価は，子どもにとっての罰に過ぎません。評価は教育でなければならない。評価によって子どもの健康や適応を促進するものでなければなりません。このような評価方法をとっていますか？

オジャラ　理想的には評価に教育的要素が入るべきだということですね。これは教育前，教育後，フォローアップでの全体的な査定バッテリーを意味するのだと思います。私は強迫性障害の人への介入をしていますが，アセスメントを強迫性障害についての理解と知識を深めるための教育の一部として行っており，ネガティブなプロセスではありません。自己発見のプロセスです。理想的にはそのような教育的要素があるとよいと思います。

（3）アジェンダ3：われわれはこの種のプログラムを学校の教育カリキュラムの中で，いつ行うことができるか？　学校システムやカリキュラム・システムは国によって異なることも考慮する必要もある。

ネイラー　私はこの3つめの議題について，どんな内容でも誰に対してでも，年齢にふさわしい方法であれば教えることができると思います。

オジャラ　フレンズ・プログラムでは長期的に考えていて，就学前，初等教育後期，中等教育の早い時期の3つです。

山崎　予防的プログラムを行うとき，いつどの教科で実施するのかを考えなければなりません。おそらく日本では他の国と比較して，学校カリキュラムに柔軟性がありません。日本の柔軟性のない学校カリキュラムの中で予防教育を行うことは困難でしょう。日本の学校で予防的プログラムを行うときの優先順位で1番の授業は，総合的な学習の時間です。これからやろうとしているプログラムと，その授業との目標の整合性について考えなければなりません。

参加者C　私は小学校1年生にフレンズ・プログラムを行ったことがあるのですが，そのときには道徳と特別活動の時間を組み合わせて使いました。

松本　ありがとうございます。他に，教育カリキュラムについてアイディアはありませんか？　その他のお考えは？

山崎　近い将来，われわれのプログラムはすべての学年の子どもたちに適用できるようになります。われわれの教育目標には発達的な視点があり，各学年の子どものための教育プログラムが用意されているのです。おそらく他のほとんどのプログラムはこの点について考慮していません。そのような発達段階について検討しなければ，すべての学年で定期的にプログラムを実施することは不可能です。

（4）アジェンダ4：学校においてこの種のプログラムは誰が実施するのか？

ディロージャー　私の考えの1つとしては，ケアの専門家のうちで，心理学のトレーニングをしっかりとはやっていない人たちがベストだと思っています。博士号を持っている熟練した人たちは，マニュアルに従うのを嫌う傾向にありますが，教諭，スクール・カウンセラー，ケアの専門家はマニュアルをしっかり遵守してくれます。

オジャラ　私たちは，学校の教諭は，訓練を受けた臨床心理士と同じくらい，上手にプログラムを行えるという研究結果を数多く持っています。彼らは子どもたちのことをよく知っていて，プログラムの一連の構造に沿って使うことのできる，クリエイティブなアイディアを持っていることもあるからです。おそらく臨床心理士よりも上手にプログラムを提供できるでしょう。

松本　会場には何人か学校の教諭の方がいらっしゃいます。何かお考えはありますか？　他の方でも結構ですが。

参加者D　校長などの管理職者が予防的な教育の効果や長所を理解していれば，その学校の養護教諭やスクール・カウンセラーたちは，校内でプログラムを実施できますが，そうでなければ難しいですね。最近，組織マネジメントをしっかりせよという流れになってきていて，校長，副校長，主幹教諭というような管理職が力を持つようになっています。これをうまく利用して，トップ・ダウンとボトム・アップの両方からアプローチすることが必要だと思います。

ディロージャー　管理職レベルでのサポートがないと，組織はバラバラになってしまいますね。認知行動論的な方法を学んだ先生たちは，子どもたちの行動マネジメントや，学級崩壊をさせないために役立つ方法など，自分が全般的にスキルを習得していると感じることができます。先生方がこのように感じられるようにするというのが1つの方法だと思います。

参加者E　私は高校の教諭で，保健部という教諭が集まったチームで活動していたことがあります。もし予防的なプログラムや，生徒にとって効果的なプログラムについて知っていたら，おそらく学校で実施していたと思います。

山崎　今議論しているのは，学校において予防的なプログラムを行うことについてですから，恒常的にこの種の予防を行えるのは学校教員以外にありません。この種の予防のために学校教員の研修を行わなければなりません。もしこういった予防が効果的だとわかれば，彼らはこの種の予防教育について学び，習得したくて仕方がなくなるはずです。おそらく，学校教員がプログラムの実施者となるための研修システムについて考えなければならないでしょう。この教育が学校カリキュラムの一部になれば，教職志望の学生たちは大学でこの種の予防について学ぶでしょう。しかし，予防教育の開発段階では，この議題については非常に慎重に考えなければなりません。私たちのプロジェクトでは，予防的なプログラムを開発・実施し，同時に学校教員への研修を計画しています。

（5）アジェンダ5：このようなプログラムをどうやって**普及させること**ができるか？

山崎　この議題についてはゲスト・スピーカーに回答をお願いしたいと思います。

オジャラ　パスウェイズ（Pathways）では多くの学校とのコネクションを持っています。われわれは学校の先生方が来やすいように夜の時間を提供して，困難のある子どもたちへの対応の仕方や基本的な教育の提供の仕方について情報

を提供します。このような情報交換は，同時に，それなら学校でこのプログラムは本当に有用ですよと伝えることにつながっていきます。ですから，先生方がこのような本音を表してくれることは本当に役に立つのです。オーストラリアの校長は，プログラムをやるかやらないかについて権限を持つ傾向にあります。校長や教員を巻き込む全体としてのプロセスを経ることが必要でしょう。トップ・ダウンとボトム・アップの両方のアプローチを組み合わせていけば，共通の強い気持ちを生むことになるでしょう。

山崎　ディロージャー先生のプログラムは米国で好評ですよね。いったん提供した後には，どうやってプログラムの実施を援助しているのですか？

ディロージャー　私は研修やスーパービジョンを職場のコンピュータで行うので，どこかへ出向く必要がありません。ロールプレイなど，対面とほぼ同様の交互作用ができます。これは費用対効果がよく，ノース・キャロライナの人々にプログラムを提供するだけでなく，プログラムの実施について評価することができます。

ネイラー　もしスーパーバイザーとスーパーバイジーが同じタイミングでインターネット上にアクセスしていなければ，研修はリアルタイムでは行われないということですか？

ディロージャー　そうです。核となる研修は特定のエリアで行われます。すべての研修を終え，テストに合格した後には，ライブ・チャットやライブ・スーパービジョン・ミーティングがあります。世界のどこにいても，いつでもできますし，自分のペースで進めることができます。便利ではありますが，こちら側は多くの支援を行わなければなりません。研修をした後にほったらかしにすることはできません。

ネイラー　イギリスでは，学校教員，専門家，雑誌，新聞そのほかのメディアなどを通じて普及していきます。

松本　時間になりました。皆様ご参加くださいましてありがとうございました。

山崎　座長の皆様ありがとうございました。また，予防的プログラムについての多くの示唆とお考えを提供していただきありがとうございます。閉会の時間となりました。皆様のお考えや示唆に大変心を動かされました。本会議の主催者として将来の予防的プログラムのあり方について多くを学び，多くのことを考えることができました。われわれのセンターはここ5年間はこのような会議を継続して開催し，将来の予防的プログラムについての考えを共有する多くの

機会を設ける予定です。次回の国際会議は同じ会場にて11月28日に行われます。皆様に，そして海外からのスピーカーの皆様に心から感謝申し上げます。皆様の積極的なご参加とご協力に深く御礼申し上げます。

2．第2回国際会議（2010.11）での討議

　第2回国際会議（鳴門教育大学予防教育科学センター主催）は，2010年11月28日（日）大阪中之島キャンパス・イノベーションセンターにて開催された（写真13-2）。招聘者は，サラ・サーモン博士（Dr. Sara Salmon）（アメリカ，安全な学校と地域センター所長，Director of Center for Safe Schools and Communities），マイケル・バーナード博士（Dr. Michael Bernard）（オーストラリア，メルボルン大学教授），トーマス・リコーナ博士（Dr. Thomas Lickona）（アメリカ，ニューヨーク州立大学教授，第4と第5のRセンター所長，Director of Center for the 4th and 5th Rs）であった。この会議の目的は，すべての学校において恒常的に予防教育を実践するという課題について意見交換をすることであり，指定討論者の山崎勝之博士（鳴門教育大学予防教育科学センター所長）により10の質問が設定され，それぞれの回答者も指定された。

写真13-2　第2回国際専門家会議の様子（大阪，2010年11月）

なお，質問討議に先立って，3人の招聘者より，各自の教育プログラムとその活動について講演が実施された。

（1）Q1：開発された教育内の各プログラムは，実施順序ならびにプログラム間の関係の観点から言って，十分に組織化されているのか？（サーモン博士へ）

　私たちのプログラム「ピース・カリキュラム PEACE Curriculum，ピース4キッズ Peace4Kids」は，エビデンス・ベーストであり，実施の忠実度（treatment fidelity）を尊重し，効果的に構成されている。介入レベルは3段階あり，児童・生徒の状況に応じて実施される。第1段階のユニバーサル支援は，ほとんどの子どもを対象にするプログラムである。月に3回の授業だが，学業や社会的成功に有意な違いをもたらしている。そこでは，ピース4キッズの4つの要素，つまり，怒りのコントロール（anger control），ソーシャル・スキル（social skills），共感（empathy），キャラクター・エデュケーション（character education）を包括している。

　第2段階の支援は，出席停止や謹慎処分になるかもしれない子どもが参加するプログラムである。心理士やカウンセラーが行う，週1回14週間のプログラムで，子どもたちが処分を受けるのを防ぐことができるので，危険因子が高まっている子どもに対する早期介入プログラムであるといえる。

　最後の支援は，問題が顕著な子どもを対象にする。窃盗や放火などで，矯正施設などの学校に入っている子どもたちが参加するプログラムである。ここで集中的な支援を実施するのは，このような子どもたちには，一貫した高いレベルのトレーニングが必要だからである。

　私たちのプログラムは，ゴールドシュタイン博士（Dr. Goldstein）の怒り置換トレーニング・モデル（anger replacement training model）がベースになっている。小学生，中学生，高校生のためのそれぞれのプログラムがあり，保護者用のプログラムも提供できる。保護者をエンパワー（潜在的に持っている力や個性を発揮できるようにする）し，共感とエモーショナル・インテリジェンス，怒りのコントロール，キャラクター・エデュケーション，社会的スキルが一体となって社会性豊かな子どもの育成に役立つことになる。

　また，教職員に対する研修に力を入れている。プログラム実施に対する動機

づけをしっかりしていくことが重要であると考える。マニュアルにそってトレーニングは行われ，よい授業や活動が教室でできるように研修される。

（2）Q 2：児童・生徒数の多いクラスでプログラムを実施する場合，参加への動機づけを高める効果的な教育方法が十分になければ，教育の成功は難しいのではないか？（サーモン博士へ）

　よいプログラムであり魅力的なプログラムであることは重要だ。ワークブックなどの教材は楽しいものであること，先生たちの実施に対する動因を上げること，子どもたちがなぜプログラムが自分に必要かを知っていること，を大切にしている。研究によってプログラム成果を測っている。効果が明らかになると，先生たちは自分の実践が生徒に変化をもたらすことができると信じることができる。また，より魅力的にするために，どこをどう改善するかを知ることができる。

　具体的な子どもを引きつける内容には，例えば，衝動をコントロールするための方法としてメルト（MELT）がある。脳の働きのバランスをよくする呼吸法で，子どもにとって，ストレスに対処し，1日の学校生活に備える，予防的な手段になる。これは，毎回授業の始めに使われ，児童・生徒が活動に参加する意識を高めている。キャラクター・エデュケーションでは，例えば感謝の気持ちなど50のキャラクターを教えている。メルトの後，物語や歌を導入し，子どもたちは先生といっしょにそこに表されたキャラクターは何かを考え発表し合う。そして，自分の生活でそのキャラを実現していく方法を考え実践するので，子どもの生活にすぐに生かされる活動になっている。

（3）Q 3：ユー・キャン・ドゥー・イット（You Can Do It!: YCDI）プログラムは，選択的，指示的というよりも，ユニバーサル・プログラムだと思われる。すべての予防レベルとしての実践は可能か。もし可能で，またそのように実践ずみならば，予防レベルによってプログラムは大きく変わるのか？（バーナード博士へ）

　3レベルに対応する予防教育は可能である。オーストラリアでは，子どもの問題が懸念されると，個人的アセスメントが行われ，支援方法が特定される。

つまり，社会・感情学習の中で，その子どもの問題に介入支援する分野，どこが必要かを，特定し実施することができる。

ユニバーサル・プログラムとしては，4歳から17歳までの児童・生徒を対象にした発達段階に応じたプログラムがある。学年が上がるにつれて，認知領域と言語の抽象化において発達差をつけている。また，児童・生徒の動因を高める上で発達差を考慮し，活動内容を工夫している。

(4) Q4: 博士が重要なステップとして導入しているプロセスはいずれも，学校における実践を成功させるためには重要だと思われるが，特にプログラムの成功にかかわるプロセス，または要素として，もっとも何が重要か？（バーナード博士へ）

50年前と比べて学校は変化している。子どもたちは，家庭崩壊，低い自己肯定感，不安，怒りを持って登校しているといえる。この事実を受け止めた上で，子どもたちの学業上の成功と社会・感情的健康を実現する責任を，学校は負っている。そういう認識を教職員が共通理解して取り組むことが一番大切だと考える。

ユー・キャン・ドゥー・イット！プログラム（You Can Do It！Program）には，「達成」を頂点に，それを支える「建設的対人関係」と「感情的健康とウェルビーイング」という3つの教育トライアングルがある。3頂点を達成するために，5つの内的な特性が必要である。自信（confidence），粘り強さ（persistence），秩序（organization; 目標を決め，それを達成するための計画を立て，実践していく手順），協調性（getting along），レジリエンス（resilience）の5つである。また，12の思考法も教えられる。「できると信じる」，「努力する」，「勤勉である」，「目標を設定する」，「時間的計画をする」，「自分を受け入れる」，「独立心を持つ」などの思考法である。これらの教育要素は，プログラムが始まるとポスターや掲示物で視覚に訴えて，また，学校長が集会で講話して，子どもたちが毎日の学校生活で身近に感じられるように工夫している。

2年間実施した研究では，対照群に比べて，子どもの感情的健康が増進し，低学年の児童，特に実力が発揮できていなかったグループに，学業の伸びが認められた。先生方に社会・感情学習を推し進めていただくことで子どもたちがよい結果を出すことにつながる，という点を強調している。また，保護者の教

育も重要である。

（5）Q5：博士の教育目標には，パフォーマンス・キャラクター（Performance Character: PC）とモラル・キャラクター（Moral Character: MC）があるが，PCの育成には競争が伴う。一般に，競争はMCの育成を妨げると考えられる。これら2つのキャラクターが相互に影響し合う点を説明してほしい。（リコーナ博士へ）

　MCには，尊敬，他者への責任，公平さなどがあり，PCには，向上心，目標設定，自信などがある。過去の自分のパフォーマンスを上回ることができると，私たちはより大きい満足感とウェルビーイングを得ることになる。そして，他者より優れていなければいけないという不安やモラルの欠如に関連する自我志向よりも価値あるキャラクターに忠実であろうとする。競争とは，競争心なしでは達成できない卓越のレベルに達するチャンスを与えるものだと考えられる。よって，競争は，MCを高いレベルに引き上げることに役立ち，同時に，PCをさらに高いレベルに持っていくことになる。

　PC，MC，8つの強み（strength）を伸ばすためには，中核となる4つの方法がある。1つめは，サポートとチャレンジだ。先生とスタッフ，生徒，保護者，地域の人たちにより倫理を学べる地域がサポートとチャレンジを提供する。2つめは，自己学習である。目標設定，モニタリング，自己反省からなる。3つめは，他から学ぶ学習で，他の人や他の文化から学ぶことである。最後は，公的なプレゼンテーションまたは公的なパフォーマンスだ。自分の目標を公にすることを指す。これらの内容は，キャラクター教育が，学業を伸ばし，モラル教育が互いに助け合うということを示している。学校では，児童・生徒同士が高め合うことに連帯責任があるという構造がつくり出される。

（6）Q6：プログラムに紹介されているキャラクターと強みは，どれも大きな構成概念である。それらに対して科学的なエビデンスを引き出すことは大変困難であると思われる。将来，これらのキャラクターを見直す可能性はあるのか？（リコーナ博士へ）

　高校における研究より，私たちは，パフォーマンス・キャラクター（努力し

て達成するどの分野においても必要なもの）と，モラル・キャラクター（建設的な対人関係，自己コントロール，倫理的行動に対する責任において必要なもの）という性格概念にいたった。性格の例としては，責任感がある，分別がある，レジリエンスがあるなどがあげられる。キャラクター・エデュケーションでは，ずっとモラル・キャラクターに重点を置いてきた。パフォーマンス・キャラクターは，アメリカの学校教育には昔からあったものなので，新しく発見したわけではない。しかし，パフォーマンス・キャラクターは，モラル・キャラクターを効果的に補助することが明らかになっている。2つのキャラクターは，以下の8つの強みに分けられる。①終生のリーダーである批判的思索者（Lifelong leader and critical thinker），②勤勉で有能な実行者（diligent and capable performer），③社会・感情的なスキルに熟練した倫理的思索者（socially and emotionally skilled person, ethical thinker），④尊敬できる責任感のある道徳的行為者（respectful and responsible moral agent），⑤一貫して道徳的行為に専心する者（person committed to consistent moral action），⑥健康的な生活を追求する自己修養者（self-disciplined person who pursues a healthy lifestyle），⑦地域住民と民主的市民に貢献する者（contributing community member and democratic citizen），⑧人生の高貴な目標を念入りに立てようとするスピリチュアルな（人生の高潔な目的をつくり出そうとする精神を持つ）者（spiritual person engaged in crafting a life of noble purpose）。

　これらの8つの強みを科学的に測るために，2つのアプローチを取っている。まず，他の研究者たちがつくった信頼できるアセスメントを使うことである。例えば，マッケイブ博士の「アカデミック・インテグリティー・ツール（Don McCabe's Academic Integrity Tool）」などがある。もう1つのアプローチは，自分たちがつくったアセスメントを使うことで，「優秀さと倫理の共同責任（collective responsibility for excellence and ethics）」などがある。

　パフォーマンス・キャラクターを評価するために，5件法で，児童・生徒の行動と仲間の行動を問う自記式の尺度や，教職員が生徒について答える尺度も使っていて，教育前後の測定で変化を見ることができる。このように，科学的な評価を進めている。

（7）Q 7：過去におけるキャラクター・エデュケーションはキリスト教の影響を直接受けていると思われる。現在のキャラクター・エデュケーションとキリスト教の関係はどうなっているのか？（リコーナ博士へ）

　キャラクター・エデュケーションの動向はすべての宗教に関係する。アメリカの歴史においては，早期には，聖書がキャラクター・エデュケーションに重要な役割を果たしていた。しかし，誰の訳に基づいた聖書を使うかが論じられるようになり，聖書は次第に中心的な役割から遠のいていった。

　現在では，宗教の学習は，キャラクター教育における1つの妥当な分野という位置を占める。世界の宗教には共通するキャラクター教育的価値がある。差違や多様性を尊重すること，道徳的価値観における差に対する寛容を発達させることを大切にしている。よって，私たちの教育カリキュラムには，宗教の学習があるが，目的とするものではない。

（8）Q 8：社会・感情学習は，学力という点では，何を変えるのか？理論的にまた実証的に，社会的，感情的要因から知性と学力にいたる道筋について説明して欲しい。（サーモン博士とバーナード博士へ）

＜サーモン博士＞
　社会・感情学習，またはソーシャル・インテリジェンスは，子どもが感情を認識し，他者に対する思いやりや関心を育て，建設的な関係をつくり，問題解決できるのを助けるものである。UCLAとキャセル（CASEL: Collaborative, Academic, Social, and Emotional Learning）における研究によると，学業や就労において，個人的な生活において成功している児童・生徒は，社会的に，かつ感情的に高い個人的スキルが認められるといわれる。子どもたちは，学習に耳を傾ける，目標を設定する，問題を解決することにより，本来の学習能力を伸ばすことができるといえる。社会・感情学習は，地域と文化に対する強い自覚，学習に対する高い動機，行動がもたらす結果に対するよりよい理解，ストレスや問題に対する効果的な対応能力，学校と勉強に対するより建設的な態度に影響を与える。

スクール・ワイド・プログラム（school-wide program）は学校全体で行うプログラムだが，向社会的行動，ソーシャル・スキルの知識，意志決定の知識，メンタリング，児童・生徒の参加を包括する。スクール・ワイド・プログラムとキャラクター・エデュケーションは，児童・生徒のために機能すると保証できる生活習慣を築くために実に重要である。

社会・感情学習の枠組みは，注意深く計画され，研究されている。生活で応用できる社会・感情学習でのスキルを教えることは，学習の感情的，社会的な側面に焦点を当てるもので，家族や地域と連携し，継続的な児童・生徒の発達を達成するダイナミックな学習である。

＜バーナード博士＞

社会・感情学習は，学習パフォーマンスに対して，直接的な関係と間接的な関係があるだろう。間接的には，社会・感情学習によって自己コントロールを学べば，学習時間を増やすことになり，学習に対する自己管理や粘り強さや自信を養えば学習意欲を高めることができる。学習目標に到達するための心構え（mindset of achievement）を養えば，直接的な関係につながるといえる。

1997年キャセルがゴールマン（Goleman）の主導によりすべての児童・生徒が伸ばすべき，そして教えられるべきである社会・感情的スキルの核となるものをつくり出した。それらは3つのカテゴリーに分けられる。1つめは，感情的スキルである。レジリエンスと呼ぶことができるだろう。困難な環境において子どもたちが感情と行動をコントロールするために必要な辛抱強さ，受容，対処スキルなどで構成される。2つめは，社会的スキルだ。共感，敬意，責任感，友情形成，地域に対する責任感に価値を置いており，対人関係を維持し，建設的な関係をつくり，前向きな行動をするために必要である。最後に，社会・感情的スキルの学習がある。これは，児童・生徒が学業に勤しむことができ，教室で効果的に取り組むために必要なものだ。自信，粘り強さ，組織的に行う能力，協調性などが，自立した学習者として難しい勉強をうまくやっていくために必要である。

オーストラリアの社会・感情的ウェルビーイング調査（1万人の児童・生徒とその先生たちが参加）では，10人に4人が，過度に心配する，3分の2が，自分の力が発揮できていない，3分の1が，しばしば利己的であるという結果が出た。オーストラリアの児童・生徒は感情的健康という点では劣っているということがわかったのだ。さらに，10人に4人の児童・生徒は社会・感情的

スキルに劣ること，青少年の40％に貧弱なレジリエンススキルや社会的スキルが見られることがわかった。健康や適応に問題を抱える子どもたちには，社会・感情学習が必要であることを示す結果である。

　30年以上にわたる研究により，児童・生徒の学習到達度に貢献する要因が3つあることがわかっている。①先生の質，②児童・生徒の言語と認知能力，③児童・生徒の社会・感情的スキルである。つまり，社会・感情学習は，児童・生徒の高いレベルの学業達成を支援するということである。

（9）Q 9：現在のところ，各プログラムの普及状況はどうなっているか？（3博士へ）

＜サーモン博士＞
　大変な努力を重ねているが難しい。研究成果は，インターネットやプレゼンを通して発表している。普及に関しては，お金がかかり，利益を上げることができない状況である。

＜バーナード博士＞
　とても成功している。オーストラリアで一番普及しているプログラムである。実施しやすく，効果があるので，大変好まれている。ノン・プロフィット・サポートを得て，プログラムは広がっている。オーストラリアの半分くらいの学校ですでに実施された。ヨーロッパ，ベトナムなどでも始まっている。しかし，アメリカではまだまだである。

＜リコーナ博士＞
　普及活動は現在2つ行われている。優秀さと倫理協会（Institute for Excellence and Ethics）における高校カリキュラムを開発していることと，教授と学習の再概念化を学校に勧めていることである。教職員のみなさんに，通常の学習活動を再確認していただくことで，充実化を図ろうとしている。

　なお，Q10として，3博士に，エビデンス・ベーストな評価のあり方についても問われたが，時間がなくその回答にまでいたらなかった。

　なお，本書には間に合わなかったが，2012年10月6日に，上記の会議と同所で，第3回目の国際専門家会議（同じく，鳴門教育大学予防教育科学センター主催）が開催された。招聘者は，アメリカ，CASELより，ワイスバーグ博士

(Weissberg, R.) とドミトロヴィッチ博士（Domitrovich, C.），フィンランド，トュルク大学より，サルミヴァッリ博士（Salmivalli, C.）であった。詳しくは，鳴門教育大学予防教育科学センターウェブサイトを参照のこと（http://www.naruto-u.ac.jp/center/prevention/）。

3．各国の特徴比較と世界の動向

（1）各国の予防教育の特徴比較

（a）類同点

（ⅰ）エビデンス・ベースト

　どの国でも，エビデンス・ベーストである教育が，予防教育として奨励されている。エビデンス・ベーストでは，「教育創始者以外の専門家によって効果が測られている，結果は教育・プログラムそのものに帰属する，その効果は行政機関，または，社会的認知度の高い研究グループによって承認されている」ことが条件になる（Macklem, 2011）。よって，エビデンス・ベーストであることは奨励されるが，現実にはこの条件を満たさない教育も使われている，という点も共通しているのではないかと思われる。例えば，オーストラリアの現場では，教職員が自分たちの経験から作ったプログラムも使われている。また，教育評価を行うことがエビデンス・ベーストには大切だが，学校現場の時間の融通などその実施が簡単ではないという課題も共通にあるようだ。

　つまり，どの国でも，エビデンスを尊重していく基本的な方針はあるが，エビデンス・ベーストである教育であるための課題があり，それに取り組む努力をしながら，予防教育の普及に努めているといえるだろう。

（ⅱ）予防介入モデル

　児童・生徒のメンタルヘルスの問題の深刻さを認め，深刻さのレベルに応じた支援介入を行う，つまり，ニーズに合った予防教育を行う，という点も共通している。ほとんどの国において，ユニバーサル，選択的，指示的の3レベルの予防が行われている。例えば，アメリカにおいては，毎年20％の子ども，

青少年に何らかの精神疾患のサインや症状が見られる（U. S. Department of Health and Human Services, 1999）ことから，これら3レベルの予防が必要になってくる。

また，従来あった個別カウンセリング・指導から，学校やクラス全体で行うユニバーサル設定への重心の移行も共通していると思われる。学校やクラス成員全体の将来起こる可能性のある問題を予防する，今ある問題の深刻さを防ぐという予防効果を期待して行われるとともに，特定の子どもを選び出すことによる汚名（スティグマ）をなくす，強化と般化を促進できるという効果も期待できる。また，いじめ予防については、当事者だけではなく、傍観者の行動が重要であることから、クラス全体の実践が推奨されてきている。さらに，費用対効果を考えても，ユニバーサル予防の利益は大きいことが理由になっていると思われる。

（iii）乗り越えるべき課題

学校における予防教育が直面している課題に類似点が見られる。メンタルヘルスに対する学校文化，予算，担当スタッフ（授業者，実践者），教材，カリキュラムとの調整，時間の確保など，どの国においてもそれぞれの程度に差はあるものの取り組むべき課題があるようである。程度における差は，予防教育の歴史や普及度に関係するし，また，支援団体の存在も大きいようである。

（b）相違点

（i）授業者の専門性

予防教育の実践者が誰であるか，が国によって異なるようだ。子ども支援にかかわる専門家が行う，または，多様な専門家が多職種連携で行うという傾向が主流である国に対して，教員，養護教員，スクール・カウンセラーなど日常的に学校において児童・生徒にかかわる専門職が行う国がある。

授業を実施するための専門性をどうとらえるかに関係するのかもしれない。専門性を高める研修は，教育行政の支援を受けて行われる場合と，個人の自主的な研修がある。専門性の発達に対する支援は，授業を誰が行うかにかかわり，さらには，予防教育の普及や推進に影響すると思われる。

(ⅱ) ファンディングボディ，またはシステム

前述の共通する課題として予算の問題を述べたが，これは予防教育を実施するためにまず直面する問題である。予防教育がカリキュラムに入っていない学校現場では，独自に予算化する努力が必要である。社会・感情学習を国家的な規模で推進しているアメリカでも，予算は国から保障されているわけではない。

オーストラリアでは，教職員や子どものメンタルヘルスにかかわる専門職員に対する研修には，プロフェッショナル・ディベロップメント（professional development）というシステムにおいて研修費は供給され，学校予算の中からワークブックなどの教材は購入されている。カナダにおいても公費で，中国では国費によって賄われている。公費が供給されない場合，例えば，慈善団体や研究機関による助成によって，教育が行われている国もある。

（2）世界の動向展望

各国の予防教育の現状をふまえ，今後の動向を展望したい。そのために，理論，方法，そしてネット社会への対応という3つの観点から論ずる。

まず，予防教育の理論としては，認知行動主義的な立場が主流であると思われるが，今後，さらに包括的な理論的枠組みが提案される可能性もある。心理学の理論はいわば人間観であり，特定の理論ですべてを説明できるわけではない。しかし，すべての理論を折衷すれば人間理解が進むということでもなく，なんらかの観点からの精緻化の上での統合が望まれる（古宮，2001）。そういう意味では，ピア・サポートのように，理論的な背景があいまいなまま普及だけが先行している実践については，理論的な検討を改めて行う必要があるのではないだろうか。

次に，方法論であるが，これは，理論面よりもさらに折衷が進んでいるように思える。マルチメソッドという言い方もされるが，その課題について4点述べておきたい。1つは研究と実践の違い，2つめは背景理論の確認，そしてプログラム構成の実践知の精緻化，そして著作権の問題である。

まず，研究と実践教育の問題であるが，教育ではなく治療場面で，滝川（1998）が治療の視え方とその全体像に関する興味深い図式を示している（図13-1）。この図式は，各療法が研究として対象化されて語られる際には，どちらかというと排他的であることを示している。一方，これらの療法が身体化されて行わ

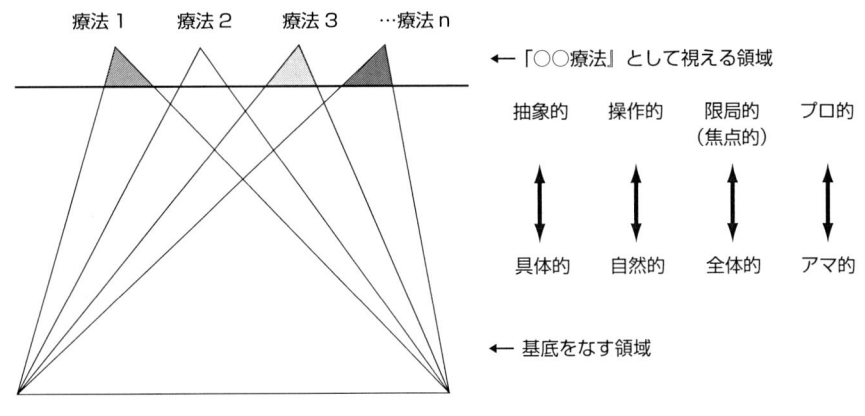

図 13-1　精神療法の相互関係の理解のための図式
（滝川（1998）の2つの図式を筆者が合成）

れる際には，各療法は完全に排他的にはなりにくいことを示している。心理教育プログラムに関しても，研究者や主導的実践者の仕事には，それぞれのプログラムの異同，効果や課題を明らかにすることが含まれる。一方，エンドユーザーとしての実践者は，目の前の子どもたちの多様な課題に直面しているわけであるから，さまざまなプログラムの中から，どのような順列と組み合わせで実践を展開するのかという点で，力量の発揮が望まれる。しかし，それは簡単なことではなく，基本的で，かつ効果範囲の広いベーシックなプログラムの開発と普及が必要である。研究者の仕事は実践者にとっての選択肢を適切に示すことであるので，そのためには相互の批判もある程度必要であるが，批判のための批判にならないことが望まれる。

　プログラムの構成については，プログラムがユニット化されていて，実践者が実際に行う場合の自由度が高い場合，ユニットそれぞれの目的などが明示されている必要がある。その際，方法論的折衷はマルチメソッドとして幅広い効果を期待するものなのであるが，分割されて実践された場合の留意点なども示されている必要があるのではないだろうか。その留意点をおさえて実践できる教師の力量の形成も重要な課題である。

　さまざまな方法，プログラムの部分が似ているのは，おそらく，他の実践の参照や参加経験に基づくと考えられる。しかし，著作権料をとるプログラムの場合には，権利問題がからんでいるので，今後，普及とともに，著作権に関す

る問題も増えてくると思われる。無許可で使用されていることもあるが，一方で高額な使用料への不満も聞かれる。研究者や主導的実践者の中での合意形成や公的な負担が必要になってくるのではないだろうか。

　最後に，ネット社会への対応の課題を述べておきたい。すでに，ネットいじめや「ケータイ」や「スマホ」の使用に伴う危険性などについて指摘されている。これらの問題に関しては，ネット上の監視策が多様に行われているが，その予防策については，まだ不十分ではないかと思われる。キヴァ（KiVa）やオーストラリアのネットいじめ対策など，広がりを見せている実践もあるが，ネット上でのさまざまなリスクを自らコントロールできるようになるための予防教育について，幅広く検討する必要があろう。

4．国際比較から見た日本の予防教育

（1）海外の予防教育プログラムの導入

　日本という国の文化的特徴であろうか。予防教育においては，海外，特に欧米のプログラムを日本に導入することが多い。独創的な教育はアメリカなどで

写真13-3　日本の小学校でトップ・セルフの授業を観察するリコーナ博士

開発され，日本はそれを真似て日本用に導入して行うということである。この傾向に問題があるというのではなく，ただ，それらの教育は海外の土壌で生まれたものであり，見えないところで日本の教育現場に合わないところが少なくないことに注意する必要がある。もちろん，日本の教育現場に合うように修正されていることは事実であるが，元の型がある場合は，その修正はおのずと限定的なものになるという問題が指摘される。この点については，次章でさらに検討したい。

　日本における予防教育は，JKYB（Japan Know Your Body）のように海外のプログラムの名前をそのままにして日本に直接導入したもの，多くの暴力予防プログラムのように基本的な考え方と方法を取り入れ日本に導入したもの，社会・感情学習のように達成目標をほぼ同一にし，海外のプログラムを参考に日本で開発されたものなどさまざまである。つまり，日本の多くのプログラムは，海外のプログラムに多少なりとも基盤を持つといえる。もっとも，第8章で紹介した「トップ・セルフ」のように，理論的背景や方法，または効果評価までオリジナルな考え方をもって海外に発信しようとする試みも最近では見られることは付記しておきたい。トップ・セルフは，本章で紹介した2つの国際専門家会議で取り上げられ，また，第18回アメリカ心理学会（2010年，サンディエゴ）や第3回 ENSEC（European Network for Social and Emotional Competence in Children；子どもの社会・感情能力のためのヨーロッパ・ネットワーク）カンファレンス（2011年，マンチェスター）でのシンポジウムで主要テーマとされた。また海外からの視察も多く，写真13-3は，鳴門教育大学附属小学校において，キャラクター・エデュケーションで名高いリコーナ（Lickona, T.）博士がトップ・セルフを見学している様子である。

（2）学校場面でのユニバーサル予防教育

　日本の子どもたちにユニバーサル予防教育を実施する場合，その教育の場は例外がないと言ってよいくらい学校となる。幼稚園や保育園，あるいは地域の何らかのコミュニティの場で実施されることはまれである。ユニバーサル予防教育である以上，すべての子どもが教育を受ける必要があるが，その場としては，義務教育が始まり，すべての子どもが通う小中学校が適している。発達段階のさらに早期から実施することが推奨されるが，すべての子どもに実施する

ことの容易さから，小学校あたりからの実施になっていることが推測される。

　また，アメリカなどでは，同一のプログラムがユニバーサル予防にも，選択的予防にも適用される場合が少なくないが，ユニバーサル予防以外では，問題性が高まっている子どもたちを集めて教育を施す場合も多い。この点，日本では特定の子どもを集めてこの種の教育を実施することはまれで，その点では，学校で実施できる可能性が高いのはユニバーサル予防教育であると考えられる。

（3）限定的で単発的な教育実施

　近年のアメリカにおける予防教育プログラムの特徴は社会・感情学習や学校PBIS（Positive Behavior Intervention and Support, ポジティブ行動介入および支援）に現れているが，他にも次のような特徴がある。①感情，認知，行動など多様な心的特性を総合的に教育対象にする，②教育方法が多様で目標に応じて柔軟に適用される，③教育期間が長期化し，通常10〜20週ほどは実施される，④効果評価が多面的に実施される，⑤プログラムの背景理論が多様化し，複数の理論が組み合わされる，ことである。とりわけ教育期間の長期化（厳密に言えば，長期に実施することもできる）は特徴的で，例えば，セカンド・ステップ（Second Step）では，日本で言えば幼稚園から中学校までのプログラムが用意されており，いずれの学年も20レッスンを越える規模となり，実施しようと思えばかなり長期間実施できることになる。それに比べて日本のプログラムは，比較的短期間で，特定の学校や学年，そして少数の学級に適用される場合がほとんどである。筆者の知る限りでは，一学年に限定しても10時間を越えるプログラムはほとんどなく，ましてや複数学年にわたって多数の時数を継続実施という例には出会わない。ただ，この点についてもトップ・セルフは，小学校3年生から中学校1年生まで全160時間実施できる規模になっていることは，日本の予防教育の例外として指摘される。

　また，先述した国際会議や海外でのシンポジウムにおいて，この種の予防教育は継続して恒常的に実施される必要があるかどうかを討議する機会が多数あったが，いずれの意見もその必要があるというものであった。この種の教育が真に効果を得るには長期にわたって継続して実施する必要であることが，どの研究者にも明白になっているように思える。

(4) 予防教育の実施時間と実施者

　上述のように，これまでの日本の予防教育は，限定的で単発的に実施されてきたので，その実施時間はさまざまである。総合的な学習の時間，特別活動，道徳など，学校側が提供可能な時間が柔軟に設定されている。各時間の教育目標との整合性を確認しながらも，融通が利く時間枠を利用しているというのが現状であろう。長期に継続して実施する場合は，安定した時間枠を確保することが必要になるが，日本においてはまだその必要がない状況にあるといえる。

　また，このように単発的な実施状況であることから，実施者は大学の研究者になることが多く，他には大学の研究者に直接指導を受けた学校教員が実施している。将来的に予防教育の継続実施が広く行われることになると，大学の研究者が実施するだけでは間に合わず，担任など学校教員が実施する必要が出る。またその場合には，教員のための研修なども必要になるが，現時点ではその必要に迫られていないことは上記と同じ状況である。

(5) 予防教育の必要性の認知の低さと教育効果に対する疑問

　心身の健康や適応は，子どもたちにとって何よりも大切なことは誰もがわかっている。それにもかかわらず，健康や適応の問題を予防する教育を学校では本腰を入れて行うことはない。一方，子どもに健康や適応の問題が顕在化すると，その対応策に追われ，必死でなんとかしようとする。近年のスクール・カンセラーの学校への導入はその対応のためであり，国から多額の予算がつぎ込まれている。

　なぜ，子どもの健康や適応を将来にわたって守ることができる予防教育の実施に本腰になれないのか。これには，さまざまな理由がある。明確な効果を持ち，学校教育になじむ予防教育などない，という諦観。またその諦観は，純粋な諦観というよりも，そのような教育を導入する時間と余力が学校にはないという現実に押し上げられている。もし，そのような予防教育が大きな効果を持ち，また学校で学校教員が実施できることが示されれば，どんな犠牲を払っても予防教育は学校で行われることになろう。残念ながら，日本の予防教育はまだその段階にはいたっていない。

引用文献

古宮　昇 (2001). 心理療法入門：理論統合による基礎と実践　創元社

Macklem, G. L. (2011). *Evidence-based school mental health services: Affect Education, emotion regulation training, and cognitive behavioral therapy.* Boston: Springer.

滝川一廣 (1998). 精神療法とはなにか　星野　弘・滝川一廣・五味渕隆志・中里　均・伊集院清一・鈴木瑞実・鈴木　茂（著）治療のテルモピュライ －中井久夫の仕事を考え直す－　星和書店 pp. 37-79.

U. S. Department of Health and Human Services (1999). *Mental Health: A report of the surgeon general. Executive summary.* Rockville, MD: National Institute of Mental Health.

第14章

日本の予防教育の課題と展望,
そして世界的視野で見た今後の予防教育

概　要

　最終第14章では，日本の予防教育の課題と展望を経て，今後の世界の予防教育の発展の方向を模索したい。

　本書で扱った子どもの健康と適応を守る予防教育は，世界的に見ても，まだまだ発展途上にある。とりわけ，学校教育への全面的導入は，その必要性の高さにもかかわらず大きな壁があり，学校教育のあり方自体にかかわる問題を孕んでいる。

　また，子どもの健康と適応を守る教育は，生半可なことでは真の効果は出ず，少なくとも学校での教科授業と同様の時間数をもって何年にもわたって実施することが必要になることを強調したい。

1．日本の予防教育の課題，そして今後の期待と発展

（1）日本の学会での討議から明らかになったこと

　日本の学校で行う予防教育について，現時点での問題点と今後の発展を討議するために，2010年度に日本教育心理学会と日本心理学会において，シンポジウムとワークショップが開催された。そのうち，日本心理学会においては，筆者が指定討論者として，話題提供された予防教育について質問を投げかけたが，その多くは日本の予防教育の課題と考えられる。表14-1には，その一部を抜粋している。教育プログラムの成り立ち，方法，評価，普及など多くの側面において問題が指摘され，ここには世界の予防教育に共通の問題と日本独自の問題が混在している。

表14-1 日本心理学会（第74回大会，2010年9月，大阪大学）における
ワークショップ「心理的健康教育・予防教育実施における学校のアセスメント」での
主な討議内容（指定討論による）

教育プログラムの理論的背景に関連する事項
・設定された達成目標（特に下位のもの）にどれほどエビデンスがついているのか。
・複数の学年にまたがる場合，発達差を考慮したプログラムになっているのか。
・ユニバーサル以外の予防との関連はどうか。
・現行の実施時間数で十分なのか。

教育方法に関連する事項
・方法に適用される理論や技法は必要かつ十分か。
・家庭との連携を深める教育要素を取り入れることができないか。
・最終的に学校教員が実施するとなると，方法面で無理のない教育になっているか。
・長期にわたり実施する場合，子どもを十分に引きつける方法になっているか。
・学校側（特に担任）と研究者側の考えがぶつかるときの対処方法
・トークンやシールなど何らかの物的報酬操作の可能性と是非

教育効果評価に関連する事項
・科学的な効果評価の現実的に実施可能なあり方は何か（限界を含めて）。
・自記式質問紙が多用されるが，その限界ならびに限界への認識と対処方法はどのようなものか。
・子どもに戻す評価が欠如していることへの問題とその必要性
・効果の持続性についての考えとその確認方法

教育の普及に関連する事項
・学校に入る方法，受け入れられる方法はどのようなものか。
・学校で実施する場合，どの時間枠が推奨されるのか。
・多学年，また学校種を越えてのプログラムの発展の必要性と可能性
・実施者研修の必要性と方法
・予防教育の学校教育における位置づけと適用範囲
・学校で普及させるための重要な要因は何か。

　日本独自の問題と言えば，この中でもとりわけ気になるのは，前章でも指摘した海外のプログラムの導入姿勢のあり方であろう。例えば，近年アメリカの教育プログラムが日本に導入されることが目立つが，アメリカと日本では教育環境が大きく異なる。アメリカでは，日本と比べると教育に可塑性が大きく，また選択の幅も広がっている。公立や私立の学校に加えて，チャーター・スクール（charter school）が3,000校ほどもあり，そこでは州や学区の学校教育の法令や規則の適用が免除され独自の教育が可能になっている。さらには，特定の子どもたちを対象に教育を実施する環境も比較的整っている。各プログラムは，

そのプログラムだけを見ていては見えない背景と歴史を持っていて，日本とは異なる国や地域で行われているという事実を過小評価してはいけない。

　他にも前章において，実施が限定的で単発的であること，実施時間と実施者の確保が困難であること，予防教育への理解が高まらないことなどを日本における課題として国際比較の観点から指摘した。

　これら，日本における課題を指摘することは容易なことではあるが，問題はその解決方法である。その解決は小手先の方法では太刀打ちできず，日本の教育システムや教員の教育姿勢に大きくかかわる問題であり，以下にその解決方法のいくつかを示唆したい。

（2）継続実施のための学習指導要領への取り入れ

　日本の学校教育は，10年ごとに改訂される学習指導要領に従って実施される。その忠実な実施は文部科学省からの必須の要請であり，何か新規なこと，独自なことを広範囲あるいは長期にわたって行うときは，研究開発校や教育特区の認定を受ける必要がある。

　現段階では，日本の学校で行われているほとんどの予防教育は，学校側が融通してくれる時間を柔軟に使用している状況である。これでやっていけているのは，現行の予防教育が限定的，単発的に実施されているからである。この点については，前章で指摘したように，予防教育は何年にもわたって長期に継続して実施する必要があり，そうなると現状の時間設定では対応できないことが予想される。このことから，学習指導要領に予防教育が授業として週に1時間でも取り入れられることが求められる。現学習指導要領は，ゆとり教育の反動で再び詰め込み式の教育へ戻ったと言われ，時間的な余裕がなくなっている。それでも総合的な学習の時間や道徳などは予防教育の目標と共通点が多々あり，これらを再編成すれば予防教育が指導要領に参入できる余地は十分にある。

　一度学習指導要領に取り入れられると，予防教育は指導要領で規定されたすべての学校，すべての学年で実施されることになる。しかし，総合的な学習の時間もそうであったが，新規科目が指導要領に取り入れられることにはきわめて困難な道のりがある。

（3）健康や適応を守るユニバーサル予防の重要性を周知するための布石

　総合的な学習の時間のときは，指導要領を策定する中心組織にその推進者がいて指導要領に取り入れる運びとなった。いわば，トップダウン式に実施が決まったといえる。それだけに，実施の可能性や効果のほどは未知なままで現場に下ろされたという感は否めない。しかもそれは，現場の教員が，これまで大学の教職課程を含めて学んだことがない教育であった。おまけに，めざす目標が性格として基盤となるような心的特性（自己学習力）で，きわめて教育しがたい性質のものであった。その結果，十分な効果が上げられなかったことは当然で，総合的な学習の時間を本来の意味で実施できなかった結果ともなり，現学習指導要領では大きく時間数が削減されることとなった。

　さてこの点，予防教育はどうすべきか。現在のところ，指導要領を策定する中心組織にその推進者は誰も入っていない。ということは，強引にトップダウン式に指導要領に入る可能性はほぼない。しかしこのことは，むしろ幸いなことかもしれない。なぜなら，現場での実施に耐え，効果を確認し，加えて，子どもを授業に没頭させる実績を重ねるという道程をたどることが必要となり，おのずとその道程をたどれるからである。真に効果があり，子どもが集中できる教育であれば，下から突き上げるようなうねりとなり，自然と学習指導要領に取り入れるられる道が開けよう。本来，新規な教育の広がりはこの過程に耐えるものでなくてはならない。

　また，この過程を円滑かつ迅速なものにするために，健康や適応を守るユニバーサル予防教育のあり方と必要性の説明を並行して実施する必要もある。新規な教育は，往々にしてその成り立ちがこれまでの教育とは異なっており，十分に理解していただいた上で授業に接していただくことが肝要であろう。例えば，授業を大学側の研究者が行って，それを担任が見ている場合，担任が新規教育を理解せず，偏見等を持っていると，大きな影響力を持つ担任の態度は自然と子どもに伝わり教育効果が半減するものである。

（4）教育実施への研修システムの確立

　総合的な学習の時間の失敗の1つは，現場がその実施方法を十分に構築できなかったいうことである。過去に学んだことのない教育，実に手強い達成目標，

そして，授業方法は学校側にゆだねられるなど，失敗する条件が重なった。多忙究める学校教員は，授業のマニュアルを求め，それがないと途方にくれるというのが正直なところであろう。そのため，文部科学省側も，健康・福祉や国際理解など領域を例示したり，授業のサンプルを提示したが，そのことがかえって総合的な学習の時間のあり方を歪めてしまうことになった。

　この過ちを予防教育で繰り返すわけにはいかないので，学校教員への研修を教育実施と同時に進める必要がある。このことは，上に述べた教育の理論的背景の説明にとっても必要なことである。教育の研修を限定的に小規模で実施することは容易である。しかし，予防教育が普及するためには，規模の大きい研修，頻繁に多地域で行われる研修が必要であり，そのためには，研修システムを考案し，研修を実施できる者を拡充する必要がある。その達成には，リーダーやコーディネーターとなる教員の育成を進め，次第にそれらの中核的役割を果たす教員が独立して研修を実施していくことをめざすべきであろう。

　どの学校でも実施ということになれば，研修や指導の自立的な動きが必須になり，このためにはリーダーも，中核的な立場の者から学校には1人はいるという学校リーダーまで，階層的な組織をつくる必要も出よう。

２．日本の学校側から見た課題と展望

（１）学校教員の視点

　学校現場では，暴力行為や不登校などの問題行動を示す児童生徒だけでなく，授業を落ち着いて受けられない，感情コントロールがうまくできない，友だちとの人間関係がうまく築けないなどの学校生活において不適応状態を示す子どもたちが，近年増加傾向にある。

　このような傾向の中，限られた時間と人手のため，教員の負担は増える。クラスの子どもたち一人ひとりを大切にしつつ，より丁寧なかかわりを必要としている子どもたちにどのように対応したらよいのか絶えず悩んでいる教員は多い。そして，このような不適応状態に対して，学校では学級経営の観点から教育・指導が行われることが多く，実際に不適応状況が顕著に見られた場合はその事例に対し，対症療法的な教育が行われているのが現状である。

問題行動の「予防」に関しての教員のとらえ方は，何らかの不適応行動またはその予兆が見られたときに，大きな問題に発展しないように指導していくことが大切というニュアンスが強く，不適応行動や不適応状況が現れないようにするための「予防」という視点は，学校現場にはほとんどないと言ってよい。本書でいう「予防教育」の考え方を説明すると，ほとんどの教員は「そんな視点はないように思う」とか「そういう教育はされていない」という反応である。
　2009年度に実施された東京都の調査（校長と教諭，各1,313名対象）（東京都教育庁総務部教育情報課，2009）の中で，「不適応状況の発生の予防に効果的と思われる対策は？」という設問があるが，その設問に対し，校長・教諭の回答で一番多かったものは，学級担任の補助となる指導員の配置や1学級の人数縮小であった。次いで，学級担任の指導力向上にかかわる研修，保護者・学校の組織的な協力体制があがっている。この結果から，学校現場では，個々の子どもの心身の健康と適応課題の直接的な改善をめざすということよりも，子ども1人あたりに対する教員の割合を増やすことや，指導力・指導体制の強化等の対応面の改善に重点が置かれていることが見てとれる。

（2）学校教育の現状

　子どもの健康や適応上の問題に対する取り組みは，個々の事例に対して対症療法的に，教育相談，生徒指導，健康教育等の名のもとさまざまに行われていることが多い。
　健康または適応に関する指導については，人権教育，道徳教育，保健学習，生徒指導，教育相談などの立場から計画されている。しかし，1時間または数時間単位の指導や学習の中で，ものの見方・考え方に気づかせたり活動させたりして行動の変容に迫るといったものが大半であり，心の発達や成長のために小学校生活の長いスパンの学習の中で自律性や対人関係性を系統的に育み，健康や適応上の問題を予防していくといった視点は見あたらない。第1章でふれたように，学校生活における適応上の問題（暴力，いじめ，非行，薬物乱用，性関連問題行動等）についての対応は，総合的な学習の時間，特別活動，道徳の時間等を活用し実施されてはいるが，短期・単発的，一過性に行われているのにすぎないのである。
　香川県の東讃地区の小学校20校で総合的な学習の時間学習の課題を調べた

ところ，4学年のうち「健康」をテーマとした学習を計画しているのは，1校1学年のみで，その内容も視力・おやつ・食事・病気予防であった。教育計画の教育活動計画に健康教育の項目を設けていたのは20校中7校で，健康教育の中の項目は体育・保健・食育・教育相談・性教育・体力づくり・学校安全などであった。

和歌山県白浜町の小学校においても同様で，総合的な学習の時間に「健康」をテーマとして取り組んでいる学校は1校で4学年にわたって扱ってはいるものの，その内容は歯・眼・耳の健康・病気予防といった保健指導に関するものであった。和歌山県においては平成24年度より学校保健計画の様式が示され，保健管理と保健教育の両面のうち，保健教育では保健指導と保健学習に分けて取り組むことが明示され，保健学習の領域において健康教育への取り組みがいっそう明確に示されることとなった。しかし，どちらの地域においても，ユニバーサル予防という視点に立った授業が計画的系統的に提供できるところにまでいたっていないのが現状である。

一方，学級経営の観点からは「集団づくり」としての取り組みがあげられる。1995年ごろから「子どもが変化した」と言われ，学級崩壊等が話題に上がるようになった。子どもの変化にかかわってさまざまな調査が行われるようになり，それらの報告書の中では，人間関係，自尊感情，感情の扱い，現実と空想の区別，倫理観の5点について子どもの変化がまとめられ，その中でも集団づくりの土台として人間関係づくりを位置づけることが重視されるようになった（森，2006）。

人権教育の取り組みの中では，体験的参加学習を通し，人間関係づくり，感情・ストレスの対処，他者への共感，問題解決と意思決定等々の育成をめざしたプログラムがあげられる。大阪では，道徳，総合的な学習の時間，生活科，特別活動を活用し，取り組まれているところが多いが，子どもの健康や適応上の問題に対し「予防」するという視点はない。

また，ストレスマネジメント教育，ソーシャル・スキル・トレーニング，ライフスキル教育，構成的グループ・エンカウンターなどが取り組まれているところもあるが，個々の教諭の取り組みで進められていることが多く，学校総体としての取り組み，系統立てた取り組みにはいたっていない。

子どもの健康や適応上の問題に関して課題意識を持って取り組んでいる教員は少なくないが，数ある手法の中から目の前の子どもたちの状況に合いそうな

ものを選び，自分なりに教材化して取り組んでいることが多いのが現状である。

（3）予防教育の導入のために

　今，学校現場では，さまざまな課題が山積している。特に，大きく取り上げられるのは学力低下の問題であるが，学校現場が抱える問題は，学力低下だけではない。大きな問題としては，子どもたちがこれから生きていく上で必要な力，社会の中で他人と交わり共に生活していくために必要な力が十分身についていないことがあげられる。そのため，相手の気持ちを思いやることなく自分を主張してしまう，規律を守れず，何かを成し遂げ達成感を覚える前に不適切な行動をとってしまう，友だちとの関係がうまくつくれずいじめ・いじめられの関係に陥ってしまう，というような状況が起きてしまっているのである。

　反社会的行為や非社会的行為などの問題行動は突然に現れるものではない。授業を落ち着いて受けられない，自分自身の気持ちを表現することができない，友だちとの人間関係がうまく築けないなどの学校生活における不適応状態が継続される中で起こる場合が多い。

　また，インターネットやテレビゲームの普及により，実体験が少なくなったことや，子どもたちの遊びが友だち同士でルールを決めて遊ぶ遊びから，相手とコミュニケーションをとらなくても遊べる遊びに変わってきていることなども，友だちとの人間関係がうまく築けない子どもが増えている一因としてあげられるであろう。

　自律的に生活し，自主的に学習でき，よりよい人間関係を築ける子どもたちを育てていくためには，子どもたちの心の発達・成長・社会化にかかわる根幹となる教育が計画的，継続的，系統的に行われる必要がある。

　学習指導要領解説の「総合的な学習の時間」（文部科学省，2008）では目標の趣旨として，「国際理解，情報，環境，福祉・健康などの横断的・総合的な課題，児童の興味・関心に基づく課題，地域や学校の特色に応じた課題等，一つの教科等の枠に収まらない課題に取り組む学習活動を通して，各教科等で身に付けた知識や技能等を相互に関連付け，学習や生活に生かし，それらが児童の中で総合的に働くようにすることをねらいにしてきた」と書かれており，第5章「総合的な学習の時間の指導計画の作成」の第3節「育てようとする資質や能力及び態度の設定」の三つの視点，学習方法に関すること，自分自身に関

すること，他者や社会とのかかわりに関することとして具体的に示されている。このことからも，総合的な学習の時間が，子どもたちの心身の健康のために総合的に取り組むには最適の時間であると考えられる。

不適応状態に陥る児童が増加している今日，総合的な学習の時間を有効に生かして，心身の健康を自律的に保ち，自律的に学び，生き生きと生活していける子どもを育む教育の早急な構築・実践が望まれる。

3．世界的視野で見た予防教育の課題と今後のあり方

（1）法的基盤の確立

本章の最初の節で，日本においては，予防教育の学習指導要領への組み込みの必要性を述べた。また，第2章の社会・感情学習の紹介では，国レベルの法律でその実施を推進する例も紹介した。法治国家である以上，法的な基盤があれば，予防教育の推進はスムーズに運ぶ。

しかし，本章の第1節にも記載したように，実際に効果があり，学校での運用に耐えることができる教育ができ上がっていなければ，総合的な学習の時間の二の舞になることには留意する必要がある。理想的には，新規の教育が十分に確立された後に，法や学習指導要領のような強い後押しが加わることが重要になる。

国によって教育システムは異なる。アメリカのように，州の独立性が高いところと日本のように全国一律の拘束力が強いところとでは，法的基盤の確立のプロセスも異なるであろう。いずれにせよ，それぞれの国が法と教育内容の向上の両方を，それぞれの事情のもとで展開する必要がある。この点では，とりわけアメリカとイギリスは，政治レベルで予防教育のサポートが行われている好例として手本にすべき点が多い。

（2）継続実施の必要性の確認と継続実施を可能とするプログラムの構築

算数でも道徳でも，学校での授業は何学年にもわたって週に1回は行われる。つまり，長年にわたりかなりの時間数が費やされる。心身の健康を予防する授

業が，算数や道徳よりも時数が少なくてよいということはない。少なくとも週に1時間ほどは何年にもわたって実施する必要がある。それほどに，健康や適応問題をもたらす人のおおもとの特性の歪み，またその問題を阻止できる健全な特性の育成は困難な教育となる。このことへの理解を図り，学校関係者の誰もが予防教育の長期，継続実施の必要性を認識できるように努力すべきであろう。

　その必要性が理解できたとして，実際に長期継続適用を果たすとなると，それに見合うだけの教育プログラムが必要になる。そのことを可能にする教育は，現在のところ，アメリカのセカンド・ステップや日本のトップ・セルフなど少数のプログラムに限られている。繰り返して別の学年に行う場合は，発達差をほとんど考慮せず，ほぼ同じプログラムが重複して使用される例も少なくない。この現状は，多くの予防教育プログラムが長期に継続して実施することができるほどには開発が進んでいないことを意味し，この点での対応は急がれる。

　新規教育となる予防教育が，長期継続実施できることへの他の障壁の1つは学業重視の学校教育の姿勢であろう。このことは，どこの国でも同様である。各国の研究者と情報交換や討議をしていて，いつも話題にのぼることはこの問題である。そこで近年の予防教育は，社会・感情学習に代表されるように，学業との関連を常に意識し，その関連についてのデータを前面に出そうとする。

　学業も高めることにつながるデータを持つ予防教育は学校現場で受け入れられやすい。予防教育で培う心的特性は，必然的に学業を伸ばすことになることが推論される（Durlak, Weissberg, Dymnicki, Taylor, & Schellinger, 2011）。この学業との関連を強調する方向は3つほどある。まず，学業の中に予防教育要素を取り入れることが考えられる。統合化カリキュラム（integrated curriculum；例えば，Beane, 1991; Drake, 1991）の中では予防教育は既存の教科と融合されることが多く，この点は可能な限り推進したい。次の2点は評価にかかわることであるが，メタ分析のような総合評価で学業との関連を訴えることと，実際に予防教育を行った学校で学業が伸びたことを具体的な数値でもって示すことである。本書においては，前者については社会・感情学習で最近盛んに行われていること，後者については「You Can Do It!」プログラムなどにその例が示されていることが紹介されたが，今後この種の評価を促進すべきであろう。学業と健康・適応をともに伸ばすことが，学校教育の永遠の課題である。学校では，学業がおろそかになることは健康や適応上の問題につなが

りやすく，健康や適応が損なわれると学業が成り立たないことも自明である。勉強も健康も社会適応も，すべて同時に達成できる方法となる可能性が予防教育にはある。

（3）効果評価のあり方の見直しと子どもに戻す評価の採用

　予防教育を行った場合の効果の評価でもっとも科学性の高い方法は，無作為化比較試験（Randomized Controlled Trial: RCT）である（Task force on evidence-based interventions in school psychology, 2003）。しかし，モリソン（Morrison, 2001）の指摘にもあるように，このRCTの実施には困難さと問題がつきまとう。とにかく，問題のないかたちでRCTを実施するには，多くの学校とトレーニングを積んだ教育実施者がいる。また，適用する測定方法も，それぞれの教育がめざす目標を忠実に測定できる物差しでなければならない。

　もっともRCTなどは，研究の開発途中か，数年おきに効果のほどを確認するために行えばよいもので，学校側が主体になって頻繁に実施する類いのものではない。とはいえ，教育を行った以上，その教育を実施した集団全体や中心的な活動を行った小集団，そして個々の子どもをも評価する必要がある。そのためにはまず，何らかの評価測定方法が必要になる。信頼性と妥当性の高い自記式の質問紙，また，実施には困難がつきまとうが仲間評定法も利用したい。その他，教育目標に応じて，欠席日数，保健室来室頻度など実態のある測度も可能な限り使用したい。世界的には自記式の質問紙の使用が圧倒的に多いが，自記式質問紙は自分の意識できる範囲でしか答えることができないということや社会的な防衛が起こるなどの欠点があることには留意すべきであろう。

　また，世界でもごく限られた予防教育だけしか実施していないが，個人に戻す評価について検討する必要がある。予防教育が継続して長期にわたって実施されるのであれば，個人に戻す評価結果は学校教育としては必須になる。しかし既存の教科授業で個人に戻す評価（通知表やテスト結果）は，点数等で相対的な位置づけに注意を喚起する以上，多くの子どもにとって，賞罰で言えば罰になることが多くなる。予防教育の達成目標の多くは罰で伸びることはほとんどなく，統制力の少ない賞によって伸びる。この点では，個人間の相対評価よりも個人内の絶対評価を重視し，とりわけ向上した度合いを強調した評価が重要になる。つまり，ほぼ全員の子どもにとって賞となる要素を取り入れるべき

である。

　山崎・佐々木・内田・勝間・松本（2011）は，「評価はあくまでも教育であるべきである」と主張しているが，この点はこれまでの学校教育では欠落していた観点であろう。山崎らでは，この立場を強調した評価の具体的な方法を紹介しているので参照されたい。

（4）背景理論と方法の整理，そして発展

　世界の予防教育は，実にさまざまな理論と方法をもって展開されている。この点は，世界では多様な心理療法が行われ，統一される兆しがないことに似ている。心理療法の多様性の存続は，どれもが絶対的な効果がなく，また効果の査定も科学性がなくあいまいさが浸透しているからであろう。予防教育も同様の状態にある。玉石混交と言える状態でもある。目標や対象によって最適な理論や方法が異なることが考えられるが，現状の多様性はそのことによるとは考えにくい。

　今後理論的にも方法的にも予防教育を整理していくためには，やはり有無を言わさぬ効果評価が必要になる。しかし，この効果評価の確立が難題であるので，科学的な効果評価を吹き飛ばす勢いのある，目に見えた効果，つまり，学校教員にも，保護者にも，そして子ども同士でも誰もがよくなったと実感できる教育をめざすことの方が優先されるのかもしれない。物理学の世界では，同じ現象にかかわる2つの理論が出ると，どちらか1つの理論が残り，その理論もやがては新たな理論に塗り替えられる。この毅然とした理論選択は，有無を言わさぬ是非の決定方法があるからである。例えば，現実的な現象を予測できるかどうかの是非の決定方法である。予防教育が真に科学になるためには，この決定方法に近づく方法を持つ必要があろう。

（5）国際的共同とネットワークの確立

　本書では，世界のさまざまな予防教育を紹介してきた。どの教育もが発展途上であり，子どもの健康と適応を守るという最終目標を達成していない。しかし，それぞれの予防教育には長所があり，また短所もある。そのような長所や短所の詳細は論文などには表れにくいもので，綿密な情報交換や討議が必要に

なる。近年,「子どもの社会・感情能力ヨーロッパネットワーク会議」(European Network for Social and Emotional Competence in Children: ENSEC)のような予防教育関連のネットワークができつつあるが,それでもその全体会議は2年に1度しか実施されていない。予防教育を行っている各センターや組織では,ウェブ・サイトなどを通じてそこで行われている教育の情報は詳しく発信されているが,やはり宣伝という範囲を越えず,本当の情報伝達とは言えない。

アメリカでは,社会・感情学習とポジティブ行動介入および支援 (Positive Behavior Intervention and Support) はその広がりから予防教育の大きな潮流になっていることがわかる。この2つを見ても,理論面や方法面が異なり,互いから得る面が多いはずである。共通した特徴が少なくないだけに,長所の相互取り入れは容易であろう。しかし,異なった予防教育の交流の場としては,学会のような大きな交流場面では実際上の具体的な動きは期待できない。そこで,タスク・フォース (task force) のような凝集性の高い組織を世界水準で構築して,予算をつけた上で予防教育の統一理論と方法を模索する必要がある。OECD (経済協力開発機構：Organization for Economic Co-operation and Development) の DeSeCo (コンピテンスの定義と選択：その理論的・概念的基礎, Definition & Selection of Competence; Theoretical & conceptual foundations) プロジェクトにおいて,その後の国際標準の学力の指針となるキー・コンピテンシー (key competency) を確立した動き (Rychen & Salganik, 2003) は大いに参考になろう。

引用文献

Beane, J. (1991). The middle school: The natural home of integrated curriculum. *Educational Leadership*, 49, 9-13.
Drake, S. M. (1991). How our team dissolved the boundaries. *Educational Leadership*, 49, 20-22.
Durlak, J. A., Weissberg, R. P., Dymnicki, A. B., Taylor, R. D., & Schellinger, K. B. (2011). The impact of enhancing students' social and emotional learning: A meta-analysis of school-based universal interventions. *Child Development*, 82, 405-432.
文部科学省 (2008). 小学校学習指導要領解説「総合的な学習の時間編」
森　実 (2006). 集団づくりがめざしてきたもの・めざすもの　大阪府人権教育研究協議会 (編) わたし出会い発見 Part6 〜集団の中で子どもとつながる・子どもがつながる人間関係づくりの実践を 教材・実践集〜　大阪府人権教育協議会　pp. 272-278
Morrison, K. (2001). Randomised controlled trials for evidence-based education:

Some problems in judging 'what works'. *Evaluation and Research in Edcuation, 15,* 69-83.

Rychen, D. S., & Salganik, L. H. (Eds.) (2003). *Key competencies for a successful life and a well-functioning society.* Cambridge, MA: Hogrefe & Huber.（ライチェン, D. S.・サルガニク, L. H.（編）立田慶裕（監訳）今西幸蔵・岩崎久美子・猿田祐嗣・名取一好・野村　和・平沢安政（訳）(2006). キー・コンピテンシー　－国際標準の学力をめざして－　明石書店）

Task force on evidence-based interventions in school psychology (2003). *Procedural and coding manual.* (Sponsored by Division 16 of the American Psychological Association and the Society for the Study of School Psychology and endorsed by the National Association of School Psychologists)

東京都教育庁総務部教育情報課 (2009). 東京都公立小・中学校における第1学年の児童・生徒の学校生活への適応状況にかかわる実態調査について　教育庁報 No. 558

山崎勝之・佐々木恵・内田香奈子・勝間理沙・松本有貴 (2011). 予防教育科学に基づく「子どもの健康と適応」のためのユニバーサル予防教育における評価のあり方　鳴門教育大学学校教育研究紀要, *25,* 29-38.

人名索引

= A =

阿部千春…290
Abu-Rasain, M. H. M.…155
Achenbach, T. M.…199
Agras, W. S.…33
Ahtola, A.…178
明里康弘…290
明石要一…359
阿久根　求…368
Alanen, E.…171
Albano, A.…199
Albright, M. I.…219
Algozzine, B.…94, 95
Alsaker, F. D.…144
Altman, J.…34
Anderson, C. M.…96, 97
Anderson, S.…200
安藤美華代（Ando, M.）…264, 266, 305, 306, 307, 309, 310, 316, 321
Anglim, J.…223
アンゴールド（Angold, A.）…112
Anstey, K. J.…199
荒川　歩…297
荒木紀幸…344, 348
荒木　剛…18
蘭　千尋…343, 360, 361, 366, 370, 371
有園博子…378
Asakura, T.…305
浅野良雄…282
Ashdown, D. M.…223
Asher, S. R.…37, 284, 285
新　睦人…365

Atlas, R.…162
Atria, M.…157, 158, 164
Aunola, K.…219

= B =

Baade, P. D.…189
Baginsky, W.…155
Bagshaw, D.…149
番　由美子…344
バンデューラ（Bandura, A.）…32, 33, 35, 51, 52, 53, 104, 305
Banse, R.…166
ベーカー（Barker, R. G.）…356
バレット（Barrett, P. M.）…195, 200, 201, 202
Bartolomucci, C. L.…18
Battistich, V.…13, 99
Bauman, S.…231
Baumeister, R. F.…369
Beane, J.…424
Beardslee, W. R.…22, 195
Becker, M. H.…53
Bellack, A. S.…284
Benight, C. C.…33
Bennett, J. L.…96
Benson, P. L.…24
Beran, T.…18
Berg, P.…141
Berglund, M. L.…13
バーナード（Bernard, M. E.）…29, 204, 205, 206, 207, 208, 210, 214, 215, 220, 221, 222, 223, 397
Bertalanffy, L. V.…356

Bieble, S. J. W.…328
Bigbee, M. A.…132
バールソン（Birleson, P.）…324
Biswas-Diener, R.…335
ビョークヴィスト（Björkqvist, K.）…141, 170
Blanchard, C.…278
Bloom, B.…206
Blyth, D. A.…24
Bodenhausen, G. V.…365
Boggs, S. R.…145
Bornstein, M. R.…284
Borowsky, I.…104
Botvin, G. J.…46
Boulton, A.…178
Boulton, M. J.…18
Boyd, R. C.…201
ブラケット（Brakett, M. A.）…98, 101, 127
Bransford, J.…121
Brendtro, L.…99
Brewer, M. B.…365
Brokenleg, M.…99
ブロンフェンブレンナー（Bronfenbrenner, U.）…356
Brown, L. J.…222
ブラウン（Brown, M. M.）…104
Bryant, B.…378
Bull, H. D.…144
Burger, C.…157, 166
Burns, B. J.…195
Burns, M. K.…79
Burston, C.…215
Bush, S.…200

= C =

Campbell, J.…126, 222
キャンベル（Campbell, M. A.）…18

Carr, G. E.…92, 93
Carroll, J. B.…206
カルーソ（Caruso, D. R.）…127
Carvalho, M.…7
Cassano, M.…132
Catalano, R. F.…13, 104
Chen, R.…306
近森けいこ…19
Christensen, H.…195
Clark, L. A.…335
Claypool, T.…89
Cocotti-Muller, D.…225
Cohen, J. A.…379
Coie, J. D.…37
Compton, S. N.…195
コンラッツ（Conradt）…200
Cooley-Quille, M.…201
Cooley-Strickland, M.…201
クーパースミス（Coopersmith, S.）…32, 199
Costa, M.…207
Costello, E. J.…112
Costigan, T.…132
カウイ（Cowie, H.）…147, 148, 149, 150, 151, 152, 153, 155, 156, 293
Coyne, I.…141
Craig, W. M.…82, 157, 162, 277
クリック（Crick, N. R.）…36, 57, 104, 131, 132
Cronan, F.…207
Cross, D.…225
Crump, A. D.…306
Csikszentmihalyi, M.…24
Currie, C.…157

= D =

Dadds, M.…200
Dadds, M. R.…200, 201, 202

Dahlberg, L. L.…159
Damasio, A. R.…125
Darney, D.…201
David, J. P.…34
Davis, E. K.…328
デイ（Day, L. J.）…222
de Boo, G. M.…23
Deblinger, E. …379
Deci, E. L.…35, 54
傳田健三…4, 22
ディロージャー（DeRosier, M. E.）… 108, 109, 112, 285, 389
Deutsch, M.…363
DiClemente, C. C.…265
ディーナー（Diener, E.）…10, 334, 335
Diesen Paus, K.…155
DiGiuseppe, R.…24
DiLalla, L. F.…328
DiPerna, J. C.…206
Dishon, T.…40
Dodge, K. A.…36, 37, 57, 104
Dolan-Pascoe, B.…32
Doll, B.…73, 74, 80
Donnellan, M. B.…32
Dooley, J. J.…225, 230
Dornbusch, S. M.…219
Dovidio, J. F.…365
Drake, S. M. …424
デュアラック（Durlak, J. A.）…12, 27, 72, 75, 79, 204, 424
Dusenbury, L. A.…219
Dymnicki, A. B.…12, 27, 204, 424

= E =

Ederer, E.…200
Edge, K.…34
Egger, H. I.…195
Ehlers, A.…378

Eisenbach, K.…166
アイゼンバーグ（Eisenberg, N.）…126, 349
Ekman, P.…125
Elias, K.…225
Elias, M. J.…26, 81, 98, 206
Elbertson, N. A.…98, 103
Elliott, S. N.…206, 284
エリス（Ellis, A.）…204, 205, 207, 208
Endler, N. S.…34
遠藤由美…369
Epston, D.…367
Erling, R.…134
Essau, C. A.…200
Eyberg, S. M.…145
Eysenck, H. J.…55

= F =

Fabes, R. A.…126
Fairburn, C. C.…33
Fantuzzo, J.…206
Farley, G. K.…199
Farrell, L. J.…200
Feria, I.…145
Field, S. L.…30
Filter, K. J.…96
Fine, S.…125
Fisher, S.…7
Flannery-Schroeder, E. C.…22
Flaste, R.…54
Fleming, M.…225
Folkman, S.…34, 36, 47, 56, 57
Fontaine, R.…145
Fraleigh, M. J.…219
Francis, J. M.…206
フレデリクソン（Fredrickson, B. L.）… 25, 336
Frey, K. S.…106

Friedman, M.…54
Froh, J.…24
Frydenberg, E.…225
付选刚…240
藤本光司…360
藤村一夫…42
藤田英典…357
福田吉治…4
Furlong, M. J.…25
古荘純一…343, 345
古田真司…345

= G =

Gabriel, S.…365
Gaertner, S. L.…365
ガレゴス（Gallegos, J.）…201
Garandeau, C. F.…178
ガードナー（Gardner, H.）…99, 126
Cassano, M.…132
Gencoz, F.…335
Gencoz, T.…335
Gentile, B.…32
Gibbs, J. C.…58
Gildea, M. C. L.…75
ギリガン（Gilligan, C.）…350
Gilman, R.…25
Gladstone, T.…195
Gladstone, T. R. G.…22
Glidewell, J. G.…75
Goddard, M.…200
ゴールドシュタイン（Goldstein, A. P.）
　…58, 398
ゴールマン（Goleman, D.）…99, 404
Golingi, F.…201
Gollwitzer, M.…164, 166
Gómez, G.…201
González-Pienda, J.…207
Goodman, R.…199

Goodstadt, M. S.…19
Governali, J. F.…29
Grabe, S.…32
Grados, J. J.…201
Graham, R. S.…33
Green, L. F.…206
Green, L. W.…44
Greenberg, J.…368
Greenberg, M. T.…99
Greene, D.…54
Greentree, S.…225
グレシャム（Gresham, F. M.）…284
Griffin, R. S.…201
Grimes, J.…81
Grossman, D. C.…106
Grotpeter, J. K.…131, 132
Guthrie, I. K.…126

= H =

Haataja, A.…178
Haddon, L.…230
芳我明彦…264
Haggarty, R. J.…8
Hajzler, D. J.…205, 210
濱口佳和…59
原田恵理子…109, 282, 286, 344
Harel, Y.…82, 157
Harmin, M.…29
ハーター（Harter, S.）…112
春木　敏…19, 325
Harvey, J. H.…34
Hasebrink, U.…230
長谷川敏彦…4
橋本智恵…342
橋本　登…290
畠瀬　稔…41
Hawkins, J. D.…13, 104
Hawker, D. S. J.…18

林　徳治…360
Haynie, D.…306
何元庆…242, 250
Hearn, L.…225
Heller, D.…335
Hersen, M.…284
Hess, M.…144
Heywood, A. H.…189
Hibbert, S.…200
日高なぎさ…23
Hine, D. W.…33
平木典子…33, 34
廣岡秀一…58
広瀬幸雄…364
Hirschstein, M. K…106
Holland, D. E.…201, 202
Horne, A. M.…18
ホーナー（Horner, R. H.）…91, 96, 97
袰岩秀章…290
星　雄一郎…281, 282, 283, 287, 286
細川佳博…290
Houlston, C.…153
Hsieh, C.…21
ハドソン（Hudson, P.）…222
Huebner, E. S.…25
Huitsing, G.…171
ハル（Hull, C. L.）…51
Huré, K.…145
Hutson, N.…151, 152, 153
Hyde, R. T.…21
Hymel, S.…88

= I =

Ian, P. A.…52
Iannotti, R. J.…7
五十嵐哲也…273
井原　渉…264
飯田　都…368

池本しおり…294
池島徳大…295
稲垣応顕…327
猪田直美…344
井上史子…360
Ireland, M.…104
イライアス M. J.…337
石井健一郎…360
石橋佐枝子…18
石津憲一郎…368
石川信一…323, 324
石川慎一…322
石川哲也…19
石川靖子…345
石隈利紀…355, 361
伊東耕一…4
Izard, C. E.…99, 125

= J =

Jacofsky, M.…24
James, A.…156
ジェームス（James, W.）…32, 368
Janz, N.…53
Jessel, J.…153
Jessor, R.…305
Jessor, S. L.…305
ジマーソン（Jimerson, S.）…25, 79, 120, 123
Jindal-Snape, D.…32
Johnson, D. W.…363
Johnson, R. T.…363
Johnston, T. C.…190
Joiner, T. E.…335, 336
Joyce, M. R.…205
Junger-Tas, J.…155

= K =

香川雅博…341

カーネマン（Kahneman, D.）…10
賀古勇輝…4
Kaltiala-Heino, R.…140
神原文子…365
Kamphuis, J. H.…305
金山元春…287
苅尾七臣…21
苅谷剛彦…369
Kärnä, A.…171, 178
葛西真記子…389
笠松幹生…368, 369
片田敏孝…376
片野智治…41, 288, 289, 290
勝倉孝治…369
勝間理沙…12, 301, 426
Katsuma, L.…335
勝野眞吾…19
Kaufman, M. K.…75
Kaukiainen, A.…170
川畑徹朗…19, 43, 47, 322
河田史宝…294
川井栄治…343, 346
川井紀宗…79
Kawakami, N.…21
川上憲人…22
河村茂雄…42, 290, 358
Kearney, C. A.…277
Keefauver, L.…204
Kemp-Koo, D.…89
木原雅子…328
菊池栄治…357
Kirk, B. A.…33
北川信樹…4
北山 忍…334
吉 沅洪…378
Kline, J. P.…335
Knaus, W. J.…204
Ko, J.…201

小林 真…282
小林朋子…287, 378
コールバーグ（Kohlberg, L.）…30, 89
小出俊雄…370
小泉令三…98, 337, 338, 341, 342
古角好美…347
國分久子…290
國分康孝…41, 42, 288, 289, 290, 291
古宮 昇…408
近藤あゆみ…19
近藤邦夫…368
越 良子…364, 365, 368
Kovacs, M. K.…199
小山 司…4
Kraemer, H.…33
Kreuter, M. W.…44
Krueger, A. B.…10
Krug, E. G.…159
Kubiszewski, V.…145
Kucera, M.…25
久木山健一…59
倉掛正弘…323
黒田隆夫…360
黒川雅幸…367
Kusche, C. A.…99
忽那仁美…264
Kwok, J.…119

= L =

Lagerspetz, K.…170
ラグレッカ（LaGreca, A. M.）…112
赖长春…243
Landy, S.…208
Larsen, T.…107
Laurens, K. R.…201, 202
ラザルス（Lazarus, R. S.）…34, 36, 47, 56, 57, 99
Leary, M. R.…369

Leff, S. S.…129, 132
Lefferet, N.…24
Leiderman, P. H.…219
Lepper, M. R.…54
Li, Q.…18
李桂萍…246
李想…247
リコーナ（Lickona, T.）…29, 30, 397
Little, T. D.…171, 178
刘晓明…258
Livingstone, S.…230
Lock, S.…200
Lodge, J.…225
Lonczak, H. S.…13
Long, L.…25
Lowlor, S. M.…88
Lowry-Webster, H. M.…200
ロクストン（Loxton, H.）…201
Lozano, R.…159
Lucas, R. E.…10
Lynch, K. A.…328
Lynch, M. E.…189

= M =

マ（Ma, Y.）…21
Macklem, G. L.…406
前田健一…287
Mahdavi, J.…7
Maitino, A.…32
Mannarino, A. P.…379
真仁田　昭…290
Marcus, M.…52
Marcus, S. R.…112, 285
Martinez, N.…123
Marttunen, M.…140
Mathur, R. S.…97
松田弘美…369, 370
松廣　歩…264

松本亜紀…342
松本有貴…12, 301, 389, 426
松下良策…368
メイヤー（Mayer, J. D.）…99, 125, 127
Mayou, R. A.…378
McClaskey, C. L.…104
McCord, J.…40
McDermott, P. A.…206
McFall, R.…284
McGrady, A.…23
McIntosh, K.…89, 96
McMahon, J.…145
メネシニ（Menesini, E.）…141
Mercy, J. A.…159
Messer, S.…112
Midthassel, U. V.…144
Mihalic, S. F.…99
Miller, D. J.…25, 32
Miller, D. N.…25
Miller, J. Y.…104
Miller, N. N.…365
ミルン（Milne, M.）…223
三島美砂…369, 370
三隅二不二…369
Mitchell, J. T.…378
美藤正人…344
三浦正江…320
宮原紀子…341
宮前義和…292, 294
宮元博章…343
宮野光夫…359
宮田智基…23
宮﨑美和子…325
水野治久…344
水野邦夫…290
マンクス（Monks, C. P.）…141
Moore, A. F.…201
森　実…421

森定　薫…40
Morrison, K.…425
モリソン（Morrison, S.）…225
モスタート（Mostert, J.）…201
Mostow, A.…126
Mrazek, P. J.…8
Mruk, C.…32
Mullins, M.…202
村久保雅孝…290
村瀬　旻…290
武蔵由佳…290
Mussweiler, T.…365
マッセン（Mussen, P. H.）…349

= N =

Nagai, A.…335
永井道明…21
永井茂…316
長根光男…264
長沼君主…55
内藤満江…370
内藤　徹…18
中村正和…355
中村　修…370
中尾亜紀…294
中山和彦…341
Nansel, T. R.…7, 277
Naumann, E.…166
Naylor, P.…149, 155, 389
Neil, A. J.…195
Nelson, M. M.…145
根本橘夫…360
Newman-Carlson, D.…18
Newton, C.…153
Nickerson, A. B.…25
西　昭夫…290
西岡伸紀…19, 322
西海　巡…294

西薗大実…326
野島一彦…41, 42, 290, 291
Noland, B.…178
Nolen, S. B.…106
Norcross, J. C.…265
Núñez…207
Nurmi, J.…219

= O =

大芦　治…21
Oberle…88
落合　優…344
O'Connel, P.…162
O'Conner, R. D.…285
O'Connor, E. E.…22
Oden, S.…284, 285
大宮美智枝…344
Oishi, S.…10, 335
大石　繁…334, 335
Ojala, K.…389
岡田弘司…23
岡田　弘…42
岡本泰弘…320
岡安孝弘…18, 284, 285
岡崎勝博…362
岡崎由美子…266
沖　裕貴…360
Ólafsson, K.…230
オレンディック（Ollendick, T. H.）…112, 200
オルヴェース（Olweus, D.）…85, 141, 160
オルテガ（Ortega, R. R.）…145
Osborn, C.…200
オステルマン（Österman, K.）…141, 170
大竹恵子…21
大塚泰正…321

人名索引　437

Otte, K.⋯201
大上　渉⋯342
尾崎米厚⋯19
大関健道⋯343

= P =

パッフェンバーガー（Paffenbarger, R. S.）
　⋯21
Paquette, J.⋯132
Parker, J. D. A.⋯34
Parker, J. G.⋯37
Paternite, C. E.⋯190
パブロフ（Pavlov, I.）⋯49
Payton, J. W.⋯12, 99
Pellegini, D. S.⋯207
Penley, J. A.⋯34
Pepler, D.⋯143, 162
Perry, M.⋯278
Perunovic, W. Q. E.⋯335
Petrosino, A.⋯77
Pettit, J. W.⋯335
Pettit, G. S.⋯104
Pfohl, W.⋯73
ピアジェ（Piaget, J.）⋯347
Pickles, A.⋯112
Pierce, G. R.⋯55
Piers, E. V.⋯199
Pikas, A.⋯143
ピナ（Pina, L. J.）⋯222
Pires, D.⋯208
Platt, J.⋯207
Pollard, G. E.⋯189
ポスキパルタ（Poskiparta, E.）⋯169, 171, 178
Potter, G. B.⋯58
Poulin, F.⋯40
Prinzie, P.⋯305
プロチェスカ（Prochaska, J. O.）⋯53, 265
Pyszczynski, T.⋯368

= Q =

Quinn, M. M.⋯97

= R =

Rabelo, M.⋯201
Rafaeli, E.⋯335
Rantanen, P.⋯140
Raths, L. E.⋯29
Rees, E.⋯33
Reijintjes, A.⋯305
Reiser, M.⋯126
Rescorla, L. A.⋯199
Resnick, M. D.⋯104
Reyes, M. R.⋯127
Reynolds, C. R.⋯199
Richmond, B. O.⋯199
Rigby, K.⋯143, 149
Rimpelä, A.⋯140
Rimpelä, M.⋯140
Ritter, P. L.⋯219
Rivers, S. E.⋯127
Roberts, D. F.⋯219
Robertson, E.⋯195
Robier, C.⋯157
Robins, R. W.⋯32
Rodriguez, A.⋯201
Rogers, C.⋯41
Roland, E.⋯144, 160
Rosario, P.⋯207
Rose-Krasnor, L.⋯160
ローゼンバーグ（Rosenberg, M.）⋯32
Rosenstock, I. M.⋯53
Rossi, R. J.⋯365
Rothblum, E. D.⋯207
Rotter, J. B.⋯206

Royal, M. A.…365
Rubin, K. H.…160
Rusch, E.…145
Russell, S.…7
Ruthford Jr., B. R.…97
Ryan, C.…96
Ryan, J. A. M.…13
Rychen, D. S.…427

= S =

Saarni, C.…208
Saeki, E.…123
佐伯素子…23
Sainio, M.…171
斎藤和志…58
斎藤忠之…361
Sakai, A.…335
坂本美紀…370
坂野雄二…284, 285
坂田由美子…290
櫻井茂男…54
Salganik, L. H.…427
サルミヴァッリ(Salmivalli, C.)…156, 170, 171, 178
サーモン(Salmon, S.)…397
サーロベイ(Salovey, P.)…99, 109, 125, 127
Samdal, O.…107
Sanders, M. R.…189
Sarason, B. R.…55
Sarason, I. G.…55
佐々木　恵…12, 301, 426
佐々木幸哉…4
佐藤　寛…323
佐藤正二…285, 287, 323
佐藤容子…323
佐藤淑子…343, 346
Sawyer, M. G.…189, 204

Saylor, K.…306
Scales, P. C.…24
Schaps, E.…13, 99
Scheithauer, H.…144
Schellinger, K. B.…12, 27, 204, 424
Schiller, E. M.…166
Schkade, D.…10
シュミット(Schmidt, C. R.)…112
Schonert-Reichl, K. A.…88
Schreier, A.…18
Schultes, M. T.…157
Schultze-Krumbholz, A.…144
Schutte, N. S.…33
Schwarz, N.…10
Scollon, C. N.…335
勢井雅子…326
セリグマン(Seligman, M. E. P.)…10, 24, 205, 207, 335
セルマン(Selman, R. L.)…114, 115, 119, 348
セリエ(Selye, H.)…55, 56
Shaps, E.…99
Shariff, S.…230
Shaw, M.…85
Sherif, C. W.…364
Sherif, M.…364
Sherwood, H.…34
重吉直美…321
鹿野輝三…18
嶋田洋徳…284
島井哲志…19, 21
嶋野重行…369
Shimizu, H.…21
下田芳幸…368
Shinn, S. O.…328
篠邊龍次郎…21
篠原しのぶ…369
塩見利明…21

塩田良宏…290
庄　燕菲…341
Shure, M. B.…207
Simon, S. B.…29
Simons-Morton, B.…305, 306
Simpson, N.…200
Singer, M.…157
スキナー（Skinner, E. A.）…34, 50
スミス（Smith, P. K.）…7, 85, 140, 142, 143, 149, 153, 154, 156
スノウ（Snow, C.）…115
Snyder, C. R.…199
曽我祥子…21
Solano, P.…207
Solomon, D.…13
Solomon, J.…99
Solomon, L. I.…207
Solomon, P.…99
Solomon, S.…368
Sonderegger, N. L.…201
Sonderegger, R.…201
園田雅代…343
Spence, S. H.…199, 201, 202
Spiel, C.…157, 158, 166
Spivack, G.…207
Stallard, P.…22, 200
Stefanek, E.…166
Stein, H.…121
St. Leger, L.…278
Stone, A. A.…10
Stone, W. L.…112
Stopa, E. J.…201
Stott, D. H.…206
Strecher, V. J.…53
Strohmeier, D.…158, 166
スガイ（Sugai, G.）…91, 92, 96, 97
菅沼憲治…41, 290, 291
Sullivan, A. L.…25

Suls, J.…34
Sun Chyng…115
鈴木直人…297

= T =

田端航也…4
高木道代…326
高橋伸彰…19
高橋規子…366
高橋　哲…378
高橋知己…371
高宮静男…326
高田ゆり子…290
Takatsuka, N.…21
高山　巌…18
竹原卓真…297
武市　進…370
竹内和雄…295
竹内晋平…344
滝川一廣…408
Talamelii, P. C.…149
田邉惠子…345
田中英高…23
田中展史…341
樽木靖夫…361
垂澤由美子…364
Taub, J.…106
Taylor, R. D.…12, 27, 424
Telch, J.…305
Tellegen, A.…335
寺嶋繁典…23
Terence, W. G.…33
Terjesen, M. D.…24
Thomas, A.…81
Thompson, E. L.…19
Thomson, K. C.…88
Tippett, N.…7
戸田有一（Toda, Y.）…39, 40, 149, 292,

294
戸ヶ崎泰子…284, 285
得丸定子…325
トールマン（Tolman, E. C.）…51
Tomaka, J.…34
冨永良喜…47, 376, 378, 380
友清直子…342
登野原　慶…294
Topping, K.…149
鳥居実奈…345
鳥海不二夫…360
Trentacosta, C.…126
Treyvaud, R.…225
Trip, S.…145
Trzensniewski, K. H.…32
土屋裕睦…290
辻　弘…362
塚本琢也…320, 321
堤さゆり…341
Tucker, M. S.…96
Tully, L. A.…189
チュリエル（Turiel, E.）…337
ターナー（Turner, C.）…200

= U =

内田香奈子（Uchida, K.）…10, 12, 301, 335, 426
上原千恵…19
Ulmer, D.…54
宇野宏幸…369, 370
Urbain, E. S.…207

= V =

Vaaland, G.…160
Valkanover, S.…144
Valle, A.…207
Van Bockern, S.…99
VanDerHeyden, A. M.…79

Van Schoiack-Edstrom, L.…106
Veenstra, R.…171, 178
Velicer, W. F.…53
Vernon, A.…145
Voeten, M.…171
von Sanden, C.…199

= W =

和田　清…19
若林慎一郎…18
Walberg, H. J.…99
Walker, P. C.…115
ワラス（Wallace, P.）…147, 149, 150, 151, 153, 292
Walsh, B. T.…33
Walton, K. E.…222
Wang, J.…7, 99
Ward, D.…215
渡邉　俊…264
渡辺朋子…285
渡辺弥生…37, 115, 281, 282, 284, 286, 344, 349
Watson, D.…153, 155, 335
ワトソン（Watson, J. B.）…49
Watson, M.…99
ワイスバーグ（Weissberg, R. P.）…12, 27, 28, 98, 99, 125, 204, 219, 424
Wells, B. E.…32
White, M.…367
Wicherts, J. M.…23
Wiebe, J. S.…34
Williams, D. I.…155
ウィリアムズ（Williams, J.）…220
Williford, A.…178
Wilson, D.…153
Wing, A. L.…21
沃建中…253
Wooster, M. M.…29

ヴント（Wundt, W. M.）…49

= X =

Xenos, S.…201
肖盈…247
徐美貞…258

= Y =

矢幡　洋…291
山田真紀…362
山田洋平…341, 342
山本映子…321
山本銀次…290, 291
山中　寛…47, 380
山中一英…343
山崎勝之（Yamasaki, K.）…10, 12, 21, 54, 301, 323, 335, 336, 389, 397, 426
山内隆久…365
Yanagida, T.…166
杨宏飞…240, 243
姚本先…242, 250, 255
八谷　寛…4
叶一舵…247
米田　薫…266
Yoon, J.…73
吉田隆江…290
吉田俊和…58, 59
吉田寿夫…343
吉川佳余…282
吉川　悟…367
吉崎静夫…369
吉澤寛之…58, 59
四辻伸吾…344
游永恒…392
Young, I.…278
余香莲…247
弓削洋子…369, 370

= Z =

张继明…253
张明…258
赵红…246
Zimet, G. D.…199
Zimet, S. G.…199
Zimmerman, B. J.…206
Zins, J. E.…99
Zwi, A. B.…159

事項索引

【あ】

アイデンティティ・シフト…365
アサーション…33
アサーティブな指導態度…370
アットリスク…201
アメリカ学校心理士会…81
怒り・衝動のコントロール法…268
怒り置換トレーニング・モデル…398
怒りのコントロールプログラム…321
いじめ…6, 82, 270, 304, 306, 316, 320
いじめのタイプ…84
いじめの中心者（ringleader）…171
「いじめ」の定義…83
1次, 2次, 3次的援助サービス…355
1次予防…7, 73
いのちの教育…266
違法薬物…322
飲酒…322
ヴィスク…144, 156
ヴィスク・クラスプロジェクト…161
ヴィスク・コーチ…159
ウェル・ビーイング…14, 25
うつ…323
うつ・自殺…270
うつ病…4
エイズ教育…327
エクササイズ集…288
エスリン研究所…288
応用行動分析…92
落ちこぼれ防止法（No Child Left Behind Act: NCLB）…76
オプショナル教育…298

オペラント条件づけ（operant conditioning）…37, 50
親への投資…219
オルヴェースいじめ予防プログラム…143

【か】

外的性質…210
外発的動機づけ…53
顔文字…297
係活動…359
学業…11, 12, 424
学習指導要領…11, 382, 417, 418
学習性向…206
学習に役立つ態度と行動…223
拡大－構築理論…25
学力低下…422
価値観教育…189
価値の明確化（value clarification）理論…29
学級活動…355, 357
学級経営…355, 357
学級成員性…366
学級ソーシャル・スキル…344
学級担任…307
学級づくり…359
学級適応感…365
学級の発達段階…371
学校行事…359
学校適応感…365
学校におけるヘルスプロモーション…278
学校 PBIS…25
関係性攻撃…128, 130, 131
関係性システム…367

関係性攻撃予防…128
感情的レジリエンス…208
感情リテラシー…101, 124
キヴァ…168
キヴァ・ゲーム…173
キヴァ・チーム…173
キヴァ・レッスン…173
危険行動…45
絆のワーク…380
喫煙…322
キッズ・マター…191
キッズ・マター乳・幼児…191
規範意識…341
虐待…141
キャセル（CASEL）…98
キャラクター・エデュケーション…29, 403
キャリア教育…266, 340
急性期…383
教育センター…263
教育的パラダイム…202
教育トライアングル…400
教員研修…263
強化（reinforcement）…50
強化子（reinforcer）…50
共感…306
共感性…273
教師期待効果…368
教師の効力感…274
教師の指導行動・指導態度…355
競争（competition）…363
共存（convivencia）…144
協同（cooperation）…363
協同学習…363
共同性…362
共同体（community）…363, 364
協同的相互依存関係…363
クールダウン…130, 131

健康促進学校…188
言語的教示…38
ゴーイング・プレイシーズ（Going Places）…306
効果サイズ…80
攻撃…142
攻撃行動…316
攻撃的言動…270
向社会性…29
向社会的行動…347
構成的グループ・エンカウンター…35, 41, 266, 281, 344
行動変容…359
行動変容モデル…44
行動リハーサル…38
行動理論（behavior theory）…35, 49
幸福感…10
心のケア教育…376
心の健康教育プログラム…48
こころのサポート授業…377, 380
個人的アイデンティティ…365
個人へのアプローチ…357
コーチング…38
コーチング法…285
コーディネーター役の教員…342
子どもの権利条約…149
子どもの社会・感情能力のためのヨーロッパ・ネットワーク…411
コーピング…34
個別カウンセリング…256
コミュニケーション…306
コミュニケーション能力…270
コミュニティ感覚（sense of community）…364
コラージュ…321
困難への対処解決…304

【さ】

再カテゴリー化…365
サイバーストーキング…227
サクセスフル・セルフ…275, 304, 316, 321
参加役割（participant role）…170
3次予防…7, 73
シェアリング…289
シェイピング…285
シェフィールド・プロジェクト…143
視覚的表示…221
自記式質問紙…425
自己概念…346
自己決定理論…35, 53
自己肯定感…270
自己効力感…52, 306
自己コントロール…306
自己参照－自己創出…366
自己主張トレーニング…266
自己洞察…304
自己の管理…27
自己発見…42, 288
自己への気づき…27
自己理解…306
自殺…323
指示的プログラム…391
指示的予防…8
指示的レベル…201
紙上相談…294
自信…211
地震ごっこ…383
システム論…356
四川大地震…247
自尊感情…357
自尊感情教育…266
実践方法…215
児童自立支援施設…342

自分づくり…366
自分を知る方法…306
社会関係資本…358
社会・感情学習…12, 26, 337, 412, 427
社会・感情的ウェルビーイング調査…404
社会性…270
社会性と感情の学習…74, 98
社会性と情動の学習…337
社会的アイデンティティ（social identity）…365
社会的学習理論…51
社会的学習（認知）理論…37
社会的コンピテンス…116
社会的支援…35
社会的情報処理…58, 59
社会的情報処理モデル…104
社会的情報処理理論…36
社会的認知理論（social cognitive theory）…35, 52, 80, 104, 305
集団カウンセリング…256
集団化過程…357
集団構造…367
集団透過性…367
集団力動…359
銃乱射事件…169
障害調整生存年…4
消去（extinction）…50
条件づけ（conditioning）…49
情動知能（emotional intelligence）…342
賞の授与…218
職場環境…274
自律性…298
人格形成…361
人権教育…266
心的習慣…210
心理学的なストレス理論…36
心理教育…306
心理教育プログラム…58, 59

心理健康教育…240
心理健康教育授業…256
心理社会的ストレスモデル…47
心理的ストレスモデル…56
心理的ディブリーフィング…378
睡眠…21
スクール・カウンセラー…9, 307, 329
スクールワイド型ポジティブ行動介入および支援…90
スクール・ワイド・プログラム…404
ストレス…55
ストレス・コーピング…33
ストレス対処…273
ストレス対処スキル…43
ストレス対処法…306
ストレス・マネジメント…380
ストレス・マネジメント教育…35, 47
ストレスマネジメント法…266, 375
スマートフォンアプリ…228
生活習慣教育…266
生活習慣病…20
生活満足感…10
性関連行動…270
性関連問題行動…19
性教育…274
成人リテラシー…204
生態学的視座…356
生徒指導…340
正の意味を見いだすコーピング…336
世界保健機関…82
セカンドステップ…103, 412
責任ある決定…27
摂食障害…325
セルフ・エスティーム…32, 43, 305, 342
セルフ・エフィカシー…32
セルフ・トーク…131, 215
セルフモニタリング…38
ゼロ・プログラム…143

ゼロトレランス…78
選択的予防…8
相互依存性…363
総合的な学習の時間…11, 417, 418, 422
相互決定主義…52
相互作用環境…355
相互作用のルール…367
相互作用へのアプローチ…357
相互理解…365
促進（promotion）的援助…355
ソシオメーター理論（sociometer theory）…368
ソシオメトリ…38
ソシオメトリックテスト…359
ソーシャル・サポート…55, 324
ソーシャル・スキル…207, 304
ソーシャル・スキル教育…37
ソーシャル・スキル・グループ介入プログラム…108
ソーシャル・スキル・トレーニング…35, 36, 266, 281, 324
ソーシャルマーケティング概念…327
ソーシャル・リレーション…42
存在脅威管理理論（terror management theory）…368

【た】

対人関係スキル…43
対人関係性…298
対人関係づくり…266
対人スキル…357
対人的スキル…27
タイプA性格…54
他者への気づき…27
他者理解…270, 306
脱カテゴリー化（decategorization）…365
秩序…211
津波ごっこ…383

津波てんでんこ…378
適切な自己主張…270, 306
ディレンマ討論…30
統合化カリキュラム…424
道徳教育…29, 266
道徳性…347
特別活動…338, 341, 359
トップ・セルフ…281, 297, 298
友だちづくり…149
トラウマ焦点認知行動療法…379
トランスセオレティカル・モデル…53

【な】

内集団の凝集性…363
内的性質…210
内発的動機づけ…53
2次予防…7, 73
人間関係…306
人間関係の変容…362
認知行動理論…37, 80
認知行動療法…323
認知次元…368
認知様式…368
ネガティブなセルフ・トーク…217
ネットいじめ（cyberbullying）…6, 18, 141, 225, 227
ノウ・ユア・ボディ（Know Your Body）プログラム…325

【は】

パストラルケア…147, 148
パーソナル・リレーション…42
パフォーマンス・キャラクター…401
パワー・オブ・プレイ…119
般化（generalization）…51
班活動…359
ピア・カウンセリング…39, 147, 150, 152, 294

ピア・サポート（peer support）…35, 39, 147, 266, 281, 293
ピア実践…39, 293
ピア・チューター…39, 147, 150, 152, 293, 295
ピアプレッシャー…224
ピア・メディエーション…39, 147, 150, 151, 293, 295
被加害者…140
ピーカス・メソッド…143
非行の問題…18
非行・犯罪…270
非叱責法…177
ピース4キッズ…398
肥満…4, 6, 20, 325
肥満・痩身…270
表現活動…381
フィードバック…38
フィルタリング…226, 230
フィンランド教育基本法…179
フェア・プレイヤー・マニュアル…144
ブースターセッション…322
不登校…6, 270, 316
ふれあい…42, 288
プレイズ…129
ブレインストーミング…111
フレンズプログラム…194
文化祭…361
ベース総合教育…298
ヘルス・ビリーフ・モデル…53
ベルン・プログラム…144
変化ステージモデル（the stages of change model）…265
傍観者（outsider）…171
防災教育…376
暴力…4
暴力行為…270, 321
保健体育…382

ポジティブ感情…25, 336
ポジティブ行動介入および支援…25, 74, 412, 427
ポジティブ心理学…24, 195, 333
ポジティブなセルフ・トーク…217
ポジティブ・フォーカス…368
ホットライン…245
ホームワーク…38, 198

【ま】

マインド・マターズ…190
マルチ・インフォーマント・アプローチ…199
マルチメソッド…408
無作為化比較試験…301, 425
メタ分析…12, 27
メルト…399
メンタープログラム…222
目標設定スキル…43
目標達成機能・集団維持機能…369
モデリング（modeling）…38, 51
モラル・キャラクター…401
モラルジレンマ…348
問題解決法…266
問題解決力…270
問題行動理論（problem-behavior theory）…305
問題への対処解決法…306

【や】

薬物乱用…19
薬物乱用教育…274
薬物乱用防止教育(Drug Abuse Resistance Education: DARE)…77
役割加工…361
役割期待…365
役割行動…360
役割取得…348

役割遂行…362, 365
ユー・キャン・ドゥー・イット！プログラム…203
譲り合い…306
ユニバーサル支援…200
ユニバーサル設定…197
ユニバーサル予防…8, 390
要求・受容…369
養護教諭…307
抑うつ…316
予防・開発的教育プログラム…338
予防教育…17
予防教育科学…298
予防教育科学センター…297, 299, 301
予防（prevention）的援助…355
予防的・開発的カウンセリング…288

【ら】

ライフスキル…19
ライフスキル教育…35, 42, 266, 322
ライフスキル教育研究所…109
ライフスキル教育プログラム…46
理性感情行動療法…204
リーダー…288
リテラシースキル…116
リハーサル…285
リラクセーション…323, 383
臨床心理士…329
留守児童…252
ルーラー・アプローチ…124
レジリエンス…211
レスポンス・アビリティ…192
レスポンデント条件づけ（respondent conditioning）…50
ロールプレイ…35, 38
ロールレタリング（役割交換書簡）…320, 344

【欧字】

CASEL…27, 28, 89
Child Assault Prevention: CAP…321
IDEAL 問題解決ステップ…121
JKYB ライフスキル教育研究会…43
Know Your body プログラム…46
RTI…78, 89
PTSD…378
SEL…337
SEL-8S 学習プログラム…337
Voices Literature & Writing…114
Voices of Love and Freedom（VLF）…348
Well-being of Youth in Social Happiness: WYSH…327
WHO…23
YCDI 指導員…220
YCDI 保護者教育…219
YCDI プログラムアチーブカリキュラム…214
YCDI 幼児カリキュラム…210
You Can Do It! プログラム…424

編　者

山崎勝之	（やまさき　かつゆき）	鳴門教育大学大学院学校教育研究科教授・予防教育科学センター所長
戸田有一	（とだ　ゆういち）	大阪教育大学教育学部教授
渡辺弥生	（わたなべ　やよい）	法政大学文学部教授・大学院ライフスキル教育研究所所長

執筆者・担当箇所（アルファベット順）

安藤美華代	（あんどう　みかよ）	岡山大学大学院教育学研究科准教授 第7章,第8章概要,5,第9章
青山郁子	（あおやま　いくこ）	東京福祉大学心理学部助教 第5章4
畑下眞修代	（はたした　ますよ）	白浜町立北富田小学校教諭 第14章2
今川恵美子	（いまがわ　えみこ）	大阪府池田市教育委員会教育部次長 第14章2
石本雄真	（いしもと　ゆうま）	立命館大学教育開発推進機構講師 第2章1(1)(a)(i), 2(3)(a)
葛西真記子	（かさい　まきこ）	鳴門教育大学大学院学校教育研究科教授 第2章2(2)(c),第3章3(3),第8章2
小泉令三	（こいずみ　れいぞう）	福岡教育大学大学院教育学研究科教授 第10章2
古角好美	（こかど　よしみ）	大阪女子短期大学人間健康学科准教授 第10章3(1)
越　良子	（こし　りょうこ）	上越教育大学大学院学校教育研究科教授 第Ⅲ部概要,第7章,第11章
松本有貴	（まつもと　ゆき）	千葉大学大学院医学研究院特任講師 第2章1(1)(a)(ii),(2)(d)(i),第5章概要,1-3,第13章2,3(1)

六車幾恵	（むぐるま いくえ）	東かがわ市立本町小学校教諭 第14章2
桜井美加	（さくらい みか）	国士舘大学文学部准教授 第2章2(3)(e)，第3章4(5)
佐々木　恵	（ささき めぐみ）	鳴門教育大学予防教育科学センター准教授 第2章概要，1(1)(c),2(1),(3)(b)，第13章概要，1
戸田有一	（とだ ゆういち）	編者 第2章2(2)(b)，第4章概要，1-4，第5章1，第8章3， 第13章3(2)
冨永良喜	（とみなが よしき）	兵庫教育大学大学院学校教育研究科教授 第2章2(2)(e)，第6章，第12章
内田香奈子	（うちだ かなこ）	鳴門教育大学予防教育科学センター専任講師 第2章1(1)(b),(2)(d)(ii)，2(3)(d)
渡辺弥生	（わたなべ やよい）	編者 第2章2(2)(a)，第3章概要，1，2，3(1),(2)，4(1)- (4)，第8章1，第10章3(2)
山崎勝之	（やまさき かつゆき）	編者 第Ⅰ部概要，第1章，第2章1(2)(a)-(c),2(3)(c)，第 Ⅱ部概要，第8章4，第10章概要，1，第Ⅳ部概要，第 13章4，第14章概要，1，3
吉本佐雅子	（よしもと さちこ）	鳴門教育大学大学院学校教育研究科教授 第2章2(2)(d)

ポーラ・バレット Paula Barrett	〈オーストラリア〉クイーンズランド大学教授 Professor, University of Queensland, Australia 第5章2
マイケル・バーナード Michael Bernard	〈オーストラリア〉メルボルン大学教授 Professor, University of Melbourne, Australia 第5章3
マーク・A・ブラケット Marc A. Brackett	〈米国〉イェール大学感情知性センター所長 Director, Yale Center for Emotional Intelligence, USA 第3章4(4)

ジャクリーン・A・ブラウン Jacqueline A. Brown	〈米国〉カリフォルニア大学サンタバーバラ校 博士課程 Doctoral Candidate, University of California, Santa Barbara, USA 第3章2
シェリー・C・バーク Sherry C. Burke	〈米国〉子どものための委員会 プログラム・ディレクター Director of Programs Committee for Children, USA 第3章3(3)
ヘレン・カウィ Helen Cowie	〈英国〉サリー大学名誉教授 Emeritus Professor, University of Surrey, England 第4章2
メリッサ・ディロージャー Melissa DeRosier	〈米国〉3-C 社会性発達研究所所長 Director, 3-C Institute for Social Development, USA 第3章4(1)
ジュリア・ガレゴス Julia Gallegos	〈メキシコ〉モンテレイ大学教授 Professor, University of Monterrey, Mexico 第5章2
スティーヴ・ゴンザレス Steve Gonzalez	〈米国〉PBIS 技術支援コーディネーター兼 PBIS カリフォルニア技術支援センター会計部局長 the Technical Assistance Director/Regional PBIS Coordinator, and the Chief Financial Officer for the California Technical Assistance Center on PBIS, USA 第3章3(1)
アラーナ・ジェイムス Alana James	〈英国〉ロンドン大学ロイヤルホロウェイ校助教 Post-Doctoral Teaching Associate, Royal Holloway, University of London, England 第4章2
シェーン・ジマーソン Shane Jimerson	〈米国〉カリフォルニア大学サンタバーバラ校教授 Professor, University of California, Santa Barbara, USA 第3章4(3)

ケント・マッキントッシュ Kent McIntosh	〈米国〉オレゴン大学准教授 Associate Professor, University of Oregon, USA 第3章3(1)
ミイア・サイニオ Miia Sainio	〈フィンランド〉トゥルク大学大学院博士課程 PhD student, University of Turku, Finland 第4章4
クリスティーナ・サルミヴァッリ Christina Salmivalli	〈フィンランド〉トゥルク大学教授 Professor, University of Turku, Finland 第4章4
ロバート・L・セルマン Robert L. Selman	〈米国〉ハーバード大学大学院教授 Professor, Harvard University Graduate School of Education, USA 第3章4(2)
クリスティアーナ・スピール Christiane Spiel	〈オーストリア〉ウィーン大学教授 Professor, University of Vienna, Austria 第4章3
ダグマー・ストロマイヤ Dagmar Strohmeier	〈オーストリア〉アッパーオーストリア応用科学大学教授 Professor, Upper Austria University of Applied Sciences, Austria 第4章1, 3
ヨオ・ヨンヘン 游　永恒	〈中国〉四川師範大学教授 第6章

　なお，次の著者は、各章の原稿とりまとめを担当した。安藤美華代（第8章，第9章），越　良子（第7章，第11章），松本有貴（第5章），佐々木恵（第2章，第13章），戸田有一（第4章），冨永良喜（第6章，第12章），渡辺弥生（第3章），山崎勝之（第1章，第10章，第14章），游　永恒（第6章）。

（所属・肩書きは初版刊行時のものです。）

世界の学校予防教育
──心身の健康と適応を守る各国の取り組み

2013年 3 月27日　初版第 1 刷発行　　　　　　　　　〔検印省略〕
2022年10月20日　初版第 4 刷発行

　　　　　　　　　　　　　編著者　　山　崎　勝　之
　　　　　　　　　　　　　　　　　　戸　田　有　一
　　　　　　　　　　　　　　　　　　渡　辺　弥　生

　　　　　　　　　　　　　発行者　　金　子　紀　子

　　　　　　　　　　　　　発行所　　株式会社　金　子　書　房
　　　　　　　　　　〒112-0012　東京都文京区大塚 3-3-7
　　　　　　　　　Tel 03-3941-0111(代)　Fax 03-3941-0163
　　　　　　　　　　　　　振替　00180-9-103376
　　　　　　　　URL　https://www.kanekoshobo.co.jp
　　　　　　　　印刷・製本／(株)デジタルパブリッシングサービス

ⒸKatsuyuki Yamasaki, Yuichi Toda, Yayoi Watanabe et al., 2013　Printed in Japan
ISBN 978-4-7608-8801-6　C3037